# LOSLEGEN

## Hauswirtschaft und Ernährung

Autorinnen:

**Anke Dey**
**Susanne Hornauer**
**Doris Walter**

fachliche Beratung durch
**Carola Reiner**

unter Mitarbeit der Verlagsredaktion



Cornelsen

# Impressum

Anke Dey, Jg. 1962
staatl. gepr. Oecotrophologin mit Weiterqualifizierung zur Werkstattlehrerin, arbeitet als Werkstattlehrerin in der Berufsausbildung, Berufsvorbereitung und speziellen Förderung im Bereich Ernährung und Hauswirtschaft, ist Mitglied im Prüfungsausschuss der Landwirtschaftskammer NRW im Ausbildungsberuf der staatl. gepr. Hauswirtschafter/Hauswirtschafterin.
Themenfelder 2, 3, 9

Susanne Hornauer, Jg. 1958
Diplom Oecotrophologin, Diplom Pädagogin, arbeitete als Dozentin in der beruflichen Erwachsenenbildung, als Ausbilderin für Hauswirtschafterinnen und Hauswirtschaftshelfer, als Förderlehrerin im Bereich Gastronomie und Hauswirtschaft, ist Mitglied in der Deutschen Gesellschaft für Hauswirtschaft (dgh e.V.), im Berufsverband Hauswirtschaft, Prüferin in der Hauswirtschaft und Mitglied im Aufgabenerstellungsausschuss in Berlin, ist heute als Redakteurin im Cornelsen Verlag tätig.
Themenfelder 3, 4, 6, 8

Doris Walter, Jg. 1973
Rehabilitationswissenschaftlerin (BA), Technikerin für Hauswirtschaft und Ernährung, arbeitet als Ausbilderin in der Berufsvorbereitung und Berufsausbildung für Hauswirtschafterinnen und Hauswirtschaftshelfer bei verschiedenen Bildungsträgern, ist Mitglied des Prüfungs- und Prüfungserstellungsausschusses für Zwischen- und Abschlussprüfungen in den Berufen Hauswirtschafter/in und Hauswirtschaftshelfer/in in Berlin.
Themenfelder 1, 3, 5



Verlagsredaktion: Susanne Hornauer
Außenredaktion: Anja Lull, Berlin
Bildredaktion: Gertha Maly
Layout und technische Umsetzung: Christoph Berten, Berlin, Ada Rühring, Berlin
Umschlaggestaltung: SOFAROBOTNIK, Augsburg und München
Titelfoto: Werner Krüper, Bielefeld

Inhalte in diesem Buch sind teilweise übernommen und adaptiert aus:
In guten Händen. Pflegebasiswissen (ISBN 978-3-06-450245-1)
Sprungbrett Soziales – Sozialassistent/in (ISBN 978-3-06-455784-0)
Sprungbrett Soziales – Kinderpflege (ISBN 978-3-06-455842-7)
Mitmachen – Politik – Berufsfachschule (ISBN 978-3-06-450449-3)

**www.cornelsen.de**





1. Auflage, 1. Druck 2012

Alle Drucke dieser Auflage können im Unterricht nebeneinander verwendet werden.





Druck: Mohn Media Mohndruck, Gütersloh

ISBN 978-3-06-450055-6

Inhalt gedruckt auf säurefreiem Papier aus nachhaltiger Forstwirtschaft.

## Loslegen

Liebe Schülerinnen und Schüler,

mit diesem Buch liegt Ihnen ein Unterrichtswerk vor, das die wesentlichen Tätigkeitsbereiche des großen Berufsfelds „Hauswirtschaft und Ernährung" in ansprechender und verständlicher Art und Weise bündelt. Lebensnahe Fotos, interessante Internetverweise und abwechslungsreiche Arbeitsaufträge geben Ihnen einen Zugang zur spannenden Welt der Hauswirtschaft und Ernährung und erleichtern Ihnen das Lernen der teilweise vielschichtigen Zusammenhänge. Nutzen Sie die didaktischen Hilfsmittel der Vernetzung zwischen den Themenfeldern und die Mindmaps zu Beginn jedes Themenfelds, um sich ein umfassendes Verständnis der Inhalte anzueignen. Mit Hilfe der Projektaufgaben können Sie Ihr Wissen festigen und in die Praxis übertragen.

Die Autorinnen haben das aktuellste Wissen zu allen hauswirtschaftlichen Themenfeldern zusammengetragen und zu Papier gebracht. Fotografen und Illustratoren haben den „ästhetischen Zeitgeist" aufgegriffen und möchten Sie so motivieren, sich auch mit dem ein oder anderen theoretischen Inhalt auseinanderzusetzen.

Während Ihres Bildungsgangs können Sie all die Kompetenzen erwerben, die für eine Ausbildung im Bereich Hauswirtschaft und Ernährung notwendig sind. Behalten Sie dieses Buch auch nach der Ausbildung noch als treuen Wegbegleiter, um das ein oder andere nachzuschlagen.

Im Namen der Autorinnen und des Verlages wünsche ich Ihnen auf Ihrem Ausbildungsweg alles Gute,

Ihre
Carola Reiner

Hauswirtschaftliche Betriebsleiterin, Beraterin,
Fortbildungsreferentin im Berufsverband Hauswirtschaft

# Inhalt

**Vernetzen Sie Ihr Wissen:**

Mit den Themen:

- Zeitbedarf planen (→ Themenfeld 3, S. 86)
- Verbale und nonverbale Kommunikation (→ Themenfeld 7, S. 190)

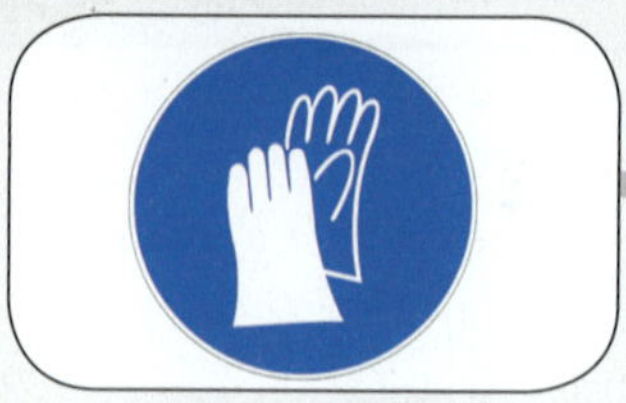

**Arbeitsumfeld gestalten**

Arbeits- sicherheit

Ergonomie

Arbeitsplatz- gestaltung

**Arbeit organisieren**

**Die Berufs… mit g…**

**Hauswirtschaft entdecken**

Anforderungen

Arbeitsplätze

Fort- und Weiterbildung

**hygienisch auftreten**

Körperhygiene

Handhygiene

Arbeits- kleidung

Eine berufliche Ausbildung oder Qualifizierung ist eine wichtige Grundlage für Ihre berufliche Zukunft. Hier bietet sich Ihnen die Gelegenheit, Ihr berufliches Lernen und Ihre weitere berufliche Laufbahn aktiv mit zu gestalten. Sie organisieren Ihr eigenes Lernen und beeinflussen die Kommunikation und die Zusammenarbeit in der Arbeitsgruppe. Entdecken Sie in diesem Themenfeld die Vielseitigkeit des Berufsbildes Hauswirtschaft und finden Sie heraus, wie Sie sich als Arbeitnehmer engagieren können.

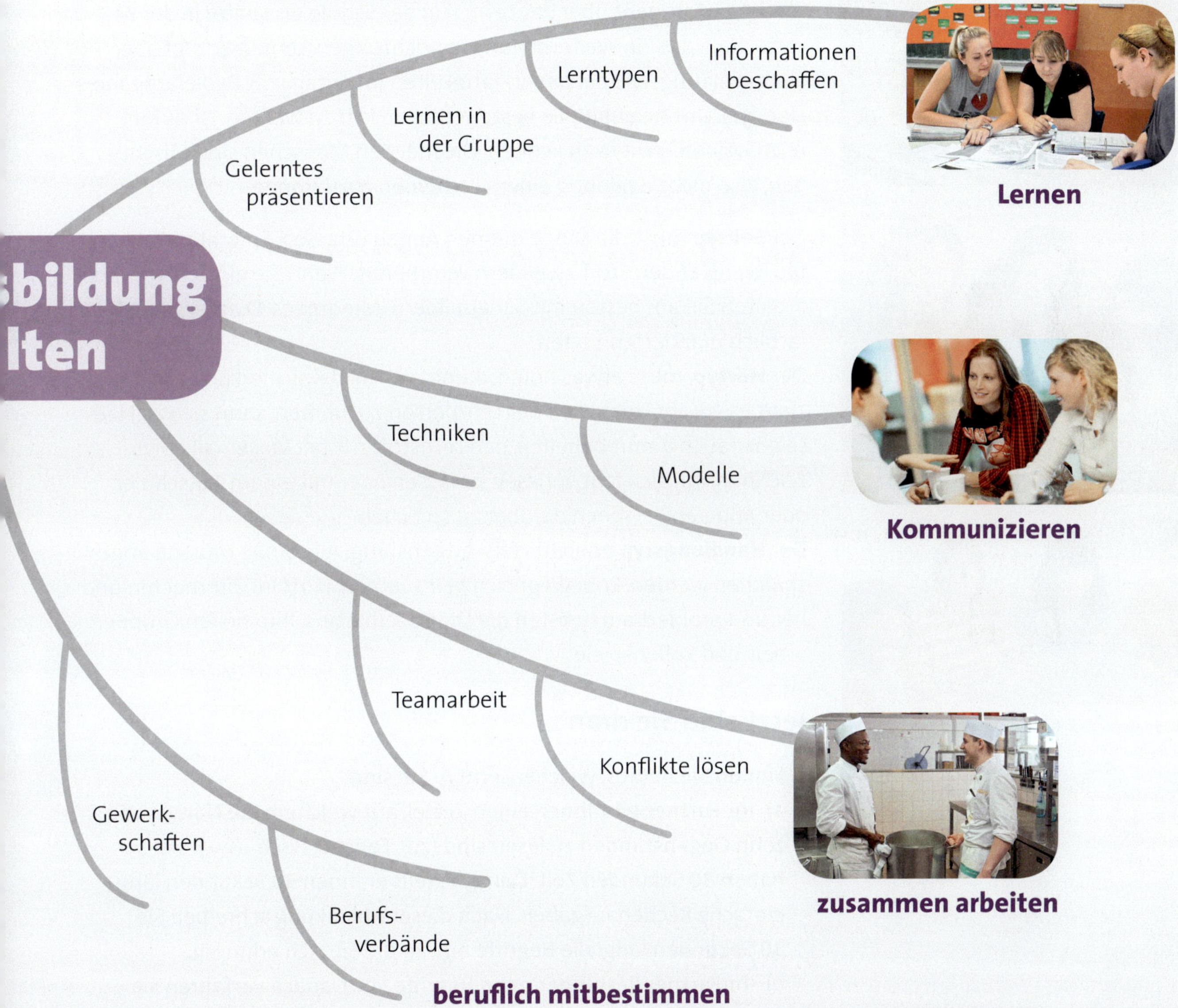


# 1 Die Berufsausbildung mit gestalten

# 1.1 Lernen lernen

## Es ist alles eine Frage des Typs

Jeder Mensch sammelt im Leben Lernerfahrungen. Das beginnt im Kindergarten, geht über das Lernen in der Schule bis später in der Berufsschule oder in Weiterbildungseinrichtungen. Lernen erfolgt aber auch beiläufig, wie bei neuen Tätigkeiten im Alltag (z. B. Bedienung Ihres Handys). Um sich über die beste Lernform klar zu werden, ist es hilfreich, seinen Lerntyp zu kennen. Die meisten Menschen sind Mischtypen, also nicht eindeutig einem Lerntypen zuzuordnen.

Der **Sehtyp** muss die Dinge mit den Augen erfassen. Er lernt am ehesten, wenn er den Stoff zu Bildern verarbeitet. Wenn Sie ein Sehtyp sind, arbeiten Sie am besten mit Schaubildern, Mindmaps, Diagrammen oder farblich markierten Texten.
Der **Hörtyp**, muss etwas hören, damit er sich etwas merken kann. Er zieht es vor, im Unterricht der Lehrperson zuzuhören, kann sich zu Hause aber auch damit behelfen, den Lernstoff z. B. per Voicemail aufzuzeichnen, ihn sich laut vorlesen zu lassen oder mit einem Mitschüler oder anderen Personen darüber zu sprechen.
Der **Handlungstyp** braucht viel Abwechslung. Alle Sinne müssen angesprochen werden. Er bewegt sich beim Lernen, läuft im Zimmer hin und her und probiert am liebsten die Dinge selbst aus. Ihm helfen Gruppenarbeit und Rollenspiele.

## Jetzt sind Sie dran ...

!

1. Finden Sie heraus, welcher Lerntyp Sie sind:
   a) Ihr Partner gibt Ihnen einen Zettel, auf welchem die Namen von zehn Gegenständen zu lesen sind (z. B. Fenster, Fisch usw.). Sie haben 30 Sekunden Zeit. Danach stellt er Ihnen 30 Sekunden lang einfache Rechenaufgaben. Nach dieser Ablenkung schreiben Sie 30 Sekunden lang alle Begriffe auf, an die Sie sich erinnern.
   b) Ihr Partner liest Ihnen zehn Begriffe vor. Danach verfahren Sie wie in Aufgabe 1a.
   c) Ihr Partner gibt Ihnen zehn Gegenstände (z. B. Uhr, Stift) in einer Tüte, die Sie einzeln herausnehmen und betrachten. Danach verfahren Sie wie in Aufgabe 1a.
2. Analysieren Sie nun, bei welcher Vorgehensweise Sie die meisten Begriffe aufschreiben konnten.
3. Stellen Sie mit Hilfe des ▸ Methodenteils zusammen, welche Methoden für Sie besonders geeignet sind. Lassen Sie sich gegebenenfalls von Ihrer Lehrkraft unterstützen.

## Erfolgreich lernen

Nachdem Sie nun die für sich geeignete Lernmethoden kennen, gibt es weitere Möglichkeiten, den Erfolg des Lernens zu verbessern:

- Ein Zeitplan ermöglicht regelmäßiges Lernen. Ähnlich wie in einem Stundenplan werden dort alle festen Termine eingetragen. Dann werden realistische Zeiträume zum Lernen festgelegt. Versuchen Sie, besonders leistungsfähige Zeiten bei Ihrer Planung zu berücksichtigen. Der Plan sollte an einer gut sichtbaren Stelle aufgehängt werden. Er gilt als Orientierung für Sie selbst sowie für Familienangehörige oder Mitbewohner.
- Kleinere Pausen (ca. fünf Minuten schon nach 30 Minuten) und größere Pausen (20 Minuten nach 90 Minuten) helfen, die Leistungsfähigkeit aufrechtzuerhalten.
- Wie beim Sport sollten Sie sich am Anfang aufwärmen, das heißt, beginnen Sie mit etwas Leichtem und Interessantem.
- Bei einem schwer zu überblickenden Lernstoff ist es hilfreich, diesen in kleinere Einheiten zu unterteilen und sich Teilziele zu setzten.
- Ein heller, aufgeräumter und möglichst lärmarmer Arbeitsplatz ermöglicht es, sich leichter auf den Lernstoff zu konzentrieren.

Jeder hat schon einmal diese Erfahrung gemacht: Wenn Sie Erfolg haben, fühlen Sie sich gut, lernen gerne, ernten Lob. Bei Misserfolg ist es genau andersherum. Diesen Kreislauf können Sie durchbrechen, indem Sie negativen Gedanken Mut machende Gedanken entgegensetzen.

## Jetzt sind Sie dran ...

1. Halten Sie zwei Wochen lang fest, wie Sie Ihren Tag verbringen. Übertragen Sie die Aktivitäten in einen Wochenplan. Diskutieren Sie mit Ihrem Nachbarn, wo Sie Zeit für Hausaufgaben und Lernen einplanen können.
2. Fügen Sie den „Panikmachern" in der unten stehenden Tabelle Ihre persönlichen Gedanken hinzu.
3. Stellen Sie den Panik erzeugenden Gedanken Mut machende Gedanken wie in der folgenden Tabelle gegenüber.

| Panikmacher | Mutmacher |
|---|---|
| *Ich verstehe das nicht.* | *Ich muss einfach noch mal genau nachlesen.* |
| *Ich bin heute total nervös.* | ... |
| *Ich darf keine Fehler machen.* | ... |

## Informationen beschaffen

Informationen sind überall im Leben wichtig, besonders jedoch, um bestimmte Arbeitsaufträge erfüllen zu können. Doch wie kommen Sie an die richtigen Informationen heran? Mögliche Quellen können sein:

- Printmedien: Bücher, Zeitungen, Zeitschriften, Plakate, Kataloge
- Bilddaten: Zeitschriften, Bildbände, Zeichnungen
- Übertragungen: Radio, Fernsehen
- elektronische Datenträger: CD-ROM oder DVD mit Texten, Bildern, Sprach- oder Filmsequenzen
- Internet: Webseiten
- andere: Besichtigungen, Veranstaltungen, Messen

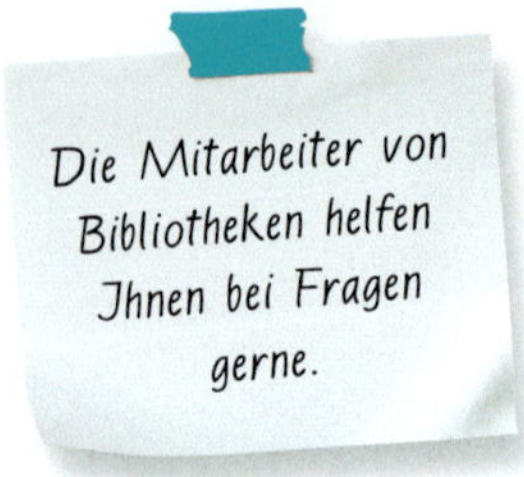


### Informationsbeschaffung in Bibliotheken

Schulen verfügen häufig über kleine Bibliotheken, ein größeres Angebot an Informationen bieten die Stadt- oder Bezirksbibliotheken. Viele Bibliotheken bieten kurze Einführungen zum „richtigen Suchen" an. Nutzen Sie diese. Hilfreich sind insbesondere die folgenden Suchstrategien:

- Entwickeln Sie eine genaue Vorstellung, wonach Sie suchen, und formulieren Sie dies in einem Stichwort oder mehreren Stichwörtern.
- Diese Stichwörter, aber auch Namen von bekannten Autoren, können Sie im Bibliothekskatalog nachschlagen. Die meisten Bibliotheken verfügen heute über digitale Kataloge, nur manche besitzen noch die alten „Handapparate" (Karteikastensysteme), die man sich am besten von der Bibliothekarin erklären lässt.
- Nutzen Sie zum Einstieg in ein Thema übergreifende Medien, wie z. B. ein Lexikon. Zur vertiefenden Suche sind Fachzeitschriften oder Fachbücher geeignet (Achten Sie auf das Erscheinungsjahr: Zu alte Fachliteratur ist häufig überholt.).
- Bevor Sie anfangen zu lesen, informieren Sie sich in der Zusammenfassung, dem Inhaltsverzeichnis, dem Stichwortverzeichnis oder dem Klappentext, ob das Buch oder der Artikel Ihnen wirklich weiterhilft. So können Sie wertvolle Zeit sparen.

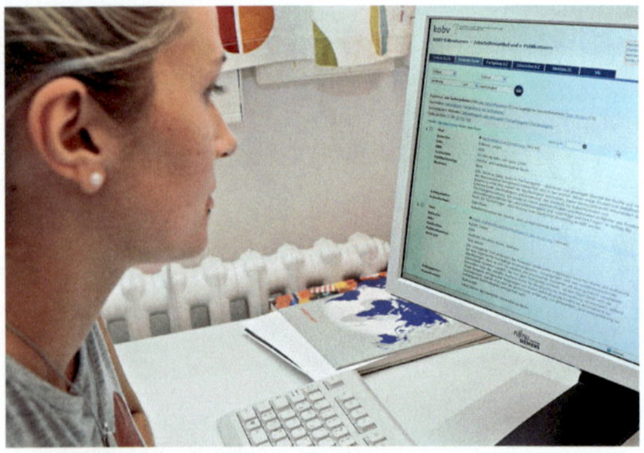

*Digitale Bibliothekskataloge vereinfachen die Suche nach den passenden Medien.*

### Informationsbeschaffung im Internet

Im Internet sind Informationen auf Webseiten untergebracht. Diese werden von Privatpersonen, Firmen oder Behörden betrieben. Einige Webseiten bieten Datenarchive oder Wikis zur Stichwortsuche, andere verfügen über Diskussionsforen, in denen Fragen eingestellt werden können, um von anderen Webnutzern beantwortet zu werden. Internetinformationen unterliegen keiner einheitlichen Qualitätskontrolle.
Alle Menschen können Inhalte erstellen, auf bestimmten Seiten auch bewerten oder verändern (z. B. Wikipedia).

*Informieren Sie sich über den Inhalt eines Buches mit Hilfe des Inhaltsverzeichnisses.*

**Arbeiten mit Suchbegriffen**

Die meisten Menschen beginnen ihre Suche im Internet, indem sie eine der zahlreichen Suchmaschinen nutzen (z. B. Google, Yahoo, Fireball). Durch geschickte Kombination von Suchbegriffen können Sie teilweise recht schnell die für Sie wesentlichen Informationen erhalten. Geben Sie z. B. bei der Suche nach einem Rezept für Hefeklöße die Stichworte „Hefeklöße" und „Rezept" ein. Berücksichtigen Sie, dass die Reihenfolge der angezeigten Ergebnisse durch die Inhaber der Webseiten beeinflusst werden kann. Der erste Treffer ist nicht immer der beste.

Ebenso verfügen die meisten größeren Webseiten über eigene Suchmaschinen, dazu müssen Sie im „Suche"-Feld Ihren Suchbegriff eingeben. Dies ist hilfreich, wenn man eine etwas detailliertere Information sucht, die in der Menüleiste nicht gleich zu finden ist.

## Informationen bewerten

Markieren Sie nützliche Webseiten mit einem Lesezeichen oder der Favoritenfunktion Ihres Browsers. So können Sie bei der nächsten Suche die Seite schnell wiederfinden.

Um im Internet, aber auch anderswo gefundene Information zu bewerten, sollten Sie sich folgende Fragen stellen:

- Wer ist für die Erstellung der Information verantwortlich? Ob es eine Privatperson, Firma oder Behörde ist, muss im Impressum vermerkt sein.
- Welche Qualifikation hat der Autor? Ist er ein Laie oder verfügt er über eine besondere Ausbildung?
- Wann sind die Informationen erstellt bzw. aktualisiert worden? Im Internet sollten die Aktualisierungen nicht älter als ein halbes Jahr alt, Bücher und Zeitschriften nicht älter als fünf Jahre alt sein.
- Werden Sachinformationen von persönlichen Wertungen getrennt?
- Werden die Quellen der Information z. B. durch Literaturangaben oder Links belegt?
- Trifft die Information auf mich zu? So kann z. B. ein rechtliches Problem auf einer österreichischen Seite für mich nicht relevant sein.

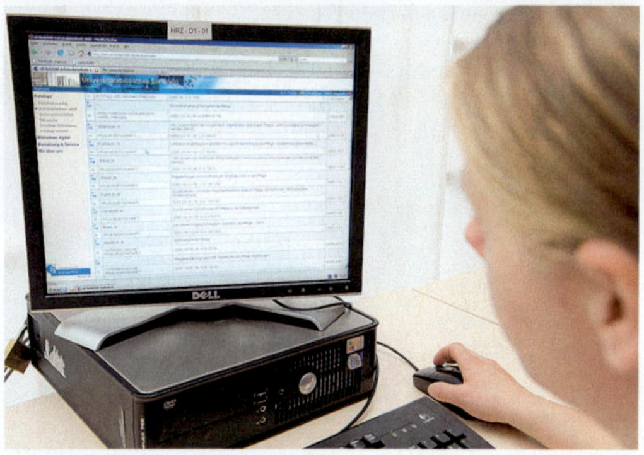

*Nicht alle Informationen, die Sie im Internet finden, sind richtig.*

## Jetzt sind Sie dran ...

1. **Recherchieren Sie in Partnerarbeit (▸ Internetrecherche) auf www.lebensmittellexikon.de, welche Gemüsesorten zurzeit Saison haben und wählen Sie eine Sorte aus.**
2. **Finden Sie auf www.chefkoch.de heraus, was Sie aus diesem Gemüse zubereiten können. Drucken Sie das Rezept aus.**
3. **Informieren Sie sich auf www.was-wir-essen.de, auf was Sie bei der Zubereitung von Gemüse achten sollten. Ergänzen Sie das Rezept.**
4. **Nehmen Sie mit Ihrer Klasse an einer Bibliotheksführung teil. Lassen Sie sich den Umgang mit dem (digitalen) Katalog zeigen. Machen Sie sich Notizen.**

online

Wichtige Internetadressen für die Hauswirtschaft sind:

www.berufsverband-hauswirtschaft.de
Seite des Berufsverband Hauswirtschaft

www.aid.de
Seite des AID-Infodienstes

www.vzbv.de
Seite des Verbraucherzentrale Bundesverbands e.V.

## Lernen in der Gruppe

### Wie funktioniert Gruppenarbeit?

Gruppenarbeit fördert soziales Lernen. Sie lernen, mit anderen zusammenzuarbeiten, sich auszudrücken und Kritik auszuhalten. Gleichzeitig bleiben Lernergebnisse länger im Gedächtnis, wenn sie selbst erarbeitet wurden. Damit eine Gruppenarbeit nicht als „Hühnerhaufen" endet, sollten geeignete Rahmenbedingungen und eine gute Planung vorliegen.

Geeignete Rahmenbedingungen sind:
- Offenheit
- gegenseitige Akzeptanz
- Arbeitsdisziplin
- geeignete Räume

Eine gute Planung umfasst:
- gründliches Lesen der Aufgabe
- Klärung von Fragen
- klare Aufgabenverteilung

### Aufgaben in der Gruppe

Während der Gruppenarbeit werden idealerweise Rollen für bestimmte Aufgaben verteilt. Der Moderator führt das Gespräch und bleibt selbst neutral. Der Zeitwächter achtet auf die zur Verfügung stehende Zeit. Der Präsentierende trägt das Ergebnis der Klasse vor, aber alle Mitglieder arbeiten an der Erfüllung der Arbeitsaufträge mit.

### Abschluss der Gruppenarbeit

Besonders wichtig ist, dass eine Gruppenarbeit richtig abgeschlossen wird. Dazu gehören:
- Sammeln der Ergebnisse und ggf. Vorbereiten einer Präsentation
- Präsentieren und Diskutieren der Ergebnisse in der Klasse
- Auswertung der Gruppenarbeit

*Regeln für die Gruppenarbeit*
- *Es spricht immer nur einer und nicht immer nur derselbe.*
- *Die übrigen Gruppenmitglieder hören zu.*
- *Es werden keine verletzenden Bemerkungen zu einzelnen Beiträgen gemacht.*
- *Alle bringen ihr Können und Wissen ein.*

## Jetzt sind Sie dran ...

1. a) Überlegen Sie in Partnerarbeit mit Hilfe der ▸ Kopfstandmethode, welches Verhalten sich negativ auf eine Gruppenarbeit auswirkt. Leiten Sie daraus positive Verhaltensweisen ab.
   b) Sammeln Sie die Ergebnisse der Klasse an einer ▸ Metaplanwand. Wählen Sie die wichtigsten Punkte mit Hilfe einer ▸ Themengewichtung aus.
   c) Erstellen Sie aus diesen Punkten ein ▸ Plakat für Ihr Klassenzimmer.

## Visualisierungs- und Präsentationstechniken

Wenn Sie einen Vortrag oder ein Referat visualisieren, also mit Folien oder Schautafeln bebildern, spricht man von einer Präsentation. Das Vorstellen von Ausarbeitungen ist eine Möglichkeit, Wissen mit anderen zu teilen und die Ergebnisse darzustellen.

**Unterstützenden Medien**

Um Ihre Argumentation zu unterstützen und Ihren Vortrag abwechslungsreich zu gestalten, können Sie Medien einsetzen, z. B.:

- Schreibtafel/Whiteboard
- Metaplanwand/Flipchart/Plakat
- Beamer/Diaprojektor
- audiovisuelle Medien, z. B. Filme

**Foliengestaltung**

Für die Foliengestaltung, sowohl für den Einsatz auf Overheadprojektoren oder in entsprechenden Präsentationsprogrammen (z. B. MS PowerPoint), und für die Plakaterstellung gelten folgende Maßstäbe:

- klare Gliederung
- Überschrift auf jeder Folie
- eher Stichworte als Sätze
- angenehme Schriftgröße (24–28 Punkt), nicht mehr als drei verschiedene Schriftgrößen pro Folie
- Farbeinsatz zur bewussten Hervorhebung
- nicht mehr als zehn Zeilen pro Folie, ausreichend Abstand zwischen den Zeilen
- nicht zu viele Effekte (blinken, einfliegen)
- Einsatz von Bildern und Zeichnungen als Gedächtnisstütze

**Das Vortragen**

Der Auftritt der präsentierenden Person ist von großer Bedeutung. Die Körpersprache und die Aussprache des Redners bestimmen maßgeblich die Wirkung des Gesagten. Beachten Sie deshalb folgende Punkte:

- Sehen Sie Ihr Publikum an.
- Lächeln Sie zwischendurch.
- Verwenden Sie Gestik und Mimik.
- Sprechen Sie nicht zu schnell oder zu langsam.
- Sprechen Sie mit Betonung, laut und deutlich.

Gliederung eines Vortrages:
- Einleitung (Interesse wecken, Thema einordnen)
- Hauptteil (Inhalte vermitteln)
- Schluss (Zusammenfassung, Möglichkeit für Fragen)

*Medien unterstützen Ihren Vortrag.*

*Der Vortragende spricht immer zum Publikum, nicht zu den Folien oder Plakaten.*

## Jetzt sind Sie dran ...

1. **Erstellen Sie in der Gruppe eine ▸ Präsentation zu dem Thema: „Worauf sollten Sie bei einer guten Präsentation achten“.**
2. **Tragen Sie die Präsentation in Ihrer Klasse vor. Jeder Gruppenteilnehmer sollte auch an der Präsentation beteiligt sein.**
3. **Vergleichen Sie die Ergebnisse.**

# 1.2 Das Berufsfeld Hauswirtschaft entdecken

Hauswirtschafterinnen und Hauswirtschafter übernehmen hauswirtschaftliche Versorgungsleistungen sowie die Betreuung von Personen jeden Alters.
Hauswirtschafter/-in ist ein bundesweit geregelter, anerkannter Ausbildungsberuf nach dem Berufsbildungsgesetz (BBiG). Die Ausbildung dauert drei Jahre und wird meist im dualen System, das heißt im Betrieb und in der Berufsschule, durchgeführt.
Andere Ausbildungen wie z. B. Fachpraktiker/-in Hauswirtschaft oder Hauswirtschaftsassistentin sind nicht einheitlich geregelt und variieren in Umfang und Anerkennung.

Weitere Berufe im Bereich Ernährung und Gastgewerbe sind z. B.:
- Koch/Köchin
- Restaurantfachfrau/-mann
- Fachkraft im Gastgewerbe
- Bäcker
- Fleischer

## Anforderungsprofil

Wenn Sie den Beruf der Hauswirtschafter/-in erfolgreich erlernen und ausüben wollen, sind folgende **Interessen** nötig. Interesse an:
- praktisch-konkreten Tätigkeiten, z. B. Zubereiten des Mittagessens, Eindecken von Tischen, Reinigen von Sanitärräumen
- sozial-beratenden Tätigkeiten, z. B. Verstehen von individuellen Wünschen bei Gästen, Beschäftigen und Motivieren von Senioren oder Kindern
- verwaltend-organisatorischen Tätigkeiten, z. B. Erstellen von Speise- oder Arbeitsplänen, Annehmen und Kontrollieren bestellter Lebensmittel
- kaufmännisch-organisatorischen Tätigkeiten, z. B. kostenbewusstes Einkaufen von Lebens- und Reinigungsmitteln, Festhalten von Einnahmen und Ausgaben

Eine grundlegende Voraussetzung für eine Tätigkeit in der Hauswirtschaft ist ein angemessenes **Arbeitsverhalten**. Erforderlich sind Leistungs- und Einsatzbereitschaft, Zuverlässigkeit, Pünktlichkeit, Ehrlichkeit, selbstständige Arbeitsweise, Kritikfähigkeit und angemessene Umgangsformen. Auch Sorgfalt, Einfühlungsvermögen, Freundlichkeit und Höflichkeit sind wichtig.

## Verschiedene hauswirtschaftliche Betriebe und Arbeitsplätze

Ina arbeitet in einem **Privathaushalt**. Ihre Arbeitgeber sind beide berufstätig und legen Wert auf eine gehobene Haushaltsführung. Für den Abend sind Gäste eingeladen, deshalb muss Ina am Morgen noch Einiges einkaufen und einen Anzug aus der Reinigung holen. Danach putzt sie das Tafelsilber, deckt den Tisch festlich und gestaltet dafür einen Blumenschmuck. Am Abend serviert sie den Gästen die Speisen und Getränke.
Jessica ist in einem **landwirtschaftlichen Unternehmen** mit Hofladen beschäftigt. Heute Morgen erntet sie im Garten Möhren für den Verkauf. Eines der Kinder ist krank. Jessica kocht Tee für Tini und malt mit ihr, bis sie müde wird und einschläft. Dann bereitet sie aus Gartenfrüchten Konfitüre zu und berechnet den Verkaufspreis am PC mit Hilfe eines Kalkulationsprogramms. Am Nachmittag übernimmt sie den Verkauf im Hofladen und zählt am Ende die Einnahmen und rechnet ab.

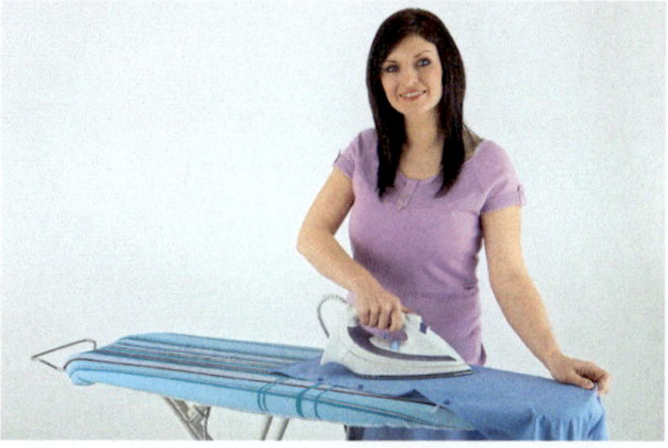

Yildiz ist in einer **Dienstleistungsagentur** tätig. Sie unterstützt Senioren zu Hause bei ihren Alltagsverrichtungen. Für Frau Meier kauft sie heute Reinigungsmittel und bringt ein Päckchen zur Post. Danach reinigt sie das Badezimmer, spült das Geschirr und bügelt eine Bluse. Weil Frau Meier nicht mehr so gut sieht, liest ihr Yildiz aus der Zeitung vor. Im Anschluss an Frau Meier betreut sie noch Herrn Schmidt und Frau Torrini.

Tom arbeitet in der **Großküche** einer Klinik. Heute Morgen macht er im Vorratslager Inventur, danach bereitet er 400 Fischfilets vor und brät diese. Er desinfiziert die Arbeitsflächen im Raum für die Fischvorbereitung. Anschließend portioniert er alle Nachspeisen. Am Speisenverteilband übernimmt er heute den Beilagenposten. Jeder Teller, der an ihm vorüberfährt, hat eine Karte, auf der Speisenwünsche oder Diäten eingetragen sind. Tom verteilt entsprechend der Karten die Beilagen. Am Nachmittag portioniert er die Zwischenmahlzeiten für die Diätpatienten und packt sie ab.

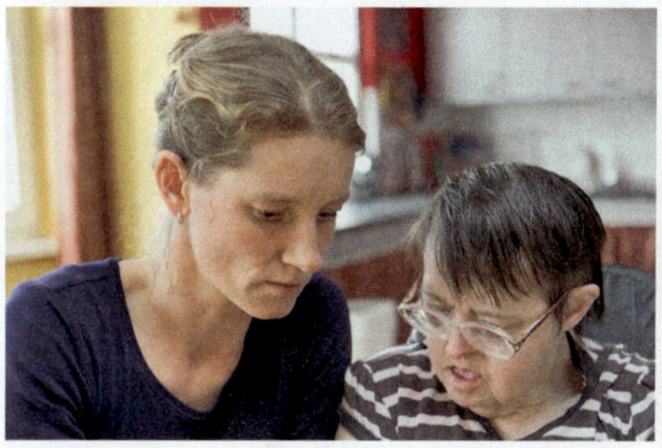

Ein **Wohnheim für Menschen** mit Behinderung ist der Arbeitsplatz von Oksana. Sie versorgt die zwölf Bewohner einer Wohngruppe. Am Morgen deckt sie gemeinsam mit den Bewohnern den Frühstückstisch in der Wohnküche. Während des Frühstücks hilft sie beim Brote richten und schneiden. Danach reinigt sie die Wohnküche und bereitet das Mittagessen zu. Am Nachmittag erstellt sie den Speiseplan für die nächste Woche und schreibt eine Liste mit den benötigten Lebensmitteln.

Kevin arbeitet in einem **Tagungshaus**. Heute bereitet er für eine Gruppe den Tagungsraum vor. Er überprüft Beamer und Projektor. Sind genug Folienstifte da? Dann sorgt er für Kaffee und stellt Getränke bereit. Anschließend reinigt er die Zimmer der abgereisten Gäste. Er sortiert die angefallene Schmutzwäsche und stellt eine Waschmaschine an. Dann mangelt er zehn Kilo Tischtücher. Er erstellt eine Betriebsanweisung für die Mangel am PC. Zum Schluss bestellt er per Telefon weiteres Waschmittel beim Lieferanten.

## Jetzt sind Sie dran ...

1. **Notieren Sie die einzelnen Merkmale eines angemessenen Arbeitsverhaltens auf einen Zettel. Schätzen Sie sich selbst zu jedem Merkmal mit einer Note von eins bis sechs ein.**
2. **Bitten Sie einen Mitschüler, dasselbe für Sie zu tun. Vergleichen Sie Selbst- und Fremdeinschätzung.**
3. **Wählen Sie einen hauswirtschaftlichen Betrieb in Ihrer Nähe aus. Führen Sie dort, alleine oder zu zweit, eine Betriebserkundung durch. Halten Sie nach Rückfrage Ihre Eindrücke in Fotos fest.**
4. **Gestalten Sie mit den Fotos und den erhaltenen Informationen ein ▸ Plakat. Stellen Sie es der Klasse vor.**

## Fort- und Weiterbildungsmöglichkeiten

Bestimmt haben Sie schon einmal den Begriff „lebenslanges Lernen“ gehört. Das bedeutet, dass das (berufliche) Lernen auch mit einer Abschlussprüfung nicht beendet ist. Es gibt unterschiedliche Arten des beruflichen Weiterlernens.

**Fortbildungen** erweitern, vertiefen oder erneuern bereits vorhandene Kenntnisse und Fertigkeiten. Fortbildungen sind wichtig für die **berufliche Anpassung**. Man unterscheidet:

- interne Fortbildungen, die vom Arbeitgeber angeboten werden, z. B. Hygieneschulungen
- externe Fortbildungen in Bildungseinrichtungen, z. B. EDV-Kurse
- selbstständige Fortbildungen, z. B. durch Lesen von Fachliteratur
- Fernlehrgänge, z. B. auf Basis von Lehrbriefen oder Onlineschulungen

**Weiterbildungen** ermöglichen neue oder erweiterte berufliche Tätigkeiten. Sie sind häufig mit einem höher qualifizierenden Abschluss verbunden. Weiterbildungen werden von unterschiedlichen Bildungseinrichtungen angeboten.
Sie sind wichtig für einen **beruflichen Aufstieg**.

## Jetzt sind Sie dran ...

1. Gestalten Sie in Gruppenarbeit ein ▸ Plakat über eine Aufstiegsweiterbildung. Für jeden der folgenden Berufe sollte eine Gruppe gebildet werden.
   - Meister/-in der Hauswirtschaft
   - Haus- und Familienpfleger/-in
   - Fachhauswirtschafter/-in
   - Hauswirtschaftliche Betriebsleiter/-in
2. Informieren Sie sich im Internet z. B. unter http://berufenet.arbeitsagentur.de zur Berufsbezeichnung Hauswirtschaft in der Rubrik Tätigkeiten, im Unterpunkt Weiterbildung über die Tätigkeiten, die Tätigkeitsorte sowie die Ausbildungsdauer und die Ausbildungsorte. Halten Sie dies auf Ihrem Plakat fest. Stellen Sie Ihr Plakat der Klasse vor.

## Gewerkschaften und Berufsverbände

Als im 19. Jahrhundert sich die Industrie entwickelte und immer mehr Arbeiter in Betrieben tätig wurden, wuchs auch der Bedarf an Schutz vor schlechten Arbeitsbedingungen. Die sogenannte Arbeiterbewegung kämpfte für geregelte Arbeitszeiten, angemessene Entlohnung und ein gesundheitsförderliches Arbeitsumfeld. Daraus entwickelten sich die Gewerkschaften, die sich bis heute für Arbeiter und Angestellte einsetzen. Das Prinzip der Gewerkschaft funktioniert nur, wenn möglichst viele Angestellte sich in Gewerkschaften organisieren. Wie wichtig dies ist, sieht man, wenn man sich die Arbeitsbedingungen in vielen anderen Ländern der Welt anschaut. Dort, z. B. in Bangladesch, sind die Arbeiter schutzlos gesundheitsschädlichen oder gar lebensgefährlichen Arbeitsumständen ausgesetzt und können von ihrem Gehalt nicht leben.

**Aufgaben und Ziele der Gewerkschaften**
Das Lebenselixier der Gewerkschaften ist die Solidarität. Die Mitglieder leisten sich für ein Prozent des Bruttoverdienstes eine Organisation, die sie über ihre Rechte informiert und berät, in Betriebs- und Personalräten vertritt, Gehälter und Arbeitsbedingungen aushandelt und, falls nötig, Streiks organisiert und Streikgeld zahlt, bis ein Ergebnis erreicht ist.

Bangladesch ist ein Staat in Südasien. Die dortige Textilindustrie ist durch ihre niedrigen Löhne ein Hauptproduzent westlicher Textilien. Immer wieder kritisieren Menschenrechtsorganisationen die schlechten Arbeitsbedingungen.
Auf „YouTube" finden Sie „Die KIK-Story", einen Film über Arbeitsbedingungen in Bangladesch.

**Aufgaben und Ziele von Berufsverbänden**
Berufsverbände vertreten die Interessen eines Berufsstands nach außen, z. B. gegenüber Politikern oder der Öffentlichkeit, oder nach innen, z. B. durch Fort- und Weiterbildungsangebote. Weitere Aufgaben sind:

- Hilfe bei der Aktualisierung der Berufsbilder und der Ausbildungsinhalte
- Aufbau eines Netzwerkes unterschiedlicher Mitgliedsverbände
- Austausch über Wissenschaft und Praxis

In der Hauswirtschaft gibt es verschiedene Berufsverbände, die sich durch Tradition, Religion und Selbstbild unterscheiden, z. B.:

- Berufsverband Hauswirtschaft e. V.
- DHB – Netzwerk Haushalt
- Arbeitsgemeinschaft Evangelischer Haushaltsführungskräfte (AEH) des deutschen evangelischen Frauenbundes e. V. (DEF)
- Berufsverband Katholischer Arbeitnehmerinnen in der Hauswirtschaft in Deutschland e. V.

Sie alle sind in der Bundesarbeitsgemeinschaft Hauswirtschaft (BAG-HW) zusammengeschlossen.

online

Hier finden Sie die Internetpräsenz der genannten Hauswirtschaftsverbände

www.berufsverband-hauswirtschaft.de

www.dhb-netzwerk-haushalt.de

www.def-bundesverband.de

www.bkhev.de

## Jetzt sind Sie dran ...

1. **Recherchieren Sie im ▸ Internet, welche Gewerkschaften die hauswirtschaftlichen Berufe vertreten.**
2. **Laden Sie einen Gewerkschaftsvertreter in Ihre Klasse ein. Befragen Sie den Vertreter zu den einzelnen Aufgaben der Gewerkschaften und halten Sie die Aussagen in einem ▸ Mindmap fest.**

# 1.3 Arbeiten und gesund bleiben

*Die persönliche Hygiene ist die Grundlage für ein professionelles Auftreten.*

## Persönliche Hygiene

Die persönliche Hygiene umfasst die Körperpflege, aber auch die Kleidung und den Körperschmuck. Die Vorstellungen darüber unterscheiden sich von Mensch zu Mensch. Bei einigen hauswirtschaftlichen Tätigkeiten kommt man den zu versorgenden Personen jedoch sehr nahe. Daher versteht es sich von selbst, dass Sie Ihre Körperpflege nicht vernachlässigen dürfen.
Der Körper soll weder zu stark riechen (Schweiß oder Parfüm) noch abstoßend aussehen (ungepflegte Zähne oder fleckige Kleidung).

Ein anderer Gesichtspunkt besteht darin, dass besonders im Bereich Nahrungszubereitung eine mangelhafte persönliche Hygiene für Ihre Gäste unangenehm werden kann:

- **Haare:** Sie sind nicht nur Brutstätten für Keime aller Art; wenn sie ausfallen und in Speisen gelangen, ist dies ekelerregend.
- **Fingernägel:** Unter langen Fingernägeln sammelt sich mehr Schmutz als unter kurzen Nägeln. Abbröckelnder Nagellack kann in Speisen gelangen. Das Gleiche gilt für Nageltips oder Gelnägel.
- **Schmuck an Händen und Fingern:** Unter Ringen, Kettchen und Uhren herrscht ein feuchtes Klima, welches einen ausgezeichneten Nährboden für Keime bietet.
- **Ohrringe und andere Piercings:** Neben der Gefahr des Herausreißens bei ungeschickten Bewegungen ist die Umgebung von Piercings eine Brutstätte für körpereigene Bakterien. Sie können dies schnell feststellen, wenn Sie einmal ein Piercing herausnehmen und daran riechen: Dieser Geruch ist typisch für bestimmte Bakterien und ihre Zersetzungsprodukte. Bei abwehrgeschwächten Menschen können diese Bakterien Krankheiten hervorrufen.

Deshalb sollten Sie folgende **Grundsätze der persönlichen Hygiene** beachten:

- Duschen oder waschen Sie sich täglich.
- Wechseln sie täglich Ihre Unterwäsche.
- Waschen Sie regelmäßig Ihre Haare.
- Binden Sie lange Haare zusammen.
- Halten Sie Ihre Fingernägel kurz, tragen Sie keinen Nagellack.
- Legen Sie Ihren Schmuck zu Arbeitsbeginn ab.
- Nehmen Sie Piercings zu Arbeitsbeginn heraus oder kleben Sie diese ab.

### Händehygiene

Durch die **Händereinigung** mit Wasser und Seife unter fließendem Wasser werden Verschmutzungen abgelöst und die Keimzahl erheblich verringert. Zum Abtrocknen werden in Betrieben Einweghandtücher benutzt. Zum Schutz der Haut sollten Sie regelmäßig nach dem Waschen Handcreme auftragen.

Waschen Sie bitte Ihre Hände immer:
- nach jedem Umkleiden und zu Arbeitsbeginn
- nach jedem Gang zur Toilette
- nach jedem Niesen, Naseputzen und Husten
- nach dem Kontakt mit erdigen Lebensmitteln
- vor dem Kontakt mit gegarten Lebensmitteln
- wenn sie schmutzig sind

Nach dem Kontakt mit möglicherweise keimbelasteten Lebensmitteln oder Gegenständen, z.B. bei rohem Geflügel, ist eine **Händedesinfektion** nötig. Die hygienische Händedesinfektion verringert die Anzahl der Keime auf den Händen. Sichtbare Verschmutzungen werden vorher mit Wasser und Seife entfernt. Die Desinfektion erfolgt erst nach der vollständigen Trocknung und wird mit einem speziellen Händedesinfektionsmittel durchgeführt. Dessen Einwirkzeit beträgt meist 30 Sekunden.

online

www.wir-gegen-viren.de

Auf dieser Seite finden Sie zahlreiche Hinweise zu einfachen Hygienemaßnahmen, unter anderem auch zum Händewaschen. Unter ▸ Infomaterial können Sie kostenfrei verschiedene Aufkleber und Plakate zum Thema bestellen.

### Arbeitskleidung

Die richtige Arbeitskleidung ist nicht nur für Ihr hygienisches Auftreten wichtig, sondern schützt Sie auch vor ▸ Unfällen (S.140). **Hose und Oberteil** sollten aus hellem, bei 60 °C waschbarem Material bestehen. Bei der Nahrungszubereitung müssen Sie eine Kopfbedeckung und ggf. einen Vorbinder tragen. Schmutzige Kleidung sollte zeitnah gewaschen werden, damit sich Keime nicht vermehren und keine Flecken zurückbleiben. **Schuhe** sind wasserabweisend, haben eine rutschfeste Sohle und keine Absätze. Ein geschlossener Schuh gibt dem Fuß Halt und schützt die Zehen.

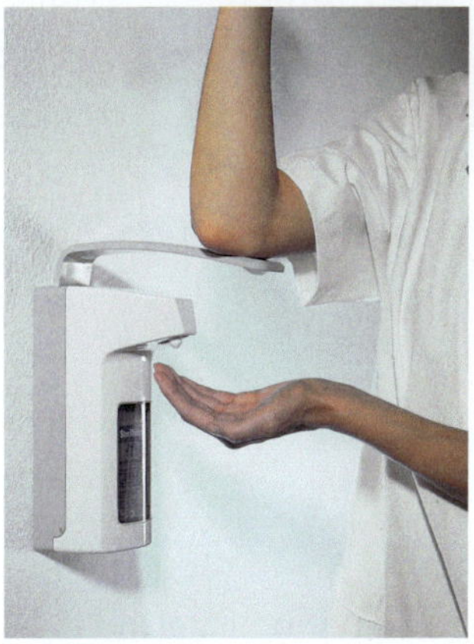

*Wandspender mit Händedesinfektionsmittel*

*Arbeitsschuhe und Arbeitskleidung sollten atmungsaktiv sein, also aus Naturmaterialien oder speziellen Funktionsstoffen bestehen.*

## Jetzt sind Sie dran ...

1. Führen Sie eine ▸ Pro-und-Kontra-Diskussion zum Thema: „Ich nehme mein Piercing nicht raus!".
2. Halten Sie die Ergebnisse in einem ▸ Mindmap fest.
3. Recherchieren Sie in Partnerarbeit im ▸ Internet nach einer Anleitung, wie die Händedesinfektion richtig durchgeführt wird.
4. Drucken Sie diese aus und führen Sie eine korrekte Händedesinfektion durch.

## Tagesleistungskurve

Die Konzentrationsfähigkeit und Leistungsbereitschaft eines Menschen ist abhängig von Gewohnheiten und vom persönlichen Biorhythmus. So gibt es Morgenmuffel, während andere frühmorgens ihre bevorzugten Lern- und Arbeitszeiten haben. Forscher haben einen gemeinsamen Mittelwert erstellt, den man auch bildlich darstellen kann – die Tagesleistungskurve.

*Ihre Leistungsfähigkeit ist auch abhängig von der Tageszeit. Setzen Sie gezielt verschiedene Arbeitshaltungen, kreislaufanregende Tätigkeiten und ausreichende Pausen ein, um nicht so schnell zu ermüden.*

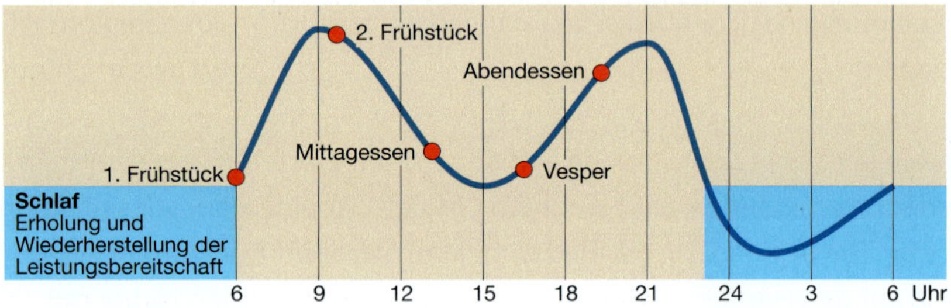


Sie zeigt, dass morgens zwischen 9:00 und 11:00 Uhr ein Leistungshoch besteht, genauso in der Zeit von 18:00 bis 20:00 Uhr. In diesen Zeiten sollten Arbeiten ausgeführt werden, die besondere Konzentration verlangen, z. B. ▸ Lernen (S. 14). Um die Mittagszeit und in der Nacht besteht ein Leistungstief – der Mensch ist müde. Diese Zeiten müssen zur Erholung und zur Wiederherstellung der Leistungsfähigkeit genutzt werden.

## Ergonomie

Ergonomie beschäftigt sich mit den Gesetzmäßigkeiten von Arbeit und hat zum Ziel, mit möglichst guten Arbeitsbedingungen ein möglichst gutes Arbeitsprodukt zu erstellen. Sie haben mit Sicherheit schon selbst bemerkt, dass körperliche Arbeiten im Sitzen weniger anstrengend sind als Arbeiten im Stehen oder mit zusätzlichem Körpereinsatz. Jeder Muskel, der im Körper angespannt ist, benötigt Energie. Je mehr Muskeleinsatz Sie aufwenden müssen, desto höher ist auch der Energieverbrauch und desto schneller ermüden Sie. Dies gilt insbesondere für gebückte Arbeiten, Arbeiten in der Hocke, über Kopf sowie alle Haltearbeiten.

Ergonomisches Arbeiten bedeutet also, sich so viele Arbeitserleichterungen wie möglich zu schaffen, ohne die Qualität der Arbeit zu gefährden. Um sich nicht jedes Mal bücken zu müssen, können Sie den Wäschekorb beim Aufhängen der Wäsche auf einen Hocker stellen. Wenn Sie eine große Menge Kartoffeln schälen müssen, können Sie sich an einen Tisch setzen. Lässt es sich nicht verhindern, dass Sie Lasten heben müssen, berücksichtigen Sie folgende Tipps, um Ihren Rücken nicht falsch zu belasten und damit zu schädigen:

- Gehen Sie beim Heben von Lasten mit geradem Rücken in die Hocke.
- Tragen Sie Lasten mit beiden Händen.
- Tragen Sie Lasten eng am Körper.

## Erholung

Regelmäßige Erholungszeiten schützen Sie vor Stress und Gesundheitsschäden. Unterstützen Sie Erholungsphasen durch folgende Tipps:

- Eine ausgewogene, regelmäßig eingenommene Ernährung sowie ausreichend Flüssigkeit halten Ihren Körper fit.
- Nutzen Sie Ihre Freizeit zur aktiven Erholung: Gehen Sie ruhig mal spazieren, betätigen Sie sich z.B. in einem Verein sportlich und pflegen Sie Ihre Hobbys und Freundschaften.
- Gönnen Sie Ihrem Körper einen ausreichenden und gesunden Schlaf in einem gut gelüfteten Raum und ruhiger Schlafumgebung.

*Sport und Bewegung sind nicht nur gesund für den Körper, sie tragen auch erheblich zu Entspannung und Wohlbefinden bei.*

## Arbeitssicherheit

Unfälle passieren, wenn Sie auf eine Gefahrenquellen treffen und ungünstige Bedingungen die Unfallgefahr noch erhöhen. So kann ein frisch geputzter Boden eine Gefahrenquelle darstellen: Ungünstige Bedingungen wie ein fehlendes Warnschild oder schlechte Lichtbedingungen können zum Ausrutschen auf diesem Boden führen.
Sie können Unfälle vermeiden, wenn Sie Gefahrenquellen und ungünstige Bedingungen weitestgehend einschränken. Gewöhnen Sie sich daher von Anfang an sichere Arbeitstechniken an, beachten Sie immer die Maßnahmen zum ▸ Unfallschutz (S. 140) sowie die folgenden **allgemeinen Sicherheitshinweise**:

- Planen Sie Ihre Arbeiten sorgfältig.
- Halten Sie Ordnung.
- Arbeiten Sie konzentriert.
- Sorgen Sie für gute Lichtverhältnisse.

Sind Gefahrenquellen bekannt, sind die Verantwortlichen verpflichtet, diese mit Sicherheitszeichen zu kennzeichnen. Dazu gehören ▸ Gefahrsymbole (S. 176), Rettungszeichen, Gebots- und Verbotszeichen.

## Jetzt sind Sie dran ...

1. **Gehen Sie in Partnerarbeit durch die Schule und zeichnen Sie alle Rettungszeichen, Gebots- und Verbotszeichen ab, die Sie finden können. Sammeln Sie die Zeichen in einer Tabellenspalte.**
2. **Recherchieren Sie im ▸ Internet, was die gefundenen Zeichen bedeuten, und tragen Sie die Bedeutung in die Spalte neben den Zeichen ein. Ergänzen Sie ggf. weitere Zeichen.**

## Arbeitsplatzgestaltung

Mit einer guten Arbeitsplatzgestaltung sparen Sie Zeit und Kraft, beugen Unfällen vor und ermöglichen einen fließenden Arbeitsablauf.

**Arbeitshöhe**

Beim Sitzen oder Stehen ist die richtige Arbeitshöhe von großer Bedeutung. Optimal ist, wenn

- die Schultern entspannt sind,
- die Oberarme locker herabhängen,
- die Unterarme leicht angewinkelt sind,
- der Rücken gerade ist und
- knie- und fußfreier Raum vorhanden ist.

Im Idealfall kann die Arbeitshöhe angepasst werden, z. B. bei Bügelbrettern. In einigen Situationen, z. B. bei Küchenarbeitsflächen, ist dies allerdings nicht möglich.

**Beleuchtung**

Sorgen Sie immer für einen ausreichend beleuchteten Arbeitsplatz. Tageslicht sollte bei Rechtshändern von vorne oder von links einfallen, bei Linkshändern dementsprechend von rechts, um Schattenbildung zu vermeiden. Eine ideale elektrische Beleuchtung blendet nicht und leuchtet Ihren Arbeitsplatz gut aus.

**Arbeitsplatz einrichten**

Wenn Sie sich Ihren Arbeitsplatz einrichten, sammeln Sie zuerst alle benötigten Arbeitsmittel, Geräte und Zutaten. Dann ordnen Sie diese so an, dass sie gut zu erreichen sind. Beachten Sie dabei den inneren und äußeren ▸ Greifraum (S. 95) sowie die ▸ Arbeitsrichtung (S. 95). Sorgen Sie kontinuierlich für Ordnung und Sauberkeit an Ihrem Arbeitsplatz..

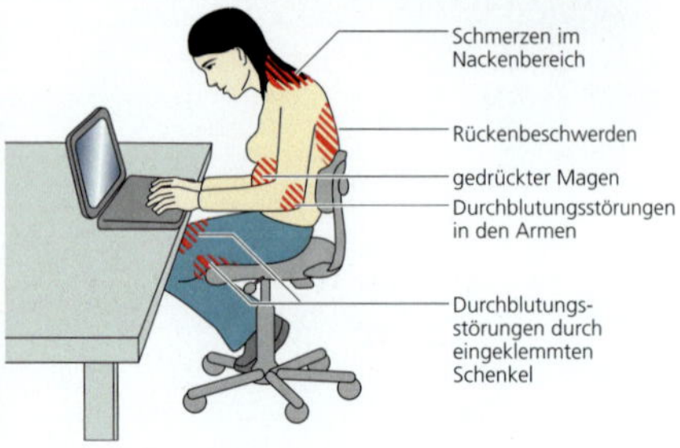


*Fehlhaltungen können zu zahlreichen Beschwerden führen.*

## Jetzt sind Sie dran ...

1. Stellen Sie sich die Höhe eines Bügelbretts passend ein. Beachten Sie dazu die beim Punkt „Arbeitshöhe“ aufgeführten Merkmale.
2. Sehen Sie sich das nebenstehende Bild an. Die Frau am Computer macht einiges falsch. Sammeln Sie, in der Gruppe und mit Hilfe der ▸ Placemat-Methode, Punkte für die richtige Gestaltung eines Computerarbeitsplatzes.

## Zeitmanagement und Arbeitsorganisation

Zeit stellt die einzige ▸ Ressource (S. 192) dar, die sich weder aufheben noch zurückgewinnen lässt. Mit Hilfe von Zeitmanagement und Arbeitsorganisation lässt sich der Umgang mit der zur Verfügung stehenden Zeit verbessern. Egal ob Sie sich auf eine Prüfung vorbereiten, ein Mittagessen in der Schulküche herstellen oder eine Schulfeier organisieren, Sie müssen entscheiden, wann Sie welche Aufgaben erledigen. Erstellen Sie dazu einen Zeit- und Arbeitsplan. Ziel eines solchen Plans ist, eine große Tätigkeit (z.B. Herstellen eines Mittagessens für 20 Personen) in mehrere Arbeitsvorgänge zu zergliedern. Gehen Sie wie folgt vor:

**1.** Erstellen Sie eine Tabelle für Ihren Zeit- und Arbeitsplan. Versehen Sie die Spalten mit Überschriften: Uhrzeit, voraussichtlich benötigte Zeit, Arbeitsschritt, benötigte Arbeitsmittel, ggf. noch andere. Wenn Sie die Tabelle auf Papier erstellen, schreiben Sie mit Bleistift, da Sie bei der laufenden Planung gewiss noch das ein oder andere ändern müssen.

**2.** Gehen Sie die Aufgabe im Kopf durch. Zerteilen Sie die Durchführung in einzelne Arbeitsschritte und tragen Sie diese in der richtigen Reihenfolge in die entsprechende Spalte ein. Berücksichtigen Sie, welche Arbeitsschritte vor einem anderen oder welche zu einem bestimmten Zeitpunkt erledigt sein müssen.

**3.** Ergänzen Sie nun die benötigten Arbeitsmittel.

**4.** Planen Sie nun die Dauer der jeweiligen Arbeitsschritte in Minuten und tragen Sie diese in die entsprechende Spalte ein. Berücksichtigen Sie dabei den Auf- und Abbau der Arbeitsplätze, eventuelle Wartezeiten und ggf. kleine Pausen. Auch Zeitpuffer für Unvorhergesehenes, z.B. Versorgung einer Schnittwunde, sind sinnvoll.

**5.** Um die Uhrzeiten zu ermitteln, rechnen Sie rückwärts. Wann soll die Gesamtaufgabe erledigt sein? Diese Uhrzeit tragen Sie in den Arbeitsschritt der letzten Zeile ein. Von da an müssen Sie rückwärtsrechnen und Schritt für Schritt die Uhrzeiten ermitteln. Am Ende (in der ersten Zeile) wissen Sie, wann Sie mit der Durchführung beginnen müssen, um pünktlich fertig zu werden.

## Jetzt sind Sie dran ...

1. **Erstellen Sie für einen Tag einen Zeitplan. Legen Sie eine Tabelle an und tragen Sie zuerst die Tätigkeiten ein, die zu einem bestimmten Zeitpunkt stattfinden.**
2. **Planen Sie die frei verfügbare Zeit, Freizeitaktivitäten, Arbeiten im Haushalt, Lernen usw. ein. Zerteilen Sie größere Tätigkeiten in Arbeitsschritte. Beachten Sie bei der Planung die Tagesleistungskurve.**
3. **Führen Sie Ihren Plan durch. Diskutieren Sie im Plenum, was mögliche Fehler in der Planung sein können.**

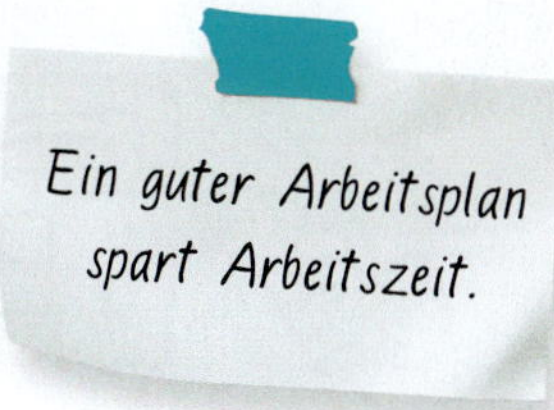

# 1.4 Miteinander reden und arbeiten

## Kommunikation

Alle Menschen kommunizieren ständig mit anderen Menschen und tauschen so Informationen aus. Dies geschieht in einem Gespräch, mit einer SMS, beim Chatten, beim Telefonieren, durch einen Blick oder eine bestimmte Körperhaltung.
Allerdings liegen erhebliche Unterschiede darin, wie Sie sich mit wem verständigen. Mit Lehrern kommunizieren Sie anders als mit Mitschülern. Auch verhalten Sie sich Kindern gegenüber anders als gegenüber Erwachsenen oder alten Menschen. Kommunikation geschieht also einerseits dauernd und überall, andererseits ist die Art und Weise sehr von der Situation abhängig.

Modelle sind eine vereinfachte Darstellung der Wirklichkeit.

Kommunizieren geschieht verbal (miteinander reden oder Geschriebenes lesen) oder nonverbal (wortlos, z. B. durch Gesichtsausdruck, Körperhaltung oder Blickkontakt).
Um Kommunikation besser zu verstehen, gibt es Kommunikationsmodelle. Sie stellen die Kommunikation auch bildlich dar. In diesem Buch werden zwei zentrale Kommunikationsmodelle ausgewählt, es gibt noch zahlreiche weitere.

### Sender-Empfänger-Modell

Nach dem Grundmodell der Kommunikation gehören zu dieser immer drei Elemente:

- eine Nachricht
- ein Sender (der die Nachricht verschickt)
- ein Empfänger (der sie entgegennimmt)

Da jeder Sender eine Antwort oder Reaktion erwartet, wird er automatisch selbst auch zum Empfänger und jeder Empfänger zum Sender. Auch wer keine Antwort gibt, sendet etwas aus. Jeder Mensch ist also immer gleichzeitig Sender und Empfänger, Kommunikation beruht auf Gegenseitigkeit.
Menschen sind kaum imstande, wirklich eindeutig zu kommunizieren. Unsere Nachrichten sind in der Regel codiert, das heißt verschlüsselt. Der Empfänger hat die Aufgabe, diesen Code zu entschlüsseln (decodieren), um die Botschaft zu verstehen.
Allerdings kann dieselbe Nachricht von unterschiedlichen Empfängern unterschiedlich interpretiert, also gedeutet werden. Missverständnisse gehören zum Alltag in der Kommunikation. Das liegt daran, dass Menschen auf der Basis ihrer eigenen Erfahrungen kommunizieren.

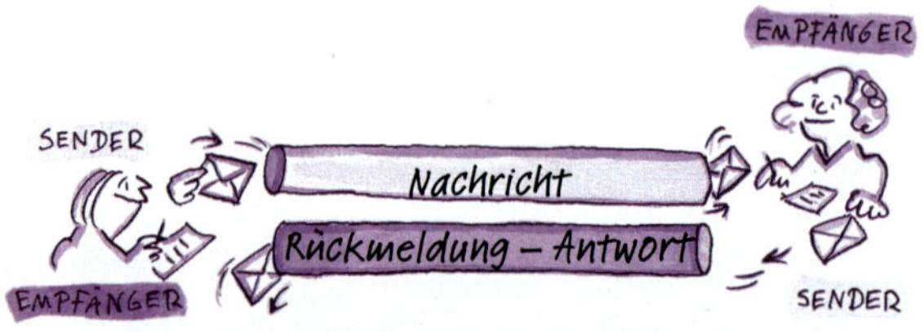

*Auf jede Nachricht erfolgt eine Rückmeldung. Auch keine Antwort ist eine Antwort.*

*Codieren und Decodieren von Nachrichten*

*Codieren und Decodieren von Nachrichten*

> Nachrichten werden auf vier verschiedenen Verstehensebenen gesendet und auf vier verschiedenen Ebenen empfangen. Daher ist die gesendete und die empfangene Nachricht nie ganz identisch.

**Kommunikationsquadrat**

Nach dem Modell des Psychologen Friedemann Schulz von Thun enthält jede Nachricht vier Seiten:

- Sachinhalt: „Darüber informiere ich dich."
- Selbstoffenbarung: „Das lasse ich dich über mich wissen."
- Beziehungswissen: „So stehen wir zueinander."
- Appell: „Ich möchte, dass du das tust."

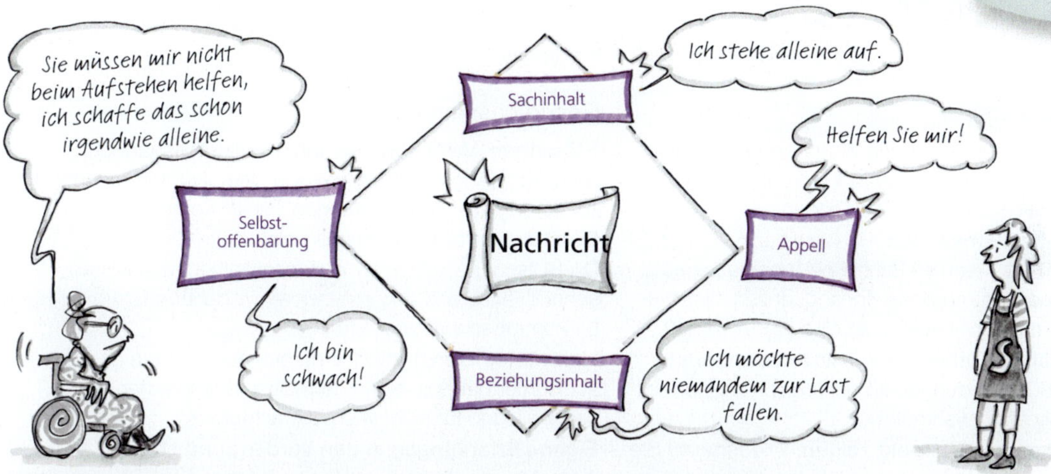


Nachrichten sind nie wirklich neutral, da sie immer von unterschiedlichen Menschen in einer ganz bestimmten Situation mitgeteilt werden. Das gilt für den Sender, aber auch für den Empfänger. Entsprechend den vier verschiedenen Bedeutungsmöglichkeiten „hört" der Empfänger sie mit vier verschiedenen „Ohren":

- Sachohr: „Was willst Du mir sagen?"
- Selbstoffenbahrungsohr: „Wer und wie bist Du?"
- Beziehungsohr: „Was denkst Du über mich?
- Apellohr: „Was willst Du von mir?"

*Manche hören mit dem „Beziehungsohr" besonders sensibel.*

Die „vier Ohren" des Empfängers sind nicht alle gleich stark auf Empfang geschaltet, manche Nachricht wird unbewusst sehr einseitig gedeutet. Einmal hören wir mit dem einen „Ohr" mehr, dann wieder mit dem anderen. Der unterschiedliche Einsatz der „Ohren" kann auch Ursache für Kommunikationsstörungen oder ▸ Konflikte (S. 34) sein.

## Jetzt sind Sie dran ...

1. Übertragen Sie in Gruppenarbeit das Kommunikationsquadrat auf ein ▸ Plakat. Formulieren Sie zu einer selbst gewählten Aussage die vier Seiten einer Nachricht und tragen Sie diese ein.
2. Überlegen Sie nun, was der Empfänger denkt, wenn er mit den vier verschiedenen Empfängerohren hört. Schreiben Sie es auf das Plakat.

*Aufmerksames Zuhören schafft privat wie beruflich eine positive Atmosphäre.*

**Kommunikationstechniken**

Wenn Sie mit anderen effektiv kommunizieren wollen, liegt der Schlüssel dazu im sich gegenseitigen Wahrnehmen und Zuhören. Keine Kommunikationstechnik kann diese grundlegende Bereitschaft ersetzen. Allerdings können unterschiedliche Verhaltenweisen ein Gespräch beeinflussen.

| Gesprächsförderer | Gesprächshemmer |
|---|---|
| **Aktiv zuhören**. Nehmen Sie die Worte und Ansichten des Gesprächspartners erst einmal auf und geben Sie ihm Gelegenheit, ins Gespräch zu finden. | **Störungen**. Vermeiden Sie, Ihren Gesprächspartner nonverbal (Augen verdrehen) oder verbal (unterbrechen) zu stören, weil er nicht „auf den Punkt" kommt. |
| **Ich-Botschaften verwenden.** Beschreiben Sie, was Sie stört. Erklären Sie, welche Gefühle bei Ihnen ausgelöst wurden und nennen mögliche Konsequenzen. Nicht jeder Satz, der mit „Ich" beginnt, ist eine Ich-Botschaft. | **Du-Botschaften**. Die meisten Menschen empfinden Du-Botschaften als Vorwurf. Diese Botschaften wirken schnell verletzend und provozieren Widerstand. Es kommt schnell zum Streit. |
| **Feedback geben**. Geben Sie konstruktive und wertschätzende Rückmeldungen an den Gesprächspartner, wie Sie die Situation wahrnehmen. | **Herunterspielen**. Hinweise darauf, dass andere es noch schlechter hätten, zeigen dem Gesprächspartner, dass sein Anliegen für nicht wichtig erachtet wird. |
| **Paraphrasieren und Respekt zeigen.** Wiederholen Sie die wichtigsten Punkte in eigenen Worten. Damit sichern Sie das Verständnis ab und zeigen, dass Sie das Gesprochene bewusst aufgenommen haben. | **Eigene Erfahrungen in den Vordergrund stellen.** Jeder Mensch hat seine eigenen Erfahrungen. |
| **Rückfragen stellen**. Fragen Sie bei Verständnisproblemen rechtzeitig nach, um Missverständnisse zu vermeiden. Fragen zeigen auch das eigene Interesse. | **Bewerten statt akzeptieren**. Hinweise, wonach eine Sicht- oder Verhaltensweise falsch sei, entwerten den Gesprächspartner und blockieren das Gespräch. |
| **Zugewandt sein**. Konzentrieren Sie sich auf den Gesprächspartner und seine Aussagen. | **Unkonzentriert sein**. Ablenkungen während eines Gesprächs, wie Telefonate führen oder E-Mails lesen, geben dem Gesprächspartner das Gefühl, er oder sein Anliegen seien zu unwichtig, um sich darauf einzulassen. |
| **Ausreden lassen**. Um sich gegenseitig zu verstehen, hilft es, wenn nur ein Gesprächspartner spricht. | **Ins Wort fallen**. Unterbrechungen stören den Gedankenfluss. Sie sind nur dann zulässig, wenn jemand durch dauerhaftes Reden das Gespräch völlig dominiert oder der Zeitplan drängt. |

## Jetzt sind Sie dran ...

!

1. Überlegen Sie sich in Partnerarbeit weitere Du-Botschaften und tragen Sie diese in eine Tabelle ein.

| Du-Botschaft | Ich-Botschaft |
|---|---|
| *„Du hast wieder vergessen einzukaufen"* | *„Ich finde es schade, dass Du nicht eingekauft hast. Jetzt haben wir keinen Salat."* |
| *„Du weißt genau, dass das nicht funktioniert".* | |
| *„Nie wirst Du fertig".* | |

2. Wandeln Sie die Du- in Ich-Botschaften um und tragen Sie diese in die Tabelle ein.

*Gespräche können durch verschiedenes Verhalten gehemmt werden. Neben Befehlen, Drohungen und Belehrungen ist zerstörtes Vertrauen der wichtigste Gesprächshemmer.*

# Arbeiten im Team

Eine Gruppe von Menschen, die mehr oder weniger zufällig in der gleichen Abteilung arbeiten, ist noch kein Team.

**Team**

Der englische Begriff Team steht für eine Gruppe von Personen, die gemeinsam an einer Aufgabe arbeiten. Er stammt aus dem Sport und bedeutet übersetzt „Mannschaft“. Teammitglieder

- sind durch eine dauerhafte Arbeitsbeziehung miteinander verbunden,
- haben einen gemeinsamen Arbeitsort,
- verfolgen gemeinsame Ziele,
- tragen gemeinsam Verantwortung,
- ergänzen sich in ihren Fähigkeiten,
- regeln die Aufgabenverteilung im Rahmen ihrer Möglichkeiten selbstverantwortlich und
- haben (meistens) eine Leitung.

**Teamarbeit**

Teamarbeit heißt, die Mitglieder arbeiten intensiv zusammen und ergänzen sich in ihren jeweiligen Stärken. Ihr Zusammengehörigkeitsgefühl ist stark entwickelt und alle fühlen sich gemeinsam für das Gelingen des Arbeitsauftrags verantwortlich. Die Zusammenarbeit ist geprägt von gegenseitiger Wertschätzung und Anerkennung.

Ein wertschätzendes Arbeitsklima, in dem sich alle gegenseitig stützen und positiv zusammenarbeiten, entsteht nicht von selbst. Damit sich aus einer Gruppe von Menschen ein Team entwickeln kann, braucht es Zeit.

*Bei echter Teamarbeit akzeptieren sich die Teammitglieder untereinander mit ihren jeweiligen Besonderheiten und schätzen einander.*

**Teamentwicklung**

Die Teamentwicklung ist ein gesteuerter Prozess. Zur Teamentwicklung gehören folgende Aspekte:

- genaue Formulierung des gemeinsamen Ziels
- gemeinsam entwickelte Regeln
- regelmäßige Teambesprechungen
- gemeinsam getroffene Entscheidungen

## Jetzt sind Sie dran …

1. Diskutieren Sie mit der ▸ Vier-Ecken-Methode folgende Aussagen:
   *„Zusammen kann man mehr erreichen.“*
   *„Es machen immer nur die Gleichen was.“*
   *„Das ständige Absprechen kostet zu viel Zeit.“*
   *„Alleine kann ich so arbeiten, wie ich will.“*

*Ein häufiger Konflikt ist der Beziehungsstreit. Es gibt keine Beziehung ohne Konflikte.*

## Konfliktlösung

### Was ist ein Konflikt?

Ein Konflikt besteht, wenn gegensätzliche Interessen nicht vereinbar sind. Beispiele sind Auseinandersetzungen mit Kollegen über das „richtige" Rezept, Streit unter Geschwistern um die Playstation oder Kriege auf Grund unterschiedlicher Glaubensrichtungen. Grundsätzlich unterscheidet man zwischen zwei Konfliktformen: dem individuellen Konflikt und dem sozialen Konflikt.

- Ein intrapersonaler oder **individueller Konflikt** besteht innerhalb einer Person, z.B. wenn man einerseits gerne noch mit seinen Freundinnen shoppen möchte (Rolle als Freundin), andererseits aber weiß, dass man zu Hause von den Eltern erwartet wird (Rolle der Tochter).
- Ein interpersonaler oder **sozialer Konflikt** besteht zwischen zwei oder mehr Personen, z.B. wenn ein Pärchen gemeinsam mit dem Auto zu einer Party gekommen ist und der eine Partner gerne länger bleiben möchte, der andere aber am nächsten Morgen früh aufstehen muss.

Konflikte können offen oder verdeckt sein. Ausdrücken können sie sich in kleinen Spannungen bis hin zu heftigen Streitgesprächen. Besonders wenn Sie im ▸ Team (S. 33) arbeiten, kann es zu Konflikten kommen. Konflikte entstehen häufig aus Missverständnissen und mangelnder ▸ Kommunikation (S. 30). Menschen hören z.B. einander nicht einfühlsam genug zu, akzeptieren keine abweichende Meinung oder reagierenden nur auf eine der ▸ vier Seiten einer Nachricht (S. 31). Um die Zusammenarbeit im Team nicht zu gefährden, sollte der Konflikt frühzeitig angesprochen werden.

### Wie geht man mit einem Konflikt um?

Während einige Menschen immer gleich eine Lösung im Auge haben, reagieren andere mit Abwehr und Aggression. Wieder andere versuchen, allen Konflikten aus dem Weg zu gehen. Grundsätzlich können Sie sich bei Konflikten förderlich oder hinderlich verhalten.

| Konfliktverschärfende Strategien | Konfliktlösende Strategien |
|---|---|
| Herausstellen der eigenen Person: „Ich habe immer Recht und Du hast keine Ahnung." | Emotionale Wahrnehmung des Konflikts: „Ich glaube, wir haben einen handfesten Streit." |
| Verallgemeinerung: „Immer wenn ich mal was will, machst Du mir einen Strich durch die Rechnung." | Erkennen des Konflikthintergrunds: „Es geht Dir gar nicht um den offenen Klodeckel, oder?" |
| Verwendung von Killerphrasen: „Sie wissen ja gar nicht, was hier los ist!" oder „Das funktioniert eh nicht." | Suche nach einer Aussprache mit dem Ziel, einen Lösung zu finden: „Ich denke, wir sollten mal in Ruhe darüber reden." |

**Konfliktgespräch**

Um einen Konflikt zu klären und den unterschiedlichen Ansichten gerecht zu werden, werden Konfliktgespräche geführt. Erzielen die Konfliktparteien untereinander keine Lösung, ist Hilfe von außen nötig. Bevor Sie ein Konfliktgespräch beginnen, sollten Sie sich über folgende Dinge klar werden:

- Wer ist am Konflikt beteiligt?
- Wie ist der Konflikt entstanden?
- Wie verhalten sich die Konfliktpartner?
- Welche Lösungsmöglichkeiten gibt es?
- Welche Vor- und Nachteile hat welche Lösung?
- Welche Vereinbarungen müssen getroffen werden?

**Konfliktlösung**

Konflikte können auf unterschiedliche Art gelöst werden.

1. Die stärkere Person oder Gruppe setzt sich durch. Der Gewinner fühlt sich meist gut und der Verlierer fühlt sich schlecht oder ärgert sich.

2. Es kommt zu keiner Lösung, weil alle auf ihrer Position und Ansicht beharren. Dann kann sich das Einbeziehen eines neutralen Partners anbieten.

3. Beide Partner ziehen ihre Ansichten und Forderungen so weit zurück, dass sie sich auf dem „kleinsten gemeinsamen Nenner" einigen können, ihr Gesicht wahren und einen Kompromiss bilden.

4. Beide Konfliktpartner ziehen einen Gewinn aus der Situation. Sie haben gemeinsam eine neue Lösung entwickelt, die nicht nur die Nachteile im Gleichgewicht hält, sondern auch wirkliche Veränderungen ermöglicht.

## Jetzt sind Sie dran ...

1. Führen Sie in Gruppen ein ▸ Rollenspiel zu einem ausgewählten Konflikt durch. Setzten Sie einmal konfliktverschärfende Strategien und einmal konfliktlösende Strategien ein.
2. Diskutieren Sie: Wie haben sich die Darstellenden gefühlt, wie hat es auf die Beobachtenden gewirkt?
3. Notieren Sie die Aussagen auf einem ▸ Plakat.

*Konflikte haben auch etwas Positives. Mit jedem Konflikt erfolgt soziales Lernen. Daher sollten Konflikte in einer Gruppe immer zugelassen werden, solange sie fair ausgetragen werden.*

„Los geht's"

# 1.5 Projektaufgabe

Gerade jetzt, zu Beginn Ihrer Berufsbildung, begegnen Ihnen in Theorie und Praxis viele neue Themen und Inhalte. Da fällt es nicht immer leicht, den Überblick zu behalten.
Um dem entgegenzuwirken, lautet Ihre Aufgabe in diesem Themenfeld:

**Gestalten Sie ein Lerntagebuch.**

Ein Lerntagebuch kann zu einem treuen Ausbildungsbegleiter werden. In ihm wird kurz und in eigenen Worten das Gelernte wiedergegeben und dargestellt. Mit Hilfe des Lerntagebuchs können Sie zu Hause Themen nachschlagen, in der Schule offene Fragen klären oder, wenn Sie mehr zu einem bestimmten Thema erfahren möchten, dies notieren.

**Informieren**

Beschaffen Sie sich zuerst die nötigen Informationen. Recherchieren Sie im Internet oder in Fachbüchern, wie ein Lerntagebuch aussehen kann. Überlegen Sie, welchen Umfang die Dokumentation haben soll. Sie sollen das Lerntagebuch schließlich jeden Tag führen.

**Planen**

Setzen Sie nun Schwerpunkte, wie das Lerntagebuch angelegt werden soll. Dabei können folgende Fragen hilfreich sein:

- Was habe ich heute getan und was habe ich dabei gelernt?
- Was fiel mir dabei leicht und was schwer?
- Was ist mir nicht ganz klar oder was habe ich nicht verstanden?
- Was möchte ich noch zu diesem Thema erfahren?

Entwickeln Sie konkrete Ideen für die Gestaltung und Darstellung der Tagebuchseiten. Überlegen Sie, ob auch noch anderes, z. B. praktische Beispiele, abgeheftet werden sollen.
Stellen Sie das benötigte Material zusammen.

**Entscheiden**

Wenn jede Gruppe die Planung abgeschlossen hat, stellt sie ihr Ergebnis in einer Präsentation vor.
Entscheiden Sie gemeinsam, welches Lerntagebuch am praktikabelsten ist. Es kann auch sinnvoll sein, aus unterschiedlichen Gruppen einzelne Ideen aufzugreifen.

**Ausführen**

Jetzt geht es darum, dass die zu lernenden Inhalte möglichst übersichtlich dargestellt werden können. Arbeiten Sie dazu in Gruppen und am PC.
Erstellen Sie z. B. Deckblätter für die unterschiedlichen Unterrichtsfächer und gestalten Sie diese passend. Entwerfen Sie ein Formblatt/Vordruck für Ihre Tagebuchseiten. Orientieren Sie sich an den bei „Planen“ genannten Fragen. Gestalten Sie auch alle übrigen Seiten, die Sie noch brauchen. Besorgen Sie Hefter oder Heftmappen, worin die Seiten gesammelt und geordnet werden können. Drucken Sie alles aus und heften Sie die Seiten in das Tagebuch.

**Kontrollieren**

Vergleichen Sie nach jedem Arbeitsschritt Planung und Ergebnis. Wirken Ihre Seiten ansprechend? Ist die Rechtschreibung richtig? Bestimmt fallen Ihnen noch weitere Kriterien ein.

**Beurteilen**

Bewerten Sie das Arbeitsergebnis. Ist z. B. das Lerntagebuch übersichtlich genug? Kann alles, was Sie dokumentieren wollen, darin festgehalten werden?
Dabei soll auch das eigene Handeln kritisch betrachtet und beurteilt werden. War die Zusammenarbeit in den Gruppen partnerschaftlich? Was kann man beim nächsten Projekt besser machen? Auch diese Fragen sollten bei der Beurteilung beachtet werden. Mit der Beurteilung können Sie das Projekt beenden.

**Vernetzen Sie Ihr Wissen:**

Mit den Themen:

- Informationen beschaffen und bewerten (→ Themenfeld 1, S. 16)
- Lebensmittel nachhaltig auswählen und verwenden (→ Themenfeld 3, S. 83)
- Die eigene Wohnung unterhalten (→ Themenfeld 8, S. 220)

**Lagerfachkarte**

| Artikel: Spülmittel<br>Mindestbestand: 4 Flaschen<br>Meldebestand: 6 Flaschen | | | Lieferant: O. Schmitz, Sommerstr. 23, 43527 Selm | |
|---|---|---|---|---|
| Datum | Zugang | Abgang | Verbrauchs-stelle | Bestand |
| 8.9. | 10 Fl. | | | 14 Fl. |

## Waren und

**Waren lagern**

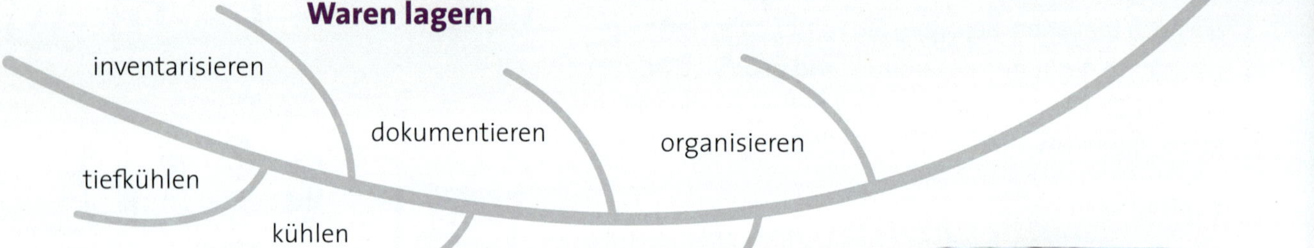

Tag für Tag benötigen Sie verschiedene Waren, um Ihre persönlichen Bedürfnisse zu stillen. Ob Sie Lebensmittel für den täglichen Bedarf, einen größerer Vorrat, eine Bratpfanne oder einen neuen Kühlschrank auswählen – überall ist das Angebot sehr weit gestreut und vielseitig. Sie müssen sich entscheiden und wollen dabei die bestmögliche Qualität zu einem günstigen Preis. Hier hilft es, einen kühlen Kopf zu behalten, den Einkauf gut zu planen und kompetent umzusetzen. Zu Hause oder im Betrieb müssen die Waren dann noch fachgerecht gelagert werden.
Für all diese Tätigkeiten liefert Ihnen das folgende Themenfeld ein gutes Hintergrundwissen.

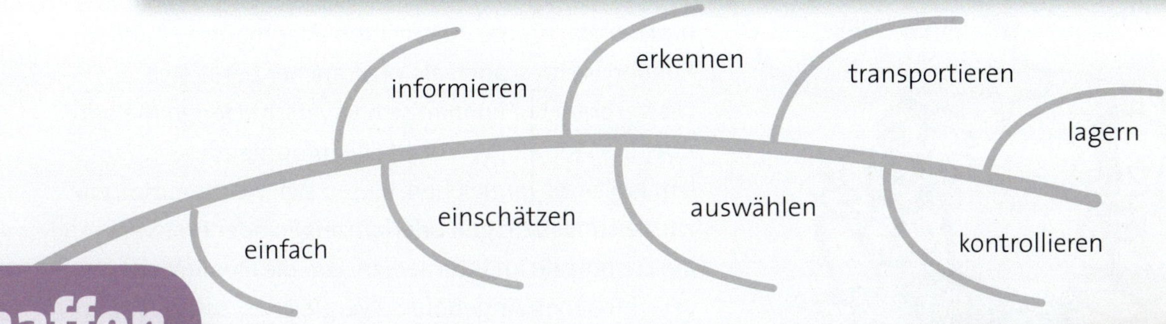


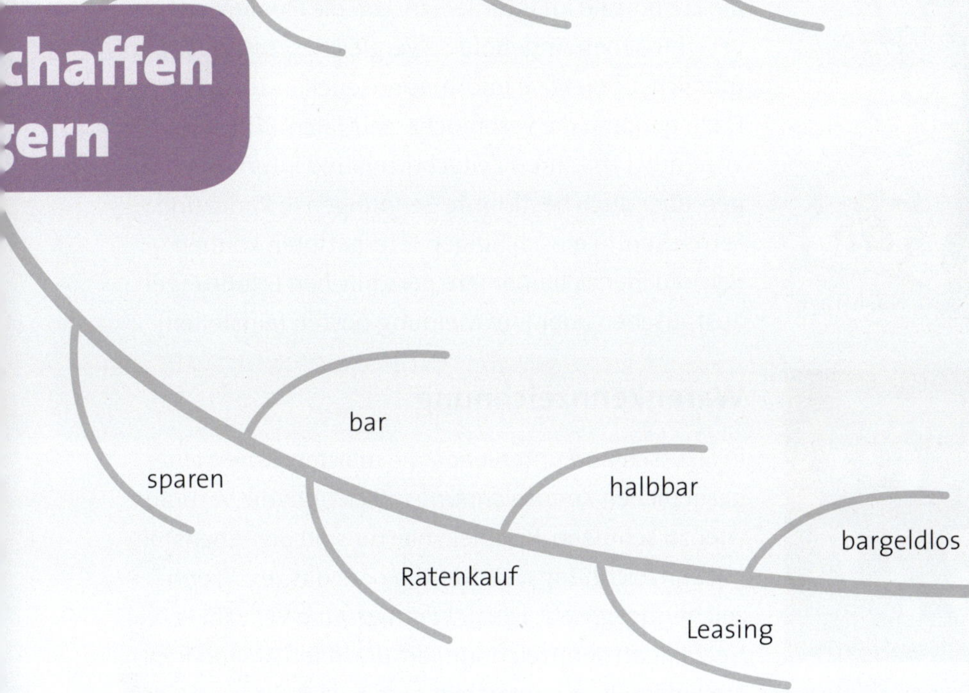


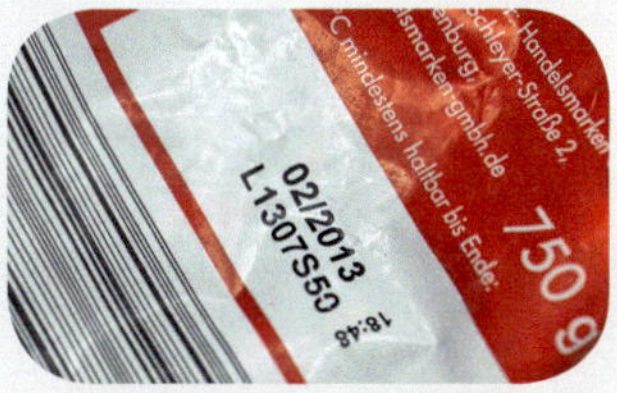


Warenqualität

Waren finanzieren

# 2 Waren beschaffen und lagern

# 2.1 Waren auswählen

## Marktinformationen

Als Markt bezeichnet man das Aufeinandertreffen von einem Angebot (z. B. einer Ware oder Dienstleistung) und der Nachfrage durch einen oder mehrere Kunden. Kunden werden auch als Verbraucher bezeichnet.
Die Verbraucher können sich in verschiedenen Medien über die Vielzahl der Angebote informieren.
Um Preise zu vergleichen, bieten sich Werbemittel, wie z. B. Zeitungsbeilagen oder -anzeigen oder Preisvergleichsportale im Internet, an. Um die Qualität der verschiedenen Angebote zu vergleichen, sollten Sie auf möglichst objektive Informationsquellen zurückgreifen. Dazu gehören die Verbraucherzentralen, Stiftung Warentest mit ihren Zeitschriften und Internetbeiträgen, aber auch bestimmte Sendungen in Radio und Fernsehen. In einschlägigen Internetforen können Verbraucher sich über ihre persönlichen Erfahrungen austauschen oder ihre Meinung posten (einstellen).

*Der Preis muss immer auch pro Grundgewicht angegeben sein. Dies dient der Vergleichbarkeit der Preise.*

## Warenkennzeichnung

In Deutschland unterliegen die meisten Waren einer gesetzlichen Kennzeichnungspflicht, um die Verbraucher zu schützen. Beispiele hierfür sind die Lebensmittelkennzeichnungsverordnung oder das Textilkennzeichnungsgesetz. Hinzu kommen eine Vielzahl von freiwilligen Kennzeichnungen, die Ihnen an anderen Stellen im Buch vorgestellt werden (z. B. Bio- und Umweltzeichen).
Möchten Sie Lebensmittel einkaufen, helfen Ihnen diese verpflichtenden Kennzeichnungen:
Die **Preisangabeverordnung** schreibt vor, dass der Endpreis einschließlich der Mehrwertsteuer und dem Grundpreis (Preis pro Kilogramm/Stück/Liter) auf dem Preisschild (nicht notwendigerweise auf der Ware) gut erkennbar ist.
Güte- und Handelsklassen sind **EU-Qualitätsnormen** und bezeichnen die ▸ Qualität (S. 252) von z. B. Obst, Gemüse, Geflügel und Eiern. So wird Obst z. B. in drei Handelsklassen (Handelsklasse extra bis Handelsklasse II) eingeteilt.

*Die Handelsklassen sind entweder der Verpackung oder dem Verkaufsschild zu entnehmen.*

Lebensmittel unterliegen einem besonderen Schutz durch die **Lebensmittelkennzeichnungsverordnung**. Danach müssen (verpackte) Lebensmittel wie folgt gekennzeichnet sein:

- Die Verkehrsbezeichnung, z. B. Hackfleisch vom Schwein und Rind, ist eindeutig.
- Der Name und die Anschrift des Herstellers oder Verpackers stehen auf der Verpackung.
- Die Zutatenliste enthält alle Zutaten in absteigender Reihenfolge ihres Gewichtanteils und wird durch die Angabe des ▸ Nährstoffgehalts (S. 249) ergänzt.
- Die Füllmenge ist in deutschen Maßen (z. B. kg) angegeben.
- Das Mindesthaltbarkeits- oder Verbrauchsdatum ist angegeben; zusätzlich ein Hinweis auf angemessene Aufbewahrungsbedingungen.
- Bei alkoholischen Getränken ist der Alkoholgehalt ab 1,2 Vol% angegeben.
- Zusatzstoffe (wie z. B. Konservierungsstoffe) sowie allergieauslösende Stoffe (z. B. Spuren von Nüssen) sind in der Zutatenliste genannt.

*Mindesthaltbarkeitsdatum*

*Verbrauchsdatum*

**Infobox**

### Mindesthaltbarkeits- und Verbrauchsdatum

Das **Mindesthaltbarkeitsdatum** (MHD) gibt an, bis zu welchem Datum die Lebensmittel ihre Qualität und typischen Eigenschaften, wie z. B. Aussehen oder Geschmack, bei angemessenen Aufbewahrungsbedingungen behalten. Nach Ablauf des Mindesthaltbarkeitsdatums ist die Ware nicht automatisch verdorben. Sie darf noch verkauft werden, wenn sie einwandfrei ist. Bei sehr leicht verderblichen Lebensmitteln, wie Hackfleisch, Vorzugsmilch (Rohmilch) oder frischem Geflügelfleisch, ist ein **Verbrauchsdatum** anzugeben („Verbrauchen bis ..."). Solche Lebensmittel dürfen nach Ablauf des Verbrauchsdatums nicht mehr verkauft werden.

## Jetzt sind Sie dran ...

1. Besuchen Sie in Kleingruppen die Lebensmittelabteilung eines Supermarktes. Notieren Sie alle Lebensmittelkennzeichnungen (z. B. Gütesiegel, Handelsklassen), die Sie auf Lebensmittelverpackungen finden. Recherchieren Sie anschließend im ▸ Internet die Bedeutung dieser Siegel. Gestalten Sie hieraus ein ▸ Plakat und präsentieren Sie dies in Ihrer Klasse.
2. Vereinbaren Sie einen Termin in der Verbraucherzentrale. Bereiten Sie in der Klasse Fragen für ein ▸ Experteninterview zum Thema „Lebensmittelkennzeichnung" vor und führen Sie dieses zum geplanten Termin durch. Erstellen Sie aus Ihren Erkenntnissen ein ▸ Buddybook.

# 2.2 Waren kaufen

## Einkaufsquellen auswählen

Markt ist der Oberbegriff für alle Einkaufsquellen. Man unterscheidet zwischen dem Einkauf im

- Kiosk,
- Discounter,
- Fachgeschäft,
- Wochenmarkt,
- Warenhaus oder auch
- Versandhandel und Internet
- oder beim Großhändler.

Die verschiedenen Einkaufsquellen haben Vor- und Nachteile: So ist der kleine Supermarkt um die Ecke gut zu Fuß zu erreichen, die Waren jedoch oft etwas teurer. Der Discounter liegt vielleicht manchmal außerhalb der Stadt und ist nur mit dem Auto zu erreichen. Im Internet ist ein Preisvergleich sehr gut möglich, dafür können Sie die Waren nicht in Augenschein nehmen und wegen der Lieferzeiten nicht sofort nutzen.

## Qualität einschätzen

Neben den standardisierten Qualitätsangaben (▸ Warenkennzeichnung, S. 40) hat jeder Kunde seine persönlichen Qualitätsansprüche an die Waren. Zur besseren Unterscheidung der Waren spricht man von **Verbrauchsgütern** (z. B. Lebensmittel, Reinigungs- oder Körperpflegemittel) und **Gebrauchsgütern** (z. B. Pfannen, Herd, Spülmaschine). Überlegen Sie vor Ihrem Einkauf, welche Qualitätskriterien Ihnen wichtig sind, um den Verlockungen der Werbung im Geschäft widerstehen zu können.

Mögliche Qualitätskriterien von Verbrauchs- und Gebrauchsgütern

| Verbrauchsgüter | Gebrauchsgüter |
|---|---|
| Aussehen | Aussehen |
| Konsistenz | technische Leistung |
| Frische | Handhabbarkeit |
| Geruch | Energieverbrauch |
| Inhaltsstoffe | Material |
| Gesundheitsverträglichkeit | Sicherheit |
| Preis | Preis |

## Nachhaltiges Einkaufen

Nachhaltig einzukaufen bedeutet, für sich und andere sowie für die Umwelt Verantwortung zu übernehmen und qualitativ möglichst hochwertige Produkte auszuwählen. Dabei muss ein umwelt- und ernährungsbewusster Einkauf gar nicht teuer sein.
Einfache Regeln helfen Ihnen, gesund zu leben und Ihren Geldbeutel zu schonen:

- Erstellen Sie vor Ihrem Einkauf eine Einkaufsliste.
- Nehmen Sie ausreichende Stoffbeutel, einen Rucksack oder gebrauchte Einkaufstüten für die Einkäufe mit.
- Bevorzugen Sie Mehrwegverpackungen.
- Bevorzugen Sie Lebensmittel, die möglichst wenig verarbeitet sind und über eine kleine Zutatenliste verfügen.
- Bevorzugen Sie saisonale und regionale Produkte.
- Bevorzugen Sie natürlich energie- und fettarme Produkte.

*Nachhaltigkeit ist ein Modell, das alle Lebens- und Arbeitsbereiche umfasst.*

## Wareneingänge kontrollieren

Eine Möglichkeit des Einkaufs ist die Bestellung von Waren, die angeliefert werden. Das können große Geräte sein, aber auch Großeinkäufe für größere Haushalte oder Betriebe. Die bestellte Ware muss sofort nach Eingang kontrolliert werden. In Betrieben sind zu diesen Zwecken Checklisten vorhanden. Hilfreich ist folgendes Vorgehen:

- Sichtprüfung: Ist die Ware unbeschädigt und sauber?
- Warenprüfung: Ist die Ware (auch Menge oder Anzahl) identisch mit der Bestellung und dem Lieferschein?
- Qualitätsprüfung: Ist die Ware frisch und einwandfrei?

Erst nach der Kontrolle und Eintragung wird die Ware zur ▸ Bezahlung (S. 44) freigegeben, indem Sie den Lieferschein unterschreiben. Denken Sie daran, die Waren zeitnah sachgerecht zu lagern.

online
www.einkaufszettel.de
www.nachhaltig-einkaufen.de
www.nachhaltigkeitsrat.de

## Jetzt sind Sie dran ...

1. **Sammeln Sie in Kleingruppen ökologische, ökonomische und soziale Argumente für die Regeln für nachhaltiges Einkaufen auf dieser Seite. Diskutieren Sie anschließend in der Klasse, ob Sie diese Regeln bei Ihrem alltäglichen Einkauf umsetzen können oder wollen und ob es Alternativen gibt.**
2. **Teilen Sie Ihre Klasse in vier Gruppen ein. Jede Gruppe wählt ein Rezept für ein Mittagsgericht aus. Erstellen Sie in der Gruppe eine Zutatenliste für 6 Personen. Ergänzen Sie diese Liste um eine zweite Spalte, in der Sie mögliche Qualitätskriterien für die jeweilige Zutat sammeln. Diskutieren Sie Ihre Ergebnis in der Klasse.**

## Zahlungsverkehr

Die Übertragung von Zahlungsmitteln, z. B. für eine Ware heißt Zahlungsverkehr. Prinzipiell unterscheidet man die Barzahlung mit Geldscheinen oder Münzen von der bargeldlosen Zahlung. Bei der Barzahlung erhalten der Verkäufer das Geld und der Kunde die Ware. Für die bargeldlose Zahlung benötigen Käufer und Verkäufer ein (Giro-)Konto bei einer Bank. Das Käuferkonto wird dabei mit dem Kaufbetrag belastet, dem Verkäuferkonto der Kaufbetrag gutgeschrieben.

*Bei der bargeldlosen Bezahlung ist eine regelmäßige Überprüfung der Kontobewegungen unerlässlich, um Missbrauch sofort aufzudecken.*

### Bargeldlose Zahlungsformen

Bei einer **Überweisung** überträgt der Käufer den Kaufbetrag von seinem Konto auf das Konto des Verkäufers. Eine besondere Form ist der **Dauerauftrag**, bei dem in regelmäßigen Abständen ein fester Betrag überwiesen wird. Er ist gut geeignet, um regelmäßige ▸ fixe Kosten (S. 222) zu überweisen (z. B. Miete). Beim **Lastschriftverfahren** oder Abbuchungsauftrag genehmigt der Käufer dem Verkäufer, einen bestimmten Betrag einmalig oder wiederkehrend von seinem Konto abzubuchen. Bargeldloses Bezahlen kann mit entsprechenden Formularen auf dem Papier oder elektronisch (online oder am Automaten) erfolgen. Bei den Papierformularen erteilt der Kontobesitzer mit seiner Unterschrift die Berechtigung, dies nennt man Legitimation. Bei der elektronischen Kontoführung nutzt der Kontoführer entweder seine Bankkarte oder das TAN-Verfahren (TAN = Transaktionsnummer).

Überweisung
02892739
Berliner Sparkasse
100 500 00
Bitte nur in **schwarzer** oder **blauer** Schrift ausfüllen!
**Schreibmaschine:** normale Schreibweise!
**Handschrift:** Blockschrift in **GROSSBUCHSTABEN,** bitte Kästchen beachten!

Begünstigter: Name, Vorname/Firma (max. 27 Stellen): DR. HAUG ZAHNARZT
Konto-Nr. des Begünstigten: 1119520 00
Bankleitzahl: 64090100
Kreditinstitut des Begünstigten: VOLKSBANK REUTLINGEN
EUR
Betrag: Euro, Cent: 67,08
Verwendungszweck - z. B. Kunden-Referenznummer - (nur für Begünstigten) max. 2 Zeilen à 27 Stellen: RE-NR. 4109/120403
noch Verwendungszweck: VOM 04.05.2011
Kontoinhaber: Name, Vorname/Firma, Ort (max. 27 Stellen): AGOVIC ADIS BERLIN
Konto-Nr. des Kontoinhabers: 1062002
20
Betrag bitte linksbündig ohne Entwertungszeichen eintragen!
Kopie für Kontoinhaber
111 304 000 So 12/2006 02010

Bitte NICHT VERGESSEN: Datum, Unterschrift
Durchschrift abtrennen und nur Auftrag einreichen!
Datum: 17.05.2011
Unterschrift: Agovic

*Bei einem Überweisungsformular müssen alle Felder gut lesbar korrekt ausgefüllt werden.*

**Elektronische Zahlungsmittel**

Elektronische Zahlungsmittel sind Chipkarten. Auf diesem Chip sind Informationen gespeichert, um das dazugehörige Konto oder Guthaben über ein Kartenlesegerät zu bedienen. Der Eigentümer muss sich mit Hilfe einer PIN-Nummer oder seiner Unterschrift legitimieren.

- Giro- oder Debitkarten: Am geläufigsten ist die EC-Karte, hiermit kann das Konto direkt mit dem Zahlungs- bzw. Abbuchungsbetrag belastet werden.
- Kreditkarten: Bei diesen Karten (z. B. Visa-Card) verfügt der Nutzer über einen gewissen Kreditrahmen. In diesem Rahmen können Zahlungen mit der Karte getätigt werden, das entsprechende Konto wird entweder sofort oder zu einem Stichtag mit dem Betrag belastet. Kreditkarten können teilweise auch ohne Lesegeräte eingesetzt werden, die Kreditkartennummer gilt dann mit der Unterschrift oder einer Prüfnummer als Legitimation.
- Guthabenkarte: Bei diesen Karten (z. B. Geldkarte) muss im Vorfeld ein Guthaben eingezahlt werden (über ein Konto oder auch in bar), das dann nach und nach eingelöst wird.

Die elektronischen Zahlformen haben ältere bargeldlose Zahlverfahren wie den Scheck, den Wechsel oder die Bareinzahlung (halbbare Zahlung) weitestgehend verdrängt. Auch die Geldanweisung (z. B. Postbank-Minuten-Service oder Moneygram) ist in Deutschland eher unüblich. Die meisten Banken bieten heute kostenfreies Onlinebanking an, mit dem über eine sichere Internetverbindung das Konto von zu Hause aus geführt werden kann. Ein Vergleich der Gebühren für Debitkarten, Überweisungen oder Kontoführung lohnt sich.

## Jetzt sind Sie dran ...

1. Recherchieren Sie in Einzelarbeit die Kontoführungsgebühren bei Ihrer Hausbank für ein Girokonto, Onlinebanking, nicht elektronische Kontoführung (z. B. Kosten einer Überweisung) sowie die Kosten für eine Giro-, Guthaben- und Kreditkarte. Vergleichen Sie in der Klasse die Preise.
2. Informieren Sie sich in Partnerarbeit im ▸ Internet über die Sicherheit von Onlinebanking bei verschiedenen Banken. Führen Sie eine ▸ Pro-und-Kontra-Diskussion zum Thema Onlinebanking.

## Finanzierungsmöglichkeiten

### Geld sparen

Die sicherste Möglichkeit, größere Anschaffungen zu tätigen, ist das Ansparen im Vorfeld. Wollen Sie Geld zurücklegen, sind weder der „Sparstrumpf" noch das Girokonto geeignet, da Geld durch Inflation an Wert verliert. Geldanlagen, wie z. B. Tages- oder Festgeldkonto, Sparbuch, Bausparvertrag sowie Aktien oder Wertpapiere, bieten die Möglichkeiten, Zinserträge zu erwirtschaften. Je höher der Zinsertrag, desto höher ist das Risiko oder desto länger muss das Geld angelegt werden.

### Geld leihen

Gerade für größere Anschaffungen, wie z. B. eine Waschmaschine, sind größere Geldsummen nötig. Haben Sie das Geld nicht gespart, können Sie sich Geld leihen (die Anschaffung finanzieren). Hierbei werden Zinsen fällig. Folgende Finanzierungsmöglichkeiten sind geläufig:

- Dispositionskredit: Er wird auch Überziehungskredit genannt und für Girokonten angeboten.
  Der Kreditrahmen ist schnell verfügbar, die Zinsen sind jedoch sehr hoch.
- Ratenkredit: Diese Kreditart wird auch Anschaffungsdarlehen genannt, muss beantragt werden und ist abhängig von Ihrer Zahlungsfähigkeit. Die Kreditsumme muss in festen Raten mit einer Bearbeitungsgebühr und den fälligen Zinsen abgezahlt werden. Je länger die Laufzeit, desto niedriger die Raten, aber desto höher sind auch die Zinsen.
- Leasing ist vor allem in der Autobranche üblich. Ähnlich einer Miete zahlen Sie für einen festen Zeitraum monatlich eine feste Leasingrate. In der Rate sind Zinsen bereits mit eingerechnet. Der geleaste Gegenstand geht jedoch nicht in Ihren Besitz über.

> *Bedenken Sie, dass jede Art von Finanzierung durch die aufkommenden Zinsen teurer ist, als die Anschaffung sofort zu bezahlen. Berücksichtigen Sie, dass die Ratenzahlungen Sie über einen längeren Zeitraum finanziell einschränken.*

## Kassenführung

Während im Privathaushalt die Kassenführung dem besseren Überblick über alle Einnahmen und Ausgaben dient (▸ Haushaltsbuch, S. 223), sind Betriebe gesetzlich dazu verpflichtet, alle Einnahmen und Ausgaben transparent zu dokumentieren. Dazu dient das Kassenbuch als Teil der Buchführung. Unabhängig davon, ob das Kassenbuch auf dem Papier oder in einem Computerprogramm geführt wird, müssen bei Einnahmen und Ausgaben folgende Punkte (Postionen) in chronologischer Folge verbucht werden:

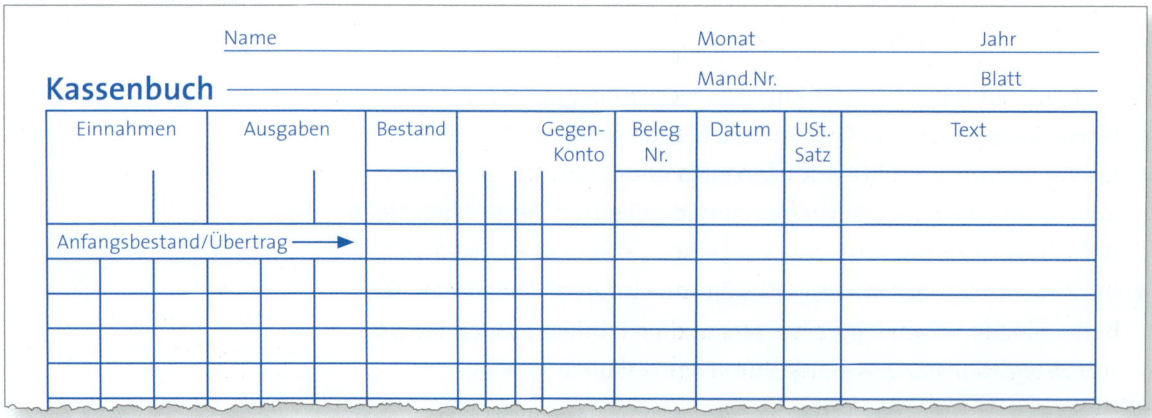

## Kaufvertrag

Ein Kaufvertrag kommt zu Stande, wenn zwei Vertragspartner, der Käufer und der Verkäufer, den Eigentumswechsel einer Sache oder Dienstleistung gegen eine Geldleistung willentlich beschließen. Ein Kaufvertrag wird bei jedem Einkauf – auch ohne gesonderte Erwähnung – abgeschlossen. Aus dem Kaufvertrag entstehen für Käufer und Verkäufer Pflichten:

| Pflicht des Verkäufers | Pflicht des Käufers |
|---|---|
| bestellte Ware mangelfrei und rechtzeitig liefern | die Ware abnehmen |
| dem Käufer das Eigentum an der Ware verschaffen | den vereinbarten Kaufpreis rechtzeitig bezahlen |
| den vereinbarten Kaufpreis annehmen (d. h. beibehalten) | |

Der Kaufvertrag ist ein zweiseitiges Rechtsgeschäft.

## Waren reklamieren

Ist die gekaufte Ware fehlerhaft oder entspricht nicht der Beschreibung des Verkäufers, kann der Käufer die Ware reklamieren. Dazu muss der Käufer den Kaufbeleg oder -vertrag vorweisen und entsprechende gesetzliche Fristen einhalten. Der Verkäufer hat dann die Pflicht, entweder den Mangel zu beseitigen oder eine mangelfreie Ware zu liefern. Kommt der Verkäufer dieser Pflicht nicht nach, kann der Käufer von seinem Kaufvertrag zurücktreten, eine Minderung des Kaufpreises vornehmen oder ggf. sogar Schadensersatz einfordern (Mit Reklamationen umgehen, S. 254).

Bewahren Sie alle Belege auf, um ggf. die Ware zu reklamieren oder Garantieansprüche geltend zu machen.

## Jetzt sind Sie dran ...

!

1. Teilen Sie Ihre Klasse in zwei Gruppen. Die Schüler der ersten Gruppe recherchieren im Internet oder bei einem Finanzberater, welchen Zinsertrag bei welchem Risiko 1000 Euro in vier Jahren mit verschiedenen Sparformen erbringen können. Die Schüler der zweiten Gruppe recherchieren in den gleichen Quellen, wie viele Zinsen man bei verschiedenen Darlehen über 1000 Euro und einer Laufzeit von vier Jahren zahlen muss. Stellen Sie im Plenum die recherchierten Zahlen an der Tafel gegenüber und diskutieren Sie das Ergebnis.
2. Erfragen Sie z. B. in einem Elektronikfachgeschäft einen Vordruck für einen Kaufvertrag und erstellen Sie ausreichende Kopien für Ihre Klasse. Lesen Sie in Einzelarbeit den Kaufvertrag. Streichen Sie die Begriffe an, die Sie nicht verstehen und klären Sie die Bedeutung mit Hilfe eines Wörterbuchs. Besprechen Sie nun in Partnerarbeit die Bedeutung der einzelnen Abschnitte und erstellen Sie eine Tabelle mit den Pflichten des Käufers und Verkäufers aus diesem Vertrag. Vergleichen Sie Ihre Ergebnisse im Plenum.

online

www.zinsen-berechnen.de

→ Zinsrechner
Hier können Sie ohne Formel und Taschenrechner einen Zinssatz berechnen.

# 2.3 Waren lagern

*Im Vorratsschrank können lang haltbare Lebensmittel aufbewahrt werden.*

## Lagerräume

Betriebe verfügen über mehrere Lagerräume, die den unterschiedlichen Lagerbedingungen von Waren gerecht werden. Im Privathaushalt werden die meisten Lebensmittel in Vorratsschränken oder im Kühl- bzw. Gefrierschrank der Küche gelagert. Teilweise können Sie auf eine Speisekammer, einen Keller oder andere Nebenräume zurückgreifen. Grundsätzlich unterscheidet man zwischen einem

- Trockenlager: kühler, gut belüfteter, abgedunkelter Raum, in dem feuchtigkeitsempfindliche Trockenprodukte und Konserven gelagert werden können sowie einem
- Kühllager: in Betrieben vorhandene Räume mit Kühlfunktion.

Größere Haushalte und Betriebe haben oft zusätzliche Lagerräume, z. B. für Wäsche, Reinigungsmittel, Geschirr oder sperrige Küchengeräte.

## Grundlegende Prinzipien – Weniger ist mehr

Grundsätzlich sollten Lebensmittel mit Bedacht eingekauft werden. Dazu gehört, dass nur so viel eingekauft wie auch verbraucht wird. Bestimmte Lebensmittel sind nur in größeren Mengen käuflich zu erwerben und müssen gelagert werden. Beachten Sie dabei:

- Halten Sie sich an die auf der Verpackung abgedruckten Lagerungsbedingungen und -zeiten.
- Nutzen Sie Vorratsbehälter, die gut verschließbar, leicht zu reinigen und beschriftbar sind.
- „First in, first out“: Zuerst eingestellte Lebensmittel müssen zuerst verbraucht werden. Frisch eingekaufte Lebensmittel werden hinter bereits vorhandenen einsortiert.
- Angebrochene Verpackungen sollten Sie in wiederverschließbare Behälter umfüllen oder gut abdecken.

## Lagerungshinweise berücksichtigen

| | |
|---|---|
| tiefgekühlt lagern | im Tiefkühlgerät bei –18° C und kälter |
| gekühlt lagern | im Kühlgerät bei 2–8° C |
| kühl lagern | bei 15° C und weniger lagern |
| vor Wärme schützen | vor direkter Sonneneinstrahlung oder vor einer anderen Wärmequelle schützen |
| trocken lagern | bei 70 % relativer Luftfeuchte |
| lichtgeschützt lagern | vor direktem Lichteinfall schützen |
| feucht und kühl lagern | bei 6–15° C und einer relativen Luftfeuchte von 70–90 % |

## Vorräte schützen

Nicht nur wir Menschen ernähren uns von Lebensmitteln, auch zahlreiche Schädlinge fühlen sich in Lebensmittellagern wohl. Diese Schädlinge machen die Lebensmittel ungenießbar, vermehren sich sehr schnell und können durch ihre Ausscheidungen Krankheiten auslösen. Man unterscheidet u.a.

- Schaben,
- Käfer, z.B. Mehl- oder Brotkäfer,
- Fluginsekten (z.B. Fruchtfliegen oder Lebensmittelmotten) und
- Nagetiere (z.B. Mäuse, Ratten).

Um Schädlingsbefall zu vermeiden, sollten Sie Ihre Vorräte wie folgt schützen:

- Lagern Sie für Schädlinge empfindliche Lebensmittel, wie z.B. Mehl oder andere Getreideprodukte, in fest verschließbaren Behältern.
- Lassen Sie zubereitete Nahrungsmittel nicht offen stehen.
- Reinigen Sie die Vorratsräume und -schränke in regelmäßigen Abständen, v.a. in Ecken, Ritzen und in schadhaften Wandbekleidungen legen Schädlinge gerne ihre Brut ab.
- Führen Sie regelmäßige Kontrollen Ihrer Vorräte durch. Stellen sie einen Schädlingsbefall fest, entsorgen Sie die Lebensmittel unmittelbar in Mülleimer außerhalb des Hauses oder Betriebs. Gehen Sie dabei großzügig vor, um alle Schädlinge zu tilgen.
- Lassen Sie bei andauerndem Schädlingsbefall einen professionellen Schädlingsbekämpfer kommen.

*Mehlwürmer*

*Empfindliche Lebensmittel werden in verschließbaren Vorratsbehältern gelagert.*

## Jetzt sind Sie dran ...

1. Erkunden Sie in Gruppenarbeit Ihre Lehrküche. Welche Vorratsräume oder -schränke gibt es? Welche Lebensmittel werden wo gelagert? Erstellen Sie eine Tabelle und vergleichen Sie.
2. Sammeln Sie in einem ▶ Brainstorming alle Ihnen bekannten Lebensmittelschädlinge. Ergänzen sie mit Hilfe des Internets oder Fachliteratur noch fehlende Schädlinge. Gehen Sie nun in Partnerarbeit vor und erstellen Sie über einen Schädling ein ▶ Referat: Informieren Sie sich dazu im Internet über „Ihren" Schädling. Wie sieht er aus? Woran erkennt man den Schädlingsbefall? Wie kann man ihm vorbeugen bzw. ihn bekämpfen? Geben Sie sich im Anschluss an die gehaltenen Referate gegenseitig ein kurzes Feedback.

## Konservieren

*Bereits die Alten Ägypter haben 2000 v. Chr. schon Lebensmittel durch Einlegen in Essissud haltbar gemacht.*

Alle frischen Lebensmittel sind verderblich: Milch wird sauer, Obst beginnt zu schimmeln, Salat verwelkt. Um Lebensmittel länger frisch zu halten, müssen die biologischen Prozesse, die das Verderben verursachen, verlangsamt oder gestoppt werden. Dazu stehen den Lebensmittelherstellern eine Reihe von Konservierungsmethoden zur Verfügung. Sie lassen sich nach der Art ihrer Wirkung in biologische, chemische und physikalische Verfahren einteilen. Die meisten dieser Verfahren können auch in hauswirtschaftlichen Betrieben oder bei Ihnen zu Hause durchgeführt werden. Mikroorganismen sind dafür verantwortlich, dass Lebensmittel überhaupt verderben. Zu den Mikroorganismen zählen Bakterien, Viren, Schimmelpilze und Hefen. Mikroorganismen sind Lebewesen, deshalb brauchen sie zum Überleben außer Nahrung (Lebensmittel) auch

- Sauerstoff,
- Wasser und
- Wärme.

Wenn Sie Lebensmittel konservieren, also haltbar machen möchten, müssen Sie den Mikroorganismen diese Lebensgrundlagen nehmen.

### Physikalische Verfahren

| Verfahren | Wirkungsweise | Lebensmittel | Lagerdauer |
|---|---|---|---|
| **Pasteurisieren** | Hitzeeinwirkung von ca. 75–99° C | z. B. Milch | einige Tage |
| **Sterilisieren** | Hitzeeinwirkung über 100° C | Obst, Gemüse, Wurst, Fertiggerichte | einige Jahre |
| **Kühlen** | Wärmeentzug Lagerung bei 2–10° C | z. B. Milch- und Milchprodukte, Eier, Fleisch, Obst, Gemüse | 1 Tag bis mehrere Tage |
| **Gefrieren** | Wärmeentzug Lagerung bei –18° C | z. B. Fleisch, Obst, Gemüse, Backwaren, Fertiggerichte | einige Monate bis ein Jahr |
| **Trocknen** | Wasserentzug | z. B. Hülsenfrüchte, Nudeln, Kräuter, Obst | einige Jahre |
| **Gefriertrocknen** | Wasserentzug | z. B. Kräuter, Pilze | einige Jahre |

**Biologische und chemische Verfahren**

| Verfahren | Wirkungsweise | Lebensmittel | Lagerdauer |
|---|---|---|---|
| Zuckern | Wasserentzug | z. B. Konfitüre, Gelee, Fruchtsirup | einige Monate bis einige Jahre |
| Säuern | Senkung des pH-Wertes | z. B. Gurken, Mixed Pickles, Sauerkraut | einige Monate |
| Einlegen in Öl | Sauerstoffentzug | z. B. Käse, Oliven, | mehrere Wochen |
| Salzen/Pökeln | Wasserentzug | z. B. Fisch, Fleisch | einige Wochen bis Monate |
| Räuchern | Wasserentzug, chemische Stoffe | z. B. Fisch, Fleisch | einige Wochen bis Monate |
| Chemische Konservierungsstoffe | chemische Zusatzstoffe | z. B. Backwaren, Feinkostsalate | einige Wochen bis Monate |

**Chemische Konservierung**

Chemische Konservierungsstoffe sind Säuren oder Salze, die künstlich hergestellt werden. Bei den Produkten, denen sie zugegeben werden, verzögern sie den Befall mit Mikroorganismen. Allerdings können chemische Konservierungsstoffe beim Menschen auch Allergien auslösen oder unter Umständen Krebs verursachen (z. B. Pökelsalz).

Alle chemischen Konservierungsstoffe müssen laut Zusatzstoff-Zulassungsverordnung gekennzeichnet werden. Die Kennzeichnung ist im Rahmen der europäischen Union geregelt. Deshalb haben alle chemischen Konservierungsmittel eine E-Nummer. So hat z. B. **Sorbinsäure** die Kennzeichnung E 200. Hiermit werden z. B. Backwaren, Margarine, Käse und Wurstwaren konserviert. **Schwefeldioxid** ist unter E 220 registriert und wird z. B. für Trockenfrüchte, Kartoffelgerichte und Fruchtsäfte verwendet.

*Das Trocknen von Lebensmitteln ist bereits in der Steinzeit bekannt gewesen. Heute setzt man teilweise Schwefeldioxid zu, um das Nachdunkeln zu vermeiden.*

## Jetzt sind Sie dran ...

1. Erstellen Sie in Einzelarbeit eine ▸ Lernkartei zu den einzelnen Konservierungsverfahren. Nutzen Sie dabei die Möglichkeit, mit Bildern zu arbeiten. Vergleichen Sie mit Ihrem Sitznachbarn Ihre Ergebnisse.
2. Einige Konservierungsverfahren verlängern nicht nur die Haltbarkeit, sondern auch den Geschmack und die Inhaltsstoffe. Führen Sie an Frischmilch (pasteurisierte Milch) und H-Milch (sterilisierte Milch) einen Geschmackstest durch. Informieren Sie sich im Internet oder in Fachbüchern über die Inhaltsstoffe beider Produkte. Arbeiten Sie dazu in Gruppen und halten Sie Ihre Ergebnisse auf einem ▸ Plakat fest. Vergleichen Sie Ihre Ergebnisse in der Klasse.

online

www.bvl.bund.de

- ▸ Lebensmittel
- ▸ Für Verbraucher
- ▸ Umgang mit Lebensmitteln
- ▸ Lebensmittel konservieren und lagern

Seite des Bundesverbraucherschutzministeriums

# Kühlen und Gefrieren

Das Kühlen und Gefrieren ist die häufigste Art der Haltbarmachung von Lebensmitteln in Haushalten.

**Kühl- und Gefriergeräte**

Heute verfügt jede Küche über einen Kühlschrank, die meisten auch über ein Gefriergerät. Diese dienen dazu, leicht verderbliche Lebensmittel frisch zu halten und den Nährstoffverlust zu verringern.
Die Temperaturen im **Kühlschrank** zwischen 0 und 10° C verzögern den Verderb durch Mikroorganismen. **Gefriergeräte** bieten abhängig von ihrer Leistungsfähigkeit Temperaturen zwischen –6 und –25° C. Man unterscheidet zwischen dem Gefrierfach eines Kühlschranks, einem Gefrierschrank oder einer Gefriertruhe.

**Klimazonen**

In herkömmlichen **Kühlschränken** herrschen folgende Temperaturzonen, die für die entsprechenden Lebensmittel geeignet sind:

- oben, ca. 8–10° C: zubereitete und abgedeckte Speisen
- Mitte, ca. 5–8° C: Milchprodukte, wie z. B. Quark, Käse, Joghurt
- unten, ca. 2–5° C: schnell verderbliche Produkte, wie z. B. Fleisch, Fisch und Wurst
- Gemüsefach: Kühlungsbedürftiges Gemüse, Salat, Obst
- Tür, wärmster Bereich: Getränke, Butter, Eier, Dressing, Konfitüre

Moderne Kühlschränke haben spezielle Fächer mit kühleren Temperaturzonen, dieser Bereich wird Frischkühlbereich oder Null-Grad-Zone genannt. Mit seiner Hilfe bleiben Lebensmittel noch länger haltbar.
Es werden eine feuchte Zone für unverpacktes Obst und Gemüse von einer trockenen Zone für Fleisch- und Fischprodukte unterschieden.
Die Leistungsfähigkeit und die damit verbundene Funktion von **Gefriergeräten** ist an der Anzahl der Sterne zu erkennen:

| Gefrierfach | Temperatur | Funktion | Lagerdauer |
|---|---|---|---|
| 1 Stern | < –6 Grad | kurzfristige Lagerung | maximal 1 Woche |
| 2 Sterne | < –12 Grad | mittelfristige Lagerung | maximal 3 Wochen |
| 3 Sterne | –18 Grad | langfristige Lagerung | mehrere Monate |
| 4 Sterne | < –18 Grad | Einfrieren von Lebensmitteln | mehrere Monate |

### Einhalten der Kühlkette

Um eine Keimvermehrung durch warme Außentemperaturen zu vermeiden, muss die Kühlkette eingehalten werden. Lebensmittel müssen also nicht nur kühl gelagert, sondern auch kühl transportiert werden. Dazu dienen gekühlte Fahrzeuge für den Großhandel oder entsprechende Isolierboxen oder -taschen für kleinere Lebensmittelmengen.

*Isoliertaschen können immer wieder verwendet werden.*

### Lagern im Kühlschrank

Wie alle Lebensmittellager ist auch der Kühlschrank ein hygienisch sensibler Raum. Beachten Sie daher folgendes:

- Decken Sie alle Speisen und Getränke ab bzw. lagern Sie sie in verschließbaren Behältern. Dies verhindert das Austrocknen der Lebensmittel und die Verbreitung von speiseeigenen Gerüchen.
- Lassen Sie Speisen und Getränke erst abkühlen, bevor Sie sie in den Kühlschrank stellen. Dies spart Energie.
- Halten Sie Ordnung im Kühlschrank und überlegen Sie im Vorfeld genau, was Sie entnehmen wollen.
  So verhindern Sie ein langes Offenstehen der Kühlschranktür, wodurch unnötig Energie verbraucht würde.

*Beim Schockgefrieren bilden sich zwischen den Zellen der Lebensmittel sehr kleine Eiskristalle. Die Zellen werden kaum verletzt und geben beim Auftauen nur wenig Flüssigkeit ab.*

### Lagern im Gefriergerät

Beim **Tiefgefrieren** bleiben Nährstoffe, Aussehen und Geschmack der Lebensmittel überwiegend erhalten. Möchten Sie Lebensmittel einfrieren, nutzen Sie wenn möglich das Schockgefrierfach (3 oder 4 Sterne). Durch das rasante Abkühlen bleiben die Lebensmittelzellen weitgehend erhalten. Achten Sie darauf, dass die Lebensmittel so weit wie möglich abgekühlt sind. Für die Lagerung von Lebensmitteln in Gefriergeräten gilt das Gleiche wie für Kühlschränke.

## Jetzt sind Sie dran ...

1. **Auch tiefgefrorene Vorräte sind nicht ewig haltbar! Erstellen Sie in Partnerarbeit eine Lagertabelle für Tiefkühlware. Vergleichen Sie Ihre Ergebnisse. Gestalten Sie eine einheitliche, übersichtliche Tabelle und präsentieren Sie diese Ihrer Klasse z. B. an der Tafel oder auf einem Plakat.**
2. **Erstellen Sie in Partnerarbeit eine Tabelle für die Lagerung von Lebensmitteln im Kühlschrank. Geben Sie begründete Empfehlungen zu Lagerbedingungen und Lagerdauer von Lebensmitteln im Kühlschrank.**
3. **Informieren Sie sich in den ortsansässigen Fachgeschäften und durch eine Internetrecherche über moderne Kühl- und Tiefkühlschränke. Erarbeiten Sie in Gruppen eine Empfehlung zum Kauf eines Kühl- und eines Tiefkühlschrankes. Stellen Sie Ihre Ergebnisse im Plenum vor.**

online

www.aid.de

www.was-wir-essen.de

# 2.4 Lagerhaltung organisieren

Ist Ihnen das auch schon passiert? Sie durchsuchen Ihren Kühlschrank nach etwas Leckerem und plötzlich finden Sie ganz hinten im Regal einen Becher Schokopudding oder Ähnliches? Den hatten Sie ja total vergessen! Doch nun ist das Mindesthaltbarkeitsdatum schon lange überschritten. Schon zu Hause ist es nicht einfach, alle Vorräte im Blick zu haben. Umso wichtiger ist es für einen Betrieb, seine wesentlich umfangreichere Lagerhaltung gut zu organisieren.

## Dokumentation der Lagerbestände

**Lagerfachkarte**

Artikel: Spülmittel

Mindestbestand: 4 Flaschen

Meldebestand: 6 Flaschen

Lieferant: O. Schmitz, Sommerstr. 23, 43527 Selm

| Datum | Zugang | Abgang | Verbrauchs-stelle | Bestand |
|---|---|---|---|---|
| 8.9. | 10 Fl. | | | 14 Fl. |

Am einfachsten ist die Dokumentation mit Hilfe von Lagerfachkarten durchzuführen. Dabei wird für jeden Artikel eine Karte angelegt. Auf dieser werden die Warenbezeichnung und der Lieferant vermerkt. Immer, wenn neue Ware ins Lager kommt, oder wenn etwas aus dem Bestand entnommen wird, muss dies in der Karte vermerkt werden. So können Sie auf einen Blick erkennen, wie viel Ware noch im Lager ist. Lagerfachkarten können in den entsprechenden Lagerfächern oder gesammelt z. B. im Büro aufbewahrt werden.

An Stelle von Karten aus Papier können die Lagerbestände auch mit dem Computer erfasst werden. Alle nötigen Angaben werden in ein dafür entwickeltes Computerprogramm eingegeben.

## Bestandsmengen

Ein gut gefülltes Lager ist eine feine Sache. Man braucht die benötigten Waren nur schnell zu holen und schon kann weitergearbeitet werden. Allerdings kostet ein Lager viel Geld. Zum einen braucht man unterschiedliche Räume sowie Personal, das sich um die Vorräte kümmert. Natürlich müssen die eingelagerten Vorräte auch erst einmal bezahlt werden und manche Waren verderben, wenn man sie zu lange lagert. Deshalb ist es wichtig, genau die richtige Menge an Waren im Lager zu haben. Dabei helfen Lagerkennzahlen. Durch diese kann z. B. der Mindestbestand und der Meldebestand ausgedrückt werden. Die ermittelten Zahlen können in die Lagerfachkartei eingetragen werden.

**Mindestbestand**
Wie hoch ist die Menge an Waren, die benötigt wird, damit reibungslos gearbeitet werden kann? Der Mindestbestand orientiert sich am Tagesverbrauch.

**Meldebestand oder Bestellbestand**
Wenn diese Warenmenge erreicht ist, muss ein Einkauf oder eine Bestellung erfolgen. Der Meldebestand ist vor allem von den Liefer- und Einkaufszeiten abhängig.

## Inventur

Von Zeit zu Zeit muss im Unternehmen überprüft werden, ob die in der Lagerfachkarte erfassten Warenbestände auch tatsächlich vorhanden sind. Die im Lager enthaltenen Warenbestände nennt man Ist-Bestände. Sie werden durch Zählen, Messen, Wiegen oder durch Schätzen erfasst und in die Lagerfachkarte eingetragen. Die Erfassung der Ist-Bestände nennt man Inventur. Der Ist-Bestand wird mit den Soll-Beständen verglichen. Gibt es einen Unterschied zwischen Ist- und Soll-Bestand, muss der Grund dafür gefunden werden. Gründe können sein:

- Verderb oder Bruch
- ungenaue Eintragung
- Diebstahl

## Jetzt sind Sie dran ...

1. Wird in Ihrer Schule die Lebensmittellagerung dokumentiert?
   Wenn nein, dann erstellen Sie als Klasse eine Lagerkartei und tragen Sie die vorhandenen Bestände ein.
   Wenn ja, dann führen Sie eine Inventur der eingelagerten Lebensmittel durch und tragen Sie den Ist-Bestand ein.
   Diskutieren Sie im Anschluss in der Klasse, was Sie bei der jeweiligen Tätigkeit beachten müssen.

## „Los geht's"

# 2.5 Projektaufgabe

Liebäugeln Sie auch mit dem Gedanken, eine erste eigene Wohnung zu mieten oder eine Wohngemeinschaft mit Freunden zu gründen? Der gut gefüllte Kühlschrank aus dem „Hotel Mama" gehört nun der Vergangenheit an. Alle notwendigen Produkte müssen Sie nun selber einkaufen, Dienstleistungen selbst auswählen und bezahlen. Daher lautet Ihre Projektaufgabe für dieses Themenfeld:
**Erstellen Sie ein Informationsheft im Zeitschriftenformat von ca. 20 Seiten, in dem Sie alle relevanten Informationen rund um den Einkauf für Ihre Region zusammenstellen.**
In dieser Zeitschrift können Sie in übersichtlicher Form alle Informationen sammeln, die für Sie wichtig sind. Entwickeln Sie zusätzlich zu den Informationen kleine Erlebnisberichte oder andere journalistische Beiträge, sodass Sie die Zeitschrift vielleicht sogar an Ihrer Schule verteilen oder verkaufen können.

### Informieren

Stellen Sie einen Katalog von Fragen zusammen, die sich rund um den ersten eigenen Haushalt, Einkauf, Warenqualität, Vorratshaltung oder Haushaltsgeld ergeben. Befragen Sie Mitschüler, vielleicht auch aus anderen Bildungsgängen, oder Freunde und Verwandte, was für Sie wichtig zu wissen wäre. Vielleicht erfahren Sie schon die ein oder andere Anekdote über „das erste Mal alleine einkaufen". Recherchieren Sie im Internet und berücksichtigen Sie bei Ihren Recherchen auch den Aspekt der Nachhaltigkeit.

### Planen

Erstellen Sie gemeinsam ein grobes Inhaltsverzeichnis, wie die Zeitschrift aufgebaut sein soll. Orientieren Sie sich vielleicht auch an anderen Zeitschriften: Welche Textformate sind interessant? Welche Inhalte stehen an erster Stelle? Wo können Sie zu welchem Preis die Seiten später ausdrucken und binden? Wer übernimmt die Zusammenstellung der Zeitschrift und sammelt die Dateien? In welchem System möchten Sie die Texte Korrekturlesen? Legen Sie ebenfalls fest, in welchem Papierformat, mit welchen Schriften und Schriftgröße bzw. Zeilenabstand Sie die Texte schreiben wollen. Erstellen Sie einen für alle verbindlichen Zeitplan. Teilen Sie sich nun in Gruppen auf, die jeweils einen Arbeitsschritt oder einen Teil bzw. ein Thema in der Zeitschrift übernehmen. Planen Sie in den Gruppen seitengenau Ihre Beiträge. Denken Sie auch jetzt schon an die Dokumentation des gesamten Projektes.

**Entscheiden**

Nach Abschluss der Planung stellt jede Gruppe ihr Vorhaben in einer Präsentation vor. Entscheiden Sie gemeinsam, welche Inhalte oder Themen umgesetzt werden sollen. Beraten Sie darüber, ob die Planung realistisch und durchführbar ist oder ob in einigen Punkten nachgebessert werden muss. Sind die Aufgaben so verteilt, dass alle mitmachen können?

**Ausführen**

Jetzt heißt es tatsächlich „Loslegen!". Der Plan wird Schritt für Schritt in die Tat umgesetzt. Erstellen Sie Texte, Fotos und Grafiken. Holen Sie sich während des gesamten Erstellungsprozesses regelmäßig Feedback von Ihren Mitschülern oder Ihrer Lehrkraft. Lassen Sie jemanden mit guten Rechtschreibkenntnissen Korrektur lesen. Setzen Sie alle Beiträge zusammen und schauen Sie, ob die Seiten ansprechend ausschauen. Führen Sie weiterhin Ihre Projektdokumentation. Nicht nur die Fortschritte und Erfolge, auch die Schwierigkeiten und unvorhergesehene Ereignisse bei der Umsetzung sollten festgehalten werden.

**Kontrollieren**

Vergleichen Sie regelmäßig ihre Planung mit Ihrem (Zwischen-) Ergebnis. Ist die Planung sach- und fachgerecht umgesetzt worden? Haben Sie nichts vergessen? Sind Ihre Texte für Ihre geplante Zielgruppe gut verständlich, hilfreich und interessant? Jetzt können Sie noch berichtigen und ergänzen, wenn etwas nicht so wird, wie Sie es sich vorgestellt haben. Wenn Sie alle letzten Korrekturen umgesetzt haben, können Sie Ihre Zeitschrift drucken und binden (lassen).

**Beurteilen**

Die Klasse bewertet gemeinsam das Arbeitsergebnis. Dabei soll auch das eigene Handeln kritisch betrachtet und beurteilt werden. Waren alle Informationen verständlich dargestellt? Wie war die Zusammenarbeit im Gruppenteam und im Gesamtteam? Beurteilen Sie die Zusammenarbeit, harmonierte die Gruppe oder gab es Spannungen? Wie haben sich die Gruppenmitglieder eingebracht? Gab es Kommunikationsschwierigkeiten? Was würden Sie beim nächsten Projekt ändern? Ihre Lehrkraft wird ebenfalls eine Bewertung vornehmen und mit Ihnen besprechen. Die Beurteilung wird in der Dokumentation festgehalten. Schließen Sie Ihre Dokumentation ab und beenden damit das Projekt.

**Vernetzen Sie Ihr Wissen:**

Mit den Themen:

- Zeitmanagement und Arbeitsorganisation (→ Themenfeld 1, S. 29)
- Waren auswählen (→ Themenfeld 2, S. 40)
- Speisen und Getränke servieren (→ Themenfeld 4, S. 128)

**über Essen und Trinken nachdenken**

- Ernährungsverhalten
- Fast Food
- Tischkultur
- Ernährung und Gesundheit
- ernährungsbedingt[e] Erkrankunge[n]

**Ernäh[rung] steheh[n] rung z[...]**

**Mahlzeiten planen**

- Rezepte und Lebensmittel auswählen
- Kosten berechnen
- Zeit planen
- küchentechnische Eigenschaften

**Arbeitsvorbereitung**

- Arbeitsplatz einrichten
- Rezepte lesen
- Wiegen und Messen

Essen – nur für wenige Bereiche des Lebens entwickeln wir eine größere Leidenschaft. Wir essen, um uns zu belohnen, um etwas mit anderen zu unternehmen, um uns von anderen abzugrenzen (z.B. religiöse Speisevorschriften) oder einfach weil es schmeckt und wir Hunger haben. Essen ist ein Grundbedürfnis und hat direkte Auswirkungen auf unseren Körper und unsere Gesundheit. Deshalb ist es wichtig, grundlegende Dinge über den Aufbau von Nahrungsmitteln zu wissen und unseren Nährstoffbedarf zu kennen. Dies und wie Sie unterschiedliche Speisen zusammenstellen sowie unter Berücksichtigung von z.B. Zeit, Kosten und Hygiene fachgerecht zubereiten, erfahren Sie in diesem Themenfeld.

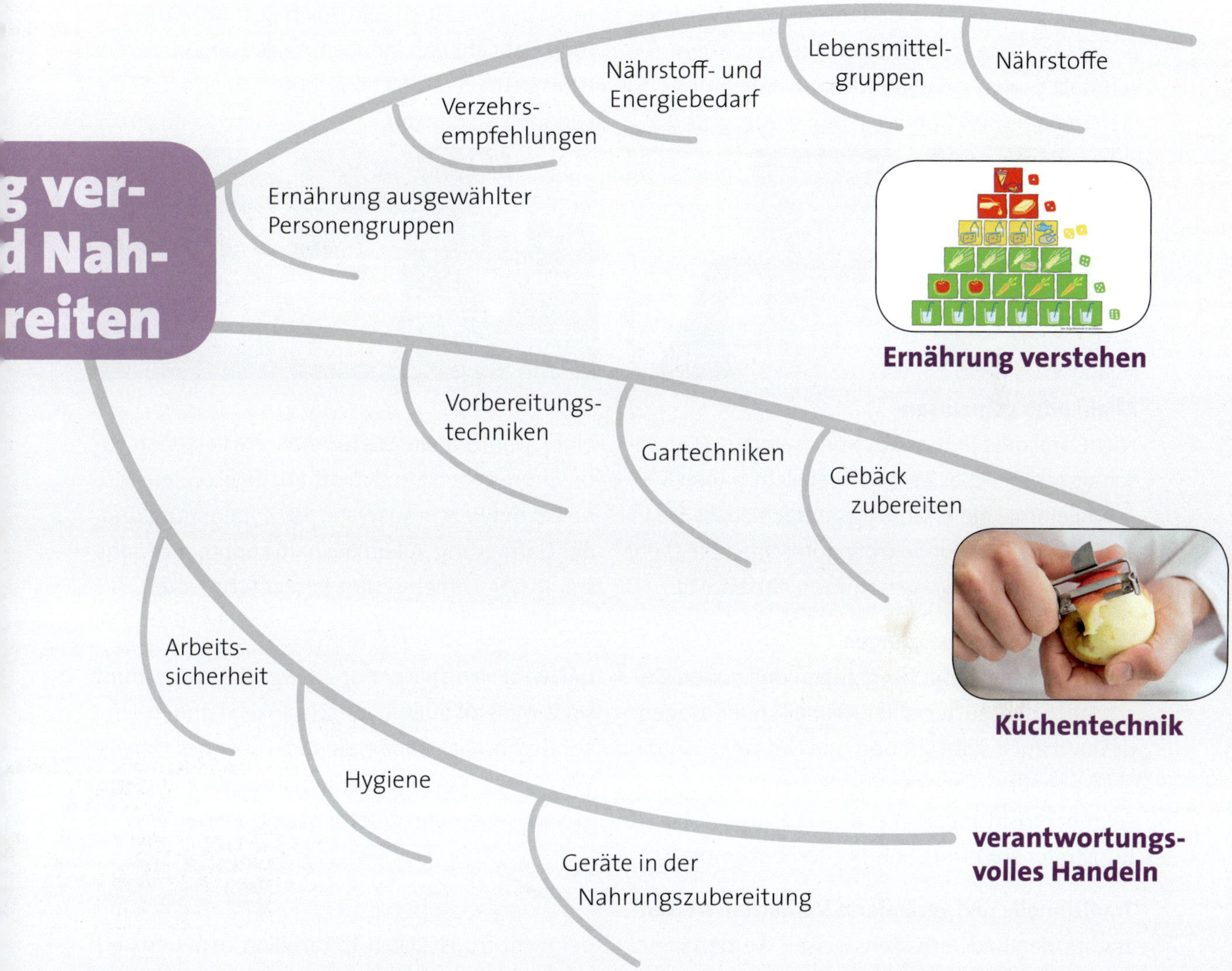


# 3 Ernährung verstehen und Nahrung zubereiten

# 3.1 Über Essen und Trinken nachdenken

## Ernährungsverhalten

### „Essen“ oder „sich ernähren“

Eigentlich ist „essen“ das Gleiche wie „sich ernähren“. Trotzdem haben die meisten Menschen ganz unterschiedliche Gedanken dazu. Wenn Sie an „essen“ denken, überlegen Sie, was ihnen schmeckt, worauf Sie gerade Lust haben und stellen dabei den Genuss in den Vordergrund. Wenn Sie an „Ernährung“ denken, klingt das eher nach Vernunft, Nährstoffen und Kalorien. Das muss aber nicht so sein. Auch gesunde Ernährung hat sehr viel mit Genuss zu tun. Umgekehrt ist es beim Essen nicht verboten, auch an die Gesundheit zu denken.

### Allein oder gemeinsam

Nicht umsonst gibt es das Sprichwort: „In Gesellschaft schmeckt es besser.“ Vielleicht haben Sie schon einmal die Erfahrung gemacht, dass Sie in einer fröhlichen Runde trotz guter Vorsätze mehr essen, als Sie sich vorgenommen hatten. Mit einer Mahlzeit, die Sie für mehrere Personen zubereiten, geben Sie sich oft auch besondere Mühe bei der Rezeptauswahl, der Zubereitung und der Garnierung. Allein deshalb könnte die Mahlzeit in der Gemeinschaft besser schmecken.

### Vorlieben und Abneigungen

Neugeborene Kinder bevorzugen den süßen Geschmack der Muttermilch. Kleine Kinder mögen deshalb auch süße Speisen und Getränke, entdecken aber ebenso gerne andere neue Geschmacksrichtungen. Wer als Kind zur Belohnung oder zum Trost Süßigkeiten bekommen hat, wird sich später nur schwer auf ein vernünftiges Maß an Süßem einschränken können. Unser Geschmack ändert sich im Laufe des Lebens. Was wir als Kinder nicht mochten, kann uns im Erwachsenenalter trotzdem gut schmecken.

### Traditionelle und veränderte Verhaltensweisen

Traditionen und Verhaltensweisen werden von der Familie geprägt. Das gilt auch für das Essverhalten. Eltern, die nichts zum Frühstück essen, müssen sich nicht wundern, wenn auch ihre Kinder nicht frühstücken. In Familien, in denen gern mit vielen frischen Zutaten gekocht wird, werden auch die Kinder lernen, selbst frische Mahlzeiten zuzubereiten.

### Den eigenen Körper wertschätzen

Wie und was wir essen, hat auch damit zu tun, ob wir unseren Körper mögen und wertschätzen. Eine gesunde Einstellung zum Essen geht mit einem guten Körpergefühl einher. Immer mehr, vor allem junge Menschen, leiden aber unter Essstörungen. Dazu gehören Magersucht (Anorexia nervosa), Ess-Brechtsucht (Bulimia nervosa) oder das Binge-Eating-Syndrom, bei dem die Betroffenen unter extremen Essattacken leiden. Diese Störungen können unbehandelt zahlreiche gesundheitliche Schäden nach sich ziehen.

**Bewusst oder unbewusst essen**

Wann und wo wir essen, ist ein Hinweis darauf, wie bewusst wir essen. Wer sich an einem gedeckten Tisch Zeit nimmt, kann bewusst genießen, was auf dem Teller ist. Wenn wir vor dem Fernseher oder beim Warten auf den Bus etwas hinunterschlingen, nehmen wir weder den Geschmack intensiv wahr, noch entwickeln wir ein Gespür dafür, ob uns diese Mahlzeit wirklich gut tut. Manchmal schenkt man dem Essen so wenig Beachtung, dass man gar nicht merkt, wie viel man schon gegessen hat.

**Beobachtung des eigenen Essverhaltens**

Essen wir etwas, was uns nicht wirklich zufrieden macht, wird bald zu den nächsten Nahrungsmitteln gegriffen. Diese Beobachtung haben Sie vielleicht auch schon einmal an sich selbst gemacht. Wer aus Kummer isst, läuft Gefahr, „Kummerspeck" anzusetzen. Stress kann dazu führen, dass wir einfach vergessen, etwas zu essen oder zu trinken. Mit ein wenig Übung können Sie Ihr eigenes Essverhalten bewusst beobachten und beurteilen. Eine Hilfe dazu ist das Ernährungsprotokoll.

Ein **Ernährungsprotokoll** kann z. B. so aussehen:

| Name: Selima | | | | Datum: 8.10.2012 | |
|---|---|---|---|---|---|
| **Wann habe ich gegessen oder getrunken? Uhrzeit** | **Was habe ich gegessen oder getrunken?** | **Wie groß war die Portion? (Glas, Scheibe, Hand voll)** | **Mit wem habe ich gegessen?** | **Wo habe ich gegessen?** | **Wie ging es mir beim Essen?** |
| 6:30 Uhr | Kaffee<br>Vollkornbrot<br>Butter<br>Marmelade | 1 Tasse<br>2 Scheiben<br>2 Teelöffel<br>4 Teelöffel | allein | zu Hause | müde |
| 9:30 Uhr | Cola<br>Gummibärchen | 0,5-l-Flasche<br>200-g-Tüte | Moni, Funda | Schulhof | schlechte Laune wegen der Schule |

## Jetzt sind Sie dran ...

1. Führen Sie eine Woche lang für jeden Tag ein Ernährungsprotokoll nach dem obigen Muster. Werten Sie das Ernährungsprotokoll aus. Vergleichen Sie Ihr Ernährungsverhalten mit der ▸ Ernährungspyramide (S 72).
2. Tauschen Sie sich in Gruppen zur Ernährungsgeschichte Ihrer Familie aus. Woher kommen bestimmte Ernährungsgewohnheiten? Welche finden Sie gut? Welche würden Sie gern ändern? Was können Sie selbst dazu beitragen? Halten Sie Gemeinsamkeiten und Unterschiede auf einem ▸ Plakat fest.
3. Informieren Sie sich im Internet z. B. unter www.hungrig-online.de über Essstörungen, insbesondere Symptome, Folgen und Behandlungsmöglichkeiten. Erstellen Sie aus Ihren Ergebnissen in Gruppenarbeit eine ▸ Informationsbroschüre.

# Fast Food

## Auch „schnelle Nahrung" ist vielseitig

Oft wird Fast Food mit ungesundem Essen aus Burger-Restaurants gleichgesetzt. Das Fast-Food-Angebot ist aber vielfältiger. Unter Fast-Food oder Schnellimbiss fallen alle Angebote, die schnell und unkompliziert verspeist werden können. Meist werden sie in Imbissbuden oder Schnellrestaurants verkauft. Besonders beliebt ist in Deutschland die Pizza. Auch Döner und Fischrestaurant-Ketten stehen hoch im Kurs. Inzwischen gibt es auch Salate und Obstsalate oder leckere, mit Gemüse gefüllte Wraps als Fast Food zu kaufen.

## Fast Food beurteilen und Vorurteile überprüfen

Haben Sie das auch schon einmal erlebt? Sie haben große Lust auf eine Portion Pommes frites, nähern sich einem Imbissstand, und schon ist der Appetit wie weggeblasen, weil der Geruch nach ekligem, altem Fett in der Luft liegt. Da ist es gut, auf die Eindrücke der Nase zu reagieren und seinen Appetit anderswo zu stillen. Manche Eigenschaften von Fastfood können Sie, genau wie bei anderen Speisen, nach Aussehen und Geruch beurteilen. Um die Nährstoffzusammensetzung einzuschätzen, benötigen Sie aber auch Fachwissen.

*Es kommt auch beim Fastfood auf die Qualität an.*

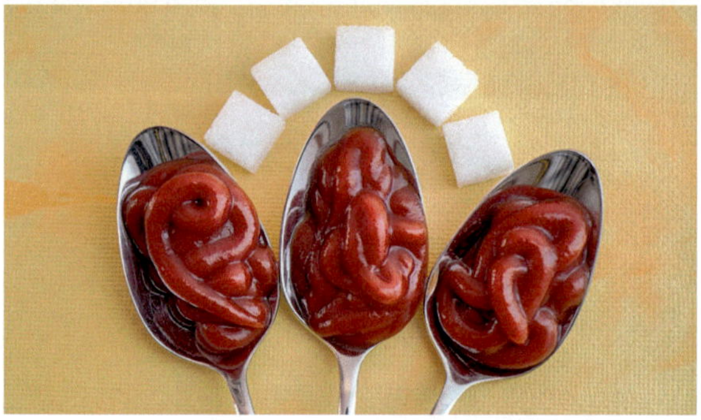

*Zuckergehalt von Ketchup*

## Gesundheitliche Risiken bei einer ausschließlichen Fast Food-Ernährung:

- Fast Food ist sehr fetthaltig. Das kann zu Übergewicht führen.
- Fast Food enthält viel Zucker. Die Folge ist Übergewicht mit dem Risiko, an Diabetes mellitus (Zuckerkrankheit) zu erkranken.
- Fast Food ist stark gesalzen. Man gewöhnt sich an stark gesalzene Speisen.
- Fast Food ist ballaststoffarm. Man bekommt schnell wieder Hunger.
- Der Vitamin- und Mineralstoffgehalt ist sehr gering. Die Folge sind Mangelerscheinungen.

## Den Risiken auf der Spur:

Der hohe Kaloriengehalt von Fast Food liegt an der Größe der Portionen, am Fettgehalt und am Zuckergehalt. Der niedrige Nährwert hängt mit der Verwendung von Weißmehlprodukten und wenig Gemüse zusammen. Der hohe Fettgehalt im Fast Food ist auf die ▸ Gartechniken (S. 103) ▸ Braten (S. 103) und ▸ Frittieren (S. 105) zurückzuführen. Besonders panierte Lebensmittel saugen viel Frittierfett auf. Hinzu kommen ▸ versteckte Fette (S. 79) in Soßen, Mayonnaisen, in der Wurst und im Käse. Ein hoher Zuckergehalt ist in allen süßen Snacks, aber auch in Gerichten mit Ketchup zu finden.

**Fördert viel Taschengeld eine ungesunde Ernährung?**
Je mehr Taschengeld Kinder und Jugendliche bekommen, desto höher ist die Gefahr, dass ausgewogene Mahlzeiten durch Fast Food und Süßigkeiten ersetzt werden. Dennoch fördert weniger Taschengeld nicht unbedingt eine gesündere Ernährung. Mehr als die Hälfte der Sechs- bis 13-Jährigen kauft vom eigenen Geld Süßigkeiten und rund ein Viertel Fast Food und Essen für unterwegs. Das ist offenbar nicht auf das fehlende Angebot von Mahlzeiten in der Familie zurückzuführen. Vielmehr ist das Fast-Food-Restaurant für Teenager ein beliebter Treffpunkt.

**Vom Fast Food zum Slow Food**
Slow Food (1989 gegründet)
- ist eine weltweite Vereinigung von bewussten Genießern und mündigen Konsumenten, die es sich zur Aufgabe gemacht haben, die Kultur des Essens und Trinkens zu pflegen und lebendig zu halten.
- fördert eine verantwortliche Landwirtschaft und Fischerei, eine artgerechte Viehzucht, das traditionelle Lebensmittelhandwerk und die Bewahrung der regionalen Geschmacksvielfalt.
- bringt Produzenten, Händler und Verbraucher miteinander in Kontakt, vermittelt Wissen über die Qualität von Nahrungsmitteln und macht so den Ernährungsmarkt transparent.

Slow Food®

*„Ich möchte die Geschichte einer Speise kennen. Ich möchte wissen, woher die Nahrung kommt. Ich stelle mir gerne die Hände derer vor, die das, was ich esse, angebaut, verarbeitet und gekocht haben."*
*Carlo Petrini, Gründer und internationaler Präsident von Slow Food*

## Jetzt sind Sie dran ...

1. Tauschen Sie im ▸ rotierenden Partnergespräch Ihre Meinungen und Standpunkte zum Thema Fast Food aus. Sammeln und gewichten Sie die besten Argumente.
2. Stellen Sie in einer ▸ Wandzeitung die Vielfalt des Fast-Food-Angebotes im näheren Umkreis Ihrer Schule dar. Sie können dafür Untergruppen bilden (z. B. für die Recherche in Bäckereien, Imbissbuden), selbst Fotos aufnehmen und in Ihre Bewertung des Angebots einarbeiten. Beachten Sie dabei auch die Meinungen und Standpunkte aus dem rotierenden Partnergespräch.
3. Erarbeiten Sie Vorschläge, wie Sie Fast-Food-Mahlzeiten durch gesunde Essenskomponenten ergänzen und aufwerten können. Ergänzen Sie die Wandzeitung damit.

online

www.slowfood.de
Hier können Sie sich über die Slow-Food-Bewegung informieren.

## Tischkulturen anderer Länder

### Kulturelle Einflüsse

Das Essverhalten ist von verschiedenen Einflüssen geprägt. Der Einfluss der Kultur ist dabei besonders wichtig. Die Kultur beinhaltet auch die Esskultur. Traditionelle Zutaten und Zubereitungsweisen unterscheiden sich von Region zu Region. Entsprechend werden auch Mahlzeiten sehr unterschiedlich eingenommen. In vielen Ländern wird bereits zum Frühstück eine warme Mahlzeit verzehrt. Auch die Anzahl der Mahlzeiten ist vom Kulturkreis und dem Nahrungsmittelangebot abhängig.

### Grundnahrungsmittel der Welt

Als Grundnahrungsmittel werden die Nahrungsmittel bezeichnet, die in der jeweiligen Kultur mengenmäßig den Hauptbestandteil der Ernährung des Menschen ausmachen.
Sie stellen die Grundversorgung mit Kohlenhydraten, Eiweiß und Fett sicher, nicht jedoch unbedingt eine ausreichende Versorgung mit Vitaminen und Spurenelementen. Heute dienen weltweit nur noch ein gutes Dutzend Nahrungsmittel als echte Grundnahrungsmittel für den überwiegenden Teil der Weltbevölkerung. Welche Grundnahrungsmittel regional konsumiert werden, hängt stark von kulturellen, klimatischen und wirtschaftlichen Faktoren ab.

**Die weltweit am häufigsten verzehrten Grundnahrungsmittel**

**Andere Länder, andere Sitten: Esskulturen in der Welt**

In China unterscheiden sich die Traditionen beim Essen erheblich von den europäischen. Am Tisch darf geschmatzt und geschlürft werden. Es ist auch üblich, mit vollem Mund zu reden. Selbst Rülpsen ist manchmal erlaubt. Es wird gelacht und gerne laut geredet. Gäste oder ältere bzw. angesehene Personen werden besonders umsorgt. Man reicht ihnen die besten Stücke, meist mit den eigenen Essstäbchen. Bei Tisch entfernt sich der Chinese mit seinen Fingern ungezwungen die Fleischreste zwischen den Zähnen. Das Schnäuzen ist jedoch ein Tabu. Dafür sucht man die Toilette auf.

**Religiöse Bräuche**

Religiöse Bräuche gibt es zum Beispiel im Judentum, wo kein Schweinefleisch gegessen werden darf, weil dieses Tier als unrein gilt. Für Muslime sind Alkohol und Schweinefleisch verboten. Somit wären Gummibärchen für Muslime gegebenenfalls tabu, sofern sie aus Schweinegelatine hergestellt wurden. Gläubige Muslime nehmen nur Nahrung zu sich, die „halal" ist. Halal bedeutet „rein und erlaubt". Nach muslimischer, aber auch nach jüdischer Tradition wird Fleisch „geschächtet". Das heißt, dass ein Tier so geschlachtet werden muss, dass es vollständig ausblutet.

**Esskultur in Russland**

Die russische Küche ist ländlich und einfach. Erstaunlicherweise sind die regionalen Unterschiede in den Küchen trotz des riesigen Gebietes gering. Bedingt durch die langen russischen Winter gibt es viel Eingemachtes und Eingelegtes wie Salzgurken, Sauerkraut und marinierte Pilze, viel lagerfähiges Gemüse wie Rüben, Kohl und getrocknete Pilze. Frisches Obst und Gemüse sind nur in den kurzen Sommermonaten erhältlich. Auch die orthodoxe Kirche hat viel zur russischen Koch- und Esskultur beigetragen. Sie sieht vier Fastenzeiten vor, die zwischen zwei und sechs Wochen dauern. Außerdem fasten streng Gläubige auch noch jeden Mittwoch und Freitag sowie an einigen kirchlichen Feiertagen. Während dieser Fastenzeiten sind Milch, Milchprodukte, Butter und Fleisch tabu. Auch Fisch ist nur an bestimmten Fastentagen erlaubt. Auf Grund dieser strengen Fastentraditionen gibt es in der russischen Küche eine Vielzahl rein vegetarischer Rezepte, obwohl die russische Küche ansonsten von Fleisch und Wurst geprägt ist.

## Jetzt sind Sie dran ...

1. Informieren Sie sich über typische Frühstücksgerichte in anderen Ländern und führen Sie an einem Projekttag „Frühstück" die Zubereitung dieser Frühstücke durch. Probieren und bewerten Sie möglichst alle angebotenen Frühstücksgerichte.
2. Erstellen Sie ein ▸ Buddybook mit Benimm-Regeln bei Tisch. Sammeln Sie zunächst in der Gruppe in einem ▸ Brainstorming alle Benimmregeln, die Ihnen einfallen. Wählen Sie dann die wichtigsten aus, die Sie in Ihr Buddybook übernehmen möchten.

*Englisches Frühstück*

# Ernährung und Gesundheit

online

Internetadressen für Fragen zur Ernährung:

www.dge.de

www.aid.de

www.talking-food.de

www.was-wir-essen.de

www.ugb.de

## Empfehlungen zur gesunden Ernährung

In Deutschland gibt es verschiedene Institutionen, die Empfehlungen zur gesunden Ernährung veröffentlichen, z.B. im Auftrag des Bundesministeriums für Gesundheit. Dazu zählen

- die Deutsche Gesellschaft für Ernährung e.V. (DGE),
- der aid infodienst – Ernährung, Landwirtschaft, Verbraucherschutz, e.V.,
- der Verband unabhängiger Gesundheitsberater (UGB),
- verschiedene Gesundheitskassen und viele mehr.

## Die Menge macht's

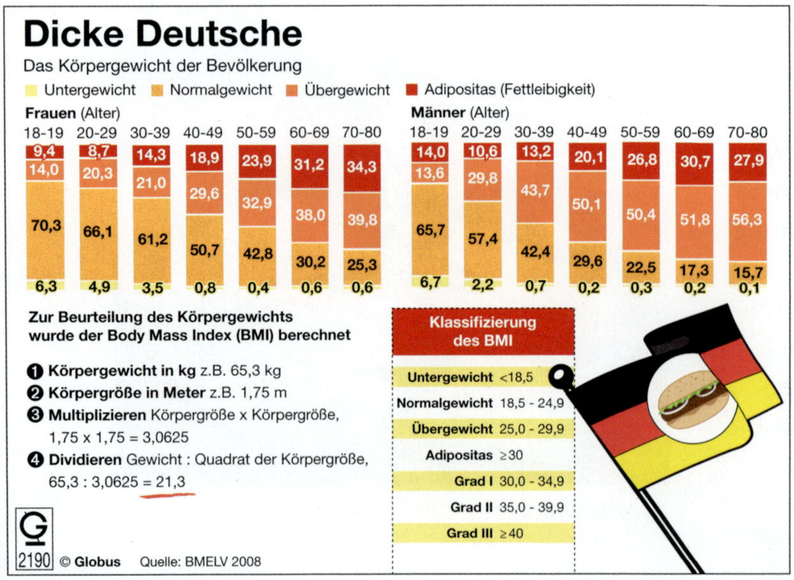


Wer ständig mehr ▸ Nahrungsenergie zu sich nimmt als er verbraucht, nimmt an Gewicht zu. Mit Hilfe des Body-Mass-Index (BMI) können Sie eine Einschätzung Ihres Gewichts vornehmen. Menschen mit einem BMI von mehr als 30 gelten als fettleibig (adipös). Dies kann zu folgenden gesundheitlichen Schäden führen: Herz-Kreislauf-Erkrankungen (z.B. Bluthochdruck), Stoffwechselerkrankungen (z.B. Diabetes mellitus), Gelenkschäden, seelische Probleme, Fruchtbarkeitsstörungen oder Krebsgefahr.

**Kostformen**

Eine Ernährung, die sich an den 10 Regeln der DGE orientiert, heißt vollwertige Ernährung. Bei der Umsetzung hilft die ▸ Ernährungspyramide (S. 72) Einige Menschen beschränken ihre Kost aus religiösen, moralischen oder politischen Gründen auf bestimmte Nahrungsmittel:

- **Ovolaktovegetarische Ernährung („Vegetarier"):** ausschließlich pflanzliche Nahrungsmittel sowie Milch- und Eiprodukte
- **Laktovegetarische Ernährung:** ausschließlich pflanzliche Nahrungsmittel sowie Milchprodukte
- **Vegane Ernährung:** ausschließlich pflanzliche Nahrungsmittel
- **Trennkost:** Eiweißhaltige und kohlenhydrathaltige Lebensmittel werden getrennt voneinander verzehrt. Die gesundheitsfördernde und gewichtsreduzierende Wirkung ist umstritten, auch weil viele Lebensmittel, z.B. Muttermilch, von Natur aus sowohl Eiweiß als auch Kohlenhydrate enthalten. Eine Orientierung an den Regeln der Trennkost kann jedoch zu einem bewussteren Essverhalten führen und sich dadurch positiv auf die Gesundheit auswirken.

**„Das kommt mir nicht in die Suppe!"**

Nicht immer wissen wir, was sich in unserem Essen versteckt. Auch der Blick aufs Etikett verrät nicht alle Geheimnisse der Lebensmittelindustrie. Zutaten werden weltweit hergestellt und gehandelt. Hier ist ein Beispiel, was sich hinter den Zutaten verbergen kann.

**„Hühner-Nudel-Suppe": 100 Gramm Pulver einer Fertigsuppe für 4 Teller enthalten u. a.:**
35 g Eiernudeln: Weizenmehl aus Hartweizen (Italien, USA), Trockenei-Pulver (Holland, Deutschland). 6 g Salz: Kochsalz (Deutschland, Polen). 5 g Würze: Proteinhydrolysat, gewonnen durch Auflösen von Eiweißresten in Salzsäure, Eiweißreste (z. B. Fischmehl aus Norwegen, Dänemark, USA, Chile), Weizenkleber (USA), Sojaeiweiß (Brasilien). 5 g Stärke: Maisstärke (USA). 4 g Würzzubereitung: aus Gewürzextrakten und Spezialaromen (europaweit), z. B. Cysteinhydrochlorid (aus chinesischem Menschenhaar oder Schweineborsten gewonnen), Glycinhydrochlorid, Traubenzucker, Arabinose. 3 g Geschmacksverstärker: Mischung aus Glutamat (2,7 g) mit Inosinat und Guanylat (zusammen 0,3 g) (Chemische Industrie Europa und USA). 3 g Huhn: Hühnerklein aus Massentierhaltung; 5mm stark, gefriergetrocknet (europaweit). 3 g Zucker: Glucosesirup (europaweit). 3 g Fett: Fettpulver für Instantsuppen; z. B. auf der Basis von gehärtetem Sojaöl und Rindertalg (Verarbeitung teils USA, teils Deutschland). 2 g Gemüse: kurzzeitblanchiertes Gemüse, anschließend gefrier- oder explosionsgetrocknet (europaweit). 0,1 g Farbstoff: Beta-Carotin oder Zuckercouleur (E 150), Farbstoffe, Antioxidantien (Chem. Industrie europaweit). 0,05. Antioxidantien: E 310 Propylgallat und E 320 Butylhydroxyanisol (die verhindern, dass das Fett ranzig wird und stabilisieren die Aromen), E 330 Zitronensäure (Chemische Industrie).

*Quelle: G. Brucker, Ökologie und Umweltschutz, Verlag Quelle & Meyer, Wiebelsheim 2001*

## Jetzt sind Sie dran ...

1. Lesen Sie in Einzelarbeit die Zutatenliste, recherchieren Sie die Zutaten, die Sie nicht kennen und streichen Sie die Zutaten weg, die Sie für gesundheitlich bedenklich halten. Diskutieren Sie die Ergebnisse im Plenum.
2. Suchen Sie in Partnerarbeit in einem Kochbuch nach einem Rezept für Hühner-Nudel-Suppe und benennen Sie die Unterschiede zur Tütensuppe.

Jm Gegensatz zu Kohlenhydraten, Eiweißen und Fetten liefern Wasser, Vitamine, Mineralstoffe, sekundäre Pflanzenstoffe und Ballaststoffe keine Energie.

# 3.2 Ernährung verstehen

## Nährstoffe

Täglich verlangt Ihr Körper nach Nahrung – Sie haben Hunger. Die Nahrungsmittel, die Sie essen, enthalten die Nährstoffe und Energie, die Ihr Körper braucht. Man kann Nährstoffe in verschiedene Gruppen unterteilen.

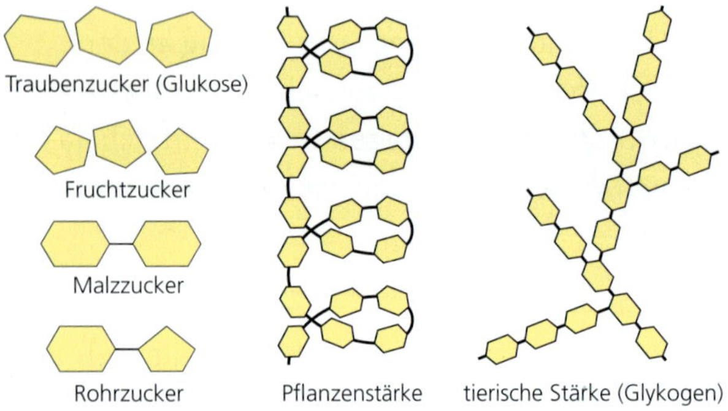


*Kohlenhydrate bestehen aus den chemischen Elementen Kohlenstoff, Wasserstoff und Sauerstoff.*

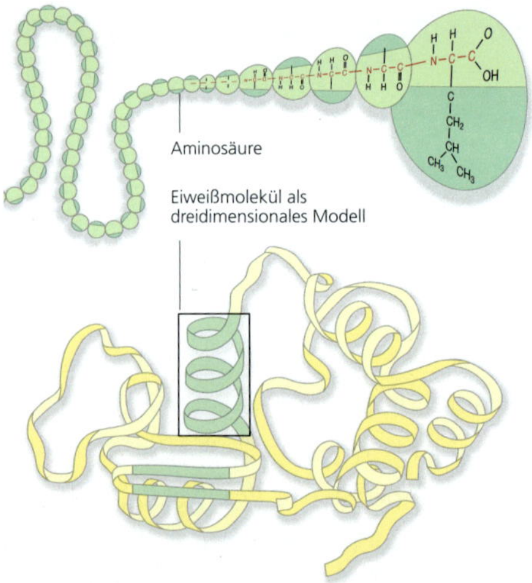


*Struktur des Eiweißmoleküls*

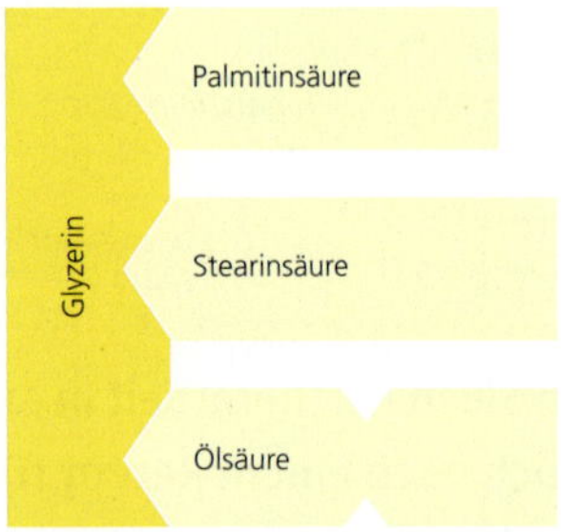


*Fettmoleküle bestehen aus einem Glyzerinmolekül und meist drei Fettsäuremolekülen.*

### Kohlenhydrate

Kohlenhydrate sind Brennstoffe und ideale Energielieferanten. Energie brauchen wir, um Körperwärme zu erzeugen und arbeiten zu können. Kohlenhydrate sind uns umgangssprachlich als Stärke und Zucker geläufig. Sie sind ein hauptsächlicher Bestandteil pflanzlicher Nahrungsmittel, z. B. Kartoffeln, Getreide und Zuckerrüben. Man unterscheidet Kohlenhydrate nach der Anzahl ihrer chemischen Grundbausteine in Einfach-, Doppel- und Vielfachzucker.

### Eiweiße

Eiweiße (Proteine) dienen dem Körper in erster Linie als Baustoff, aber auch als Reglerstoff. Die Bausteine der Eiweiße sind Aminosäuren. In ihrer langkettigen Form werden Eiweiße zur Erneuerung und dem Wachstum von Zellen benötigt. In kugeliger Form kommen Sie z. B. als Hormon oder Enzym vor und sind für alle Stoffwechselvorgänge nötig. Eiweiße sind in tierischen Lebensmitteln, z. B. in Milch, Fleisch, Fisch, und in pflanzlichen Lebensmitteln, z. B. Kartoffeln und Hülsenfrüchten zu finden.

### Fette

Die Hauptaufgabe der Fette (Lipide) ist die Energieversorgung (Brennstoff). Sie sind aber auch für die Aufnahme fettlöslicher Vitamine wichtig. Fette bestehen aus Glyzerin und Fettsäuren, man unterscheidet nach ihren chemischen Eigenschaften gesättigte (meist tierische) von ungesättigten (meist pflanzlichen) Fettsäuren. Fette sind z. B. in Butter und Öl enthalten, aber auch in fetthaltigen Speisen.

**Weitere Nährstoffe**

Unser Körper ist zu ca. 60–85 % aus **Wasser** aufgebaut. Es ist ein Baustoff für Zellen, Blut und Gewebeflüssigkeit. Wasser wird vorwiegend über wasserreiches Obst und Gemüse sowie Getränke aufgenommen.
**Vitamine** werden für viele Stoffwechselvorgänge im Körper benötigt, z. B. zum Schutz vor Krankheiten oder zur Regulation von Körpervorgängen. Sie sind hauptsächlich in Obst und Gemüse zu finden.
Die Aufgaben der **Mineralstoffe** sind denen der Vitamine ähnlich. Darüber hinaus werden sie teilweise zum Aufbau von Körpersubstanz, z. B. Knochen, benötigt. Mineralstoffreiche Lebensmittel sind Obst, Gemüse, Getreide, aber auch Fleisch, Fisch und Milch.
**Sekundäre Pflanzenstoffe** sind in Obst und Gemüse enthalten. Sie dienen den Pflanzen als Abwehr-, Farb- oder Aromastoff. Für den menschlichen Körper übernehmen sie viele Schutzfunktionen, so beugen sie z. B. Krebs und Herzinfarkt vor oder wirken entzündungshemmend.
Bei **Ballaststoffen** handelt es sich um Kohlenhydrate, die der Körper nicht verdauen kann. Sie kommen nur in pflanzlichen Nahrungsmitteln vor, z. B. in Vollkornprodukten, Obst und Gemüse. Ballaststoffe regulieren vor allem die Verdauung.

## Verdauung und Stoffwechsel

Damit die aufgenommenen Nährstoffe vom Körper genutzt werden können, müssen sie in kleinste Bausteine zerlegt werden. Dieses Zerlegen nennt man Verdauung. Die Verwertung der Bausteine in den Zellen wird als Stoffwechsel bezeichnet.
Das Verdauungssystem erstreckt sich vom Mund bis zum After. Seine Länge beträgt ca. acht Meter. Speisen und Getränke durchlaufen eine Reise, die zwischen zwei und fünf Tage dauert. Die Zerlegung der einzelnen Nährstoffe beginnt an verschiedenen Stellen:

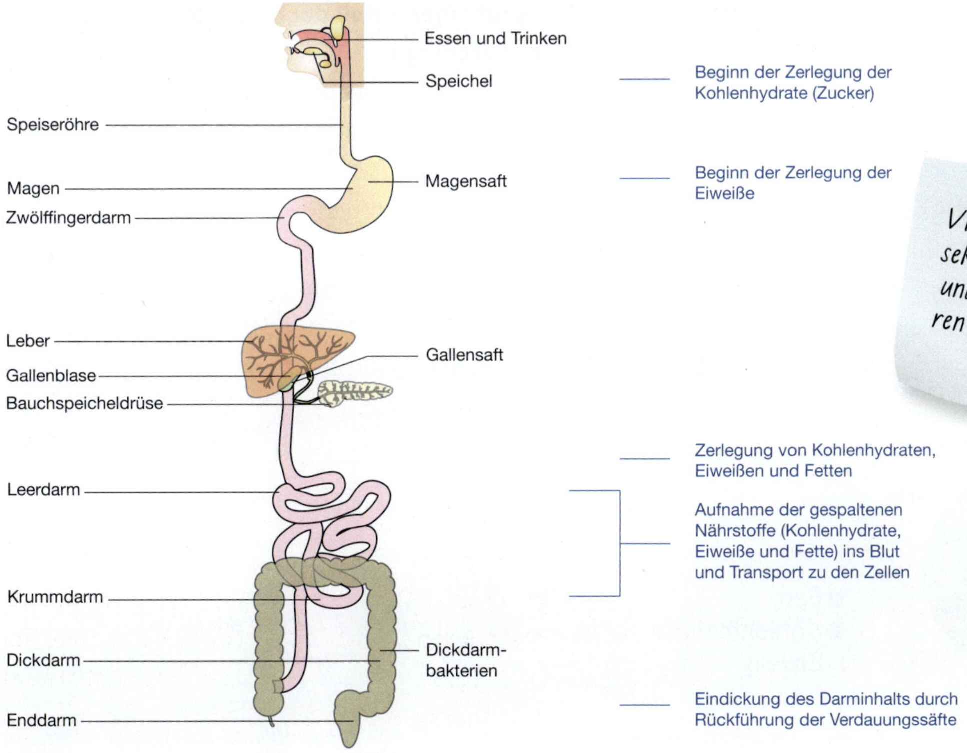


*Die Organe des Verdauungstrakts und ihre Funktion bei der Verdauung*

Vitamine, Mineralstoffe, sekundäre Pflanzenstoffe und Ballaststoffe gehören zu den Schutz- und Reglerstoffen.

## Nährstoff- und Energiebedarf

Ihr Körper braucht ständig Energie – auch im Schlaf – denn er muss rund um die Uhr arbeiten. Sie benötigen die Energie, um Ihre Körperfunktionen aufrechtzuerhalten, z.B. die Herztätigkeit, Körpertemperatur oder Atmung. Diese grundsätzlich benötigte Energiemenge nennt man **Grundumsatz**. Jeder Mensch hat einen individuell unterschiedlichen Grundumsatz. Er wird beeinflusst durch:

- Geschlecht: Männer haben einen höheren Grundumsatz als Frauen.
- Alter: Jüngere haben einen höheren Grundumsatz als Ältere.
- Körperbau: Großgewachsene, kräftige Menschen haben einen höheren Grundumsatz als kleine, zierliche Menschen.

Durchschnittlich beträgt der Grundumsatz 4 kJ pro kg Körpergewicht und je Stunde. Für jede weitere Leistung wird zusätzliche Energie benötigt. Diese nennt man **Leistungsumsatz**. Sie wird hauptsächlich bestimmt durch:

- körperliche Tätigkeit in Beruf und Freizeit: Bauarbeiter brauchen z.B. mehr Energie als Büroangestellte.
- Klima: Im Winter wird mehr Energie für Körperwärme benötigt als im Sommer.
- Verdauungstätigkeit und Stoffwechsel: Nach einer großen Mahlzeit und in der Schwangerschaft wird mehr Energie gebraucht.

Grundumsatz und Leistungsumsatz ergeben zusammen den täglichen **Gesamtenergiebedarf**.

Die Energie, die der Körper aus Nahrung gewinnt, wird in Joule (J) bzw. Kilo-Joule (KJ) gemessen. Früher verwendete man die Energieeinheit Kalorie (cal) bzw. Kilokalorie (kcal), die auch heute noch geläufig ist.
4,18 kJ ≈ 1 kcal

Der Gesamtenergiebedarf eines erwachsenen Menschen mit ca. 60 kg Körpergewicht und einer sitzenden Tätigkeit beträgt ca. 8600 kJ.

Es ist empfehlenswert, die Gesamtenergiemenge über fünf, gleichmäßig über den Tag verteilte Mahlzeiten aufzunehmen.

| Mahlzeit | Anteil am Gesamtenergiebedarf |
|---|---|
| 1. Frühstück | 25 % |
| 2. Frühstück | 10 % |
| Mittagessen | 30 % |
| Zwischenmalzeit | 10 % |
| Abendessen | 30 % |

**Empfohlener Anteil der Nährstoffe an der Gesamtenergie**

Der Gesamtenergiebedarf wird durch die Nährstoffe Kohlenhydrate, Fett und Eiweiß gedeckt. Diese Nährstoffe sollen in unterschiedlichen Anteilen aufgenommen werden. Andere Nährstoffe wie Sekundäre Pflanzenstoffe, Vitamine und Mineralstoffe werden nur in sehr kleinen Mengen benötigt. Wenige Tausendstelgramm reichen aus, um Mangelerscheinungen zu vermeiden.

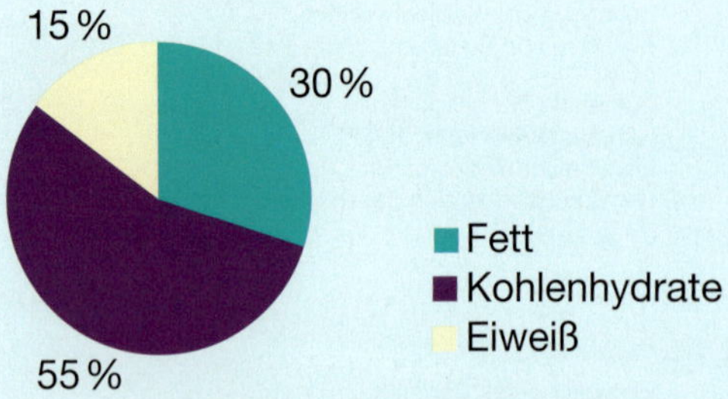


**Energiewert der Nährstoffe**

1 g Fett: 38,9 kJ = 9 kcal
1 g Eiweiß: 17,2 kJ = 4 kcal
1 g Kohlenhydrate: 17,2 kJ = 4 kcal

*Erwachsene decken ihren Gesamtenergiebedarf aus den genannten Nährstoffen (Empfehlungen). Kinder haben einen höheren Bedarf an Eiweiß.*

## Nährwertberechnung

Sie wollen sich und andere optimal ernähren und die bereits vorgestellten Empfehlungen in die Praxis umsetzen? Dazu müssen Sie wissen, wie viel Energie und Nährstoffe die einzelnen Lebensmittel enthalten. Dies erfahren Sie in der ▶ Nährwerttabelle (S. 268). Speisen bestehen aber selten nur aus einem Lebensmittel. Um z. B. den Energiegehalt einer Portion Erdbeerquark zu ermitteln, müssen Sie eine Nährwertberechnung durchführen. Das geschieht wie folgt:

- Zuerst erstellen Sie eine Tabelle. Beschriften Sie die Kopfzeile der Tabelle wie in dem unten stehenden Beispiel.
- Nun tragen Sie die für einen Erdbeerquark benötigten Lebensmittel in den erforderlichen Mengen ein.
- Jetzt übertragen Sie aus der Nährwerttabelle die Energie- bzw. die Nährwerte für je 100 g Lebensmittel.
- Dann werden der Energie-, bzw. der Nährstoffgehalt der wirklich benötigten Menge berechnet.
- Wenn Sie jetzt die Ergebnisse der einzelnen Lebensmittel addieren, erhalten Sie den Energie- bzw. den Nährstoffgehalt des Erdbeerquarks.
- Rezepte sind meistens für vier Personen berechnet (▶ Rezepte lesen und verstehen, S. 82). Teilen Sie den Energie-, bzw. den Nährstoffgehalt des Erdbeerquarks durch vier und Sie erhalten das Ergebnis für eine Portion.

| benötigte Menge | Lebensmittel | Energie in | | Eiweiß in | | Fett in | | Kohlenhydrate in | |
|---|---|---|---|---|---|---|---|---|---|
| | | 100 g | benötigte Menge | 100 g | benötigte Menge | 100 g | benötigte Menge | 100 g | benötigte Menge |
| 200 g | Erdbeeren | | | | | | | | |
| 300 g | Magerquark | | | | | | | | |
| 50 ml | Milch | | | | | | | | |
| 2 EL | Zucker | | | | | | | | |
| | | | | | | | | | |
| 4 Portionen | | | | | | | | | |
| 1 Portion | | | | | | | | | |

## Jetzt sind Sie dran ...

1. Im Rezept für Erdbeerquark ist eine Menge in EL angegeben. Informieren Sie sich im Kapitel „Rezepte lesen und verstehen“ (S. 82), um wie viel Gramm es sich handelt. Überlegen Sie zusammen mit Ihrem Tischnachbarn, wie viel Gramm 50 ml Milch sind.
2. Übertragen Sie die Tabelle auf ein Blatt. Berechnen Sie in Einzelarbeit mit Hilfe der Nährwerttabelle und einem Taschenrechner den Energie- und Nährstoffgehalt des Erdbeerquarks für eine Portion.
3. Vergleichen Sie Ihr Ergebnis mit Ihrem Tischnachbarn.

## Verzehrsempfehlungen

Vielleicht erscheinen Ihnen der Umgang mit der Nährwerttabelle und das genaue Abzählen der Nährstoffe zu kompliziert oder zu umständlich für den täglichen Gebrauch. Außerdem sagt dies wenig aus über den Anteil an wertvollen Inhaltsstoffen der Lebensmittel, wie z. B. ▸ Sekundäre Pflanzenstoffe (S. 69), oder über weniger gute Inhaltsstoffe, wie Salz oder gesättigte Fettsäuren. Ein einfacheres und alltagstaugliches System hat der aid infodienst entwickelt – **die Ernährungspyramide:**

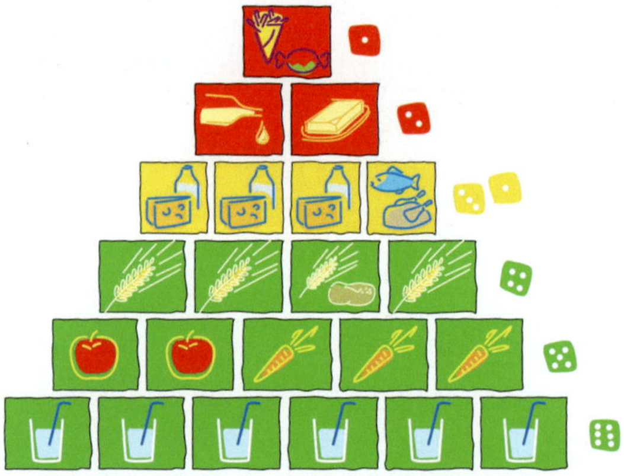

Alle Lebensmittel werden in **Lebensmittelgruppen** eingeteilt. Die breite Basis der Pyramide zeigt, welche Lebensmittelgruppen reichlich verzehrt werden sollen. Lebensmittelgruppen, die nur begrenzt aufgenommen werden sollen, sind in der dünnen Spitze dargestellt. Die Anzahl der Würfel weisen darauf hin, wie viele Portionen von jeder Lebensmittelgruppe zum täglichen Verzehr empfohlen werden. Die Portionen werden meist mit den Händen abgemessen.

**Die Hand als Maß**

Einfacher als exakte Mengenangaben ist die Verwendung der eigenen Hand als Messhilfe. Der Vorteil: Die Hand spiegelt den Körperbau des Einzelnen wieder und berücksichtigt so auch das Alter und Geschlecht (▸ Grundumsatz, S. 70). Wie groß eine Portion ist, sehen Sie hier:

| Lebensmittelgruppe | 1 Portion besteht aus … |
|---|---|
| Getränke | 1 Glas Wasser oder Saft oder Tee |
| Gemüse und Obst | 1 Hand großstückiges Obst (z. B. Apfel) oder 2 Hände kleinstückiges Obst (z. B. Kirschen) oder 1 Glas Saft |
| Getreide und Beilagen | 1 Scheibe Brot oder 2 Hände Kartoffeln oder 2 Hände gegarter Reis bzw. Nudeln oder 2 Hände Müsli |
| Milch und Milchprodukte | 1 Glas Milch oder 1 Becher Joghurt oder 1 Scheibe Käse |
| Fleisch, Wurst, Fisch, Ei | 1 Handteller Fleisch oder Fisch oder 2 Scheiben Wurst oder 1–2 Eier |
| Fette und Öle | 2 EL Öl oder 2 EL Streichfett |
| Extras | 1 Hand Süßigkeiten oder Knabbereien oder 1 Glas Alkohol |

## Kostpläne

Mit Hilfe der Lebensmittelgruppen können Sie auch Tageskostpläne erstellen. Die so genannten Tellerebenen ermöglichen es Ihnen, die 22 Portionsbausteine auf fünf Mahlzeiten am Tag zu verteilen. Wenn Sie für unterschiedliche Personengruppen Kostpläne erstellen wollen, müssen Sie deren Ernährungsbedürfnisse mit berücksichtigen (▸ Vollwertige Ernährung ausgewählter Personengruppen, S. 80).

## Jetzt sind Sie dran ...

1. **Auf der Internetseite www.aid.de finden Sie unter dem gleichnamigen Suchbegriff das Pyramidentagebuch. Drucken Sie es aus und verfahren Sie, wie angegeben.**
2. **Recherchieren Sie auf der Internetseite nach den Tellerregeln Übertragen Sie die leeren Tellerebenen auf ein Plakat.**
3. **Belegen Sie in Partnerarbeit die Teller nach Ihrem Geschmack. Beachten Sie dabei die Tellerregeln. Vergleichen Sie die Ergebnisse in der Klasse.**

## Lebensmittelgruppen und enthaltene Nährstoffe

### Getränke

Unser Körper besteht zum großen Teil aus Wasser, deshalb ist ▸ **Wasser** (S. 69) der wichtigste Grundbestandteil unserer täglichen Ernährung. Es wird empfohlen, täglich ca. 2,5 Liter Flüssigkeit aufzunehmen, davon mindestens 1,5 Liter als Getränk. Der Rest befindet sich in Ihrer Nahrung, z. B. in Suppen. Bei Hitze oder körperlicher Betätigung ist der Flüssigkeitsbedarf erhöht.
Energiefreie Getränke wie Leitungs- oder Mineralwasser, Kräuter- oder Früchtetee sind besonders geeignet. Auch verdünnte Obstsäfte sind ein guter Durstlöscher. Dabei ist es gar nicht so einfach, sich im Obstsaftregal des Supermarktes richtig zu entscheiden. Saft, Nektar, Fruchtsaftgetränk, das Angebot ist groß. Kennen Sie den Unterschied?

| | |
|---|---|
| **Fruchtsaft** | besteht zu 100 % aus Früchten. Er darf keine Zusätze enthalten (z. B. Konservierungsstoffe). |
| **Fruchtnektar** | hat einen Fruchtanteil von 25 bis 50 %. Der Rest besteht aus Wasser und Zucker. |
| **Fruchtsaftgetränk** | Der Fruchtgehalt beträgt zwischen 6 % bei Orangensaft- und 30 % bei Apfelsaftgetränken, der Rest besteht aus Wasser und Zucker. |
| **Limonade** | verfügt über einen Fruchtanteil von 3 % (Orange) bis 15 % (Apfel). Neben Wasser und Zucker sind Farb- und Aromastoff enthalten. |

Als Beilagen bezeichnet man z.B. Kartoffeln, Reis oder Nudeln. Sie haben einen guten Sättigungswert und ergänzen Fleisch- und Fischspeisen.

## Getreide, Brot und Beilagen

Getreide, Brot und Beilagen bestehen vorwiegend aus ▸ **Kohlenhydraten** (S. 68) in Form von Stärke (70 %) und Zellulose sowie aus Vitaminen und Mineralstoffen. Stärke muss im Körper zerlegt werden. Sie gelangt sehr viel langsamer ins Blut und sättigt deshalb länger. Zucker gelangt schnell ins Blut und setzt dort sofort seine Energie frei. Von den empfohlenen 55 % des Gesamtenergiebedarfs in Form von Kohlenhydraten sollten höchstens $^1/_3$ aus Einfach- und Doppelzucker (Traubenzucker und Haushaltszucker), aber $^2/_3$ aus Vielfachzuckern (Stärke) bestehen. Die im Getreide enthaltene Zellulose gehört zu den ▸ **Ballaststoffen** (S. 69), ca. 30 g täglich sind empfehlenswert. Sie ist unverdaulich und liefert keine Energie, erzeugt aber ein Sättigungsgefühl. Des Weiteren unterstützen Ballaststoffe die Verdauung und binden Schadstoffe.

Weizen und Roggen sind die in Deutschland gebräuchlichen **Getreidesorten**. Dinkel, die Urform des Weizens, hat noch bessere Backeigenschaften als Weizen und einen feinen, nussartigen Geschmack. In Afrika ernähren sich die Menschen hauptsächlich von Hirse, der ältesten von Menschen kultivierten Getreideart. Reis ist das Brot der Asiaten. Mais ist das bevorzugte Getreide der Südamerikaner.

Das **Getreidekorn** besteht aus einem Mehlkörper, dem Keimling, der Aleuronschicht sowie Frucht- und Samenschale. Die wertvollen Inhaltsstoffe finden sich in allen Teilen außer dem Mehlkörper. „Normales" Mehl, also Weißmehl, wird nur aus dem Mehlkörper hergestellt. Besser ist es deshalb, Vollkornmehl zu verwenden.

Mehl wird mit unterschiedlichem **Ausmahlgrad** angeboten. Dieser weist darauf hin, wie viele Bestandteile des ganzen Korns und somit wie viele gesunde Inhaltsstoffe enthalten sind. Der Ausmahlgrad wird als Typenzahl angegeben. Weißmehl trägt die Typenzahl 405. Vollkornmehl ist mit keiner Typenzahl gekennzeichnet, es wurde das komplette Getreidekorn vermahlen.

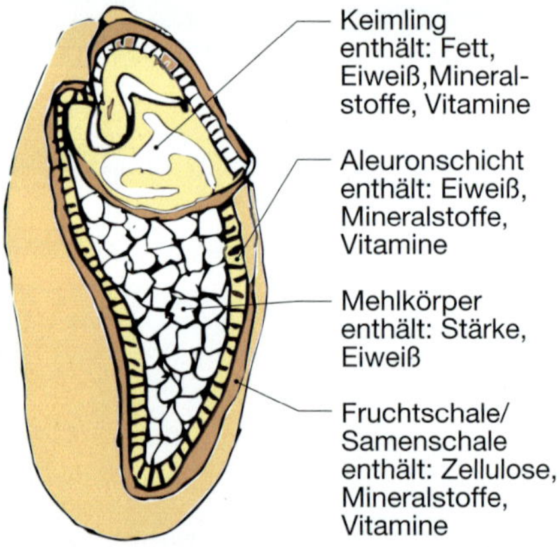


*Aufbau eins Getreidekorns*

## Jetzt sind Sie dran ...

1. Laden Sie einen Bäcker in Ihre Klasse ein. Informieren Sie sich mit der Methode ▸ Expertenbefragung über folgende Themen:
   - Welche Brotsorten gibt es? Woraus bestehen sie?
   - Was sind dunkelfärbende Stoffe und Backmittel? Warum sind sie enthalten?
   - Wie lagert man unterschiedliches Brot? Welches Brot bleibt am längsten frisch?
2. Schreiben Sie die Antworten auf. Erstellen Sie gemeinsam ein Informationsblatt für die Klasse.

## Obst und Gemüse

Als Obst bezeichnet man die essbaren Früchte und Samen von mehrjährigen Pflanzen. Die essbaren Pflanzenteile, z.B. Blätter, Früchte und Wurzeln von einjährigen Pflanzen, nennt man Gemüse. Die beiden Lebensmittelgruppen Obst und Gemüse sind sehr vitamin- und mineralstoffreich, sie enthalten nur wenig Fett und Eiweiß.

**Vitamine** sind für den Menschen lebensnotwendig. Es sind organische Stoffe, die der Körper nicht selbst herstellen kann und daher durch Nahrung aufnehmen muss. Vitamine werden in wasserlösliche und fettlösliche Vitamine eingeteilt. Fettlösliche Vitamine können im Körper gespeichert werden, wasserlösliche Vitamine nicht. Jedes Vitamin hat eine bestimmte Aufgabe im Körper. So stärkt z.B. Vitamin C die Immunabwehr gegen Infekte.

**Mineralstoffe** sind wie Vitamine lebensnotwendig und müssen mit der Nahrung zugeführt werden. Mineralstoffe sind anorganische Stoffe. Sie machen etwa 5 % unseres Körpergewichts aus (z.B. in den Knochen). Mineralstoffe erfüllen wichtige Aufgaben im Körper. Beispielsweise fördert Jod die Wundheilung und Fluor stärkt die Zähne gegen Karies. Mineralstoffe unterteilt man in Mengenelemente (ein Bedarf von bis zu einigen Gramm) und Spurenelemente (ein Bedarf von nur winzigen Mengen).

**Sekundäre Pflanzenstoffe** sind neben den primären Pflanzenstoffen (Kohlenhydrate, Fette, Eiweiß) in pflanzlichen Lebensmitteln enthalten. Ein Beispiel dafür sind die Saponine in Hülsenfrüchten. Sie können das Krebsrisiko und den Cholesterinspiegel senken.

**Vitamine**

Vitamine müssen dem Körper über die Nahrung zugeführt werden.
Um sie so weit wie möglich zu erhalten, sollte man Obst, Gemüse und Kräuter
- möglichst frisch verwenden; kühl und dunkel lagern
- kurz waschen; nie im Wasser liegen lassen
- so kurz wie möglich garen; besser dünsten oder dämpfen statt kochen

| | für | z.B. enthalten in |
|---|---|---|
| Vitamin A (fettlöslich) | Haut, Schleimhaut, Augen, Immunsystem | Broccoli, Milch, Spinat, Karotten, Tunfisch |
| Vitamin B1, B2 (wasserlöslich) | Stoffwechsel, Nervensystem | Vollkornbrot, Kartoffeln, Schweinefleisch, Milch |
| Vitamin B6 (wasserlöslich) | Eiweißstoffwechsel, Nervensystem, Blut | Bananen, Fleisch, Fisch, Linsen |
| Vitamin B12 (wasserlöslich) | Blut | Kalbsleber, Milch, Sardinen |
| Vitamin C (wasserlöslich) | Immunsystem, Eisenaufnahme, Bindegewebe, Knochen | Paprika, Grünkohl, Zitrusfrüchte, Erd- u. Schwarze Johannisbeeren |
| Vitamin D (fettlöslich) | Zähne, Knochen | Fisch, Milch, Käse |
| Vitamin E (fettlöslich) | Zellschutz | Grünkohl, Erbsen, Fisch, Sonnenblumen- u. Weizenkeimöl |
| Vitamin K (fettlöslich) | Blutgerinnung | Tomaten, Salat, Blumenkohl |
| Folsäure (wasserlöslich) | Zellteilung und -neubildung, Blut | Leber, Milch, Tomaten |
| Niacin (wasserlöslich) | Energiehaushalt der Zellen, Herz, Nervensystem | Fisch, Muskelfleisch, Erbsen |
| Biotin (wasserlöslich) | Bildung von Fettsäuren, Energiehaushalt | Milch, Leber, Sojabohnen |
| Pantothensäure (wasserlöslich) | Stoffwechsel, Bildung von Fettsäuren u. Hormonen | Steinpilze, Erbsen, Mais, Milch |

S0066 Quelle: TK

**Infobox**

### Obst und Gemüse auf dem Müll

Viele Obst- und Gemüsesorten sind nicht sehr lange haltbar. Trotz kühler Lagerung werden sie welk oder bekommen braune Stellen – nun werden sie weggeworfen. 56 % alles erzeugten Obst und Gemüses wird entsorgt. Fast zwei Drittel davon auf dem Weg zum Handel, da die Verbraucher frisches und „gut" aussehendes Gemüse erwarten. Aber auch die Verbraucher selbst werfen viele Lebensmittel weg. Nachhaltiges Einkaufen bedeutet auch, den Einkauf gut zu planen, sodass möglichst wenig Lebensmittel entsorgt werden müssn.

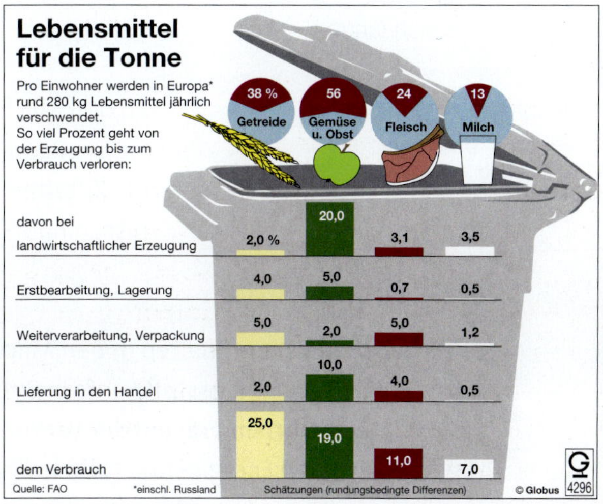

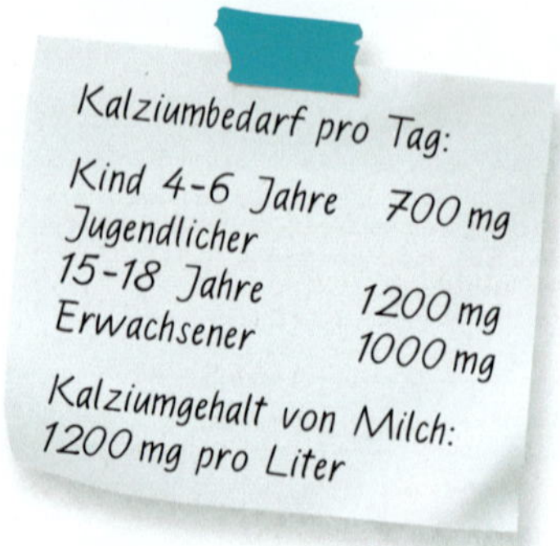


**melken**
Die Milch wird aus dem Euter einer Kuh, ggf. auch anderer Tiere gewonnen, heute überwiegend durch Melkmaschinen.

**entrahmen**
Milchfett und Restmilch trennen

## Milch und Milchprodukte

Milch und Milchprodukte sind eiweißreiche Lebensmittel. Sie enthalten ebenso Fett, Kohlenhydrate, Vitamine und Mineralstoffe. 15 % unseres Gesamtenergiebedarfes sollte in Form von ▸ **Eiweiß** (S. 68) aufgenommen werden. Davon 1/3 über tierische und 2/3 über pflanzliche Lebensmittel.

Wenn Sie Milch trinken, wird das Eiweiß im Verdauungstrakt in kleinste Bausteine zerlegt – in die Aminosäuren. Davon gibt es 20 verschiedene. Zwölf Aminosäuren kann der Körper selber bilden. Die anderen acht müssen täglich zugeführt werden, deshalb bezeichnet man sie als **essenzielle (lebensnotwendige) Aminosäuren**. Milch ist auch ein wichtiger Lieferant für den Mineralstoff **Kalzium**. Dieser ist nötig für den Aufbau von Knochen und Zähnen.

Milch ist heute kein unbehandelter Rohstoff mehr. Die **Milchbearbeitung** erfolgt in hochtechnisierten Molkereien in mehreren Schritten. Frisch gemolkene Milch wird sofort gekühlt. In der Molkerei wird sie gereinigt und entrahmt. Der entrahmten Milch wird der Rahm wieder zugeben bis zur gewünschten Fettgehaltsstufe:

- Vollmilch: mindestens 3,5 % Fett
- fettarme Milch: mindestens 1,5 % Fett
- entrahmte Milch: mindestens 0,3 % Fett

Nun wird die Milch homogenisiert. Das heißt, sie wird unter Druck durch feine Düsen gepresst, um die Fetttröpfchen gleichmäßig in der Milch zu verteilen. Frische Milch ist leicht verderblich. Deshalb wird sie durch Wärmebehandlung haltbar gemacht. Es gibt verschiedene Erhitzungsverfahren:

| Erhitzungsverfahren | Pasteurisieren | | Ultrahocherhitzen |
|---|---|---|---|
| | Kurzzeiterhitzen | Hocherhitzen | |
| Zeit und Temperatur | 15–20 Sekunden auf ca. 75 °C | 1–3 Sekunden auf ca. 125 °C | Eine Sekunde auf 135–150 °C |
| Haltbarkeit | bei Kühlung 3–4 Tage | bei Kühlung 15 Tage | ohne Kühlung 12 Wochen |
| Bezeichnung | Frischmilch | Länger Frische Milch (ESL-Milch) | H-Milch |

Zu den **Milchprodukten und Milcherzeugnissen** gehören Käse, Joghurt, Sahne, Pudding, Milchmischgetränke und viele andere mehr. Lesen Sie die Zutatenliste sorgfältig, da in industriell hergestellten Milcherzeugnissen häufig hohe Anteile von Fett und Zucker versteckt sind.

## Jetzt sind Sie dran ...

1. Milcherzeugnisse enthalten neben Milch häufig auch andere Inhaltsstoffe. Informieren Sie sich in Partnerarbeit anhand der Packungsangaben über den Energie- und Nährstoffgehalt von Erdbeerquark.
2. Vergleichen Sie die Angaben mit Ihren Ergebnissen der Berechnung von S. 71. Diskutieren Sie die Ergebnisse.

### Fleisch, Wurst, Fisch, Ei

Fleisch, Wurst, Fisch und Eier sind wie alle tierischen Lebensmittel sehr eiweißreich. Ein Erwachsener hat einen täglichen Eiweißbedarf von 0,8 g Eiweiß pro kg Körpergewicht. Kinder und Jugendliche haben auf Grund des Wachstums einen erhöhten Eiweißbedarf. Neben Eiweiß enthält Fleisch den Mineralstoff **Eisen**. Diesen benötigen Sie für die Blutbildung. Andere Eisenquellen sind Vollkornprodukte oder grüne Gemüse.

*Ein zu hoher Fleischkonsum kann sich nicht nur negativ auf die Gesundheit des Einzelnen auswirken (Blutdruck, Stoffwechsel), sondern schadet auch durch die Massentierhaltung der Umwelt (Entsorgung der Ausscheidungen, Treibhausgase).*

Unterschiedliche Lebensmittel enthalten unterschiedlich aufgebautes Eiweiß. Nicht jedes Eiweiß kann der Körper gut nutzen. Das Verhältnis zwischen Eiweißangebot und Verwertbarkeit bezeichnet man als **biologische Wertigkeit**. Sie gibt an, wie viel Nahrungseiweiß zum Aufbau von Körpereiweiß genutzt werden kann. Sie können die biologische Wertigkeit erhöhen, wenn Sie unterschiedliche Eiweiße mischen, dies bezeichnet man als **Ergänzungswert** von Eiweiß. Essen Sie z. B. Brot mit Käse, ergänzen sich die Aminosäuren und können so besser genutzt werden. Lebensmittel, die sich gut ergänzen, sind z. B. Kartoffeln und Quark.

| Nahrungsmittel | Eiweiß in g pro 100 g | Biologische Wertigkeit als Richtwert in % |
|---|---|---|
| Eierteigwaren | 13 | 30 |
| Haferflocken | 14 | 62 |
| Roggenvollkornbrot | 7 | 68 |
| Kartoffeln | 2 | 67 |
| Sojabohnen | 37 | 76 |
| Milch | 3 | 91 |
| Emmentaler | 28 | 85 |
| Hühnerei | 13 | 81 |
| Rindfleisch | 19 | 87 |
| Hering | 18 | 81 |

Wir nutzen das Fleisch von unterschiedlichen Tieren: von Rindern, Schweinen, Schafen, Hühnern, Puten und anderen Haustieren. Auch Wildtiere wie Rehe und Wildschweine werden gegessen. Bestimmte Fleischteile, z. B. vom Rind, eignen sich besser für einzelne ▸ Gartechniken (S. 103) als andere. Am Schaubild können Sie sehen, wie Sie die unterschiedlichen Fleischteile des Rindes zubereiten können.

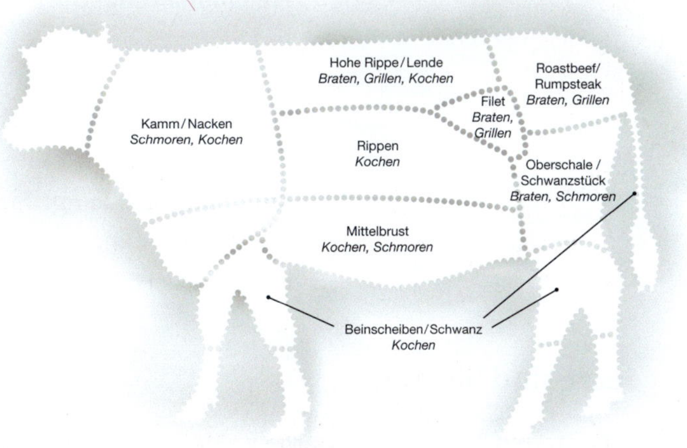


## Jetzt sind Sie dran ...

1. Sehen Sie in Ihrem Ernährungsprotokoll von Seite 61 nach, wie viel Fleisch und Wurst Sie verzehrt haben. Schreiben Sie die Mengen auf.
2. Vergleichen Sie ihre Angaben mit den Empfehlungen der Ernährungspyramide. Ist Ihr Fleischkonsum zu hoch? Suchen Sie im Kochbuch nach vegetarischen Alternativen.

## Fisch

*Das Marine-Stewardship-Council zertifiziert Fische aus nachhaltiger Fischerei.*

Fisch wird nach seiner Herkunft eingeteilt in Seefische, z. B. Seelachs, Thunfisch, Scholle und Süßwasserfische, z. B. Forelle, Karpfen. Fisch ist ein wertvolles Lebensmittel. Er enthält viel hochwertiges Eiweiß und vor allem Seefisch den Mineralstoff **Jod**. Jod wird zur Bildung der Schilddrüsenhormone benötigt. Wertvoll ist Fisch auch durch die in ihm enthaltene, gesundheitsförderliche essenzielle Fettsäure Omega-3. Der Konsum von Fisch hat aber auch Nachteile. So sind viele Fische mit Umweltgiften belastet und fast 3/4 aller Fischbestände sind überfischt. Es gibt aber nicht nur Wildfisch zu kaufen, sondern auch Fische aus Massentierhaltung, z. B. aus Aquakulturen. Diese bringen ähnliche Probleme mit sich wie die Massentierhaltung an Land: Küsten werden verbaut, Futterreste und Medikamente verschmutzen die Gewässer, Krankheitserreger gefährden die Wildfische. Der für die Umwelt am wenigsten schädliche Fisch kommt aus nachhaltig bewirtschafteten Wildbeständen. Sie erkennen ihn am MSC-Siegel.

**Aquakultur**
Zucht von Wasserlebewesen

*Die Farbe der Eierschale ist von der Hühnerrasse abhängig. Die Haltungsform und damit die Qualität der Eier können Sie am aufgedruckten Stempel erkennen: 3 steht für Käfighaltung, 2 für Bodenhaltung, 1 für Freilandhaltung, 0 ist wie 1, nur dass die Hühner Futter aus ökologischem Anbau erhalten und sich im Stall sechs Hennen 1 m² teilen.*

## Eier

Vor allem im Eigelb sind reichlich hochwertiges Eiweiß sowie Vitamine und Mineralstoffe enthalten. Gleichzeitig findet man dort auch Fett und Cholesterin. Daher sind mehr als 1–2 Eier täglich nicht empfehlenswert. Dazu zählen auch die Eier in Kuchen und anderen zubereiteten Speisen. Ein Huhn legt jährlich etwa 260 Eier. Hühner können unterschiedlich gehalten werden.

**Freilandhaltung:** Die Hühner haben einen Stall und Zugang zu einem mit Pflanzen bewachsenem Auslauf im Freien. Dort hat jedes Huhn 4 m² Fläche, im Stall haben neun Hühner 1 m² zur Verfügung.

**Bodenhaltung:** Die Hühner werden im Stall am Boden gehalten. Neun Hühner teilen sich 1 m² Stallboden.

**Käfighaltung/Kleingruppenhaltung:** Die Hühner werden im Stall in Käfigen bei ständigem Dämmerlicht gehalten. Jedes Huhn hat 0,08 m² Platz. Diese Haltung ist in der EU verboten.

*Bodenhaltung von Legehennen*

## Jetzt sind Sie dran ...

1. Gestalten Sie in Gruppenarbeit eine ▸ Collage zum Thema: „Fisch – wertvolles Lebensmittel – vom Aussterben bedroht". Recherchieren Sie dazu im Internet oder fordern Sie Materialien von Greenpeace, WWF oder anderen Tier- und Umweltschutzorganisatoren an.
2. Legen Sie in Gruppenarbeit die Fläche mit Papier aus, die einem Huhn in den unterschiedlichen Haltungsformen zur Verfügung steht. Schauen Sie sich ggf. auf YouTube „Massentierhaltung Hühner (Die Ware Tier)" an und diskutieren Sie Ihre Eindrücke.
3. Recherchieren Sie die Preise für Eier der unterschiedlichen Haltungsformen.
4. Diskutieren Sie in einer ▸ Pro-und-Kontra-Diskussion Ihre persönliche Kaufentscheidung.

## Fette und Öle

Fette haben im Körper viele Aufgaben. Sie liefern unserem Körper Energie, helfen fettlösliche Vitamine aufzunehmen und wirken z.B. bei den Nieren als Schutzpolster gegen Stöße. Außerdem dient im Körper gespeichertes Fett als Energiespeicher. Aber zu viel Fett schadet der Gesundheit, unter anderem führt es zu Übergewicht und hohen Bluttfettwerten, diese wiederum begünstigen Herz-Kreislauf-Krankheiten.

Fett ist nicht gleich Fett. Die Beschaffenheit der Fette kann fest (z.B. Kokosfett), weich (z.B. Margarine) oder flüssig (z.B. Öl) sein. **Tierische und pflanzliche Fette** sind unterschiedlich zusammengesetzt. Tierische Fette, z.B. Butter oder Schmalz, enthalten Cholesterin und haben einen hohen Gehalt an gesättigten Fettsäuren. Cholesterin kann sich in den Blutgefäßen ablagern. Dies kann zu Durchblutungsstörungen führen. Pflanzliche Fette enthalten kein Cholesterin, aber viele ungesättigte Fettsäuren. Ungesättigte Fettsäuren sind essenziell und können den Blutfettwert sogar senken. Zu den pflanzlichen Fetten zählen z.B. Raps-, Sonnenblumen- oder Olivenöl.

**Fett-, Fettsäuregehalt und Cholesterinmenge verschiedener Lebensmittel**

| Je 100 g enthalten | Fett | Fettsäuren | | Cholesterin |
|---|---|---|---|---|
| | g | gesättigt % | ungesättigt % | mg |
| Butter | 83 | 63 | 4 | 240 |
| Sonnenblumenmargarine | 80 | 18 | 41 | 0 |
| Sonnenblumenöl | 100 | 11 | 57 | 0 |
| Olivenöl | 93 | 14 | 9 | 0 |
| Rapsöl | 100 | 8 | 58 | 0 |
| Salami | 50 | 42 | 10 | 85 |
| Trinkmilch | 3,5 | 65 | 4 | 11 |
| Schlagsahne | 32 | 65 | 4 | 120 |
| Speisequark mager | 0,3 | 65 | 4 | 1 |
| Speisequark | 11 | 63 | 4 | 37 |
| Edamer | 16 | 65 | 4 | 46 |
| Forelle | 2 | 29 | 40 | 55 |
| Haselnüsse | 62 | 7 | 12 | 0 |
| Walnüsse | 63 | 11 | 73 | 0 |

Pro Kilogramm empfohlenem Körpergewicht benötigen Sie etwa 0,8 Gramm Fett täglich (▸ BMI, S. 66). Doch Vorsicht, Sie nehmen Fett nicht nur gut sichtbar in Form von Butter oder Öl zu sich. **Versteckte Fette** sind in vielen Lebensmitteln und Speisen enthalten; besonders in Wurst, Käse, Nüssen oder Schokolade, Kuchen und Chips. Auch diese Fette müssen auf die Energiezufuhr angerechnet werden.

*Sichtbare Fette*

*Versteckte Fette*

Bevorzugen Sie fettarme Gartechniken. Das spart nicht nur Kalorien, auch Vitamine und Mineralstoffe bleiben besser erhalten.

## Jetzt sind Sie dran ...

1. Berechnen Sie Ihren persönlichen täglichen Fettbedarf.
2. Wiegen Sie die ermittelte Menge in Form von Butter und Öl ab. Beachten Sie den Wassergehalt von Butter.
3. Sammeln Sie in Gruppenarbeit auf einem Plakat mit Hilfe der ▸ ABC-Methode Lebensmittel, die versteckte Fette enthalten.

## Vollwertige Ernährung ausgewählter Personengruppen

Eine vollwertige Ernährung, egal für welche Altersgruppe, orientiert sich an den ▸ 10 Regeln der DGE (S. 66). Sie sollte alle notwendigen Nährstoffe in ausreichender Menge, im richtigen Verhältnis und in der richtigen Form enthalten. Dabei hat der Mensch in unterschiedlichen Lebensphasen unterschiedliche Ernährungsbedürfnisse.

| Personengruppen | Ernährungsbedürfnisse |
|---|---|
| 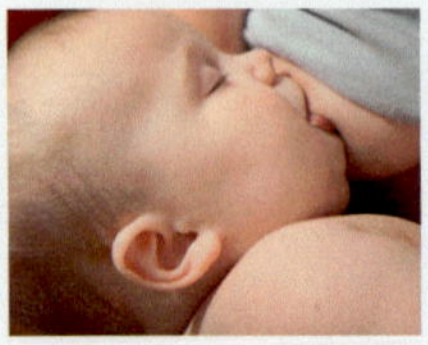 | Das Verdauungssystem von **Säuglingen** ist noch nicht voll entwickelt, es können noch nicht alle Lebensmittel verdaut werden. Der Nährstoffbedarf ist hoch. Daher sollte im ersten halben Jahr Muttermilch oder Muttermilchersatzprodukten der Vorzug gegeben werden, später können zerkleinerte, mild gewürzte und ungesalzene Speisen nach und nach eingeführt werden. Obst-, Gemüse- oder Milchbreie erleichtern den Übergang zur normalen Familienkost. |
|  | **Kinder und Jugendliche** haben einen erhöhten Eiweiß- und Mineralstoffbedarf auf Grund des rasanten Körperwachstums; mehrere kleine Mahlzeiten statt weniger große decken den hohen Energiebedarf. Zucker und Süßigkeiten sollten nur in Maßen zur Verfügung stehen. Kinder und Jugendliche teilen die normale Familienkost. |
|  | **Erwachsene Menschen** nehmen eine normale vollwertige Mischkost zu sich. Der Kaloriengehalt richtet sich nach dem Ausmaß der körperlichen Betätigung. Schwangere und stillende Mütter haben einen erhöhten Nährstoffbedarf. Gleichzeitig sollten Sie giftige Stoffe wie Alkohol, Koffein oder Nikotin meiden. Kranke Menschen können veränderte Ernährungsbedürfnisse haben bis hin zu bestimmten Diäten (z. B. kochsalzarme Diät). |
|  | **Ältere Menschen** benötigen häufig weniger Kalorien und haben auch weniger Appetit. Die Geschmacksnerven bilden sich zurück und können den gewohnten Geschmack verändern. Daher sollten die Speisen möglichst frisch sein und eine besonders hohe Dichte an notwendigen Nährstoffen beinhalten. Eiweiß- und kalziumreiche Nahrung können Knochen- und Muskelabbau entgegenwirken. |

**Infobox**

### Vollwertige Ernährung für alle Menschen

Damit sich alle Menschen weltweit bedarfsgerecht ernähren und in einer intakten Umwelt leben können, muss unsere Ernährungsweise nicht nur gesund, sondern auch ökologisch, sozial und ökonomisch verträglich sein. Viele denken beispielsweise, dass angesichts des Hungers in der Welt eine fleischhaltige Ernährung Verschwendung und Luxus ist. Tiere müssen viele Kilogramm Getreide fressen, um 1 kg Fleisch zu erzeugen. Dieses Getreide fehlt den Menschen in ihrer täglichen Ernährung. Wälder werden abgeholzt, um Ackerfläche für Viehfutter zu schaffen. Außerdem ist die Produktion von tierischen Lebensmitteln für 18 % des globalen Treibhauseffekts verantwortlich.

**Kinder essen Kinderessen?**

Eine gesunde Ernährung ist besonders für Kinder wichtig. Dadurch werden sie nicht nur in ihrer jetzigen Entwicklung unterstützt, sondern erwerben sich ein gesundes Ernährungsverhalten für den Rest ihres Lebens. Spezielle Kinderprodukte, die von der Lebensmittelindustrie angeboten werden, sind jedoch nicht nötig. Wichtiger sind die Rahmenbedingungen der Nahrungsaufnahme.

Kinder brauchen mehr als nur die richtigen Nährstoffe, die Speisen müssen auch **kindgerecht zubereitet und angerichtet** werden. Das heißt u.a.:

- mild würzen, frische Kräuter an Stelle von Kochsalz verwenden
- das Essen für das Auge ansprechend anrichten
- den Teller nicht randvoll füllen bzw. das Kind sich selbst auftun lassen
- Schulbrote so verpacken, dass sie appetitlich bleiben

Eine ruhige und freundliche **Umgebung** ist für eine ungestörte Nahrungsaufnahme wichtig. Ein Kind sollte nicht allein am Tisch sitzen oder gezwungen werden, seinen Teller leer zu essen. Tabellenwerte für empfohlene **Nährstoff- oder Energiemengen** geben nur Mittelwerte für verschiedene Altersstufen an. Zarte und ruhige Kinder haben z.B. einen niedrigeren Energiebedarf. Auch ist es normal, dass Kinder Schwankungen im Nahrungsverzehr haben. Auch wenn ein Kind mehrere Tage lang wenig isst, besteht kein Risiko für eine unzureichende Versorgung.

Kinder haben einen hohen **Flüssigkeitsbedarf**. Am besten gibt man zuckerfreie Getränke, weil Zucker die Zähne angreift. Kleine Kinder haben einen sensiblen Flüssigkeitshaushalt. Besonders bei Erbrechen oder Durchfall besteht die Gefahr, dass sie austrocknen.

Die meisten Kinder mögen gerne **Süßigkeiten**. Wird zu viel davon zu sich genommen, kommt es leicht zu Übergewicht und Karies. Besser ist es, Speisen wie Obst und Bananenmilch anzubieten. Eine Vorliebe für die Geschmacksrichtung „süß“ gewöhnen sich Kinder schon früh an. Deshalb Speisen nur mäßig süßen und auf versteckte Zucker und Fette achten. Diese finden sich vor allem in Fertiggerichten, Getränken, Eis und Ketchup. Süßigkeiten am besten nur in kleinen Mengen und nach den Mahlzeiten geben, wenn das Kind schon satt ist.

Sehr kleine Kinder verfügen nur über eine eingeschränkte **Kaufähigkeit**, weil sie noch nicht alle Zähne haben. Ihnen sollten die Speisen püriert oder zerkleinert angeboten werden.

## Jetzt sind Sie dran ...

1. Manche Kinder lehnen bestimmte Lebensmittel ab. Sammeln Sie in der Gruppe mindestens vier Lebensmittel oder Speisen, die Sie an Stelle von Milch und Brot anbieten können. Dokumentieren Sie dies auf einem ▸ Plakat. Stellen Sie Ihre Vorschläge der Klasse vor.
2. Sehen Sie sich auf YouTube den Beitrag „Wie viel Fleisch verträgt die Welt“ an.
3. Führen Sie im Anschluss eine ▸ Pro-und-Kontra-Diskussion zum Thema: „Es liegt doch nicht an meinem Schnitzel“, „Ist doch alles nur Panikmache?“ o.ä.

*Werden Kinder von Anfang an in die Zubereitung von Speisen mit einbezogen, lernen sie, sich selbst gesund zu ernähren und haben Spaß am Essen.*

# 3.3 Mahlzeiten planen

## Rezepte auswählen

Tagtäglich kommt der kleine oder große Hunger und Mahlzeiten müssen gestaltet werden. Hier heißt es, kühlen Kopf bewahren und in Ruhe planen. Gesunde Ernährung, Geschmack und Abwechslung der Speisen sind genauso wichtig wie das Aussehen und der Preis. Niemand mag langweilige Mahlzeiten und zeitaufwändige Zubereitungen. Ob eine Mahlzeit gelingt, liegt vor allem an der richtigen Rezeptauswahl. Anregungen für die Gestaltung unserer Mahlzeiten bieten Rezepte in Kochbüchern, Zeitschriften, Internetforen und Kochsendungen im Fernsehen.

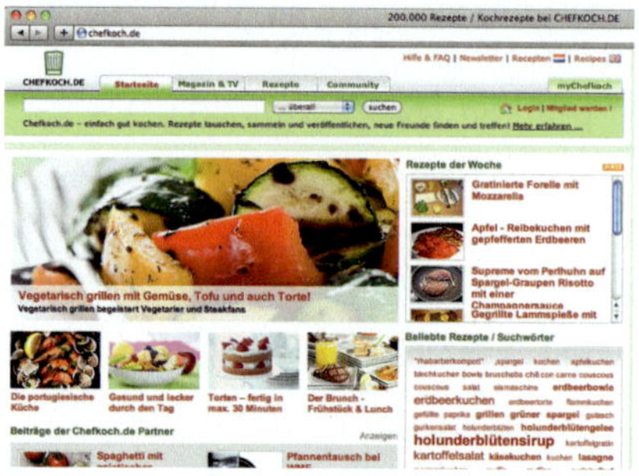


Hier finden Sie konkrete Ideen, um aus den mehreren tausend verschiedenen Lebensmitteln eine vielseitige und interessante Speisenplanung zu gestalten. Beachten Sie für die Auswahl des richtigen Rezepts:

- Gibt es ein Lebensmittel, das ich schnell verbrauchen sollte? Dann suchen Sie im Stichwortverzeichnis des Buchs oder der Zeitschrift oder in der Suchmaschine im Internet nach dieser Zutat, z. B. „Rezept Chicorée“
- Habe ich nur ein bestimmtes Budget zur Verfügung? Suchen Sie explizit preisgünstige Rezepte mit einfachen, regionalen und saisonalen Zutaten.
- Nehmen Menschen an der Mahlzeit teil, die bestimmte Lebensmittel nicht vertragen oder mögen? Achten Sie darauf, dass Sie Alternativen anbieten oder Rezepte nutzen, die diese Lebensmittel nicht beinhalten.
- Wie viel Zeit habe ich zum Einkaufen, Vorbereiten und Zubereiten? An einem Sonntag muss ich auf die vorhandenen Zutaten zurückgreifen. Ist die Zubereitungszeit knapp, sollten einfache Zubereitungsverfahren im Vordergrund stehen.
- Verfüge ich über die notwendigen Geräte und Kompetenzen? Wenn es schnell gehen muss oder Gäste ins Haus stehen, sollten Sie von neuen Rezepten oder Zubereitungsformen Abstand nehmen.

## Lebensmittel nachhaltig auswählen und verwenden

Die Lebensmittelqualität sollte bei der Auswahl der Lebensmittel eine große Rolle spielen. Folgende Kriterien sind zu berücksichtigen:

- Gesundheitswert: Nährstoffgehalt bzw. -dichte der Lebensmittel
- Genusswert: guter Geschmack und Aussehen
- Eignungswert: dem gesundheitlichen Zustand und dem Lebensalter angepasste Lebensmittel
- psychologischer Wert: persönliche Erfahrungen, Vorstellungen und Erwartungen.
- politischer und ökologischer Wert: nachhaltiges Ernähren.

### Bio ist nicht gleich Bio

Staatliches Bio-Siegel | EU-Ökosiegel

Seit 1993 dürfen nur Produkte, die nach den Richtlinien **der EG-Öko-Verordnung** erzeugt. verarbeitet und kontrolliert werden, mit **„Bio“** oder **„Öko“** gekennzeichnet werden. Das **staatliche Bio-Siegel** und das **EU-Ökosiegel** garantieren die Einhaltung der EG-Öko-Verordnung. Die **ökologischen Anbauverbände** garantieren die Einhaltung **strengerer Richtlinien**:

**Die wichtigsten Unterschiede bei der Erzeugung**

| Bio- und EU-Siegel | Verbands-Siegel |
|---|---|
| **Teilumstellung** der Bauernhöfe **auf „Bio“** erlaubt | **Umstellung** des gesamten **Betriebs** ist Pflicht |
| **Konventionelles Futter** anteilmäßig bis Ende 2011 erlaubt | Nur wenige eiweißreiche **konventionelle Futterzutaten** erlaubt |
| Je Hektar landwirtschaftlicher Fläche bis zu 14 **Mastschweine** oder 580 **Masthühner** oder 230 **Legehennen** erlaubt | Je Hektar bis zu 10 **Mastschweine** oder 280 **Masthühner** oder 140 **Legehennen** erlaubt |
| Einsatz **konventioneller Gülle und Geflügelmist** unter bestimmten Bedingungen erlaubt | Einsatz verboten |
| Maximale **Düngermenge**: 170 kg Stickstoff je Hektar und Jahr | 112 kg Stickstoff je Hektar und Jahr |
| Für Pflanzenfresser müssen mind. 50 % des **Futters vom eigenen Betrieb** stammen | Für alle Tiere müssen mind. 50 % des **Futters vom eigenen Betrieb** stammen |
| Ganzjährige Fütterung mit **Silage** (konserviertes Grünfutter) ist möglich | Ganzjährige ausschließliche **Silagefütterung** ist verboten |
| Künftig mit einer allgemein gehaltenen **Herkunftsangabe** (EU-/Nicht-EU Landwirtschaft) | Alle oder zumindest der Großteil der Zutaten kommt von Verbandsmitgliedern; diese sind meistens in **Deutschland** zu Hause |

Die neun ökologischen Anbauverbände: Bio Kreis, Bioland, demeter, Naturland, BIOPARK Ökologischer Landbau, ECOLAND, Gäa e.V. Ökologischer Landbau, Verbund Ökohöfe, ECOVIN

**Bei der Verarbeitung**

| Produkt | Bio- und EU-Siegel | Verbands-Siegel |
|---|---|---|
| **Fruchtsaft** | Herstellung aus **Konzentrat** erlaubt | Nur reine **Press-Säfte** |
| **Milch** | **Ultrahocherhitzen** (H-Milch) und **Sterilisieren** (Kondensmilch) erlaubt | **Ultrahocherhitzen** bei Demeter verboten, **Sterilisieren** bei allen Verbänden verboten |
| **Brot und Backwaren** | **Enzyme** wie Amylase sowie **Ascorbinsäure** im Mehl erlaubt | Verboten |
| **Fleisch und Wurst** | **Nitritpökelsalz** erlaubt, geringere Menge als konventionell | Verboten bzw. nur in geringen Mengen zugelassen für Produkte, die nicht gebraten werden |

Quelle: www.aid.de

3698 © Globus

#### Infobox

**Nachhaltige Ernährung**

Genau wie beim ▸ nachhaltigen Einkaufen (S. 43) geht es auch beim nachhaltigen Ernähren darum, einen zukunftsfähigen Ernährungsstil zu finden und danach zu leben. Dazu gehören sowohl ökologische (die Umwelt betreffende) als auch ökonomische (die Wirtschaft betreffende), soziale (die Gesellschaft betreffende) und gesundheitliche Aspekte. Als Grundsätze für eine nachhaltige Ernährung gelten:

- Bevorzugen Sie pflanzliche Lebensmittel.
- Bevorzugen Sie ökologisch erzeugte Lebensmittel (so genannte Biolebensmittel).
- Bevorzugen Sie regionale und saisonale Erzeugnisse.
- Bevorzugen Sie möglichst frische und wenig verarbeitete Produkte (Faustregel: Auf der Zutatenliste stehen nicht mehr als fünf Zutaten.)
- Bevorzugen Sie umweltverträglich verpackte Produkte.
- Bevorzugen Sie fair gehandelte Lebensmittel (z. B. mit Fair-Trade-Siegel).
- Bevorzugen Sie genussvolle und bekömmliche Speisen.

## Jetzt sind Sie dran ...

1. Der politische und ethische Wert von Lebensmitteln wird bestimmt durch die Produktionsbedingungen. Stellen Sie in Gruppenarbeit die Vor- und Nachteile von Äpfeln aus der Region und Äpfeln aus Neuseeland in einer Tabelle gegenüber. Führen Sie im Anschluss eine ▸ Pro-und-Kontra-Diskussion.
2. Entdecken Sie regionale Produkte in Deutschland. Erstellen Sie einen kulinarischen Reiseführer für Ihr Bundesland, Ihre Region oder Ihren Wohnort. Beachten Sie das jahreszeitliche Angebot.

online

Hier finden Sie weitere Informationen zu nachhaltiger Ernährung:

www.oekolandbau.de

www.bne-portal.de

▸ Aktuelles

▸ Jahresthema Ernährung

www.duh.de/nachhaltige_ernaehrung.html

## Kosten berechnen

Möchten Sie für ein Produkt die bestmögliche Qualität zu einem angemessenen Preis einkaufen? Die Kosten, die entstehen, bis ein Produkt im Handel zum Verkauf angeboten werden kann, setzen sich aus mehreren Faktoren zusammen.

**Kostenarten**

**Materialkosten** entstehen durch den Einkaufspreis für Lebensmittel. Für die Berechnung der Materialkosten benötigt man den Grundpreis (Preis pro Einheit, z. B. Kilogramm, Liter oder Stück), um daraus den Preis für die tatsächlich verbrauchte Menge zu berechnen. Die Materialkostenrechnung für den Erdbeerquark auf S. 71 könnte wie folgt aussehen:

| Erforderliche Zutaten | Erforderliche Menge | Preis je Einheit kg, l, Stück | Preisberechnung | Preis für die erforderliche Menge |
|---|---|---|---|---|
| Erdbeeren (aus der Region in der Saison) | 200 g | 500 g = 2,99 € | 100 g = 0,60 €<br>200 g = 1,20 € | 1,20 € |
| Bio-Quark | 300 g | 1 Paket (500 g) = 1,99 € | 100 g = 0,40 €<br>300 g = 1,20 € | 1,20 € |
| Bio-Vollmilch | 50 ml | 1 Liter = 1,39 € | | 0,07 € |
| Zucker | 2 EL = 60 g | 1 kg = 1,00 € | 10 g = 0,01 €<br>60 g = 0,06 € | 0,06 € |
| **Summe der Materialkosten** | | | | **2,53 €** |

Zu den Materialkosten müssen im Betrieb hinzugerechnet werden:
**Betriebskosten (variable Kosten)**, z. B. Kosten für Strom, Gas und Wasser, die Stundenlöhne für die Mitarbeiter und Kosten für Dienstleistungen, die für den laufenden Betrieb wichtig sind (z. B. Reinigung der Dienstkleidung).
**Gemeinkosten (fixe Kosten)**, z. B. Kapitalkosten aus laufenden Darlehen, gleich bleibende Betriebskosten aus Miete und Versicherungen und Fremdkosten aus Steuern und Gebühren.
Der Betriebsinhaber trägt das Risiko z. B. für krankheitsbedingten Arbeitsausfall oder in Zeiten wirtschaftlicher Krisen. Daher wird er einen **Kostenaufschlag sowohl für das Risiko und die Rücklagen als auch für seinen eigenen Gewinn** berechnen.

*Der Gesamtpreis berechnet sich aus:*
*Materialkosten*
*+ Betriebskosten*
*+ Gemeinkosten*
*= Selbstkostenpreis*
*+ Gewinn-/Risikospanne*
*= Nettopreis*
*+ Mehrwertsteuer*
*= Brutto- bzw. Endpreis*

**Infobox**

**Convenienceprodukte** sind alle vorgefertigten Lebensmittel. Die Hersteller dieser Produkte übernehmen bestimmte Be- und Verarbeitungsstufen, sodass die Zubereitung in der Küche erleichtert wird. Damit können Zeit und auch Kosten gespart werden. Abhängig von der Verarbeitungsform variiert der Nährstoffgehalt bzw. die Nährstoffdichte. Während bei tiefgekühlten Produkten der Nährstoffgehalt ähnlich hoch wie bei frischen Produkten ist, haben Trockenprodukte eine sehr niedrige Nährstoffdichte. Nachteilig wirken sich auch die hohen Fett-, Salz- und Zuckermengen sowie die Verwendung zahlreicher Zusatzstoffe aus.

convenience, engl. = Bequemlichkeit

| Rohprodukt | Teilfertigprodukt | | | Fertigprodukt | |
|---|---|---|---|---|---|
| | **küchenfertig** | **garfertig** | **mischfertig** | **aufbereitungsfertig** | **verzehrfertig** |
| | geputzte, gesäuberte und gewaschene Lebensmittel (LM) | portionierte und vorbereitete LM, müssen nur noch gegart werden | vorbereitete LM, die noch gemischt und evtl. gegart werden müssen | vorgegarte und zubereitete LM, die nur noch erwärmt werden müssen | zubereitete LM, die sofort verzehrt werden können. |
|  |  |   |   |   | 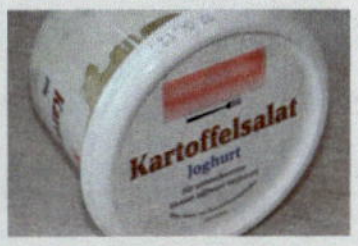  |
| Kartoffeln | geschälte Kartoffeln | tiefgefrorene Pommes frites | Kartoffelpüreepulver | Kartoffelsuppe in der Dose | Kartoffelsalat |

**Kosten vergleichen**

Wenn Sie die Kosten für eine Mahlzeit vergleichen wollen, müssen Sie folgende Kriterien berücksichtigen: Grundpreis der einzelnen Lebensmittel sowie die benötigte Menge, Qualität der Zutaten (Zutatenliste), Zubereitungszeit („Zeit ist Geld"). Dies gilt insbesondere für den Einsatz von Convenienceprodukten.

## Jetzt sind Sie dran ...

1. Berechnen Sie in Partnerarbeit die Kosten für eine selbst zubereitete Pizza aus frischen Zutaten entsprechend der Tabelle auf S. 84. Setzen Sie für die Betriebskosten 0,50 Euro pro Stunde im Backofen an, ggf. für sich selbst einen adäquaten Stundenlohn.
2. Vergleichen Sie diesen Preis mit den im Supermarkt angebotenen Tiefkühlpizzen. Berücksichtigen Sie dabei die Portionsgrößen der Pizzen sowie die Betriebskosten des Backofens. Diskutieren Sie Ihr Ergebnis in der Klasse.

Vor- und Nachbereitungszeit werden zusammen auch Rüstzeit genannt.

## Zeitbedarf planen

Haben Sie schon einmal eine Kochsendung im Fernsehen verfolgt? Die Kandidaten „zaubern“ innerhalb einer vorgegebenen Zeit die tollsten Gerichte. Das erfordert Routine und ein gutes Gefühl dafür, welche Tätigkeiten wie viel Zeit benötigen.

Der **Zeitbedarf** ist abhängig von der Auswahl der Speisen und Lebensmittel (frische oder vorbereitete Lebensmittel) sowie

- den Mengen, die zubereitet werden,
- Ihren Fertigkeiten und Erfahrungen,
- der technischen Ausstattung in der Küche und
- Ihrer eigenen Motivation.

Den **Gesamtarbeitsablauf** untergliedert man in drei Phasen:

- Vorbereitung: Bereitstellen aller Zutaten und Arbeitsgeräte
- Zubereitung: Zubereitung der Speisen
- Nachbereitung: Aufräumarbeiten

Die **Gesamtarbeitszeit** untergliedert sich in:

- Tätigkeitszeit: Zeit, in der tatsächlich gearbeitet wird
- Wartezeit: Zeiten für Garprozesse oder Ruhezeiten für Teige
- Verteilzeit: Unterbrechungszeiten z. B. durch Reinigungsarbeiten bei übergekochtem Topf
- Erholungszeit: Zeit für kurze Unterbrechungen

Die **Reihenfolge der Arbeitsschritte** muss genau abgestimmt werden, damit alle Speisen gleichzeitig und pünktlich fertig sind. Unterschiedlich lange Garzeiten oder Abkühlzeiten sind zu berücksichtigen. Arbeitszeit kann eingespart werden, wenn gleiche Arbeitsschritte (z. B. Zwiebeln und Möhren waschen, schälen) zusammen erledigt werden. Wartezeiten werden sichtbar (z. B. wenn der Hefeteig aufgeht oder die Kartoffeln kochen) und können mit Tätigkeiten (z. B. Arbeitsplatz aufräumen) oder einer kleinen Pause sinnvoll gefüllt werden. Der Arbeitsplan wird wie jeder andere ▸ Zeitplan (S. 29) erstellt.

Arbeitsablaufplan für die Zubereitung einer Pizza Margherita

| Zeit | Arbeitsablauf abschnitt | Zutaten | Arbeitsgeräte (Arbeits- oder Betriebsmittel) | Zeitbedarf |
|---|---|---|---|---|
| 11:00 Uhr | Arbeitsplatz gestalten<br>• Arbeitsgeräte und<br>• Zutaten zusammenstellen | | z. B. Mülleimer, Küchenwäsche, Abfallschüssel | 5 min. Rüstzeit |
| 11:05 Uhr | Zutaten abmessen und wiegen | Mehl, Hefe, Zucker, Salz, Milch, Öl | Waage, Messbecher, Sieb | 5 min. Rüstzeit |
| 11:10 Uhr | Hefeteig zubereiten<br>Hefeteig gehen lassen | | Schüssel für den Teig<br>Mixer mit Knethaken | 5 min. Tätigkeitszeit<br>10 min. Verteil- oder Erholungszeit<br>60 min. Wartezeit |
| 11:25 Uhr | Pizzabelag vorbereiten<br>• Tomatensoße vorbereiten<br>• Käse reiben<br>• Backblech vorbereiten | pürierte Tomaten, Gewürze, Käse, Öl | Schüssel, Schneebesen, Reibe und Schüssel, Backblech, Pinsel | 30 min. Tätigkeitszeit |
| 11:55 | Tisch decken | | Geschirr und Besteck | 20 min. Tätigkeitszeit |
| 12:15 Uhr | Hefeteig ausrollen | | Teigrolle | 5 min. Tätigkeitszeit |
| 12:20 Uhr | Belag auflegen | | Esslöffel | 10 min. Tätigkeitszeit |
| **12:30 Uhr** | **Pizza backen** | | | 30 min. Wartezeit |
| | **Arbeitsplatz aufräumen** | | | 30 min. Rüstzeit |
| 13:00 Uhr | Pizza servieren | | | |

## Mahlzeiten- und Speisenfolgen planen

Für die Planung der Mahlzeiten und Speisen ist die Tageszeit ausschlaggebend. Der Tagesablauf wird in der Regel durch Frühstück, ein Mittag- und Abendessen sowie Zwischenmahlzeiten strukturiert. Die ▸ Ernährungspyramide (S. 72) gibt einen guten Anhalt für die Zusammensetzung der Mahlzeiten. Individuelle Vorlieben, Abwesenheitszeiten durch Arbeit und Schule sowie saisonale und regionale Gegebenheiten werden ebenso berücksichtigt.

**Frühstück**

- Brot/Getreideprodukte, z. B. Vollkornbrot oder Müsli
- Obst/Gemüse; ein Stück Obst oder Obstsaft
- Milch/Milchprodukt, z. B. Quark, Joghurt, ein Glas Milch
- Getränk, z. B. Tee, Kaffee, Milch oder Kakao

**Warme Mahlzeit**

Ernährungswissenschaftler empfehlen pro Tag eine warme Mahlzeit. Ob diese mittags oder zum Abend eingenommen wird, ist vom Tagesablauf abhängig. Sie sollte den Hauptbedarf an Nährstoffen und Energie abdecken und sich am regionalen und saisonalen Speiseangebot ausrichten. Für festliche Anlässe bietet man ein Grund- oder 3-Gänge-Menü an mit:

- Vorspeise: kalt oder warm, z. B. Suppe, Salat
- Hauptgericht: aus drei Komponenten bestehend, z. B. Gemüse oder Salat, Kartoffeln, Reis oder Nudeln, eiweißhaltige Hauptkomponente (Fleisch, Fisch, vegetarisches Produkt).
- Dessert: Süßspeise oder Käse

**Kalte Mahlzeit und Zwischenmahlzeiten**

Kalte und Zwischenmahlzeiten sollen den kleinen Hunger stillen. Damit bieten sich leicht verdauliche und einfach zuzubereitende Speisen, wie z. B. belegte Brote, Obst oder Gemüse sowie (Rohkost-)Salate, an. Möchte man die Zwischenmahlzeiten unterwegs einnehmen, sollten sie möglichst luftdicht in Brotdosen oder Ähnlichem verpackt sein.

Für die Menüplanung existieren eigene Regeln. So geht man normalerweise vom Hauptmenü aus und wählt dementsprechend Vorspeise und Dessert. Auch die Getränkeauswahl wird bei einer professionellen Menüplanung mit berücksichtigt.

## Jetzt sind Sie dran ...

1. Suchen Sie im Internet oder in einem Kochbuch ein Rezept für Waffeln aus. Erstellen Sie zu diesem Rezept in Partnerarbeit einen Arbeitsablaufplan. Vergleichen Sie Ihre Ergebnisse in der Klasse.
2. Bereiten Sie nun die Waffeln (im fachpraktischen Unterricht) nach Ihrem Plan zu. Vergleichen Sie im Anschluss Ihre geschätzten Soll-Zeiten mit den tatsächlich benötigten Zeiten und passen Sie Ihren Arbeitsplan ggf. an.

# Küchentechnische Eigenschaften von Lebensmitteln

Wasser dient als Temperaturträger, Lösungs- und Quellmittel.

## Wasser

Wasser ist **Temperaturträger**. Es lässt sich bis auf 100 °C erhitzen und geht dann in Wasserdampf über. In der Nahrungszubereitung wird es als wärmeübertragendes Medium bei den Garverfahren Kochen, Garziehen, Dämpfen, Dampfgaren und Dünsten genutzt. Wasser gefriert bei 0° C. Diese Eigenschaft nutzt man bei der Zubereitung von Eis und zur Konservierung von Lebensmitteln (Tiefkühlen, S. 53 ). Wasser dient ebenfalls als **Lösungsmittel** für

- Farb- oder Geschmackstoffe, z. B. Salz, Aromen,
- Vitamine B und C sowie Mineralstoffe und
- unerwünschte Schmutz- und Schadstoffe.

*Hülsenfrüchte, wie hier Kichererbsen, werden vor dem Kochen in Wasser eingeweicht, um den Garvorgang zu verkürzen.*

Um die lösende Wirkung von Wasser zu verstärken, werden Zutaten mit kaltem Wasser zum Kochen angesetzt (Kaltansatz). Ist dieses Extrahieren (Herauslösen) unerwünscht, werden die Lebensmittel in heißes oder kochendes Wasser gegeben. Garflüssigkeiten enthalten Geschmacks- und Nährstoffe und können weiter verwertet werden. Je kürzer der Kontakt zu Wasser, desto weniger Nährstoffe werden gelöst. Daher sollten vitaminreiche Lebensmittel möglichst unzerkleinert, schnell, gründlich und kalt gewaschen werden. Wasserarme Garverfahren (z. B. Dünsten) sind wasserreichen (z. B. Kochen) vorzuziehen. Eine weitere Eigenschaft des Wassers ist die **Quellfunktion**. Wasser lässt Eiweiß und Stärke quellen. Getrocknete Lebensmittel quellen in Wasser wieder auf. Bei gequollenen Eiweißstoffen verkürzen sich die Garzeiten (z. B. bei Hülsenfrüchten). Quillt Stärke in Flüssigkeit, erlangt diese bei Erhitzen eine Bindung, die Flüssigkeit wird dicklich. Damit Klümpchenbildung vermieden wird, muss Stärke in kaltem Wasser angerührt und erst dann erhitzt werden.

*Aufgeschlagenes Eiweiß dient als Teiglockerungsmittel, z. B. bei Kuchenteigen.*

## Eiweiße

Eiweiß gerinnt (denaturiert) bei ca. 70 °C sowie bei Säurezugabe. Dadurch werden eiweißhaltige Speisen fest (z. B. Rührei). Eiweißstoffe lösen sich in Flüssigkeiten, quellen und binden freies Wasser. Diese Eigenschaft nutzt man zum Klären von Brühen und Suppen sowie zum Gelieren von Flüssigkeiten (z. B. Aspik). Eiweiß wird zur Lockerung von Süßspeisen genutzt: Schlägt man Eiweiß auf, schließen die Eiweißmoleküle Luft ein, die Eiweißmasse wird schaumig (z. B. Eischnee). Wird diese Schaummasse gebacken, entsteht eine luftige und lockere Struktur.

### Fette

Fette haben unterschiedliche Siede- bzw. **Verbrennungstemperaturen**. Davon abhängig muss das Fett für das Garverfahren ausgewählt werden. Pflanzenöle und -fette haben einen anderen Siedebereich als tierische (z. B. Butter). Wird der Siedepunkt überschritten (Rauchpunkt), brechen die Fettmoleküle auseinander und es können gesundheitsschädliche Stoffe entstehen. Vorsicht: Fette können sich bei Überschreiten des Rauchpunkts selbst entzünden, auf keinen Fall mit Wasser löschen, da es sonst zu einer Verpuffung kommen kann. Zum Ersticken der Flamme einen Deckel auflegen.

Fett dient als **Lösungsmittel** für bestimmte, so genannte fettlösliche Vitamine (Vitamine A, D, E, K). Ohne Fett kann der Körper diese Vitamine nicht aufnehmen. Aus diesem Grund sollte Rohkostsalaten immer ein Tropfen Öl hinzugegeben werden. Ebenso lösen sich in Fett Geschmacksstoffe. Fett ist also Geschmacksträger. Aber auch hierzu reichen in der Regel kleine Mengen aus. Fett ist nicht in Wasser löslich, um Fett und Wasser zu verbinden, benötigt man einen Emulgator, z. B. Senf.

Für die Wahl des richtigen Fettes ist auch die Konsistenz bzw. der **Aggregatzustand** entscheidend. Feste Fette (z. B. Kokosfett) können zum Braten oder Frittieren genutzt, weiche Fette (z. B. Butter und Margarine) als Streichfette, flüssige Fette (z. B. Olivenöl) zur Bereitung von Salatdressings eingesetzt werden.

*Um fettlösliche Vitamine in rohem Gemüse oder Salat aufnehmen zu können, geben Sie ein hochwertiges Öl, z. B. Olivenöl, hinzu.*

### Kohlenhydrate

Während Zucker sich gut in Flüssigkeiten löst, benötigt Stärke eine höhere Lösungstemperatur (ca. 70 °C) und verkleistert dann (Bindung). Zellulose (Ballaststoffe) quillt in Wasser auf. Zucker besitzt eine hohe Süßkraft, unter Hitzeeinwirkung verliert er die Süßkraft und karamelisiert. Zucker besitzt eine gute Vergärbarkeit, Hefen und andere Bakterien werden daher gemeinsam mit Zucker eingesetzt, um z. B. Milchsäure, Alkohol oder Gase zum Aufgehen von Hefeteig zu bilden.

*Neuer Wein (z. B. Federweißer) hat einen sehr hohen Zuckeranteil. Erst mit zunehmender Vergärung der Hefen wird der Zucker abgebaut und der Alkoholgehalt nimmt zu.*

## Jetzt sind Sie dran ...

1. **Wählen Sie ein Kuchenrezept aus und bestimmen Sie in Partnerarbeit, welche küchentechnische Eigenschaft der jeweiligen Zutaten für das Gelingen des Kuchens von Bedeutung ist. Tauschen Sie Ihre Ergebnisse in der Klasse aus.**
2. **Sammeln Sie in einem ▸ Brainstorming in der Klasse Ihnen bekannte Zubereitungsformen, die Sie auf küchentechnische Eigenschaften zurückführen können. Diskutieren Sie im Anschluss Ihre Ergebnisse mit Ihrer Lehrkraft.**

# 3.4 Lebensmittel vorbereiten und zubereiten

## Wiegen und Messen

Wenn Sie ein schmackhaftes Mittagessen oder einen leckeren Kuchen herstellen wollen, verwenden Sie bitte immer genau die benötigten Mengen an Lebensmitteln. Das Abmessen der Zutaten ist auf unterschiedliche Weise möglich.

*Eine Prise (Pr.) ist die Menge, die man zwischen Daumen und Zeigefinger halten kann.*

*Eine Messerspitze (Msp.) ist die Menge, die auf einem spitzen Messer die Messerspitze ausfüllt.*

Zum Abmessen kleinerer Mengen dienen: Esslöffel und Teelöffel

Es entspricht

| | |
|---|---|
| 1 EL Flüssigkeit | 15 ml |
| 1 TL Flüssigkeit | 5 ml |
| 1 EL Mehl | 10 g |
| 1 EL Grieß | 12 g |
| 1 EL Zucker | 15 g |
| 1 TL Zucker | 5 g |
| 1 TL Salz | 5 g |
| 1 EL Öl | 10 g |
| 1 TL Backpulver | 5 g |

### Messen mit dem Messbecher

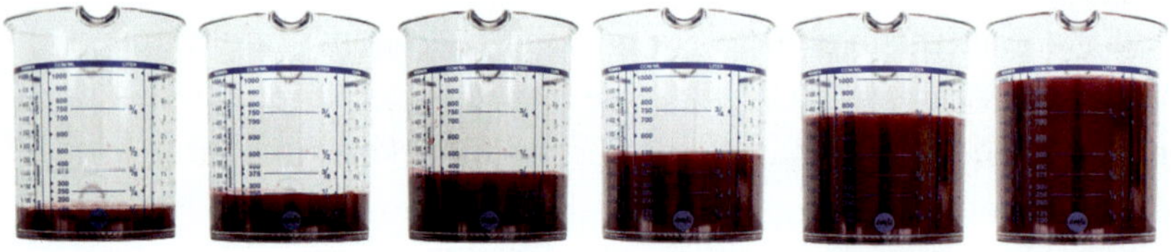

*$^1/_8$ l = 125 ml   $^1/_4$ l = 250 ml   $^3/_8$ l = 375 ml   $^1/_2$ l = 500 ml   $^3/_4$ l = 750 ml   1 l = 1000 ml*

### Teilen einer Verpackungseinheit

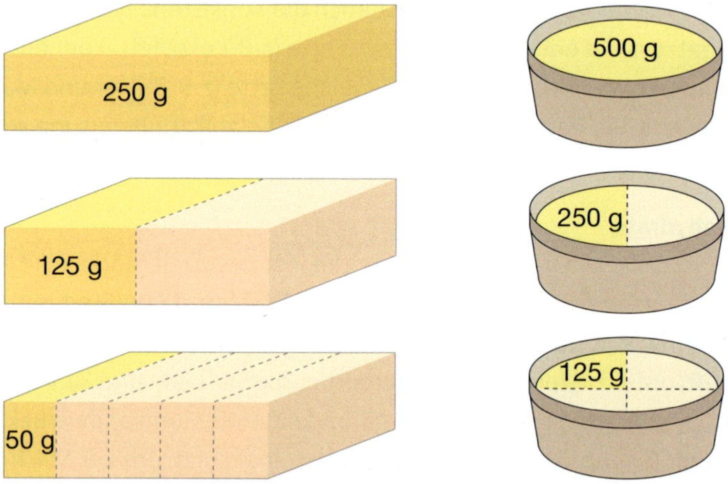


### Wiegen mit der Küchenwaage

Zum Abwiegen größerer Mengen ist eine Küchenwaage notwendig. Jede Waage besteht aus Gehäuse, Skala und ggf. abnehmbarer Waagschale. Heute werden hauptsächlich Digitalwaagen verwendet.

Tipps für ein genaues Wiegen:

- Die Waage muss waagerecht aufgestellt sein.
- Die Waagschale muss richtig aufliegen.
- Die Skala muss nach Aufsetzen der Schüssel auf „0" gestellt werden.
- Die Messskala muss richtig abgelesen werden.

**Mengenangaben**

Wollen Sie wissen welche Mengen Sie pro Person abwiegen müssen? Dann hilft Ihnen diese Tabelle.

| | Hauptgericht | Vorsuppe | |
|---|---|---|---|
| **Suppe/Eintopf** | 500 ml | 200 ml | |

| | Hauptgericht | Beilage/Snack | Suppeneinlage |
|---|---|---|---|
| **Kartoffeln** | 250 g | 200 g | 125 g |
| **Reis** | 100 g | 50 g | 30 g |
| **Teigwaren** | 100 g | 60 g | 30 g |
| **Gemüse** | 250 g | 200 g | 125 g |
| **Salat** | 500 g | 150 g | |
| **pikantes Gebäck** | $^1/_4$ Blech | $^1/_8$ Blech | |

| | | | |
|---|---|---|---|
| **Fleisch** | mit Knochen 150 g | ohne Knochen 125 g | Hackfleisch 100 g |
| **Fisch** | mit Kopf 250 g | als Filet 150 g | |
| **Obst** | frisch 200 g | Kompott 100 g | |
| **Süßspeise** | 125 g | | |

Die angegebenen Mengen sind ausreichend für eine erwachsene Person und beziehen sich auf die Rohware der angegebenen Lebensmittel. Für die Portionsgröße eines 5-jährigen Kindes berechnen Sie $^1/_3$ der angegebenen Menge, bei einem 10-jährigen Kind ungefähr die Hälfte.

## Jetzt sind Sie dran ...

1. **Manchmal ist ein Abwiegen gar nicht nötig, z. B. wenn die Verpackungsmenge der Lebensmittel der im Rezept benötigten Menge entspricht. Übertragen Sie die Tabelle auf Papier.**

| LM | enthalten |
|---|---|
| 1 Päckchen Mandeln | 200 g |
| 1 Becher Sahne | |
| 1 Paket Mehl | |
| 1 Päckchen Butter | |
| 1 Tüte Milch | |
| 1 Paket Spaghetti | |
| 1 Paket Puderzucker | |
| 1 großes Päckchen Quark | |
| 1 Paket Zucker | |

2. **Recherchieren Sie in Partnerarbeit im Supermarkt die enthaltenen Mengen und tragen Sie diese ein.**

## Rezepte lesen und verstehen

In Kochbüchern, Zeitschriften oder im Internet finden Sie eine Vielzahl von Rezepten. Diese können auf unterschiedliche Weise dargestellt werden.

**Schokoladenpudding**

$^1/_2$ Pfund geriebene Schokolade, 100gr geriebeneſ Schwarzbrod, $^1/_4$ Pfund zerlaſſene Butter, 50gr Zucker, 15 Stück geriebene Mandeln und 4 ganze Eier werden tüchtig verrührt und in einer gut mit Butter aufgeſtrichenen Form 1 biſ 1$^1/_2$ Stunde gekocht. Dazu giebt man Schlagſahne (von $^1/_4$ Liter Sahne) oder Vanillenſauce. Dieſer Pudding ſchmeckt auch kalt ſehr gut.

**Amerikanische Waffeln**

| | |
|---|---|
| 300 g Mehl | mit |
| 1 EL Backpulver | und |
| ¼ TL Salz | sowie |
| ¼ TL Natron | mischen. |
| 55 g Butter | zerlassen und mit |
| 60 g Zucker, | |
| 2 großen Eiern | und |
| 125 ml Buttermilch | zum Mehlgemisch geben und gut verrühren, mit |
| 240ml Milch | glatt rühren. |
| | 30 Minuten ruhen lassen. |
| | Waffeln im Waffeleisen ausbacken. Mit |
| Ahornsirup | und |
| Vanilleeis | servieren. |

**Kürbissuppe**

**Zutaten:**
1 große Zwiebel, gewürfelt
2 Zehen Knoblauch, gewürfelt
1 EL gehackte frische Ingwerwurzel
600g geputzten und gewürfelten Hokkaidokürbis
1 mittelgroße geputzte und gewürfelte Möhre
1 EL Butter
700ml Wasser
100ml Sahne
1 TL Salz
1EL Zitronensaft
1 Pr. geriebene Muskatnuss, schwarzer Pfeffer nach Geschmack

**Zubereitung:**
Butter zerlassen, Zwiebel und Ingwer andünsten, Knoblauch hinzugeben, alles leicht bräunen und mit Wasser auffüllen. Kürbis und Möhre hinzugeben, aufkochen lassen und ca. 10 Minuten bei geschlossenem Deckel köcheln lassen. Sahne hinzugeben, alles pürieren und mit Salz, Zitronensaft, Muskat und Pfeffer abschmecken.

*Historisches Rezept (oben), Tabellenrezepte (links) Textrezept (rechts)*

Egal wie ein Rezept gestaltet ist, vor Zubereitungsbeginn sollten Sie das Rezept immer vollständig und gewissenhaft durchlesen, damit keine Zutaten oder Arbeitsschritte vergessen werden.

**Mengenangaben**

Die meisten Rezepte sind für vier Personen berechnet. Backrezepte sind in der Regel für eine Backform angegeben.

**Grundrezepte**

Rezepte, die häufig verwendet und immer wieder zu neuen Speisen abgewandelt werden, nennt man Grundrezepte. Diese gibt es für viele Arten von Speisen. So lässt sich z. B. aus einer hellen Grundsoße, auch helle Mehlschwitze genannt, durch die Zugabe unterschiedlicher Geschmackszutaten Currysoße, Käsesoße, Senfsoße, Kapernsoße, Kräutersoße oder Tomatensoße herstellen.

**Küchentechnische Fachbegriffe**

Manche Rezepte enthalten Wörter, die Sie vielleicht noch nicht kennen. Einige dieser küchentechnischen Fachbegriffe werden hier erklärt.

Das Wort Rezept kommt aus dem Lateinischen: recipe = nimm ...

| Fachbegriff | Erklärung |
|---|---|
| ablöschen | Dem Lebensmittel (z. B. Gemüse) wird beim Bratvorgang heiße Flüssigkeit (z. B. Brühe) unter Rühren zugegeben, um es nach dem Anbraten durchzugaren. Auch bei der Herstellung einer Grundsoße spricht man vom Ablöschen. Mehlschwitze wird mit Flüssigkeit aufgefüllt und gerührt. |
| abschrecken | Das heiße und gegarte Lebensmittel (z. B. Nudeln) wird sofort nach dem Garprozess unter kaltem Wasser abgespült. |
| auslassen | Durch Wärmezufuhr werden tierische Fette (z. B. Speck) ausgebraten und flüssig. |
| binden | Durch Zugabe z. B. eines Mehl-Wasser-Gemisches wird das Lebensmittel (z. B. Soße) angedickt. |
| einweichen | Das Lebensmittel (z. B. getrocknete Pilze) wird roh für einige Stunden in kaltem Wasser eingelegt. Dabei kommt es zur Volumenzunahme. |
| marinieren | Durch das Einlegen oder Einreiben des Lebensmittels (z. B. Fleisch) mit einer würzigen Flüssigkeit erhält es einen kräftigen Geschmack. |
| Mehlschwitze | Im Fett angedünstetes Mehl wird mit heißer Flüssigkeit abgelöscht. |
| panieren | Das Lebensmittel (z. B. Fleisch) wird gewürzt, in Mehl, Ei und dann in Paniermehl gewendet. |
| pellen | Die Schale eines Lebensmittels (z. B. Kartoffel) wird fein abgezogen. |
| stürzen | Das Lebensmittel, das in einer Form gegart wurde, wird als Ganzes herausgenommen (z. B. Kuchen). |
| unterheben | Die Speise (z. B. Kuchenteig) wird vorsichtig mit einer luftgelockerten Masse, z. B. Eischnee, vermischt. |
| Wasserbad | Für ein Wasserbad benötigt man zwei Töpfe. Im ersten wird Wasser zum Kochen gebracht. Im zweiten befindet sich das Lebensmittel (z. B. Schokolade). Der zweite Topf wird in den ersten gestellt. Ohne dass das Lebensmittel mit dem kochenden Wasser in Kontakt kommt, wird es geschmolzen, aufgeschlagen oder gestockt. |
| zerlassen | Durch geringe Wärmezufuhr werden feste Lebensmittel (z. B. Butter) flüssig gemacht. |

## Jetzt sind Sie dran ...

1. Suchen Sie in Einzelarbeit Ihr Lieblingsrezept heraus. Auf welche Weise ist es dargestellt? Bringen Sie es jeweils in die andere Form (also Textrezepte in Tabellenrezepte oder umgekehrt).
2. Jede Darstellungsform hat Vor- und Nachteile. Bilden Sie Gruppen und sammeln Sie diese Vor- und Nachteile mit Hilfe der ▸ Placemant-Methode.

## Arbeitssicherheit und Unfallschutz

In der Küche lauern viele Unfallgefahren. Doch lassen sich die meisten Unfälle durch verantwortliches Handeln vermeiden. Unfallschutz ist immer wichtig, aber besonders wenn sie im Team arbeiten.

**Stürze/Prellungen ...**

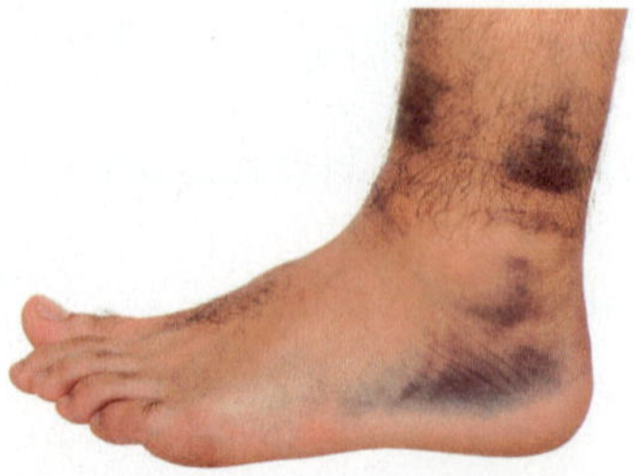

... vermeiden Sie durch:
- Sofortiges Aufwischen von verschütteten Flüssigkeiten
- Verwenden von Sicherheitsleitern

**Schnittverletzungen ...**

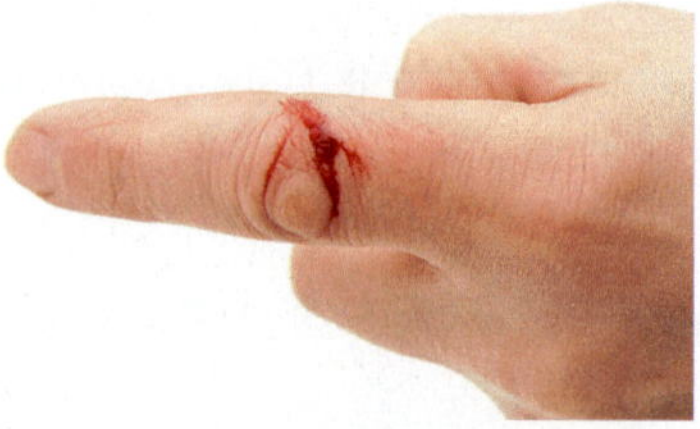

... vermeiden Sie durch:
- Anwenden des Krallengriffs
- Einsetzen eines Restehalters an der Aufschnittmaschine

**Verbrennungen/Verbrühungen**

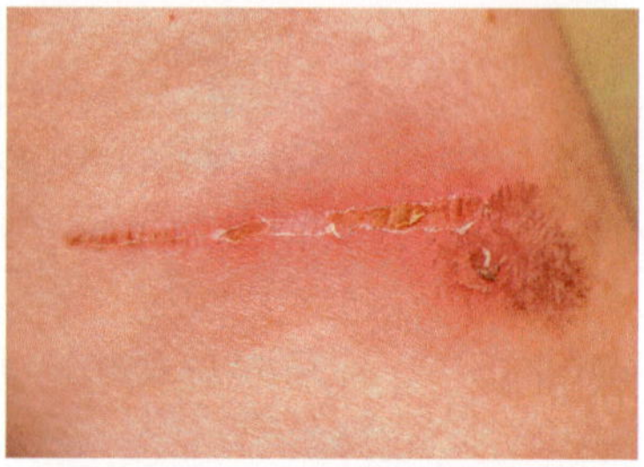

... vermeiden Sie durch:
- Abgießen heißer Flüssigkeiten vom Körper weg
- Verwenden von Topflappen

**Vergiftung/Verätzung ...**

... vermeiden Sie durch:
- Kein Umfüllen von Reinigungsmitteln in Getränkeflaschen
- Wegwerfen verdorbener Lebensmittel

**Stromschlag ...**

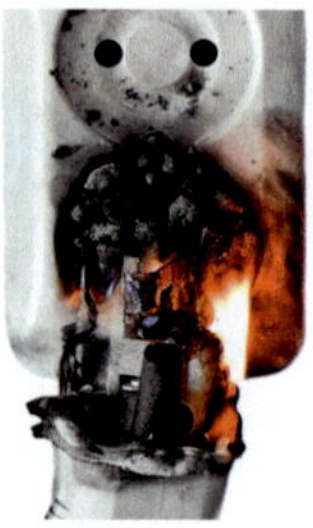

... vermeiden Sie durch:
- Kein Tauchen elektrischer Geräte in Wasser
- Kein Einsetzen von Geräten mit defekten Kabeln

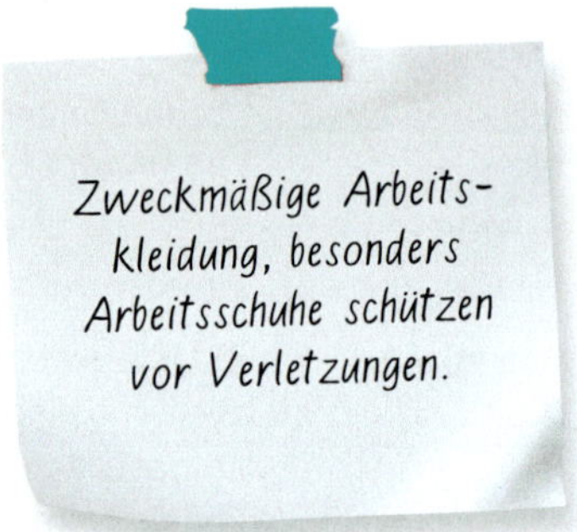


## Jetzt sind Sie dran ...

1. Bilden Sie fünf Kleingruppen. Bearbeiten Sie je eine auf dieser Seite beschriebene Verletzungsart. Informieren Sie sich im Internet, z. B. auf www.guss-net.de, Suchbegriff: „Gastronomie Unfallschutz“, über weitere Maßnahmen, wie Unfälle dieser Verletzungsart vermieden werden können.
3. Informieren Sie sich nun über Erste-Hilfe-Maßnahmen z. B. bei www.drk.de oder auf S. 206, falls doch ein Unfall geschieht.
4. Ergänzen Sie mit Hilfe der Methode ▸ Gruppenpuzzle die anderen Verletzungsarten und entsprechende Erste-Hilfe-Maßnahmen. Halten Sie alle Informationen in einem ▸ Buddybook fest.

## Arbeitsplatzgestaltung

Ein gut eingerichteter Arbeitsplatz hilft Ihnen, Zeit und Kraft zu sparen, außerdem trägt er maßgeblich zur Arbeitssicherheit bei.

### Greifräume

Ein Arbeitsplatz lässt sich in Greifräume einteilen. In den **inneren Greifraum** gehören Gegenstände, die häufig benutzt werden. Sie sollen mit gebeugtem Arm gut erreichbar sein, z. B. das Schneidebrett. In den **äußeren Greifraum** gehören weniger oft gebrauchte Gegenstände. Diese Gegenstände sollen mit gestrecktem Arm erreichbar sein, z. B. die Schüssel für geschnittenes Gemüse.

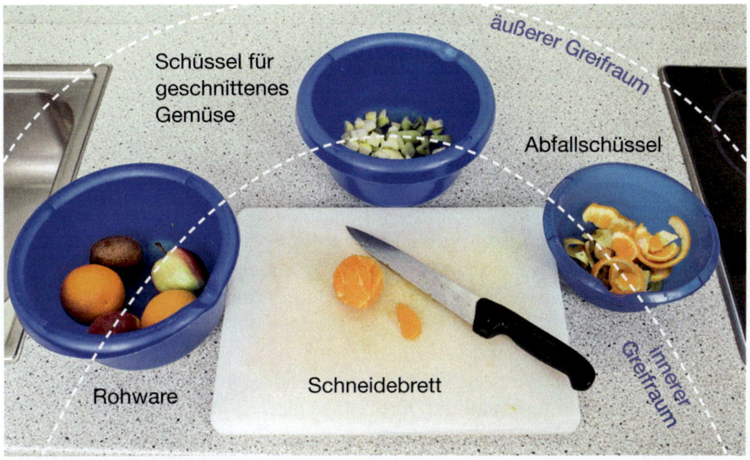


*Arbeitsplatz Schneiden von Obst*

### Bewegungsabläufe

Während des Arbeitens sollen sich die Arme nicht überkreuzen – also behindern. Von Rechtshändern wird z. B. die Rohware mit der linken Hand gegriffen und das Messer mit der rechten Hand. Deshalb steht beim „Arbeitsplatz Schneiden von Obst" die Schüssel mit dem ganzen Obst links vom Schneidebrett, das Messer wird rechts vom Schneidebrett abgelegt. Bei Linkshändern ist es genau andersherum.

Bei manchen Arbeiten führt der Bewegungsablauf einer Tätigkeit in eine Richtung. Beim Rechtshänder von rechts nach links, beim Linkshänder von links nach rechts. Ein Beispiel dafür ist das Geschirrspülen.

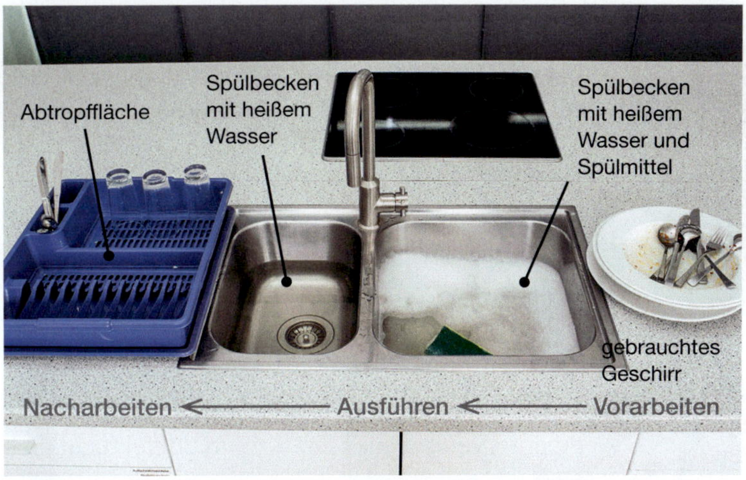


*Arbeitsplatz Spülen*

## Jetzt sind Sie dran ...

1. Skizzieren Sie in Einzelarbeit die Arbeitsplätze für folgende Tätigkeiten: Rühren von Kuchenteig, Schälen von Kartoffeln, Backen von Pfannkuchen/Eierkuchen.
2. Vergleichen Sie die Ergebnisse mit Ihrem Nachbarn.

Wiesbaden

## Salmonellen-Alarm im Altenheim

Mehrere Bewohner eines Wiesbadener Altenheims mussten mit einer Salmonellen-Infektion im Krankenhaus behandelt werden. Schuld war offenbar ein Erdbeerkuchen mit Puddingschicht.

Nach Untersuchungen von Veterinären und Lebensmittelkontrolleuren war möglicherweise ein Ei, das für den Kuchen verwendet wurde, mit Salmonellen infiziert. Der Erdbeerkuchen kam von einer Bäckerei. In der Küche des Altenheimes wurden keine Keime entdeckt.
Neun von 55 Bewohnern des Altersheims litten unter Durchfall. Sieben von ihnen mussten ins Krankenhaus eingeliefert werden. Inzwischen befänden sie sich auf dem Wege der Besserung, erklärte am Dienstag Holger Meireis, Leiter des Wiesbadener Gesundheitsamts.

Im vergangenen Jahr hatte ein Salmonellen-Skandal im Klinikum Fulda für Aufsehen gesorgt. Dort hatten sich rund 270 Menschen in zwei Wellen mit Salmonellen angesteckt. Zwei von ihnen waren gestorben, sechs weitere Todesfälle wurden mit der Epidemie in Verbindung gebracht.

www.hr-online.de 08.07.2008

## Hygiene

Bestimmte Mikroorganismen sind gefährlich, sie bedrohen die Gesundheit des Menschen. Mikroorganismen, wie z.B. Salmonellen, sind winzige Lebewesen, die über verschmutzte Arbeitsflächen, Hände und Geräte auf die Lebensmittel gelangen. Geflügel, Eier, Hackfleisch und Fleischwaren sind Lebensmittel, die besonders häufig von Salmonellen befallen sind.
Erst wenn sich die Mikroorganismen durch unsachgemäße Behandlung im Lebensmittel stark vermehrt haben, kann es zu einer Lebensmittelinfektion kommen. Deshalb ist beim Umgang mit Lebensmittel unbedingt auf Hygiene zu achten.

*Fleisch und Fleischwaren müssen getrennt von anderen Lebensmitteln gelagert werden.*

Geflügel kann leicht von Mikroorganismen befallen werden. In der folgenden Grafik ist dargestellt, worauf Sie bei der hygienischen Verarbeitung eines Tiefkühlhähnchens achten müssen.

| **Arbeitsschritte** | **Hygieneregeln** |
|---|---|
| Wareneingang und Lagerung | Liefer- und Lagertemperatur –18 °C, aufgetaute Lebensmittel nicht wieder einfrieren |
| Auftauen | Geflügel auspacken und abgedeckt im Kühlschrank auftauen, nicht in Auftauwasser liegen lassen, Auftauwasser weggießen |
| Vorbereiten | Geflügel unter fließendem Wasser abspülen, alle verwendeten Geräte heiß spülen und ggf. desinfizieren, Hände waschen und desinfizieren, benutze Tücher waschen bzw. wegwerfen |
| Garen | Geflügel bis zu einer Kerntemperatur von mind. 80 °C erhitzen |
| Speisen ausgeben | Ausgabetemperatur mind. 60 °C ständig halten |

Hygieneregeln lassen sich drei Hygienebereichen zuordnen:

**Persönliche Hygiene:**
Sie umfasst die Hygieneregeln, die sich auf den Menschen beziehen, z. B. Wunden wasserundurchlässig abdecken, Speisen mit zwei Probierlöffeln abschmecken und Kopfbedeckung tragen, siehe auch ▸ Persönliche Hygiene (S. 24).

**Lebensmittelhygiene:** Darunter verstehen wir alles, was im Umgang mit Lebensmitteln zu beachten ist. Regeln wie verderbliche Lebensmittel immer zu kühlen, rohe und erhitze Lebensmittel getrennt zu lagern, verdorbene Lebensmittel wegzuwerfen, Hackfleisch sofort zu verarbeiten, Lebensmittel in den Kühlräumen abzudecken und auf die Kühltemperatur zu achten, gehören dazu .

**Betriebshygiene:** Hier stehen die Betriebsräume und Geräte im Mittelpunkt. Müll täglich entsorgen, Arbeitsfläche sauber halten, ggf. desinfizieren, täglich frische Tücher verwenden, Räume vor Schädlingsbefall schützen, Geschirr heiß spülen aber auch Fliegengitter an den Fenstern anbringen, Räume hygienisch einrichten sind dafür ebenso Beispiele wie die Trennung von reiner und unreiner Seite, Personaltoiletten für Küchenpersonal oder Handwaschbecken mit warmem Wasser.

*Fliegengitter an Außenfenstern können bestimmte Schädlinge aus der Küche fernhalten*

**HACCP-Konzept:** Dieses Qualitätssicherungskonzept benötigen alle Betriebe, die gewerbsmäßig Lebensmittel und Speisen herstellen und verkaufen. Ähnlich wie beim Beispiel Tiefkühlgeflügel auf S. 96 müssen für alle Speisen die einzelnen Arbeitsschritte vollständig erfasst, Gefahren benannt und Gegenmaßnahmen festgelegt werden. Das Konzept muss ständig überprüft und für die Kontrollbehörden nachvollziehbar dokumentiert werden (HACCP-Konzept, S. 253).

Alle Personen, die gewerbsmäßig Umgang mit bestimmten, leicht verderblichen Lebensmitteln haben, oder in der Gemeinschaftsverpflegung tätig sind, benötigen eine Erstbelehrung nach dem Infektionsschutzgesetz. Hierbei wird über Tätigkeitsverbote und andere Verpflichtungen informiert.

## Jetzt sind Sie dran ...

1. Bilden Sie drei Gruppen und erstellen Sie zu je einem Hygienebereich ein ▸ Lernplakat für die Lehrküche. Finden Sie in Fachbüchern oder im Internet weitere Hygieneregeln und übertragen Sie diese mit den bereits genannten auf das Plakat.
2. Stellen Sie einige der vorgeschriebenen Hygienemaßnahmen in der Lehrküche nach und fotografieren Sie sich dabei. Verwenden Sie die Fotos zur Gestaltung Ihres Lernplakates.

## Geräte in der Nahrungszubereitung

Das wichtigste Gerät in der Küche ist der Herd. Er besteht meistens aus einer Kochstelle und einem Backofen. Der Herd kann mit Gas oder Strom beheizt werden.

**Die Kochstelle**
Ein Elektroherd besitzt meistens vier Kochplatten aus Gusseisen bzw. vier Kochzonen in einem Glaskeramikkochfeld. Die Platten oder Kochzonen haben einen genormten Durchmesser von 14,5 cm, 18 cm oder 22 cm. Ein Gasherd verfügt vorwiegend über vier verschieden große Brenner mit unterschiedlicher Nennleistung.

Die Temperatur der Kochstelle lässt sich über einen Schalter regeln. Die unterschiedlichen Temperaturstufen sind durch Zahlen dargestellt, häufig von 1–3, aber auch von 1–9 bzw. 1–12. Je nach Tätigkeit werden die entsprechenden Zahlen gewählt.

| | Schmelzen Quellen Erwärmen | Fortkochen von kleinen Mengen | Fortkochen von großen Mengen | Braten von kleinen Mengen | Braten von großen Mengen | Erhitzen Ankochen |
|---|---|---|---|---|---|---|
| Stufe (1–3) | ½ | 1 | 1 ½ | 2 | 2 ½ | 3 |
| Stufe (1–9) | 1–2 | 3 | 4–6 | 7 | 8 | 9 |

*Herd mit Gasbrennern*

*Elektroherd mit Kochplatten*

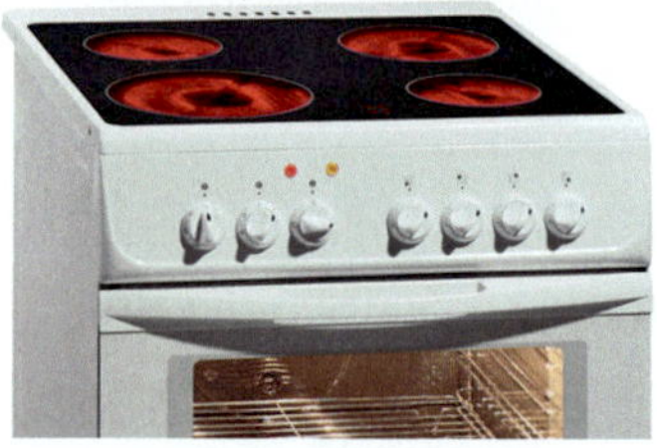

*Elektroherd mit Glaskeramikkochfeld*

**Der Backofen**
Im Backofen werden die Speisen in trockener Hitze gegart. Neben der üblichen Beheizungsart Ober-/Unterhitze gibt es Umluft bzw. Heißluft. Oft verfügt ein Gerät über alle Beheizungsarten.

Beim Backen mit Ober-/Unterhitze kann nur ein Blech in den Backofen eingeschoben werden. Mehrere Bleche gleichzeitig kann die Heiß- oder Umlufteinstellung bewältigen. In Kochbüchern werden die Backtemperaturen meist für Ober-/Unterhitze angeben. Bei Heißluftbetrieb müssen Sie die Temperatur deshalb 20 °C – 30 °C niedriger einstellen.

**Das Mikrowellengerät**

Das Mikrowellengerät erzeugt in seinem Inneren elektromagnetische Wellen, die in das Lebensmittel eindringen. Die Wassermoleküle im Lebensmittel werden dadurch in rasche Hin- und Herbewegungen versetzt und erhitzen sich. Dies kann nur geschehen, wenn die Mikrowellen das Kochgeschirr durchdringen können. Deshalb darf im Mikrowellengerät nur Geschirr aus Glas, Porzellan oder hitzebeständigem Kunststoff verwendet werden, jedoch kein Metallgeschirr.
Die Stärke der Mikrowellen kann je nach Bedarf ausgewählt werden, z. B. niedrige Stärke zum Auftauen und hohe Stärke zum Erhitzen von Speisen. Die Stärke ist in Watt angegeben.

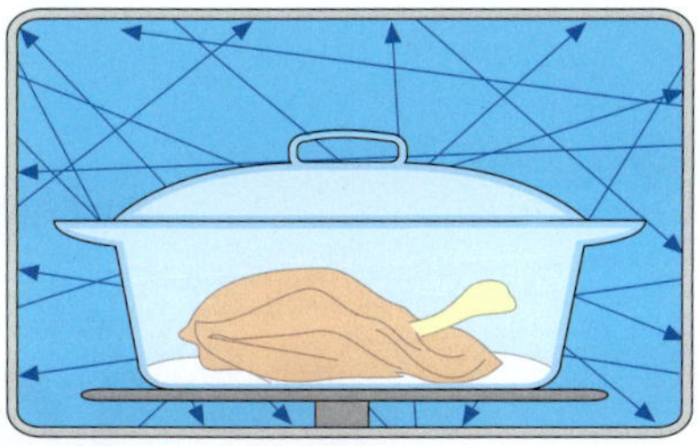

*Die Mikrowellen durchdringen das Gargut von allen Seiten.*

**Die elektrischen Kleingeräte**

Die meisten Küchen sind neben Großgeräten auch mit elektrischen Kleingeräten ausgestattet. Dazu gehören z. B. Küchenmaschinen, Handrührgeräte, Toaster, Kaffeemaschinen, Eierkocher. Wollen Sie diese sinnvoll einsetzen, müssen Sie auch die Vorbereitungs- und Reinigungszeit berücksichtigen. Außerdem sollten Sie bedenken, dass die Geräte nicht nur in der Anschaffung Geld kosten. Auch der verbrauchte Strom und mögliche Reparaturen müssen bezahlt werden. Häufig lohnen Reparaturen von elektrischen Kleingeräten jedoch gar nicht, weil die Reparaturkosten höher sind als der Anschaffungspreis. Doch was passiert mit dem massenhaft anfallenden Elektroschrott?

## Jetzt sind Sie dran ...

1. Bilden Sie drei Gruppen. Jede Gruppe sammelt für ein Großgerät (Kochstelle, Backofen, Mikrowelle) Tipps zum Energiesparen. Beschaffen Sie sich dafür Informationsmaterial von der Verbraucherzentrale oder vom örtlichen Energieversorgungsunternehmen. Erstellen Sie pro Großgerät ein ▸ Infoblatt mit Abbildungen für Ihre Klasse.
2. Welche elektrischen Kleingeräte kennen Sie? Führen Sie in der Klasse eine ▸ Kartenabfrage durch. Sortieren Sie auf der Metaplanwand, welche Kleingeräte für einen Zwei-Personen-Haushalt sinnvoll sind.
3. Sehen Sie sich auf YouTube den Beitrag „Ghana: Schrottplatz für Europas Computer“ an. Beantworten Sie diese Fragen auf einem Plakat in der Gruppe: Warum schickt Europa Elektroschrott nach Afrika? Warum sammeln die Kinder Rohstoffe?
4. Führen Sie dazu eine ▸ Pro-und-Kontra-Diskussion mit dem Thema: „In Afrika sind sie doch froh, dass Sie Arbeit haben“.

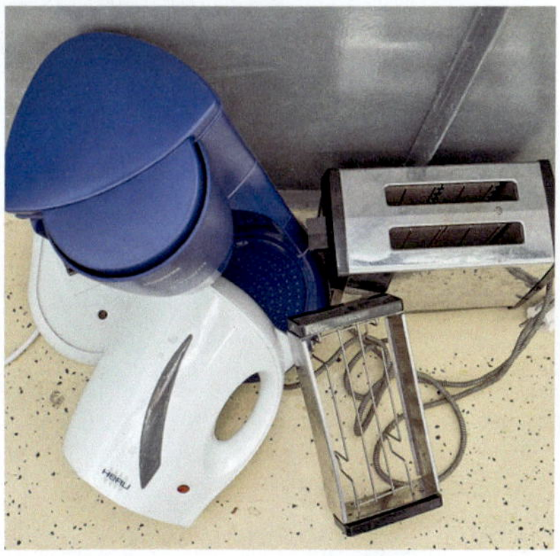

## Vorbereitungstechniken

Bevor Lebensmittel verzehrt oder zubereitet werden können, sind vorbereitende Arbeiten nötig.

| | Waschen | Putzen | Schälen |
|---|---|---|---|
| |  |  | 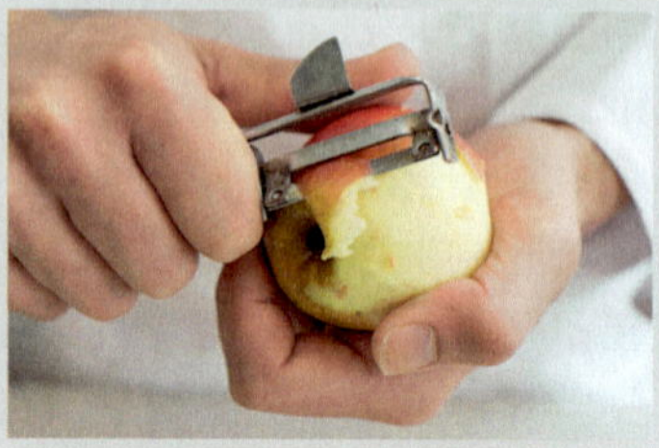 |
| |  |  |  |
| |  |  |  |
| |  |  |  |
| Zweck | groben Schmutz sowie chemische Stoffe abspülen | verdorbene, welke, ungenießbare oder harte Teile entfernen, z. B. Steine bei Kirschen, Stiele bei Petersilie sowie „Augen“ und grüne Stellen bei Kartoffeln | Schalen oder Häute entfernen |
| Arbeitsmittel | große Schüssel, Abseihsieb, Gemüsebürste | Gemüsemesser, Schneidebrett, Abfallschüssel | Sparschäler für harte Schalen, Gemüsemesser zum Abziehen dünner Schalen |
| Arbeitsregeln | Lebensmittel kurz in kaltes, stehendes Wasser eintauchen, um den Vitaminverlust so gering wie möglich zu halten | so viel wie nötig und so wenig wie möglich entfernen | wie beim Putzen; geschälte Lebensmittel so schnell wie möglich weiterverarbeiten oder in feuchtes Tuch einschlagen; ggf. mit Zitronensaft beträufeln, um „Braunwerden“ z. B. von Äpfeln zu vermeiden |

| | Mischen | | |
|---|---|---|---|
| | **Rühren bzw. Kneten** | **Schlagen** | **Mixen** |
| |  |  |  |
| **Zweck** | Verbinden unterschiedlicher Lebensmittel zu einer Masse oder zu einem Teig | Luft als Lockerungsmittel in eine flüssige Masse, z. B. Sahne, einschlagen | Gleichzeitiges Mischen und Zerkleinern |
| **Arbeitsmittel** | Handrührgerät mit Schneebesen oder Knethaken bzw. Rührlöffel, Rührschüssel | Handrührgerät mit Schneebesen, Rührschüssel | Mixbecher mit Messerkreuz |
| **Arbeitsregeln** | breiartige Massen mit dem Schneebesen, feste Teige mit dem Knethaken verarbeiten | geschlagene Massen sofort weiterverarbeiten; lockere Massen auf feste geben, vorsichtig unterheben | zuerst feste Zutaten mit wenig Flüssigkeit mixen, dann die restliche Flüssigkeit zugeben; den Mixbecher immer gut verschließen |

## Jetzt sind Sie dran ...

1. Ob Lebensmittel zuerst geputzt und dann gewaschen werden oder umgekehrt, richtet sich nach der Art des Lebensmittels. Übertragen Sie in Gruppenarbeit diese Tabelle auf ein ▸ Plakat.

| Erst waschen, dann putzen | Erst putzen, dann waschen | Nicht waschen, sondern abtupfen bzw. abpinseln |
|---|---|---|
| | | |
| | | |

2. Überlegen Sie gemeinsam, welche der folgenden Lebensmittel wie vorbereitet werden. Ordnen Sie die Lebensmittel dann in die Tabelle ein: Tomaten, Karotten, Salat, Fleisch, Äpfel, Erdbeeren, Lauch, Pilze, Sellerie, Blumenkohl, Kartoffeln, Himbeeren, Kirschen.
3. Stellen Sie Ihre Ergebnisse der Klasse vor und begründen Sie Ihre Entscheidungen.

!

Wurzelgemüse muss zweimal gewaschen werden. Vor und nach dem Putzen und Schälen.

Auch das Zerkleinern von Nahrungsmitteln gehört zu den Vorarbeiten.

| | Zerkleinern | | |
|---|---|---|---|
| | **Schneiden** | **Hobeln, Raspeln, Reiben** | **Passieren, Pürieren** |
| |  |  |  |
| |  |  |  |
| **Zweck** | Zerkleinern in Scheiben, Würfel, Streifen, Ringe usw. | Zerkleinern in Scheiben, in feine Stiftchen, in kleinste Stückchen | Zerkleinern von weichen Lebensmitteln zu einer breiartigen Masse |
| **Arbeitsmittel** | Kochmesser, Schneidebrett | Rohkostreibe, Gurkenhobel, Schnitzelwerk der Küchenmaschine | Passiersieb (Flotte Lotte), Pürierstab |
| **Arbeitsregeln** | immer auf einem Brett schneiden, Krallengriff einsetzen | Rohkost in die bereits vorbereitete Marinade raspeln, Restehalter verwenden | Pürierstab erst in die zu zerkleinernde Masse halten, dann anschalten |

## Gartechniken

Es gibt unterschiedliche Techniken, um Speisen zu garen.

| | **Backen** | **Braten im Backofen** | **Braten in der Pfanne** |
|---|---|---|---|
| **Definition** | Garen in trockener, heißer Luft bei gleichzeitiger Bräunung des Garguts  | Garen mit oder ohne Fett in trockener, heißer Luft  | Garen in wenig heißem Fett  |
| **Arbeitsregeln** | • Bei langen Garzeiten entfällt das Vorheizen bei Umluftherden.<br>• Je höher das Backwerk ist, desto weiter unten im Backofen wird es eingesetzt.<br>• Unnötiges Öffnen des Backofens ist zu vermeiden. | • Braten öfter wenden und begießen.<br>• Vor dem Aufschneiden den Braten ruhen lassen, damit der Saft einzieht.<br>• Braten im Ofen ist bei offenem oder geschlossenem Deckel möglich. | • Bratgut, z. B. Fisch, in heißes, wasserfreies Fett geben, damit sich aus Fleischsaft und Bratenfett eine Kruste bildet, die das Austrocknen verhindert.<br>• Bratgut nach dem Braten oder Ausbacken zum Entfetten auf Küchenkrepp legen. |
| **Temperatur** | 150–250 °C, die Temperatur richtet sich nach der Art der Beheizung (Umluft, Ober-/Unterhitze) und nach dem Gargut | 170–230 °C | 120–180 °C |
| **Anwendung** | Kleingebäck, Backwaren wie Torten, Kuchen, Brot, Filet im Blätterteig, Schinken im Brotteig, Kartoffeln, Aufläufe | große Bratenstücke, Geflügel, ganze Fische, Wild | Fleisch zum Kurzbraten, Würste, Gemüse, Eierspeisen, Kartoffeln, Pfannkuchen |
| **Bewertung** | Bildung von Röst- und Aromastoffen | Kruste und Fett machen den Braten schmackhaft, aber auch schwer verdaulich. Vermeiden Sie sehr hohe Temperaturen und eine zu starke Bräunung, weil sich sonst krebserregende Stoffe bilden. | Gebratenes ist schmackhaft, aber auch fett und schwer verdaulich. Vermeiden Sie sehr hohe Temperaturen und eine zu starke Bräunung, weil sich sonst krebserregende Stoffe bilden. |
| | **Garen in heißer Luft** | **Garen in heißer Luft** | **Garen in Fett** |

| | Dampfdruckgaren | Dämpfen | Dünsten |
|---|---|---|---|
| Definition | Garen in einem fest verschlossenen Spezialtopf bei Überdruck<br> | Garen im Wasserdampf<br> | Garen im eigenen Saft unter Zugabe von wenig Flüssigkeit und wenig Fett<br> |
| Arbeitsregeln | • Die Gebrauchsanweisung eines Dampfdrucktopfes ist genau zu lesen und korrekt zu befolgen.<br>• Zur Dampfbildung im Topf benötigt man mind. $^1/_8$ l Flüssigkeit.<br>• Ventil und Gummiring stets sauber halten<br>• Topf niemals gewaltsam öffnen | • Die Lebensmittel garen in einem Siebeinsatz und haben keinen Kontakt mit dem Wasser<br>• Lebensmittel im Siebeinsatz gut verteilen. | • nicht zu stark anbräunen.<br>• nicht zu viel Fett- und Flüssigkeitszugabe.<br>• rechtzeitig die Energiezufuhr drosseln.<br>• Soßen nicht andicken. |
| Temperatur | 105–120 °C<br>Der Siedepunkt des Wassers steigt mit dem Druck. | 100 °C | 120 °C beim Anbraten<br>100 °C nach Wasserzugabe |
| Anwendung | Fleisch mit langer Garzeit, Kartoffeln, Gemüse mit kräftiger Zellstruktur, Knochenbrühe, Hülsenfrüchte | Gemüse, Kartoffeln, Klöße, Fisch | Fleisch und Fisch mit kürzeren Garzeiten, alle Gemüse, Früchte, Pilze, Reis |
| Bewertung | • Erhöhter Druck und erhöhte Temperatur verkürzen die Garzeiten.<br>• Zeit und Energie sparendes Verfahren | • Nährstoffe bleiben weitgehend erhalten. | • nährstoffschonendes Verfahren |
| | **Garen im Wasserdampf** | **Garen im Wasserdampf** | **Garen in Flüssigkeit** |

| | Frittieren | Garen in der Mikrowelle | Garziehen/Quellen |
|---|---|---|---|
| Definition | Ausbacken, Garen unter Bräunung in viel heißem, wasserfreiem, hitzebeständigem Pflanzenfett.  | Elektromagnetische Wellen wirken auf das Lebensmittel, es wird nicht gebräunt.  | Garen in reichlich Flüssigkeit unterhalb des Siedepunktes, damit die Form erhalten bleibt  |
| Arbeitsregeln | • Das Frittierfett nicht mehr als zweimal verwenden.<br>• Gebrauchsanleitung beachten.<br>• Frittiergut in das heiße Fett einlegen<br>• Frittiergut nach dem Frittieren auf einem Küchentuch entfetten | • keine Metallbehälter oder Geschirr mit Metallanteilen (z.B. Goldrand) verwenden<br>• Garzeit exakt einhalten<br>• Speisen erwärmen sich von innen nach außen, deshalb öfter umrühren | • Knödel ziehen im offenen Topf.<br>• Reis, Fisch in Soße und Kompott im Sud ziehen im geschlossenen Topf.<br>• Bei 70° C verkleistert die Stärke und das Eiweiß gerinnt (▶ küchentechnische Eigenschaften, S. 88). |
| Temperatur | 160–250 °C | Angabe der Leistung in Watt | 75–95 °C |
| Anwendung | Fisch, Fleisch, Gemüse mit oder ohne Teighülle, Kartoffelprodukte, Fettgebäck, wie z. B. Krapfen | mikrowellengeeignete Convenienceprodukte, kleine Mengen von Lebensmitteln (z. B. Gemüse, Obst, Fleisch), Auftauen von Gefriergut | stärkehaltige Lebensmittel (Knödel, Reis, Nudeln), eiweißreiche Lebensmittel mit lockerer Zellstruktur, z. B. Fisch in Soße |
| Bewertung | • fett- und damit energiereich, schwer verdaulich<br>• Fettentsorgung problematisch<br>• Vermeiden Sie sehr hohe Temperaturen und eine zu starke Bräunung, weil sich sonst gesundheitsgefährdende Stoffe bilden. | • nährstoffschonendes Verfahren<br>• nur für kleine Mengen geeignet<br>• besonders zum Aufwärmen geeignet | • Garziehflüssigkeit enthält viele Nährstoffe und sollte weiterverwendet werden. |
| | **Garen in Fett** | **Garen durch elektromagnetische Wellen** | **Garen in Flüssigkeit** |

| | **Grillen** | **Kochen** | **Schmoren** |
|---|---|---|---|
| Definition | Garen und Bräunen durch starke Einwirkung heißer Strahlung oder durch Kontakt mit einer Grillfläche<br> | Garen in reichlich Flüssigkeit<br> | starkes Anbraten in heißem Fett unter Zugabe von heißer Flüssigkeit, Weiterschmoren im geschlossenen Topf<br> |
| Arbeitsregeln | • Grill vorheizen<br>• Grillgut direkt unter den Grill einschieben oder auf den Grill legen<br>• Grillgut würzen, evtl. mit Öl einstreichen, damit Gewürze nicht verbrennen<br>• Grillgut nach halber Garzeit wenden<br>• Grillgut nach dem Garen salzen | • alles, was ausgelaugt (ausgekocht) werden soll, mit ▸ Kaltansatz (S. 88) zubereiten, z. B. Suppenfleisch und -gemüse.<br>• alles, was seinen individuellen Geschmack behalten soll, in kochender Flüssigkeit ansetzen | • Lebensmittel und Soße erhalten einen intensiven Geschmack.<br>• Schmoren im Dampfdrucktopf spart Zeit und Geld. |
| Temperatur | 250–300 °C | 100 °C | 100–180 °C |
| Anwendung | Fleisch (Steak, Kotelett, Hackfleisch), Fisch, Würste, Gemüse, Obst, Kartoffeln (ggf. in Folie eingewickelt) | Kartoffeln, Brühen, Fleisch, Teigwaren, Schalentiere | Sauerbraten, Gulasch, Rouladen, Schmorbraten aus Rindfleisch, Schmorgemüsetöpfe |
| Bewertung | • energiearmes Garverfahren bei wenig Fettzugabe, intensiver Geschmack durch Röststoffe<br>• Vermeiden Sie sehr hohe Temperaturen und eine zu starke Bräunung, weil sich sonst gesundheitsgefährdende Stoffe bilden. | • Kochflüssigkeit enthält viele Nährstoffe und sollte weiterverwendet werden. | • Nährstoffverlust durch hohe Gartemperatur<br>• Starke Krustenbildung macht Geschmortes schwer verdaulich.<br>• Vermeiden Sie sehr hohe Temperaturen und eine zu starke Bräunung, weil sich sonst gesundheitsgefährdende Stoffe bilden. |
| | **Garen durch Wärmestrahlung oder Kontakthitze** | **Garen in Flüssigkeit** | **Anbraten in Fett und anschließend Garen in Flüssigkeit** |

## Vitaminerhalt

▸ Vitamine (S. 69) sind wichtig für Ihre Ernährung. Beim Vor- und Zubereiten der Speisen können jedoch viele Vitamine zerstört werden. Dies geschieht durch vier Faktoren, die Sie in der Lagerung und Zubereitung von Speisen möglichst vermeiden sollten.

Vitamine werden zerstört durch:

- Wasser
- Sauerstoff in der Luft
- hohe Temperaturen
- Licht

## Jetzt sind Sie dran ...

1. Welche Gartechniken kommen bei folgenden Menüs zum Einsatz? Finden Sie in Einzelarbeit mit Hilfe eines Kochbuches die entsprechenden Gartechniken und notieren Sie diese hinter den Speisen auf einem Zettel. Vergleichen Sie die Ergebnisse mit Ihrem Nachbarn.

| Menü 1: | Menü 2: |
|---|---|
| - Gemüsesuppe | - gemischter Salat |
| - Hackbraten | - Gulasch |
| - Pommes Frites | - Klöße |
| - Möhren-Erbsengemüse | - Rotkohl (zeitsparendes Verfahren) |
| - Crêpes | - Apfelkuchen |

2. Basteln Sie in der Gruppe ein Dominospiel. Kopieren Sie aus diesem Buch die Bilder, mit denen die Gartechniken dargestellt sind. Kleben Sie diese auf eine Kartenseite. Schreiben Sie auf die andere Seite die Erklärung zu einer anderen Gartechnik. Spielen Sie das Spiel in der Gruppe.
3. Arbeiten Sie in der Gruppe. Schreiben Sie die vier Faktoren des Vitaminverlustes auf Karten und befestigen Sie diese auf einer ▸ Metaplanwand.
   a) Überlegen Sie, bei welchen Arbeitschritten in der Vor- und Zubereitung diese Faktoren eine Rolle spielen, z. B. beim Schneiden von Lebensmitteln (Sauerstoff). Notieren Sie die Arbeitschritte auf Karten und ordnen Sie diese den Faktoren zu.
   b) Formulieren Sie nun Regeln, wie Sie einen Vitaminverlust bei den einzelnen Arbeitsschritten vermindern können und schreiben Sie dies auf, z. B.: Lebensmittel erst kurz vor dem Weiterverarbeiten zerkleinern.
   c) Befestigen Sie die Karten bei den entsprechenden Arbeitsschritten.

## Zubereitung von Gebäck

| Art des Teiges/ Masse | Teiglockerungsmittel | Lockerung durch | Grundrezept | Zubereitung |
|---|---|---|---|---|
| **Biskuitteig**<br> | Ei-Schaum-Masse | Luft<br>Wasserdampf | 4 Eier<br>4 EL Wasser<br>100 g Zucker<br>150 g Mehl | schaumig schlagen<br>nach und nach zugeben, bis sich das Volumen der Masse verdoppelt hat<br>darübersieben, vorsichtig unterheben; sofort im vorgeheizten Backofen backen |
| **Rührteig**<br> | Backpulver | $CO_2$ | 250 g Butter<br>200 g Zucker<br>4 Eier<br>500 g Mehl<br>1 Pck. Backpulver | schaumig rühren<br>abwechselnd nach und nach zur Butter geben und rühren<br>mischen, nach und nach einrühren<br>sofort im Backofen backen |
| **Quark-Ölteig**<br> | Backpulver | $CO_2$ | 150 g Magerquark<br>75 g Zucker<br>6 EL Milch<br>6 EL Öl<br>½ Pck. Backpulver<br>300 g Mehl | verkneten<br>mischen, dann unterkneten, je nach Rezept belegen und backen |
| **Mürbeteig**<br> | wasserhaltiges Fett | Wasserdampf | 250 g Mehl<br>65 g Zucker<br>125 g Butter<br>1 Ei | in Rührschüssel mit den Knethaken des Handrührgeräts zusammenkneten<br>30 min. kalt stellen, dann zügig verarbeiten und sofort im vorgeheizten Backofen backen |
| **Brandteig**<br> | Wasser | Wasserdampf | ¼ l Wasser<br>50 g Butter<br>150 g Mehl<br>4 Eier<br>½ TL Backpulver | in einem Topf aufkochen<br>unter ständigem Rühren auf einmal dazugeben, Topf vom Herd nehmen, rühren bis sich ein Kloß vom Topfrand löst; abkühlen lassen<br>mit Handrührgerät in die Masse rühren, mit Löffel oder Spritztülle auf das Blech geben und backen |
| **Hefeteig**<br> | Hefe | $CO_2$, Alkohol | 1 Pck. Hefe<br>¼ l Milch<br>500 g Mehl<br>80 g Butter<br>80 g Zucker<br>1 Ei | alles zu einem Teig verarbeiten, gehen lassen, durchkneten, formen oder aufs Blech geben, nochmals ca. 10 min. gehen lassen, ggf. belegen, backen |

**Die Teiglockerung**

Gebackenes soll möglichst porös und locker sein. Es wird dadurch leicht verdaulich, ergiebig und schmeckt gut. Jede Teiglockerung geschieht durch Gase. Die Gase dehnen sich in der Hitze des Backofens aus und durchdringen den Teig, während er fest wird. Es entstehen Hohlräume, das Gebäck wird porös. Diesen Vorgang meinen wir, wenn wir sagen: „Der Teig geht auf." Gase kommen in den Teig durch

- **mechanische Bearbeitung:** Beim Kneten, Schlagen und Rühren gelangt Luft in den Teig. Eischnee bringt besonders viel Luft hinein. Beispiel: Biskuitteig
- **chemische Lockerungsmittel:** z. B. Backpulver und Hirschhornsalz. Durch den Kontakt mit Flüssigkeit und Hitze bilden sich Gase. Beispiel: Rührteig
- **biologische Lockerungsmittel:** Hefe und Sauerteig bilden durch Gärung Gase. Beispiel: Hefeteig
- **Butter oder Margarine:** Diese enthalten fein verteiltes Wasser, das in der Hitze verdampft. Beispiel: Mürbeteig

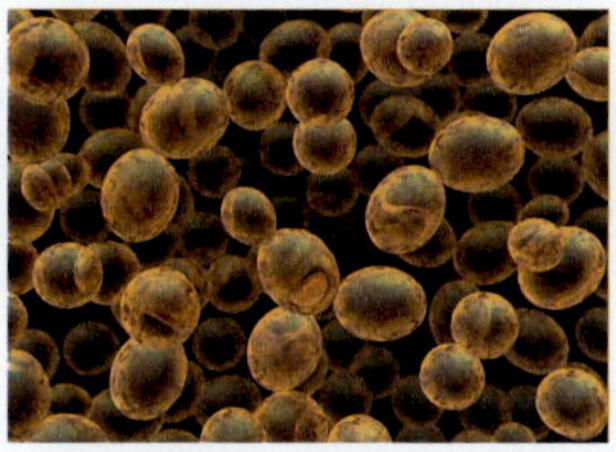

*Hefepilz unter dem 3-D-Mikroskop*

*Hefeteig muss ruhen und aufgehen.*

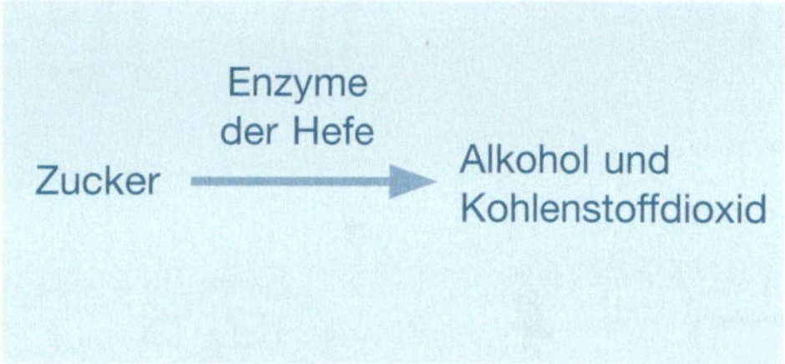


*In Hefen sind Enzyme enthalten, die im Teig eine alkoholische Gärung in Gang setzen.*

## Jetzt sind Sie dran ...

1. Führen Sie folgende Versuche in Partnerarbeit durch und vergleichen Sie die Proben nach 20 Minuten. Dokumentieren Sie Ihre Beobachtungen.
   a. Verrühren Sie je einen Viertel Würfel Hefe mit
      - 2 El kaltem, 2 El handwarmen und 2 El kochendem Wasser.
      - 2 El handwarmen Wasser und 2 El Mehl. Stellen Sie eine Probe in den Kühlschrank und eine in handwarmes Wasser.
      - 2 El handwarmen Wasser, 2 El Mehl und ein 1 El Zucker. Stellen Sie die Probe in handwarmes Wasser.
   b. Leiten Sie aus Ihren Beobachtungen Regeln für den Umgang mit Hefe ab und halten Sie diese auf Karteikarten fest.

## „Los geht's"

# 3.5 Projektaufgabe

Andere Menschen zum Essen einzuladen und für diese zu kochen macht viel Spaß.
Die Projektaufgabe im Bereich Ernährung und Nahrungszubereitung lautet:

**Bereiten Sie für sich und Ihre Lehrer ein vollwertiges Drei-Gänge-Menü zu.**

Wählen Sie dazu ruhig einen besonderen Anlass, z.B. das Ende des Schuljahres.

### Informieren

Beschaffen Sie sich zuerst die nötigen Informationen, z.B.: Wie viele Personen nehmen an dem Menü teil und wie viel Geld kann ausgegeben werden? Informieren Sie sich über passende Speisen und was „vollwertig" überhaupt bedeutet. Erfragen Sie einen passenden Zeitpunkt für Ihre Einladung.

### Planen

Planen Sie in Gruppenarbeit ein Drei-Gänge-Menü für Jugendliche und junge Erwachsene. Beachten Sie dabei die Regeln der Mahlzeitenplanung und den Nährstoffbedarf. Überschlagen Sie die entstehenden Kosten. Denken Sie auch jetzt schon an die Dokumentation des gesamten Projekts.

### Entscheiden

Wenn jede Gruppe die Planung abgeschlossen hat, stellt sie ihr Menü in einer Präsentation vor.
Entscheiden Sie gemeinsam, ob die Speisenauswahl passend und ob die Durchführung realistisch ist. Achten Sie darauf, dass in jeder Gruppe eigene Akzente gesetzt werden, z.B. durch vegetarische Speisen oder ein Menü, das auch Muslime essen dürfen. Verteilen Sie die Aufgaben so, dass alle mitmachen können.

**Ausführen**

Lesen Sie genau das Rezept und erstellen Sie einen Arbeits- und Zeitplan für Ihre Gruppe. .
Bereiten Sie dann die Speisen zu. Bauen Sie zuerst Ihre Arbeitsplätze auf. Achten Sie darauf, die Vorbereitungs- und Gartechniken fachgerecht auszuführen. Die Regeln zur Hygiene und Arbeitssicherheit sollten Sie stets berücksichtigen. Sammeln Sie in Ihrer Projektdokumentation die Fortschritte und Erfolge, aber auch die Schwierigkeiten und unvorhergesehene Ereignisse während der Ausführung.

**Kontrollieren**

Vergleichen Sie nach jedem Arbeitsschritt Planung und Ergebnis.
Sind Sie noch im Zeitplan oder müssen Sie Hilfe aus einer anderen Gruppe erbitten?

**Beurteilen**

Die Klasse bewertet gemeinsam das Arbeitsergebnis. Dabei soll auch das eigene Handeln kritisch betrachtet und beurteilt werden. Probieren Sie auch die Speisen aus den anderen Gruppen.
Waren alle Speisen pünktlich fertig? Haben diese so geschmeckt und ausgesehen, wie Sie sich das vorgestellt hatten? Was können Sie beim nächsten Projekt besser machen?
Mit der Beurteilung können Sie Ihre Dokumentation abschließen und damit das Projekt beenden.

**Vernetzen Sie Ihr Wissen:**

Mit den Themen:
- Arbeiten und gesund bleiben (→ Themenfeld 1, S. 24)
- Zahlungsverkehr (→ Themenfeld 2, S. 44)
- Ausgewählte Materialien reinigen und pflegen (→Themenfeld 6, S. 170)
- Dekorationen (→ Themenfeld 8, S. 229, S. 232)

Raumplanung

Menüplanung

Büfettaufbau

Dienstplan

**Veranstaltungs-planung**

**Sp ser**

Essgeschirr

Serviergeschirr

Essbesteck

Spezialbesteck

Vorlegebesteck

Geschirr

Besteck

Gläser

Tischwäsche

**Arbeitsmittel**

**Getränkeservice**

Heißgetränke

alkoholfreie Getränke

Wein

Bier

Cocktails

portionieren

anrichten

garnieren

Eindeckregeln

Servierarten

**Speisen servieren**

Erinnern Sie sich an Ihr letztes Familienfest? Vielleicht war es ein besonders feierlicher Anlass, zu dem auch viel Wert auf die Tischkultur gelegt wurde? Zur Tischkultur gehört nicht nur der perfekt gedeckte Tisch, sondern auch die passende Tischdekoration. Das macht zwar einige Mühe, aber viele Gäste wissen diese Mühe zu schätzen und werden Ihnen ein Lob aussprechen. In diesem Themenfeld lernen Sie die Aufgaben des professionellen Services, mit denen Sie auch in Ihrem privaten Umfeld einen guten Eindruck machen können.

**Kommunikation mit Gästen**
- Kommunikationsregeln
- Anlässe
- Fachbegriffe

**Servicekraft**
- Erscheinungsbild
- Hygene
- Umgangsformen

en
ren

**Zahlungsverkehr**
- Rechnung
- Wechselgeld

**Restaurant-organistaion**
- Servicesprache
- Abläufe
- Angebot
- Ausstattung

**Pflege der Gasträume**
- Vorbereitung
- Dekoration
  - Blumen
  - Kerzen
- Reinigungsarbeiten

# 4 Speisen servieren

# 4.1 Gäste betreuen

**Der Kellner**

Im Restaurant sitzt eine ältere Dame. Sie ruft den Kellner und bittet ihn, die Klimaanlage schwächer zu stellen. Nach wenigen Minuten fächelt sie sich mit der Speisekarte Luft zu und ruft erneut den Kellner: „Wenn Sie jetzt die Klimaanlage bitte wieder etwas höher stellen könnten ...“ „Aber gern.“ Kaum fünf Minuten später: „Mich fröstelt, drehen Sie bitte die Anlage wieder etwas herunter.“ Ein Gast am Nebentisch winkt den Kellner zu sich: „Macht Sie das ewige Hin und Her eigentlich nicht nervös?“ „Keineswegs, mein Herr. Wir haben nämlich überhaupt keine Klimaanlage.“

## Aufgaben und Funktionen im Service

*Der Gast hat immer Recht. Der Kunde ist König.*

Das Wort Service bedeutet Bedienung, Kundendienst oder Kundenbetreuung. Genau das sind die Aufgaben der Arbeitskräfte im Speisenservice. Die Servicekraft repräsentiert das Unternehmen nach außen. Sie ist das Bindeglied zwischen den Gästen und der Küche. Von ihr hängt es ab, ob die Wünsche der Gäste richtig an die Küche weitergeleitet werden und ob die Leistungen der Küche gut beim Gast ankommen. Sie ist dafür verantwortlich, dass sich die Gäste willkommen und gut versorgt fühlen. Servicekräfte sind auch für die Sauberkeit im Restaurant verantwortlich.

## Erscheinungsbild und Auftreten der Servicekraft

**Erscheinungsbild**

Eine Servicekraft steht von Kopf bis Fuß unter Beobachtung. Ein sauberes, gepflegtes Erscheinungsbild ist deshalb wichtig. Die Haare sind gewaschen und ordentlich frisiert, lange Haare werden zusammengebunden oder hochgesteckt. Die Kleidung ist frisch, fleckenlos und gebügelt. Die Schuhe sind geputzt. Besonderer Wert wird auf saubere Hände mit kurzen, gepflegten und unlackierten Fingernägeln gelegt. Das Erscheinungsbild ist dezent und nie auffälliger als das der Gäste.

**Umgangsformen**

Freundlichkeit ist das Aushängeschild einer guten Servicekraft. Sie zu bewahren, auch unter großem Stress oder gegenüber schwierigen Gästen, ist eine Kunst, die gelernt werden kann. Jeder Gast hat ein Recht darauf, mit Respekt behandelt zu werden. Höflichkeit und gute Umgangsformen sind den Gästen gegenüber wichtiger als die eigenen Meinungen und Befindlichkeiten. Der Gast kann nichts dafür, dass die Servicekraft Kopfschmerzen oder Ärger mit der Chefin hatte. Deshalb darf er auch nichts davon spüren.

## Jetzt sind Sie dran ...

1. Versetzen Sie sich in den Kellner auf Seite 114! Welche Gedanken und Gefühle hat er wohl, während die ältere Dame ihn so hin- und herschickt, und warum lässt er sich nichts anmerken? Zeichnen Sie in Gruppenarbeit den Kellner auf ein Plakat und beschriften Sie seine „Denkblasen“.
2. Wie müsste sich der Kellner verhalten, damit Sie auf keinen Fall wieder einen Fuß in sein Restaurant setzen?
   ▸ Kopfstandmethode in Partnerarbeit: Leiten Sie daraus ab, wie sich der Kellner verhalten müsste, damit die Gäste auch gern wiederkommen. Halten Sie die Ergebnisse in einer Tabelle fest.

   | So werden die Gäste vergrault: | So kommen die Gäste wieder: |
   |---|---|
   | | |

3. In einem Restaurant bedienen ist eine Dienstleistung. Darin steckt das Wort „dienen“. Was macht für Sie eine gute Dienstleistung aus? Stellen Sie in Gruppenarbeit Ihre Ideen in einer ▸ Mindmap dar.
4. Betrachten Sie in Partnerarbeit die Bilder der unterschiedlichen Servicekräfte auf Seite 114 und finden Sie Beispiele, in welcher Art von Lokalen ihr jeweiliges Outfit passend ist. Formulieren Sie Bildunterschriften.

## Kommunikation mit Gästen

**Gespräche mit Gästen**

Gespräche mit Gästen haben häufig dieselben Anlasse:

- Begrüßung
- Aufnahme der Bestellung
- besondere Wünsche
- Bezahlung
- Verabschiedung

Gäste erwarten von Ihnen eine sorgfältig gewählte Sprache, dazu gehört auch der kompetente Gebrauch von Fachausdrücken (z.B. Steak medium).

**Begrüßung von Gästen**

Jeder Gast wird bei Betreten eines Raumes (z.B. eines Restaurants) begrüßt. Damit hat er bereits bei seinem Eintritt das Gefühl, dass er gesehen wird und dass man sich um ihn kümmert. Die Begrüßungsformel wird je nach Tageszeit und Anlass passend gewählt (z.B. Guten Morgen, Guten Abend). Die verbale Begrüßung kann durch nonverbale Signale unterstützt werden (▸ Kommunikation, S. 30), z.B.

- ein freundliches Lächeln,
- ein Nicken mit dem Kopf oder
- Blickkontakt.

**Gästewünsche wahrnehmen**

Gäste äußern ihre Wünsche oft direkt. Manchmal sind ihre Wünsche aber auch versteckt. Eine Servicekraft muss deshalb üben, ihr ▸ Appellohr (S. 31), immer offen zu haben. Sie muss ständig überlegen, was die Gäste wünschen, was man für sie tun kann. Auch nonverbale Signale können Hinweise auf Wünsche zeigen. So ist z.B. eine geschlossen auf dem Tisch liegende Speisekarte das übliche Signal dafür, dass die Gäste gewählt haben und nun bestellen möchten.

**Zeichensprache des Bestecks**

In unserem Kulturkreis wird das Besteck (Messer, Gabel, Löffel) in einer bestimmten Form eingedeckt. Genauso ist es auch üblich, während oder nach einem Essen mit dem Besteck anzuzeigen, ob der Teller abgedeckt werden kann oder ob der Gast noch weiter essen möchte. Dies nennt man „die Zeichensprache des Bestecks".

*Der Gast hat die Mahlzeit beendet.*

*Der Gast möchte noch weiter essen.*

- Nie vor Gästen mit Kollegen streiten.
- Nie vor Gästen Schimpfwörter benutzen.
- Nie vor Gästen angelehnt oder mit den Händen in den Taschen stehen.
- Nie vor Gästen essen oder trinken.

**Distanzzonen**

Ob bei der Arbeit oder im Privatleben: Überall können Menschen die Nähe zu anderen als angenehm oder als unangenehm empfinden. Unabhängig von den persönlichen Vorlieben gibt es Empfehlungen für die Einhaltung von Distanzen zu Menschen. Diese Abstände werden Distanzzonen genannt.

| Distanzzone | Abstand | Wahrnehmung | Beispiel |
|---|---|---|---|
| intime Distanz | bis 45 cm | Wärme der Haut, Körpergeruch | Begrüßung vertrauter Personen mit Umarmung |
| persönliche Distanz | 45 – 120 cm | Spüren des Händedrucks | Begrüßung guter Bekannter mit Handschlag |
| soziale Distanz | 120 – 170 cm | Blickkontakt aufnehmen | Begrüßung von Vorgesetzten oder Fremden ohne Körperkontakt |
| öffentliche Distanz | bis zu mehreren Metern | hörbare Begrüßung | Redner begrüßt Zuhörer im Saal |

## Jetzt sind Sie dran ...

1. Mit welchen Worten können Sie Gäste begrüßen? Sammeln Sie im Plenum auf einem Plakat Begrüßungsformeln für unterschiedliche Tageszeiten und Anlässe. Kennen Sie auch Begrüßungssätze auf Englisch, Türkisch oder weiteren Sprachen? Ergänzen Sie diese.
2. Spielen Sie im ▸ Rollenspiel das Gespräch zwischen Gast und Servicekraft bei der Bestellung durch. Überlegen Sie, welche Typen von Gästen es geben kann (z. B. der eilige Gast, der sparsame Gast, der unentschlossene Gast usw.). Probieren Sie unterschiedliche Möglichkeiten des Umgangs mit diesen Gästen aus. Halten Sie ihre persönlichen Lieblingsformulierungen in Ihrem ▸ Buddybook fest.
3. Ergänzen Sie das Plakat mit den Begrüßungsformeln um entsprechende Verabschiedungsformeln.
4. Modellieren Sie in Partnerarbeit ▸ Standbilder, die ohne Worte einer Servicekraft Ihre Wünsche mitteilen. Nur mit Gesten soll das Standbild z. B. ein neues Getränk oder den Wunsch nach der Rechnung zum Ausdruck bringen. Fotografieren Sie die besten Standbilder.
5. Tauschen Sie in Partnerarbeit Ihre Erfahrungen mit Nähe und Distanz zu anderen Menschen aus. Bei welchen Tätigkeiten im Service kommen Sie den Gästen sehr nahe? Wie können Sie beim Servieren an einem großen Tisch den zu engen körperlichen Kontakt mit Gästen vermeiden? Sammeln Sie alle Tipps auf einer ▸ Metaplanwand.

# 4.2 Tische gestalten

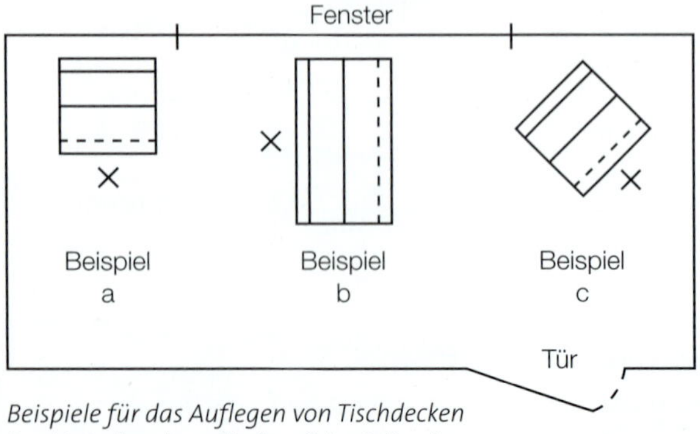


*Beispiele für das Auflegen von Tischdecken*
*Der Unterbruch verläuft auf der Seite, die dem eintretenden Gast zugewandt ist.*

## Raumvorbereitung, Tischgestaltung und Tischwäsche

Bevor das Restaurant zum Empfang der Gäste hergerichtet wird, muss der Raum auf Sauberkeit überprüft werden. Achten Sie auch auf angenehme Raumtemperatur und frische Luft.

### Vorbereitende Arbeiten

Arbeitsschritte beim Herrichten des Restaurants:

1. Restaurant stationsgerecht einrichten (▸ Arbeitsorganisation im Service, S. 128)
2. Tische und Stühle nach einem aushängenden Tischplan ausrichten; darauf achten, dass die Tische in einer geraden Reihe stehen, je nach Gegebenheiten längs, quer oder diagonal
3. Stand der Tische überprüfen und wackelnde Tische durch Korkscheiben ausgleichen

### Tischgestaltung mit Tischwäsche

Die Tischwäsche ist ein wesentliches Gestaltungselement im Restaurant. Das weiße Tafeltuch ist bei feierlichen Anlässen und in der gehobenen Gastronomie noch immer angesagt, aber im Alltag sind vielfältige, bunte Gestaltungsmöglichkeiten hinzugekommen. Auch das schöne Holz des Tisches darf zu sehen sein. Passende Servietten gehören immer dazu. Alles sollte sauber und, wenn aus Stoff, dann auch gebügelt sein.

### Material der Tischwäsche

Das Wort Tischwäsche klingt nach Stoff, nach Baumwolle oder Leinen (▸ Eigenschaften textiler Fasern, S. 146). Aber muss Tischwäsche tatsächlich immer aus Stoff sein? Die Papierserviette hat sich schon lange durchgesetzt. Bei der übrigen Tischwäsche wird das Angebot aus Papier immer größer und vielfältiger. Stoff und Papier sind manchmal kaum noch zu unterscheiden. Je nach Jahreszeit und Mode werden neue Farben und Muster angeboten.

Ein wichtiger Aspekt bei Papierprodukten ist der verantwortungsvolle Umgang mit den Wäldern. Die Zertifizierung von Produkten gemäß FSC (Forest Stewardship Council) Mixed Sources stellt sicher, dass die Wälder, aus denen die Rohstoffe stammen, unter Berücksichtigung der sozialen, wirtschaftlichen und ökologischen Bedürfnisse bewirtschaftet werden.

### Servietten

Die Mundserviette dient dem Gast zum Abtupfen des Mundes oder der Hände. Die Serviette wird zu Beginn des Essens auseinandergenommen und zur Hälfte zusammengelegt auf dem Schoß platziert. Nach dem Essen wird die benutzte Serviette links neben dem Teller abgelegt. Die Servicekraft benutzt die Serviette als Bestecktasche oder zum Tragen heißer Teller. Übliche Größen von Servietten sind 33 x 33 cm (für kleinere Gerichte), 40 x 40 cm (Frühstück und Hauptmahlzeit), 50 x 50 cm (bei festlichen Veranstaltungen).

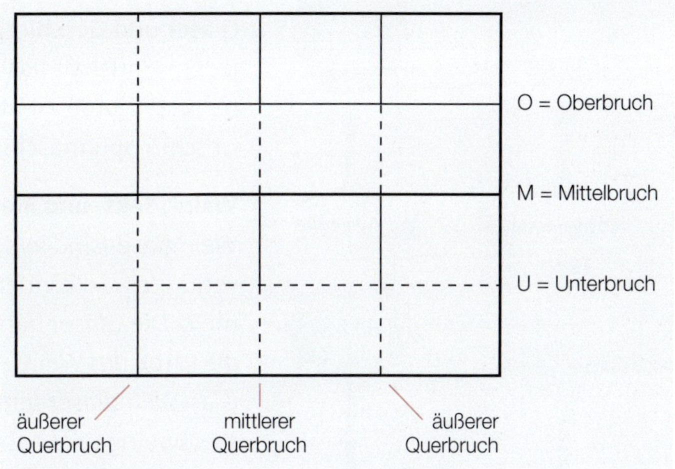


*Brüche einer Tischdecke*

### Tischdecke auflegen

Eine Tischdecke kann nur fachgerecht aufgelegt werden, wenn sie auch fachgerecht gemangelt und zusammengelegt wurde. Dabei ergeben sich in Längsrichtung Stoffbrüche, die als Mittelbruch, Oberbruch und Unterbruch bezeichnet werden. Gehen Sie wie folgt vor:

1. Tischdecke so entfalten, dass der Mittelbruch nach oben, die beiden offenen Kanten nach unten liegen. Tischtuch auf beiden Seiten des Tisches gleich lang überhängen lassen.
2. Tischtuch so anfassen, dass der Mittelbruch zwischen Mittel- und Zeigefinger, die darunterliegende Kante zwischen Zeigefinger und Daumen gehalten wird.
3. Tischdecke anheben und die freiliegende Kante in angemessener Länge leicht über die gegenüberliegende Tischkante schwingen.
4. Mittelbruch loslassen und die Decke zu sich über die freie Tischkante ziehen.

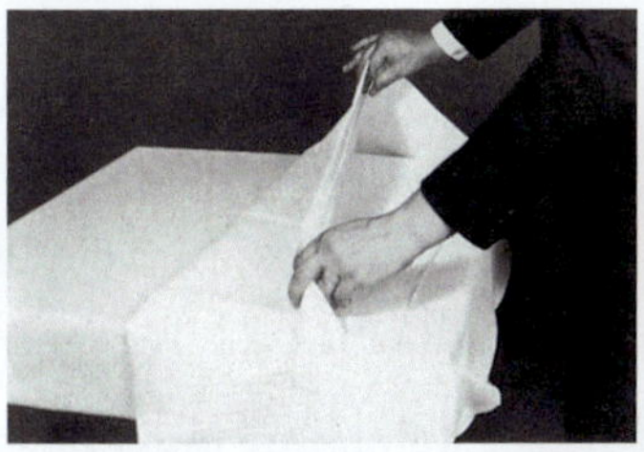

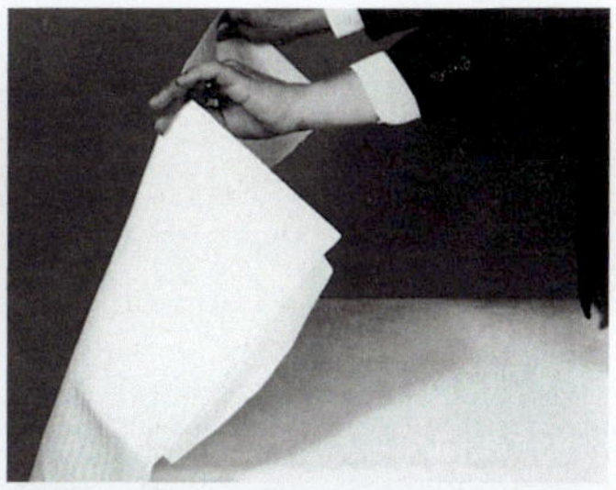

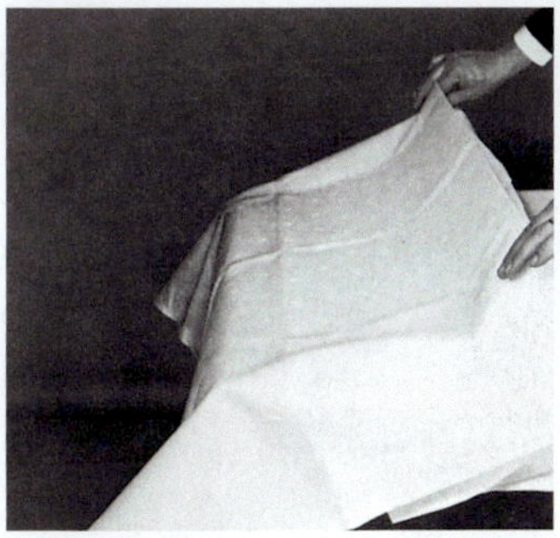

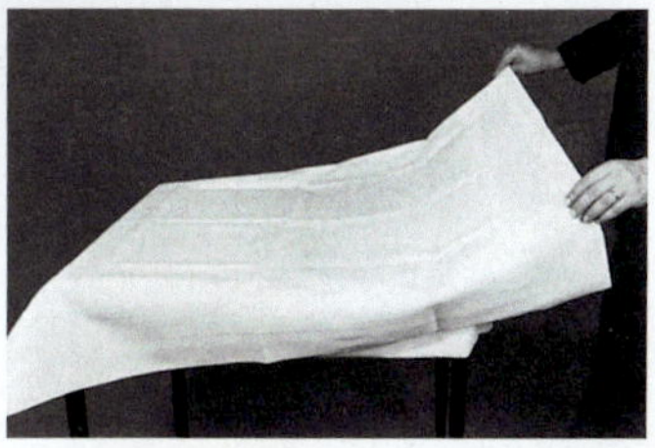

## Jetzt sind Sie dran ...

1. **Laden Sie einen Firmenvertreter einer Serviettenfirma zu einem ▸ Expertengespräch ein. Lassen Sie sich unterschiedliche Servietten zeigen. Sammeln Sie im Plenum an der ▸ Metaplanwand Kriterien für die Produktauswahl.**

Ob eine Tischdecke richtig liegt, können Sie wie folgt kontrollieren: Die Tischdecke hängt über alle vier Tischkanten gleichmäßig ca. 25 cm über. Die Brüche liegen parallel und mit gleichen Abständen zur Tischkante.

Rotweinglas

Weißweinglas

Sektflöte

Sektschale

Bierglas

Biertulpe

Bierkrug

> Halten Sie polierte Gläser gegen das Licht und prüfen Sie, ob sie frei von Kalkflecken, Fettflecken und Fingerabdrücken sind.

## Gläser- und Geschirrarten

Gläser und Geschirr gehören zu unserer Tischkultur. Früher gab es in jedem Haushalt das „gute Geschirr", das nur zu besonderen Feiertagen benutzt wurde. Heute achten wir vor allem darauf, dass Gläser und Geschirr spülmaschinenfest sind.

**Wein-, Sekt- und Biergläser**

Weingläser sind in der Regel bauchige Gläser, die sich zum Rand hin verjüngen. So können sich die Duftstoffe (das Bukett) im Glas sammeln. Die Gläser haben einen langen Stiel. Der Weinkenner prüft gern die Farbe des Weins. Deshalb sind Weingläser immer aus farblosem Glas. Weingläser unterscheiden sich in ihrer Form und Größe.
Weißweingläser haben einen kleineren Kelch, damit sich der Wein nicht erwärmt. Diese Gläser werden auch für Roséwein benutzt.
Rotweingläser haben einen größeren, bauchigen Kelch. Da kann sich das Bukett (der Duft) des Weins am besten entwickeln.
Sekt ist ein kohlensäurehaltiges Getränk, das gekühlt serviert wird. In den schmalen, hohen Gläsern hält sich die Kohlensäure gut.
Bier kann je nach Sorte in sehr unterschiedlichen Gläsern serviert werden. Meist sind Biergläser hoch und schlank, damit die Kohlensäure nicht zu schnell entweicht und die Schaumkrone hält.

**Reinigung und Pflege von Gläsern**

Gläser werden vom Gast direkt an den Mund geführt. Sie müssen deshalb besonders hygienisch sein. Beschädigte Gläser werden wegen der Verletzungsgefahr sofort aussortiert. Im Restaurantbereich müssen Gläser für die gewerbliche Spülmaschine geeignet sein, die mit viel höheren Temperaturen und stärkeren Reinigern arbeitet als Haushaltsmaschinen. Bei richtig dosiertem Klarspüler bilden sich in der Regel keine Kalkflecken auf den Gläsern. Gläser, die längere Zeit nicht benutzt wurden, werden mit einem sauberen, fusselfreien Geschirrtuch poliert. Dabei wird das Glas nie mit der Hand, sondern immer mit dem Poliertuch angefasst.

**Porzellan**

Fast alle Geschirrteile sind aus Porzellan. Porzellan ist geschmacksneutral, hitzebeständig und leicht zu reinigen. Im Restaurant oder Hotel muss Geschirr stapelbar sein, damit es platzsparend aufbewahrt werden kann. Es muss für die gewerbliche Spülmaschine geeignet sein und eine Nachkaufgarantie haben. Nur so kann auf Dauer das einheitliche Aussehen der gedeckten Tische garantiert werden.

## Essgeschirr

*Kaffeetasse mit Untertasse*

*Teetasse mit Untertasse*

*Dessertteller*

*Großer Teller*

*Brotteller*

*Tiefer Teller*

*Suppentasse*

*Suppenterrine*

## Serviergeschirr

*Platten, rund, oval oder eckig*

*Schüsseln*

*Terrine*

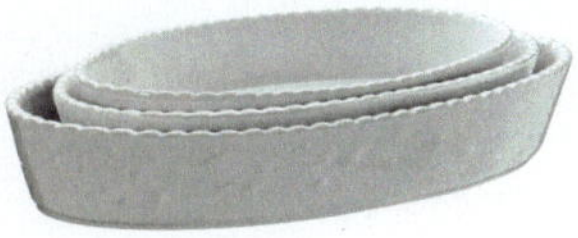

*Auflaufform, Kokotte*

*Sauciere*

*Kaffeekanne*

*Teekanne*

*Milchkännchen*

### Reinigung und Pflege von Geschirr

Zuerst werden grobe Speisereste und Servietten beseitigt und in getrennten Abfallbehältern entsorgt. Dann wird das Geschirr mit kaltem Wasser kurz vorgereinigt, damit sich stärkehaltige Verschmutzungen lösen. In der Spülmaschine werden dann bei hohen Temperaturen fetthaltige und andere Verschmutzungen entfernt. Das Geschirr sollte so heiß aus der Spülmaschine kommen, dass es von alleine trocknet. Auf nassem Geschirr können sich Keime vermehren. Deshalb vor dem Einräumen kontrollieren, ob das Geschirr auch vollständig trocken ist.

## Jetzt sind Sie dran ...

1. Legen Sie für sich eine ▸ Lernkartei zum Üben der Fachbegriffe für die unterschiedlichen Geschirrteile an. Kleben Sie eine Abbildung auf die Vorderseite und schreiben Sie die Bezeichnung auf die Rückseite der Karteikarte.

# Besteck

## Die Kultur des Essbestecks

Weltweit gesehen gibt es heute mehr Menschen, die mit den Händen essen als Menschen, die Esswerkzeuge benutzen. Auch in unserem Kulturkreis geht der Gebrauch von Besteck zurück. Die Fast-Food-Kultur und das schnelle Essen unterwegs führen dazu, dass immer mehr mit den Händen gegessen wird.
In der Gastronomie gibt es aber weiterhin feste Regeln für den Gebrauch von Besteck.

## Die Geschichte der Gabel

Das uns heute bekannte Besteck aus Messer, Gabel und Löffel gehörte so nicht immer zusammen. Messer und Löffel werden schon seit der Antike benutzt. Die Gabel hat eine vergleichsweise junge Geschichte. Im Mittelalter wurde mit den Händen gegessen. Und ganz besonders die Gabel galt als Teufels- und Hexenwerkzeug. Erst im 19. Jahrhundert, mit dem Beginn der industriellen Revolution, wurde auch die Gabel für jeden erschwinglich.

## Material für Besteck

Silber war Jahrhunderte lang das bevorzugte Material für Essbesteck. Das Metall ist säureresistent, kann aber von schwefelhaltigen Lebensmitteln wie Fisch oder Ei dunkel anlaufen. Die Messerklingen sind in der Regel aus Stahl. Seit den 1920er Jahren wird Besteck zunehmend aus rostfreiem Edelstahl hergestellt. Bei vielen Veranstaltungen im Freien wird Einmalbesteck aus Kunststoffen und anderen Materialien bevorzugt.

## Qualitätsanforderungen

Besteck für die Gastronomie muss besonders strapazierfähig und spülmaschinenfest sein. Die Qualität ist auch in der Materialstärke sichtbar. Gemessen wird an der stärksten Stelle der Menügabel. Die Stärken liegen zwischen 2,0 und 3,5 mm. Ein dickeres Besteck ist natürlich auch schwerer, liegt aber besser in der Hand. Bei Besteck ist wie beim Porzellan eine Nachkaufgarantie von ca. 10 Jahren wichtig.

## Reinigung und Pflege der Bestecke

Auf die Sauberkeit und das Aussehen der Bestecke müssen Sie als Servicekraft besondere Aufmerksamkeit richten. Ungepflegtes Besteck kann Gästen schon den Appetit verderben, bevor sie von den Speisen gekostet haben. Oft müssen Bestecke, wenn sie aus der Spülmaschine kommen, nachpoliert werden. Dabei wird das Besteck immer mit dem Poliertuch gehalten und nie mit den Fingern berührt.

**Besteckserien**

Für den Gastronomiebedarf gibt es Besteckserien in verschiedenen Designs. Das große Besteck, oder Tafelbesteck, besteht aus Tafelgabel, Tafellöffel und Tafelmesser. In gleicher Form, aber etwas kleiner, gibt es das Vorspeisen- oder Dessertbesteck. Es besteht ebenfalls aus Gabel, Messer und Löffel. Auch Kaffeelöffel und Kuchengabeln sind passend erhältlich. Ergänzend gibt es bei vielen Besteckserien auch einen kleineren Mokka- oder Espressolöffel.

Das Fischbesteck besteht aus Fischgabel und Fischmesser. Es ist etwas kleiner als das Tafelbesteck. Die Gabel ist breiter und runder als die Tafelgabel. Das Messer hat keine Schneide. Es eignet sich zum Zerlegen des Fisches. Fisch wird üblicherweise nicht geschnitten.

Einige Besteckserien bieten zusätzlich noch ein Steakmesser an. Das Steakmesser ist ein Sägemesser und ist vorne spitzer als das Tafelmesser.

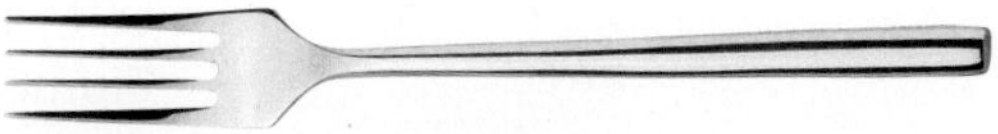

*Fischgabel*

*Fischmesser*

**Vorlegebesteck**

Zum Vorlegen bestimmter Speisen gibt es passendes Vorlegebesteck. Auf der Abbildung finden Sie von links nach rechts einen Tortenheber, einen Pfannenwender, den Suppenschöpfer, einen Dressinglöffel für Salatdressings, Salatgabel und Salatlöffel, Chafing-Löffel, Chafing-Löffel (gelocht), Fleisch- und Aufschnittgabel, Serviergabel und Soßenlöffel. Weitere Vorlege- und Arbeitsgeräte sind Tranchierbesteck, Spargelheber und verschiedene Servierzangen. Zur Kaffeetafel gehören außer dem Tortenheber auch der Zuckerlöffel, die Zuckerzange und der Sahnelöffel.

## Jetzt sind Sie dran ...

1. Testen Sie in Gruppen die Gebrauchsqualität verschiedener Einmalbestecke. Einigen Sie sich auf Bewertungskriterien. Testen Sie unterschiedliche Materialien. Werten Sie die Testergebnisse in einer Tabelle aus.

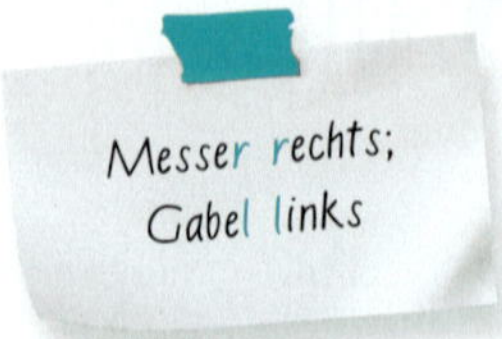


## Anordnen von Geschirr und Besteck

### Eindeckregeln

Gewöhnen Sie sich beim Eindecken ein systematisches Vorgehen an. So arbeiten Sie rationell und können nichts vergessen. Achten Sie auf Sauberkeit. Grundsätzlich wird beim Eindecken im Uhrzeigersinn um den Tisch herum in folgenden Schritten gearbeitet:

1. Tische ausrichten und auf Standfestigkeit prüfen
2. Bei Bedarf an Tischen und Stühlen eine ▸ Unterhaltsreinigung (S. 174) durchführen
3. Moltons und Tischtücher regelgerecht auflegen (siehe S. 119)
4. Auflegen von textilem Tischschmuck, wie z. B. farbigen Bändern oder Mitteldecken
5. Stühle unter Berücksichtigung einer Gedeckbreite von 80 cm an die Tafel stellen und auch exakt zur gegenüberliegenden Tischseite ausrichten (auf ausreichende Abstände achten)
6. Mit der Serviette oder dem Platzteller den Gedeckplatz markieren
7. Gedecke je nach Anlass und Speisenfolge einsetzen
8. Geformte Servietten eindecken (siehe S. 127)
9. Blumen- und Kerzenschmuck einsetzen
10. Gegebenenfalls Tischkärtchen aufstellen und Menükarten auflegen
11. Überprüfen der Gedecke auf Vollständigkeit

### Das Grundgedeck zum Frühstück

- Dessertteller (= Kuchenteller) liegt ca. 1 cm von der Tischkante entfernt.
- Serviette liegt auf dem Teller oder am Tellerrand links.
- Das Dessertmesser liegt rechts vom Teller. Die Schneide zeigt zum Teller, der Abstand zur Tischkante beträgt ca. 1 cm.
- Tasse mit Untertasse wird rechts neben der Messerspitze eingedeckt. Tassengriff und Kaffeelöffel zeigen im 45°-Winkel zur Tischkante. Werden die Tassen vorgewärmt, werden sie erst beim Getränkeservice eingesetzt.

### Das erweiterte Frühstück

Soll es zum Frühstück ein Ei geben, werden Eierbecher, Eierlöffel und Salzfässchen ergänzt. Wird Orangensaft angeboten, ist ein Saftglas einzudecken. Wird Wurst und Käse gereicht, gehört auch eine Gabel dazu.

### Grundgedeck zum Mittagessen

Das Grundgedeck zum Mittagessen besteht aus einem großen Teller, der 1 cm von der Tischkante entfernt auf der Platzmitte steht. Rechts vom Teller liegt das Messer mit der Schneide zum Teller. Links liegt die Gabel. Das Besteck liegt wie immer im Abstand von 1 cm zur Tischkante. Die Mundserviette steht geformt auf dem oder gefaltet neben dem Teller.

### Das Dreigangmenü

Für ein Menü wird das Grundgedeck erweitert. Häufig wird als Vorspeise eine Suppe serviert. Der Suppenteller steht auf dem großen Teller und der große Löffel für die Suppe liegt rechts neben dem Messer. Der Gast benutzt das Besteck von außen nach innen. Die Servicekraft deckt das Besteck von innen nach außen ein.

Das Besteck für das Dessert liegt über dem großen Teller. Meist besteht es aus einem Kaffeelöffel, manchmal auch aus Dessertgabel und Dessertlöffel.

### Gläser richtig platzieren

Wird nur ein Glas eingedeckt, steht es ca. 1 cm über der Spitze des Messers für den Hauptgang. Bei mehrgängigen Menüs wird für jeden Gang ein passendes Glas eingedeckt. Die Gläser stehen in einer Reihe im 45°-Winkel zur Tischkante. Andere Varianten sind möglich.

### Hygiene ist wichtig!

Jedes Teil, das Sie eindecken, überprüfen Sie mit einem kritischen Blick auf Sauberkeit. Der Gast erwartet sauberes, fleckenfreies und glänzendes Tischgerät.

*Beachten Sie:*
- Teller nur am Rand anfassen.
- Gläser immer unten oder am Stiel anfassen
- Besteck nur am Griff anfassen

## Jetzt sind Sie dran ...

1. Decken Sie gruppenweise Tische ein. Suchen Sie dazu im Internet nach Menüfolgen. Jede Gruppe deckt für ein Menü passend einen Tisch für vier Personen ein. Kontrollieren und bewerten Sie dann die Tische der anderen Gruppen.
2. Erweitern Sie Ihre ▸ Lernkartei (S. 121) um die Fachbegriffe für Besteckteile und Gläser.

# Tischdekoration, Farbenlehre und Serviettenformen

*Gartenparty*

## Auf den Anlass kommt es an

Die Farben einer Tischdekoration werden je nach Anlass gewählt. Bei sehr feierlichen Gelegenheiten sind immer noch klassische, weiße Tafeltücher angesagt. Besonders mit Silberbesteck und schönen Gläsern kombiniert signalisieren sie eine festliche Atmosphäre. Je fröhlicher und ungezwungener der Anlass, desto bunter darf es sein. Für einen Kindergeburtstag oder eine Gartenparty z. B. können auch sehr kräftige Farben gemischt werden. Bei der Auswahl von passenden Farben hilft der ▸ Farbkreis (S. 228).

**Accessoire**, frz. = Zubehörteil; dekoratives oder modisches Beiwerk

Tische dürfen nicht überladen wirken. Die Dekoration darf die Kommunikation nicht behindern.

## Elemente der Tischdekoration

Zur Tischdekoration gehören neben der Tischwäsche mit Servietten immer auch ▸ Blumen (S. 226) und Kerzen. Ob Sie weitere Dekorationen auf dem Tisch platzieren möchten, hängt vom Anlass oder dem Menü ab. Ein Gänseessen oder ein Fischmenü können durch passende Accessoires ausgeschmückt werden. Bei einem feierlichen Menü, z. B. zu einem runden Geburtstag, können schön gestaltete Menükarten und Tischkarten angebracht sein.

*Maritime Tischdekoration für ein Fischmenü*

*Tischdekoration für eine Hochzeitsfeier*

*Kerzen stehen im Windlicht sicher*

## Kerzen

Kerzen geben dem Tisch Glanz und Wärme. Stimmen Sie die Kerzen in der Größe, der Farbe und der Form auf die übrige Tischdekoration ab. Kerzen können in Gläsern, Kerzenständern oder Leuchtern aufgestellt werden. Denken Sie auch an den Brandschutz: Kerzen nie direkt auf den Tisch, sondern immer auf eine feuerfeste Unterlage stellen.

**Menükarten**

Wer mag, kann auch Menükarten passend zu den Tischkarten erstellen. Man kann sie entweder aufwendig basteln, vorgefertigt kaufen oder mit dem Computer selbst erstellen. Besonders beliebt sind Klappkarten. Klappkarten können unter Umständen mehrfach verwendet werden. Das aktuelle Menü steht dann auf einem Einlegeblatt, das z.B. mit einer Kordel oder einem Satinband in der Klappkarte befestigt wird.
Sie müssen entscheiden, ob Sie pro Tisch oder pro Gast eine Menükarte einsetzen möchten.

**Tischkarten**

Mit Tischkarten können Sie die Sitzordnung planen. Es ist wichtig, dass sich die Nachbarn am Tisch unterhalten können. Man kann die Tischkarten soweit fertig kaufen, dass man nur noch die Namen eintragen muss, oder man bastelt die Tischkarten selbst. Kleine, glatte Steine oder Efeublätter sind gute Alternativen zu Tischkarten aus Papier. Mit einem Goldstift können Sie die Namen der Gäste daraufschreiben.

**Servietten**

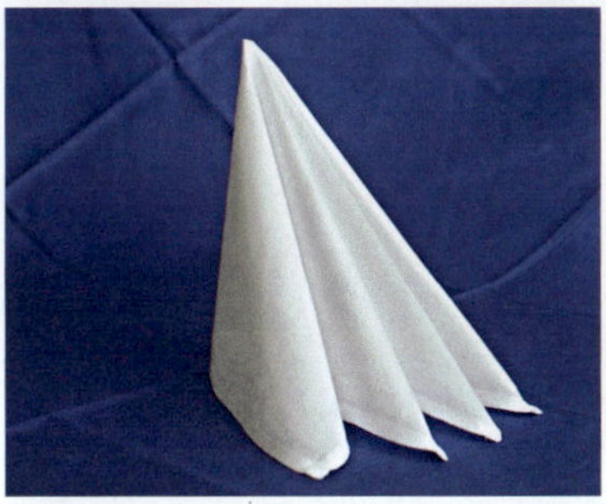

*Der doppelte Tafelspitz*

*Das Schiffchen*

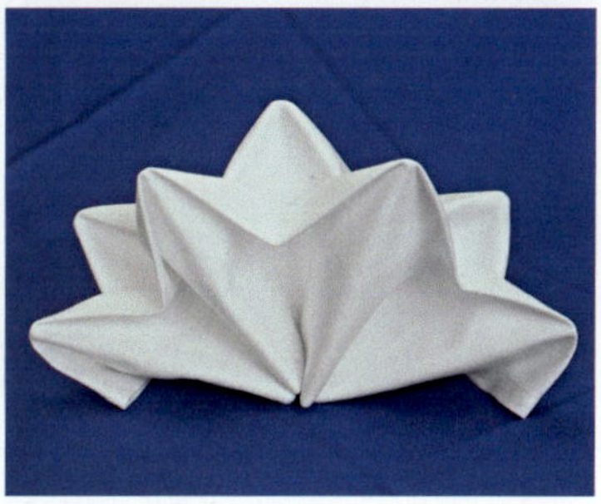

*Der doppelte Stern*

Entscheiden Sie, ob zum Anlass oder zur übrigen Dekoration weiße oder bunte Servietten passen. Im Internet finden Sie zahlreiche gute Anleitungen für das Falten oder Brechen von Servietten. Oft ist neben Abbildungen auch ein Video verfügbar.

## Jetzt sind Sie dran ...

1. Erstellen Sie in Gruppen Schritt-für-Schritt-Anleitungen für verschiedene Serviettenformen als ▸ Powerpoint-Präsentation.
2. Führen Sie zu einem vorgegebenen Anlass in Gruppen einen Wettbewerb für Tischdekorationen durch. Laden Sie eine Jury ein, die die Ergebnisse bewertet.

online

Hier finden Sie Anleitungen zum Serviettenfalten:
www.dekoration.de/servietten/falten
www.tafeldeko.de/servietten.html
www.duni.com
→ Produkte
→ Servietten

# 4.3 Speisen und Getränke servieren

*Reibungslose Abläufe fördern das Wohlbefinden des Gastes.*

## Arbeitsorganisation im Service

Eine gute Arbeitsorganisation im Service bringt Vorteile für Gäste und Mitarbeiter. Reibungslose, effektive Abläufe geben den Servicekräften Sicherheit. Klar geregelte Abläufe helfen dabei, unnötige Diskussionen und Ärger zu vermeiden. Jeder kennt seine Aufgaben und die Regeln für Sicherheit und Hygiene bei der Arbeit. Arbeitsbereiche im Service sind

- Restaurant,
- Bankett,
- Bar, Büfett und
- Etagenservice (nur im Hotel).

**Die „Servicebrigade" im Restaurant**

Die Servicebrigade bezeichnet die Gesamtheit des Servicepersonals. Sie bildet auch die Hierarchie im Unternehmen ab. An der Spitze steht der Restaurantleiter (Restaurantmanager). Ihm unterstellt sind der Oberkellner (Maitre d'Hôtel), der Stationskellner (Chef de Rang), der Weinkellner (Sommelier) und die Jungkellner (Commis de Rang). In vielen Restaurants ist auch festgelegt, wer die Funktion des Zahlkellners hat. Jeder Mitarbeiter hat einen direkten Vorgesetzten, der weisungsbefugt ist.

**Bankettbereich**

Der Service rund um Feiern und Veranstaltungen mit Festessen heißt Bankettbereich. Das können Tagungen, Kongresse, Ausstellungen, Firmen- oder Privatfeiern sein. Hier wählen die Gäste nicht aus der Karte aus, sondern das Menü oder Büfett sowie die Getränke werden mit den Veranstaltern abgesprochen, kalkuliert und vertraglich vereinbart. Die Kosten für das dazugehörige Personal müssen enthalten sein. Oft werden auch Wünsche bezüglich der Dekoration abgesprochen.

**Bar oder Büfett**

Am Büfett werden alkoholische und alkoholfreie Getränke ausgeschenkt. In Cocktailbars mischt die Servicekraft auch Cocktails. Cocktail-Barkeeper werden auch Barmixer genannt. Außerhalb von Bars nennt man die Servicefachkraft, die sich um den Ausschank von Getränken kümmert, auch Büfettkellner.

*Servicekraft am Büfett*

**Grundregeln für die Organisation der Arbeitsabläufe**

Abläufe sind klar strukturiert. Verkehrswege und Laufwege sind festgelegt. Die Wege dürfen sich nicht kreuzen. Die Einteilung des Restaurants in Stationen erleichtert die Einteilung des Personals. So weiß jede Servicekraft, für welche Tische sie verantwortlich ist. Die Abläufe werden vor Arbeitsbeginn mit dem Personal besprochen.
Auch Arbeitszeiten und Pausenzeiten werden festgelegt. Die Mitarbeiter werden über das Angebot, über eventuelle Änderungen und Engpässe informiert und auf die Gespräche mit den Gästen vorbereitet.

**Büfett:**
1. niedriger Schrank für Geschirr = Anrichte
2. Tisch in einem Lokal, an dem man (alkoholische) Getränke bekommt
3. ein (kaltes) Büfett, bei größeren Festen eine Auswahl verschiedener Speisen, die auf einem langen Tisch stehen, von denen man selbst nehmen kann, was man möchte.

**Arbeitsvorbereitung – Mise en Place**

Der Begriff „mise en place" ist aus dem Französischen „mettre les choses en place" abgeleitet und heißt „die Sachen an ihren Platz stellen bzw. legen". Das bedeutet, dass alle notwendigen Gebrauchsgegenstände und Materialien für den Service in gutem Zustand griffbereit vorbereitet sind. Im Restaurant stehen Servicetische, auf denen die Materialien untergebracht werden können. Zu den Vorbereitungsarbeiten gehören:

- Reinigung und Auffüllen der Menagen (Salzstreuer, Pfefferstreuer, Senfbehälter, Essig-Öl-Menagen, Zuckerstreuer)
- Reinigen und Polieren von Besteck, Geschirr und Gläsern
- Warmstellen der Teller für warme Speisen
- Pflege sonstiger Geräte wie Servierwagen, Rechauds, Blumenvasen, Kerzenständer
- Falten und Einsetzen der Servietten
- Einsetzen der Dekoration
- Getränke auffüllen und kalt stellen
- Überprüfung der Speisen- und Getränkekarten auf Gültigkeit

*Besteck muss immer nachpoliert werden.*

## Jetzt sind Sie dran ...

**1. Erstellen Sie in Gruppen Arbeitsanleitungen für die täglichen Vorbereitungsarbeiten, die in Ihrer Cafeteria anfallen. Illustrieren Sie die einzelnen Arbeitsschritte mit Fotos. Legen Sie auch fest, wie die Erfolgskontrolle für die Vorbereitungsarbeiten erfolgen kann. Hängen Sie die Anleitungen gut sichtbar auf.**

# Portionieren und Anrichten von Speisen

Eine Portion ist eine abgemessene Menge einer Speise.

### Wie viel darf es sein?

Kennen Sie das auch? Da haben Sie einen Bärenhunger, bestellen sich eine große Pizza, und am Ende schaffen Sie die Portion gar nicht. Der Rest wandert in den Abfall. Schade. Wie groß dürfen Portionen sein? Einerseits möchte der Gast satt werden, andererseits ist es für den Anbieter auch eine Frage des Preises, wie groß eine Portion sein darf. Wenn Sie kalkuliert haben, dass 3 kg Rinderbraten für 20 Personen reichen sollen, dann müssen Sie den Braten in 150-g-Stücke schneiden, sonst reicht er nicht für alle Gäste.

*Torte halbieren*

*Torte vierteln*

*Die Viertel jeweils in drei gleich große Tortenstücke schneiden*

### Anrichten von Speisen

„Das Auge isst mit.“ Deshalb werden Speisen appetitlich angerichtet. Beim Anrichten eines Hauptgerichtes wird in einer bestimmten Reihenfolge vorgegangen. Zuerst wird der Hauptbestandteil des Gerichtes, oft Fleisch oder Fisch, auf den vorgewärmten Teller gelegt. Rechts davon liegt die Gemüsebeilage und links davon die Sättigungsbeilage, z. B. Kartoffeln, Reis oder Nudeln. Beim Anrichten muss darauf geachtet werden, dass der Tellerrand nie bekleckert oder beladen wird. Der Teller darf auch nicht überladen sein.

### Garnieren von Speisen

Ein besonderer Blickfang wird eine Speise erst durch die Garnitur. Hier haben Sie viele Möglichkeiten, Farbakzente zu setzen. Kräftiges Grün wird durch gehackte Kräuter, kräftiges Rot z. B. durch Tomaten erreicht. Achten Sie immer darauf, dass sich Farben nicht wiederholen. Viele Gerichte werden mit geschmacklich abgestimmten Zutaten garniert, z. B. Zitronenscheiben bei Fisch. Auch Soßen können interessante Farben haben. In der asiatischen Küche wird mit kunstvoll geschnitzten Gemüse- und Obststücken garniert.

**Anrichten und Garnieren von Salaten:**

- saubere, kalte Schüssel benutzen
- Salat bis etwa 2 cm unter den Rand einfüllen
- zum Garnieren farblich und geschmacklich passende, essbare Zutaten auswählen
- Kräuter waschen, trocknen, hacken
- Gemüse waschen, putzen, in Ringe, Streifen, Würfel oder Blüten schneiden
- Eier in Scheiben oder Viertel schneiden
- Gürkchen zum Fächer schneiden
- mit Sprossen oder essbaren Blüten garnieren
- Salatbesteck danebenlegen

**Legen und Garnieren von Wurst- und Käseplatten**

Platten können aus Porzellan, Glas oder Edelstahl sein. Auf einem kalten Büfett sind schön dekorierte Wurst- oder Käseplatten ein Blickfang. Entscheiden Sie vor Beginn der Arbeit, nach welchem Muster Sie Ihre Platte legen möchten.
Teilen Sie die Platte in kreisförmige, diagonale oder spiralförmige Segmente ein, die Sie mit unterschiedlichen Wurst- oder Käsesorten auslegen. Verschiedene Sorten können durch die Garnitur getrennt werden. Scheiben können gerollt oder zu Tüten gedreht werden.

**Anrichten und Dekorieren von Desserts**

Desserts werden auf Desserttellern, in Gläsern oder Schälchen angerichtet. Zum Garnieren werden Fruchtstücke, Sahne, süße Soßen, Minzeblättchen, Nüsse oder Schokostreusel verwendet. Wenn Sie Ihr Dessert in der Schulcafeteria anbieten möchten, ist es wichtig, dass alle Portionen gleich dekoriert sind.

## Jetzt sind Sie dran ...

1. Erarbeiten Sie in Gruppen Standards für unterschiedlich belegte Brötchen, die Sie in Ihrer Cafeteria anbieten (Streichfett und Belag mit Grammangaben). Legen Sie auch die jeweilige Garnitur fest. Beachten Sie neben dem optischen Eindruck und dem Geschmack auch den Preis.
2. Entwickeln Sie Standards für das Dekorieren von gängigen Desserts. Dokumentieren Sie diese mit Fotos. Bevorzugen Sie einfache und wirkungsvolle Varianten.

# Speisenverteilung

### Speisenverteilung in einer Kantine

In einer Cafeteria oder Kantine gilt Selbstbedienung. Der Service besteht darin, den Gästen an einer Speisenausgabe die Gerichte nach ihren Wünschen auf dem Teller anzurichten. Der Gast trägt sein Essen auf einem Tablett an seinen Tisch. Oft werden einzelne Speisenkomponenten wie Salate oder Desserts in Selbstbedienung aus der Auslage entnommen. Der Gast passiert die Kasse, bevor er sich einen Platz zum Essen sucht.

### Service im Familienkreis

Bei einem Familienessen wird der Service so einfach und unkompliziert wie möglich gehalten. Platten und Schüsseln werden auf den gedeckten Tisch gestellt und untereinander herumgereicht. Gäste werden stets zuerst bedient. Guter Brauch ist, dass alle erst dann anfangen, wenn jeder etwas auf dem Teller hat und man sich einen guten Appetit gewünscht hat.

### Serviceregeln im Restaurant

- Der Gast soll beim Servieren so wenig wie möglich gestört oder bedrängt werden.
- Bei der Reihenfolge des Servierens gilt, dass Damen vor Herren, Ältere vor Jüngeren, der Ehrengast immer zuerst bedient wird.
- Speisen und Getränke werden grundsätzlich von der rechten Seite des Gastes eingesetzt. Ausnahmen: Salatteller, Kompottschalen, Brotteller im linken Bereich des Gedecks einsetzen.
- Von der rechten Seite her wird mit der rechten Hand gearbeitet, von der linken mit der linken Hand, damit der Abstand zum Gast besser gewahrt werden kann.
- Für warme Speisen werden warme Teller, für kalte Speisen kalte Teller verwendet..

### Hygieneregeln

- Überprüfen Sie vor Arbeitsbeginn die Sauberkeit Ihrer Servicekleidung: Bei Bedarf eine frische Bistroschürze umbinden.
- Waschen Sie sich vor Arbeitsbeginn gründlich die Hände.
- Binden Sie lange Haare immer zusammen oder stecken Sie sie hoch.
- Fingernägel sind kurz, sauber und unlackiert.
- Tragen Sie an Händen und Armen keinen Schmuck.
- Überprüfen Sie die Sauberkeit des Tisches.
- Wischen Sie bei Verschmutzungen den Tisch ab bzw. wechseln Sie das Tischtuch aus. (Weitere Hygieneregeln S. 125)

## Servicearten im Restaurant

### Deutscher Service

Ähnlich dem Service im Familienkreis sind die Regeln im „deutschen Service". Auch hier werden die Teller vor dem Gast eingesetzt, Platten und Schüsseln in seiner Reichweite auf den Tisch gestellt. Der Gast bedient sich selbst.

### Amerikanischer Service

Der amerikanische Service wird auch Tellerservice genannt. Die Teller werden in der Küche angerichtet, garniert und am Tisch vor dem Gast eingesetzt. Der amerikanische Service entlastet zwar das Servicepersonal, aber der Kontakt zum Gast ist eher kurz und unpersönlich. Beim amerikanischen Service können alle Gäste an einem Tisch gleichzeitig ihr Gericht serviert bekommen und dann auch gemeinsam mit dem Essen anfangen. Ursprünglich kommt der Tellerservice aus dem Schnellrestaurant.

### Vorlegeservice oder Plattenservice

Beim Plattenservice werden die Platten den Gästen von der linken Seite präsentiert. Mit der rechten Hand werden die Speisen mit der richtigen Grifftechnik vorgelegt. Dabei gilt folgende Reihenfolge:

- Garnierung
- Hauptbestandteil
- Sauce
- Gemüsebeilage
- Sättigungsbeilage

*Beim Vorlegen von größeren Speisekomponenten, wie z. B. Fisch, wird der Spreizgriff angewendet.*

## Jetzt sind Sie dran ...

1. Erstellen Sie eine Übersicht über die Vor- und Nachteile aller unterschiedlichen Servicearten. Informieren Sie sich zusätzlich in Gruppenarbeit im Internet auch über den englischen und französischen Service.
2. Diskutieren Sie über die Vor- und Nachteile der unterschiedlichen Servicearten für verschiedene Anlässe. Halten Sie wichtige Argumente an der ▸ Metaplanwand fest.
3. Legen Sie für Ihre Schule Standards fest, wann welche Serviceart angewandt werden soll.

online

Hier finden Sie Informationen zu weiteren Servicearten: http://www.hotelfach.de/servicekunde/servicearten.htm

## Getränkeservice

Wenn Sie sich mit Freunden treffen, gehen Sie vielleicht auch manchmal „etwas trinken“. Getränke spielen in der Ernährung eine wichtige Rolle, nicht nur um den ▸ Flüssigkeitsbedarf (S. 73) zu stillen. Zu einem guten Essen gehören auch die passenden Getränke. Zu Hause haben Sie Ihre persönlichen Lieblingsgetränke wahrscheinlich immer vorrätig. In der Gastronomie muss sich das Angebot auf die Vorlieben unterschiedlicher Gäste einstellen. Jedes Getränk wird fachgerecht und in passenden Gläsern bzw. Tassen serviert.

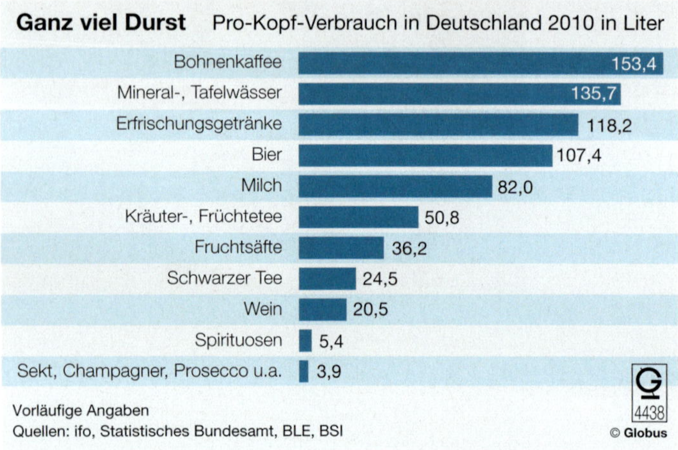


### Getränkearten

In der Gastronomie unterscheidet man

- Aufgussgetränke oder Heißgetränke (Kaffee, Kaffeespezialitäten, Tee, teeähnliche Getränke, Kakao),
- alkoholfreie Getränke (Wasser, Fruchtsaftgetränke, Fruchtschorlen, Limonaden und Brausen),
- Bier,
- Wein,
- Spirituosen und
- Bargetränke (z. B. Cocktails).

### Vorbereitungsarbeiten im Getränkeservice

Für einen reibungslosen Ablauf im Getränkeservice sind die Vorbereitungsarbeiten ( ▸ Mise en place, S. 129) wichtig. Alkoholfreie Getränke müssen in ausreichender Menge rechtzeitig gekühlt werden. Die passenden Gläser werden kontrolliert, eventuell poliert und bereitgestellt. Für die Aufgussgetränke wird der Kaffeeautomat rechtzeitig nach Gebrauchsanweisung befüllt und in Betrieb genommen. Viele Kaffeeautomaten haben eine beheizbare Zone, auf der die Tassen vorgewärmt werden können.

### Getränke anbieten

Das Angebot an Getränken ist auf die Gewohnheiten der Gäste und die Art des Hauses abgestimmt. Es wird auf einer Getränkekarte präsentiert. Viele Restaurants haben für Wein und Bargetränke spezielle Weinkarten oder Cocktailkarten. In einer Schulcafeteria umfasst das alltägliche Angebot alkoholfreie Getränke und Heißgetränke. Eine schön gestaltete Getränkekarte regt die Gäste zum Bestellen an. Die Getränkewünsche werden bei der Aufnahme einer Bestellung immer zuerst erfragt, weil sie schnell zu erfüllen sind.

Als Faustregel gilt:
Je edler das Getränk, desto edler das Glas.

**Servieren von Aufgussgetränken**

Aufgussgetränke werden in hitzebeständigem Geschirr serviert.

**Kaffee** wird in der Tasse, im Becher oder im Kännchen serviert. Dazu gehören Zucker oder Süßstoff und Milch.

**Tee** kann mit Zucker, Kandiszucker, Sahne, Milch oder Zitrone serviert werden.

**Servieren von Getränken in Gläsern**

Gläser müssen einen Füllstrich mit Angabe der Füllmenge haben. Sie werden auf einem Tablett zum Gast getragen. Alle Getränke werden grundsätzlich von rechts über der Spitze des Menümessers eingesetzt. Die Gläser werden nur im unteren Bereich oder am Stiel berührt.

**Alkoholfreie Getränke** werden kalt serviert, auf Wunsch auch mit Eiswürfeln und Zitrone. Meist werden einfache Bechergläser oder Kelche verwendet. Einige Anbieter von alkoholfreien Getränken stellen ihren Kunden Gläser mit aufgedrucktem oder eingeprägtem Markennamen zur Verfügung.

Offener **Wein** wird in Gläsern oder Karaffen serviert. Weißwein wird gekühlt, Rotwein bei Zimmertemperatur serviert. Bei **Bier** ist eine feste Schaumkrone wichtig.

**Servieren von Getränken in Portionsflaschen**

Werden alkoholfreie Getränke in Portionsflaschen serviert, wird die Flasche am Büfett geöffnet und mit einem Glas auf dem Tablett zum Gast getragen. Am Tisch wird das Glas zu $1/3$ bis $1/2$ eingeschenkt. Die Flasche wird mit dem Etikett zum Gast abgestellt.

*Alkoholfreie Getränke werden in Bechergläsern oder Kelchen serviert.*

## Jetzt sind Sie dran ...

1. Informieren Sie sich in Arbeitsgruppen über Kaffeeanbau, Lebensbedingungen in den Herkunftsländern, Kaffeeherstellung, Kaffeesorten und Zubereitungsarten. Gestalten Sie jeweils ein ▸ Plakat mit Ihren Arbeitsergebnissen.
2. Führen Sie in der Schulcafeteria eine Aktionswoche zum beliebtesten Getränk in Deutschland, dem Kaffee, durch. Präsentieren Sie dabei Ihre Plakate in einer Ausstellung.
3. Führen Sie eine ▸ Pro-und-Kontra-Diskussion zu der Frage durch, ob Sie Kaffee aus „Fairem Handel“ in Ihrer Schule anbieten möchten. Informieren Sie sich zuvor über die Prinzipien des „Fairen Handels“ im Internet.

!

online

Hier finden Sie Informationen zur Kaffeeproduktion:

www.fairtrade-deutschland.de

www.kaffeeseiten.de

www.kaffeedeluxe.de

www.solino-coffee.com

www.gepa.de

## Tische abräumen

Auch beim Abräumen des Tisches gilt wieder die Regel, dass Gäste so wenig wie möglich gestört werden sollen. Warten Sie geduldig ab, bis die Gäste offensichtlich mit dem Essen fertig sind. Gäste dürfen sich nicht gedrängt fühlen. Achten Sie auf die ▸ „Zeichensprache des Bestecks" (S. 118). Bei Gästen, die mehrere Gänge bestellt haben, wird nach jedem Gang Geschirr und Besteck ausgehoben. Wenn Sie unsicher sind, ob die Gäste die Mahlzeit beendet haben, fragen Sie höflich nach, ob Sie schon abräumen dürfen.

**Regeln des Abräumens**

Grundsätzlich werden alle Geschirrteile, Gläser und Bestecke von rechts abgeräumt. Ausnahmen sind die Geschirrteile, die auch von links eingesetzt werden wie Salatteller und Brotteller.

**Gläser** werden mit einem Tablett abgeräumt. Achten Sie darauf, ob der Gast das Glas ausgetrunken hat. Ist noch ein Rest im Glas, fragen Sie, ob Sie das Glas schon mitnehmen dürfen. Spätestens wenn ein neues Getränk serviert wird, wird das alte Glas abgeräumt.

**Teller und Bestecke** werden von rechts abgeräumt. Steht ein Servicetisch zur Verfügung, kann hier das Geschirr gestapelt werden. zwei bis drei Teller werden ausgehoben und auf dem Servicetisch abgestellt. Auf einem Teller werden die Speisereste und Mundservietten gesammelt. Auf dem zweiten Teller werden die Bestecke geordnet und auf dem dritten Teller die weiteren Teller gestapelt. Dabei sollte möglichst geräuschlos gearbeitet werden.

*Geübte Fachkräfte räumen mit dem Obergriff ab.*

*Beim Abräumen mit Untergriff werden die Speisereste auf dem untergeschobenen zweiten Teller gesammelt.*

Wenn die Gäste signalisieren, dass sie gleich zahlen und dann gehen möchten, kann mit dem Abräumen des restlichen Geschirrs gewartet werden, bis die Gäste gegangen sind. Danach kann der Tisch gleich für neue Gäste vorbereitet werden.

## Rechnung und Zahlungsverkehr

Für die Rechnung ist in der Regel der Stationskellner oder ein Zahlkellner zuständig. Wollen die Gäste zahlen, muss unverzüglich die Rechnung erstellt werden. Zunächst wird geklärt, ob jeder Gast für sich selbst zahlt, oder ob ein Gast seine Begleitpersonen einlädt. Vielen Gästen reicht ein handgeschriebener Bon, andere benötigen eine gedruckte Rechnung. Die Erstellung einer Rechnung ist für das Personal mit Hilfe einer Kasse, die einen Bon mit allen erforderlichen Angaben ausdruckt, am einfachsten.

**Angaben auf der Rechnung**

- Name und Anschrift des Restaurants mit Steuernummer
- Ort und Datum
- Auflistung aller Speisen und Getränke mit Preisen
- Gesamtpreis (brutto)
- Mehrwertsteuerbetrag (bei Rechnungen über 100 €)
- Nettobetrag

Zur steuerlichen Anerkennung muss der Gastgeber selbst den Bewirtungsanlass sowie die Namen und Anschriften der Gäste hinzufügen.

**Zahlungsmittel**

Kleinere Beträge werden in der Regel bar bezahlt (▸ Zahlungsverkehr, S. 44). Bei der Annahme von Bargeld ist genau darauf zu achten, welchen Betrag der Gast der Servicekraft übergeben hat, damit es keine Irritationen bei der Rückgabe des Wechselgeldes gibt. Häufig runden die Gäste den Rechnungsbetrag um ein Trinkgeld in Höhe von 5 – 10 % auf. In vielen Restaurants ist auch die Zahlung mit EC-Karte oder Kreditkarte möglich.

## Jetzt sind Sie dran ...

1. **Üben Sie in Partnerarbeit die Berechnung von Wechselgeld. Ein Partner gibt den Rechnungsbetrag und den gegebenen Betrag vor, der andere berechnet im Kopf das Wechselgeld. Notieren Sie die Beträge zur Überprüfung der Ergebnisse.**
2. **Erstellen Sie ein ▸ Plakat, auf dem Sie die Sicherheitsmerkmale von Banknoten darstellen, die Ihnen helfen, die Echtheit der Geldscheine zu überprüfen.**
3. **Diskutieren Sie im Plenum, welchen betrieblichen Standard Sie für die Überreichung der Rechnung an die Gäste einhalten möchten. Halten Sie das Ergebnis in Form einer Handlungsanweisung fest.**

online

Hier finden Sie Informationen zum Thema Falschgeld:
www.bundesbank.de
→ Kerngeschäftsfelder
→ Bargeld
→ Falschgeld

# 4.4 Veranstaltungen planen

## Zeitbedarf und Personalkosten

Mit einer gelungenen Veranstaltung können Sie Ihre Gäste leichter begeistern als mit dem ganz normalen Alltagsgeschäft. Die Planung und Durchführung von Veranstaltungen sind ein Höhepunkt für Mitarbeiter und Gäste. Hier können Küche und Service ihre Leistungsfähigkeit unter Beweis stellen. Für einen reibungslosen Ablauf ist auch ein guter Informationsfluss zwischen Küche und Service wichtig.

### Bestellung annehmen

Zur Annahme einer Bestellung für eine Veranstaltung gibt es üblicherweise Formulare, in die alle wichtigen Angaben eingetragen werden:

- Datum
- Uhrzeit
- Anzahl der erwarteten Gäste
- Anlass
- Wünsche zu Speisen und Getränken
- Tafelform
- ▸ Dekorationen (S. 126)
- musikalische Unterhaltung
- Bedarf an Technik (z. B. Mikrofon, Beamer)

In jedem Fall müssen der Name und die Kontaktdaten des Auftraggebers für Rückfragen festgehalten werden. Bei der Annahme der Bestellung erfolgt ein Beratungsgespräch, in dem dem Kunden fachlich sinnvolle Vorschläge unterbreitet werden. Bei der schriftlichen Bestätigung wird dem Kunden ein konkretes Angebot mit Menüvorschlag und kalkuliertem Preis zugesandt.

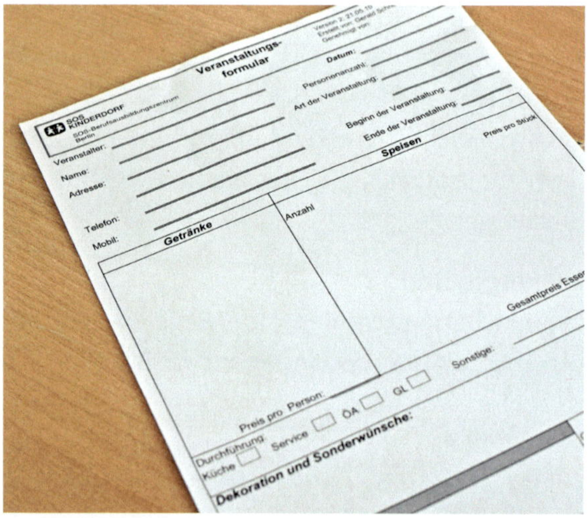


*Veranstaltungsformular*

### Zeitbedarf

Rechtzeitig vor der Veranstaltung muss der Dienstplan geschrieben werden. Alle Mitarbeiter kennen dann ihre Dienstzeit. Am Veranstaltungstag selbst sollte genügend Zeit für die Vorbereitungsarbeiten eingeplant werden. Um einen schönen Gesamteindruck zu erreichen, muss der Raum sorgfältig vorbereitet werden. Für die Veranstaltung wird in einem Ablaufplan die Zeit für die Begüßung der Gäste, der Servierablauf, die Programmpunkte und die Verabschiedung der Gäste festgeschrieben.

### Personalkosten

Der wichtigste Kostenfaktor sind die Personalkosten. Neben dem Servicepersonal muss das Küchenpersonal und eventuell Personal für Garderobe und Toilettenreinigung berücksichtigt werden. Die Anzahl der benötigten Servicekräfte hängt von der Anzahl der Gäste und der Qualifikation des Personals ab. Bei einem Menü wird für vier Gäste eine Servicekraft berechnet. Qualifiziertes Personal ist teurer als Aushilfskräfte. Bei einem Menü ist der Personalbedarf höher als bei einem Büfett. Zur Kalkulation der Personalkosten müssen realistisch Vorbereitungszeit, Dauer der Veranstaltung und Nachbereitungszeit eingeschätzt werden.

## Raumplanung und Tafelformen

Bei Veranstaltungen sollten nur die benötigten Tische und Stühle im Raum stehen. Alle überflüssigen Möbelstücke werden hinausgeräumt. Zwischen den Tischen muss genügend Bewegungsfläche für das Servicepersonal sein. Bei der Planung der Tafelformen muss berücksichtigt werden, ob in der Gesellschaft ein Ehrengast oder mehrere Ehrengäste sind, für die ein besonderer Platz reserviert werden soll. Sind die Gäste namentlich bekannt, können auf dem Tischplan ihre Namen eingetragen werden. Das erleichtert die Orientierung.
Wird ein Rednerpult oder eine Bühne benötigt, ist dies ebenfalls auf dem Raumplan einzutragen.

Die gängigen **Tafelformen** für größere Veranstaltungen sind:

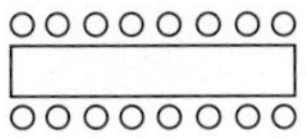
*Lange Tafel für 8–16 Personen*

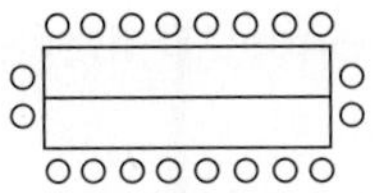
*Block für 12–20 Personen*

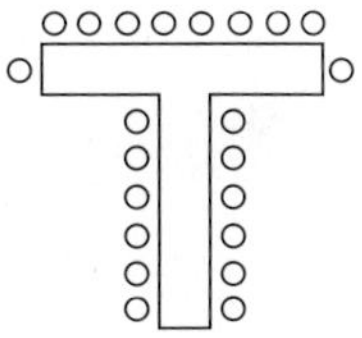
*T-Tafel für 15–25 Personen*

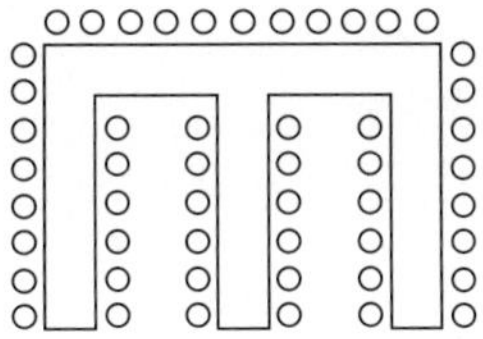
*E-Tafel für 50–80 Personen*

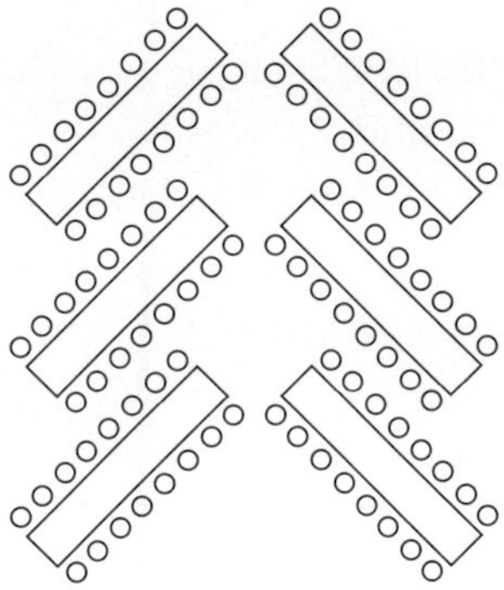
*Fischgräten für größere Veranstaltungen*

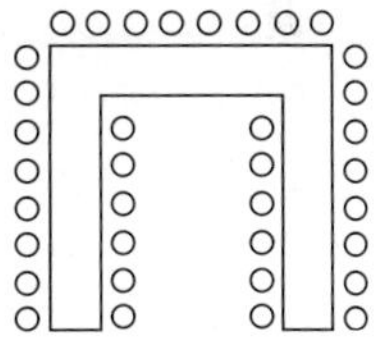
*U-Tafel für 25–40 Personen*

## Jetzt sind Sie dran ...

1. Entwerfen Sie in Gruppenarbeit für eine Angebotsmappe Ihrer Einrichtung die Seiten mit möglichen Tafelformen. Zur Beratung von Gästen bei der Wahl der Tafelform nehmen Sie Fotos auf. Stellen Sie dazu die Tische für unterschiedliche Personenzahlen in unterschiedlichen Tafelformen auf und fotografieren Sie diese.
2. Berechnen Sie in Partnerarbeit die Personalkosten im Service für eine dreistündige Veranstaltung (Menü) mit 36 Gästen. Legen Sie den ortsüblichen Stundenlohn für Aushilfskräfte in der Gastronomie zu Grunde. Denken Sie auch an die Vorbereitungs- und Nachbereitungszeit sowie die Lohnkosten für die Serviceleistung. Vergleichen Sie im Plenum Ihre Ergebnisse.
3. Kalkulieren Sie zum Vergleich die Personalkosten für eine dreistündige Veranstaltung mit Büfett.

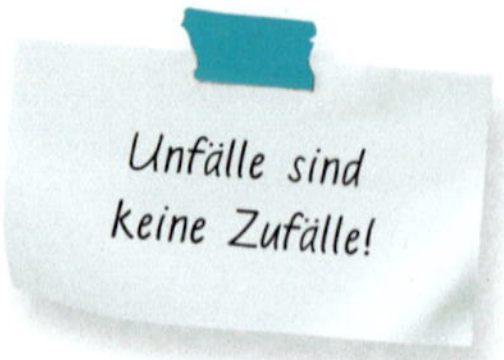


## Prinzipien der Arbeitssicherheit

Die Arbeitssicherheit umfasst alle Maßnahmen, die der Unfallvermeidung und Gesunderhaltung von Mitarbeitern am Arbeitsplatz dienen. Dazu gehören auch der Brandschutz, die Hygiene und der Umgang mit ▸Gefahrstoffen (S. 176). Verantwortlich ist die Sicherheitsfachkraft. In vielen Betrieben wird sie von einer betriebsärztlichen sowie sicherheitstechnischen Aufsicht beraten und unterstützt.

Aufgabe der Arbeitssicherheit ist es zu prüfen, ob

- geeignete Arbeits- und Hilfsmittel zur Verfügung stehen,
- alle Arbeits- und Hilfsmittel in einem mangelfreien Zustand sind und regelmäßig überprüft werden,
- für die Mitarbeiter persönliche Schutzausrüstungen zur Verfügung stehen,
- die Mitarbeiter geeignete ▸Arbeitskleidung (S. 19) und geeignetes Schuhwerk tragen,
- alle Mitarbeiter regelmäßig in Arbeitssicherheitsfragen geschult werden,
- vorgeschriebene Sicherheitszeichen gut sichtbar im Haus angebracht sind und
- Erste-Hilfe-Kästen richtig ausgestattet sind (Erste Hilfe, S. 206).

| Unfallart | Mögliche Verletzungen | Mögliche Ursachen | Maßnahmen zur Unfallvermeidung |
|---|---|---|---|
| **Stürze** | Knochenbrüche, Prellungen, Verstauchungen, Zerrungen | zu enge Wege zwischen den Tischen, feuchte oder fettige Stellen auf dem Fußboden, Hindernisse in den Laufwegen, lose Kabel, unsichere Leitern | Verkehrswege frei halten, Stolperfallen beseitigen, verschüttete Flüssigkeiten oder Fett sofort aufwischen, keine losen Kabel auf dem Boden liegen lassen, Sicherheitsunterweisung im Umgang mit Leitern durchführen |
| **Verbrennungen und Verbrühungen** | Verbrennungen 1., 2. oder 3. Grades | unsachgemäßer Umgang mit Kaffeemaschine, zu heiße Teller, falsche Tragetechnik, unsachgemäßes Arbeiten beim Flambieren | Betriebsanweisung beachten, Schulung und Unterweisung |
| **Schnitt- und Stichverletzungen** | Verletzung am Bonspießer, Verletzung beim Tranchieren | unkonzentriertes, hektisches Arbeiten, ungeübter Umgang mit scharfen Messern oder der Aufschnittmaschine | Magnetleiste, Klemmleiste benutzen Unterweisung im Umgang mit Messern und Aufschnittmaschinen |
| **Elektrounfälle** | Stromschlag beim Reinigen von Maschinen | Nichtbeachtung der Betriebsanweisung | Stromzufuhr vor der Reinigung unterbrechen, Betriebsanweisung beachten |

Zur **Gesunderhaltung** der Mitarbeiter soll schweres Heben und Tragen vermieden werden. Es kann Erkrankungen des Hand-Arm-Systems und des Rückgrats hervorrufen. Hilfsmittel (z. B. ein Servicewagen) sollen vorhanden sein und auch fachgerecht eingesetzt werden. Informationen stellen die Berufsgenossenschaften zur Verfügung. Auch Schimmelpilzbefall sowie Verunreinigungen von Anlagen und baulichen Einrichtungen können die Gesundheit beeinträchtigen.

online

Hier finden Sie Arbeitsschutzhinweise der Berufsgenossenschaft:
www.bgw-online.de
→ Kundenzentrum
→ Gesund und sicher arbeiten

## Rechtsvorschriften

Die wichtigste Rechtsgrundlage für die Gastronomie ist das Gaststättengesetz. Es regelt viele grundlegende Fragen von der Erteilung einer Konzession bis zu möglichen Sperrzeiten. Das Gaststättenrecht ist seit 2006 in Länderhand .

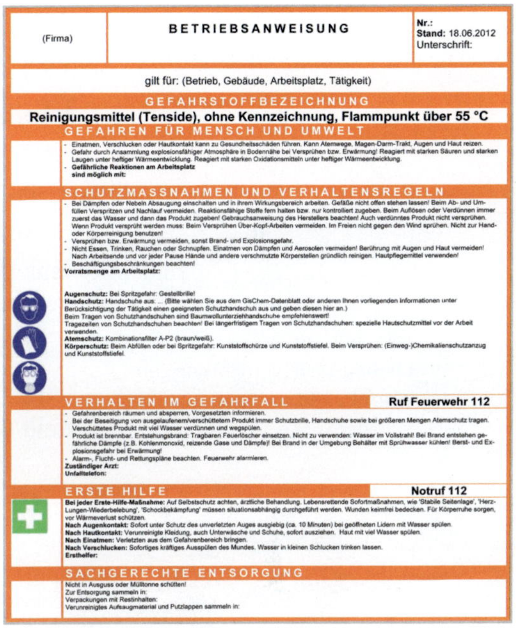

| (Firma) | BETRIEBSANWEISUNG | Nr.:<br>Stand: 18.06.2012<br>Unterschrift: |
|---|---|---|

gilt für: (Betrieb, Gebäude, Arbeitsplatz, Tätigkeit)

**GEFAHRSTOFFBEZEICHNUNG**

**Reinigungsmittel (Tenside), ohne Kennzeichnung, Flammpunkt über 55 °C**

**GEFAHREN FÜR MENSCH UND UMWELT**

- Einatmen, Verschlucken oder Hautkontakt kann zu Gesundheitsschäden führen. Kann Atemwege, Magen-Darm-Trakt, Augen und Haut reizen.
- Gefahr durch Ansammlung explosionsfähiger Atmosphäre in Bodennähe bei Versprühen bzw. Erwärmung! Reagiert mit starken Säuren und starken Laugen unter heftiger Wärmeentwicklung. Reagiert mit starken Oxidationsmitteln unter heftiger Wärmeentwicklung.
- **Gefährliche Reaktionen am Arbeitsplatz sind möglich mit:**

**SCHUTZMASSNAHMEN UND VERHALTENSREGELN**

- Bei Dämpfen oder Nebeln Absaugung einschalten und in ihrem Wirkungsbereich arbeiten. Gefäße nicht offen stehen lassen! Beim Ab- und Umfüllen Verspritzen und Nachlauf vermeiden. Reaktionsfähige Stoffe fern halten bzw. nur kontrolliert zugeben. Beim Auflösen oder Verdünnen immer zuerst das Wasser und dann das Produkt zugeben! Gebrauchsanweisung des Herstellers beachten! Auch verdünntes Produkt nicht versprühen. Wenn Produkt versprüht werden muss: Beim Versprühen Über-Kopf-Arbeiten vermeiden. Im Freien nicht gegen den Wind sprühen. Nicht zur Hand- oder Körperreinigung benutzen!
- Versprühen bzw. Erwärmung vermeiden, sonst Brand- und Explosionsgefahr.
- Nicht Essen, Trinken, Rauchen oder Schnupfen. Einatmen von Dämpfen und Aerosolen vermeiden! Berührung mit Augen und Haut vermeiden! Nach Arbeitsende und vor jeder Pause Hände und andere verschmutzte Körperstellen gründlich reinigen. Hautpflegemittel verwenden!
- Beschäftigungsbeschränkungen beachten!

**Vorratsmenge am Arbeitsplatz:**

**Augenschutz:** Bei Spritzgefahr: Gestellbrille!
**Handschutz:** Handschuhe aus: ... (Bitte wählen Sie aus dem GisChem-Datenblatt oder anderen Ihnen vorliegenden Informationen unter Berücksichtigung der Tätigkeit einen geeigneten Schutzhandschuh aus und geben diesen hier an.)
Beim Tragen von Schutzhandschuhen sind Baumwollunterziehhandschuhe empfehlenswert!
Tragezeiten von Schutzhandschuhen beachten! Bei längerfristigem Tragen von Schutzhandschuhen: spezielle Hautschutzmittel vor der Arbeit verwenden.
**Atemschutz:** Kombinationsfilter A-P2 (braun/weiß).
**Körperschutz:** Beim Abfüllen oder bei Spritzgefahr: Kunststoffschürze und Kunststoffstiefel. Beim Versprühen: (Einweg-)Chemikalienschutzanzug und Kunststoffstiefel.

**VERHALTEN IM GEFAHRFALL** — **Ruf Feuerwehr 112**

- Gefahrenbereich räumen und absperren, Vorgesetzten informieren.
- Bei der Beseitigung von ausgelaufenem/verschüttetem Produkt immer Schutzbrille, Handschuhe sowie bei größeren Mengen Atemschutz tragen. Verschüttetes Produkt mit viel Wasser verdünnen und wegspülen.
- Produkt ist brennbar. Entstehungsbrand: Tragbaren Feuerlöscher einsetzen. Nicht zu verwenden: Wasser im Vollstrahl! Bei Brand entstehen gefährliche Dämpfe (z.B. Kohlenmonoxid, reizende Gase und Dämpfe)! Bei Brand in der Umgebung Behälter mit Sprühwasser kühlen! Berst- und Explosionsgefahr bei Erwärmung!
- Alarm-, Flucht- und Rettungspläne beachten. Feuerwehr alarmieren.

**Zuständiger Arzt:**
**Unfalltelefon:**

**ERSTE HILFE** — **Notruf 112**

**Bei jeder Erste-Hilfe-Maßnahme:** Auf Selbstschutz achten, ärztliche Behandlung. Lebensrettende Sofortmaßnahmen, wie 'Stabile Seitenlage', 'Herz-Lungen-Wiederbelebung', 'Schockbekämpfung' müssen situationsabhängig durchgeführt werden. Wunden keimfrei bedecken. Für Körperruhe sorgen, vor Wärmeverlust schützen.
**Nach Augenkontakt:** Sofort unter Schutz des unverletzten Auges ausgiebig (ca. 10 Minuten) bei geöffneten Lidern mit Wasser spülen.
**Nach Hautkontakt:** Verunreinigte Kleidung, auch Unterwäsche und Schuhe, sofort ausziehen. Haut mit viel Wasser spülen.
**Nach Einatmen:** Verletzten aus dem Gefahrenbereich bringen.
**Nach Verschlucken:** Sofortiges kräftiges Ausspülen des Mundes. Wasser in kleinen Schlucken trinken lassen.
**Ersthelfer:**

**SACHGERECHTE ENTSORGUNG**

Nicht in Ausguss oder Mülltonne schütten!
Zur Entsorgung sammeln in:
Verpackungen mit Restinhalten:
Verunreinigtes Aufsaugmaterial und Putzlappen sammeln in:

### Haftungsrecht

Im Restaurant muss auch an die Sicherheit der Gäste gedacht werden. Ist ein Gast zu Schaden gekommen, weil Sicherheitsvorschriften nicht beachtet wurden, haftet der Restaurantbetreiber. Besonders streng ist die Gesetzgebung bei Fragen der Hygiene. Hier gilt nicht das sonst übliche Prinzip „Im Zweifel für den Angeklagten“, sondern die Beweislastumkehr. Der Restaurantbetreiber muss nachweisen, dass er alle ▸ Hygieneregeln beachtet hat und eine eventuelle Erkrankung von Gästen nicht durch sein Essen verursacht wurde.

### Gefahrstoffverordnung

Gefahrstoffe werden auch im Restaurant oder der Cafeteria zur Reinigung eingesetzt (z. B. Entkalker). Unsachgemäßer Einsatz von Reinigungsmitteln kann die Mitarbeiter und Kunden gefährden. Anleitungen für den sicheren Umgang mit Reinigungsmitteln geben Betriebsanweisungen. Sie müssen gut sichtbar ausgehängt werden. Sicherheitsdatenblätter des Herstellers müssen vorliegen. Für die eingesetzten Gefahrstoffe wird eine Gefährdungsbeurteilung erstellt und Maßnahmen zur Gefahrenvermeidung werden festgelegt.

**Konzession**, behördliche Bewilligung zum Betrieb eines Gewerbes, z. B. einer Gaststätte

## Jetzt sind Sie dran ...

1. Führen Sie mit dem Sicherheitsbeauftragten Ihrer Schule eine Begehung durch. Lassen Sie sich erklären, worauf dabei geachtet werden muss und welche Protokolle ausgefüllt werden müssen.
2. Laden Sie sich in Gruppen die Sicherheitsdatenblätter der Reinigungsmittel herunter, die in Ihrer Schule eingesetzt werden. Erstellen Sie daraus nach dem Muster der Berufsgenossenschaft die Betriebsanweisungen.

## Büfettaufbau

Eine beliebte Art, den Gästen ein reichhaltiges Angebot zu machen, aus dem sie selbst auswählen dürfen, ist das Büfett. Neben dem berühmten „Kalten Büfett" finden auch Frühstücksbüfetts, Kuchenbüfetts oder kalt-warme Büfetts bei den Gästen Anklang. Büfetts können auch unter einem bestimmten Motto stehen, z.B. italienisches Büfett, Herbstbüfett oder Spargelbüfett. Jedes Büfett soll sowohl ein kulinarischer und optischer Höhepunkt sein als auch nach praktischen Gesichtspunkten aufgebaut sein.

**Skirtings**, Ergänzung („Röckchen") zur Tischdecke, um den Seitenbruch und die Tischbeine komplett abzudecken
**Chafing-Dish**, Vorrichtung zum Warmhalten von Speisen außerhalb der Küche

### Arbeitsschritte

Zunächst werden die Tische in der gewünschten Anordnung aufgestellt. Das kann eine lange Tafel, eine winklige Tafel, eine U-Tafel oder ein Rechteck mit freiem Innenraum sein. Auch Marktstände sind beliebt. Dann werden Tafeltücher so aufgelegt, dass sie auf allen Seiten bis zum Boden reichen. Möglich ist auch die Verwendung von Skirtings. Zur Präsentation besonderer Speisen oder Schauplatten können mit kleinen Hockern oder anderen Unterlagen verschiedene Ebenen hergestellt werden.

### Speisenfolge beim Büfett

Ein kalt-warmes Büfett ist, was die Laufrichtung angeht, genau nach der klassischen Menüfolge aufgebaut. Das heißt:

- Teller (berechnet werden zwei Teller für jeden Gast)
- kalte Vorspeisen bzw. Salate
- Suppen
- warme Vorspeisen
- Fisch
- Braten bzw. Fleisch mit Tranchierbrett (wird von einer Servicekraft portioniert, die die Gäste bedient)
- passende Beilagen in Chafing-Dishes
- Käse
- Dessert
- Brot und Butter
- Menagen
- Besteck
- Servietten

Bei allen Speisen muss Vorlegebesteck liegen. Für kalte Speisen kann das Besteck in der Schüssel oder auf der Platte mit den Griffen zum Gast liegen.
Bei heißen Speisen sollte das Vorlegebesteck auf einem Teller vor dem Chafing-Dish liegen.

### Service während des Büfetts

Für ein Büfett werden weniger Servicekräfte benötigt als für ein Menü. Die Gäste können sich viele Speisen in Selbstbedienung nehmen. Die Köche oder Servicekräfte stehen hinter dem Tisch und bedienen die Gäste z. B. mit den Speisen, die tranchiert werden müssen. Dabei werden meist nur kleine Portionen vorgelegt, damit die Gäste möglichst viele Speisen probieren können. Leere Platten oder Schüsseln werden abgeräumt und durch neue ersetzt. Weiterhin sind die Servicekräfte für den Getränkeservice an den Tischen zuständig.

## Geschirrkreislauf

Die Servicekräfte müssen ständig leere Teller und nicht mehr benötigtes Besteck an den Gästetischen ausheben. Damit auf dem Büfett zügig neues Geschirr und Besteck eingestellt werden kann, muss der Geschirrkreislauf gut funktionieren. Die Mitarbeiter in der Spülküche sollten gut organisiert sein. Geschirr und Besteck werden von Essensresten befreit, vorgespült, gespült und poliert. Gläser werden durch die Gläserspülmaschine geschoben. Sodann steht das Geschirr und Besteck zur erneuten Nutzung auf dem Büfett bereit.

## Umweltschutz und Abfallentsorgung

### Chemie und Wasser sparen beim Spülen

Gerade in der Spülküche ist eine moderne Maschine, die bei minimaler Dosiermenge ein maximales Ergebnis erzielt, wirtschaftlich und ökologisch sinnvoll. Eine gute Wasseraufbereitung spart den häufigen Wasserwechsel. Lasten Sie die Spülmaschine gut aus, indem keine halb vollen Körbe eingeschoben werden.

### Abfalltrennung

Zur Aufnahme anfallender Abfälle, zum Beispiel Speisereste und Papierservietten, sind geeignete, ausreichend bemessene Sammelbehälter mit dicht schließendem Deckel vorhanden. Abfälle sollten schon allein aus Kostengründen sorgfältig getrennt werden. Besondere Vorschriften gelten für Speisereste, die tierische Lebensmittel enthalten. Sie müssen durch einen zugelassenen Entsorger zur Tierkörperbeseitigungsanstalt gebracht werden. Glasflaschen werden in gesonderten Behältern gesammelt. Für Pfandflaschen sollten Sie Kästen bereitstellen, in denen die Flaschen auch zurückgegeben werden können.

## Jetzt sind Sie dran ...

1. **Planen Sie in Gruppen unterschiedliche Büfetts. Stellen Sie ▸ Collagen her, um Ihr Büfett im Plenum vorzustellen.**

# Plakate und Karten gestalten

## Plakate erstellen

Was nützt Ihnen eine gute Idee für eine Aktionswoche oder eine besondere Veranstaltung in Ihrer Schulmensa, wenn niemand davon erfährt? Ein wirksames Werbemittel sind Plakate. Sie müssen aber gut gestaltet sein. Verwenden Sie zur professionellen Gestaltung einen Computer und ein entsprechendes Programm (z. B. PowerPoint). Die Kernbotschaft muss in möglichst großer, gut lesbarer Schriftart und Schriftfarbe in der Mitte des Plakates stehen. Vielleicht gehört es zu Ihrem Standard, dass ein Schulemblem immer auf derselben Stelle auf Ihren Plakaten auftaucht?

## Aufgaben von Speisekarten

Speisekarten sollen den Gast zum Bestellen von Speisen und Getränken anregen. Sie geben aber auch Auskunft über die Leistungsfähigkeit der Küche. Dadurch werden beim Gast Erwartungen geweckt, die Küche und Service erfüllen müssen. Neben dem Angebot muss der Gast über die Preise informiert werden. Damit hat der Betrieb dem Gast einen Antrag im Sinne des ▸ Kaufvertrags gemacht. Die Speisekarte ist auch ein Werbemedium für den Betrieb. Deshalb lohnt es sich, ihrer Gestaltung besondere Aufmerksamkeit zu widmen.

## Äußere Gestaltung von Speisekarten

Die Gestaltung der Speisekarte muss dem Niveau des Restaurants angepasst werden. Der Einband kann aus Leder, Kunststoff oder Pappe sein, er muss in jedem Fall strapazierfähig sein. Die Innenblätter können laminiert, kartoniert oder aus farbigem Papier sein. Die Illustrationen sollten z. B. zur Geschichte des Hauses oder zu den Gerichten passend gewählt werden. Zusätzlich zum Standardangebot können auch saisonale Angebote als Einlegeblätter hinzugefügt werden.

**Innere Gestaltung der Speisekarte**
Das Angebot muss sinnvoll sortiert auf der Speisekarte erscheinen. Dazu werden die Speisen und Getränke zu Gruppen zusammengefasst, die in einer logischen Reihenfolge auf der Karte erscheinen. Die Reihenfolge der Speisen gleicht der Gangfolge eines Menüs. Vorspeisen, Suppen und Hauptgänge sollten in einem ausgewogenen Verhältnis zueinander stehen. Beilagen sind vollständig anzugeben. Die Gäste erwarten eine Karte, die frei von Rechtschreibfehlern ist. Besonders bei Fachausdrücken sollten Sie die Rechtschreibung kontrollieren.

**Menükarten**
Eine Menükarte wird für eine Veranstaltung mit einem festgelegten Menü erstellt. Auf der Vorderseite können der Anlass und das Datum stehen. Auf der rechten Innenseite der Menükarte werden optisch gut voneinander getrennt die Speisen in der Reihenfolge aufgeführt, in der Sie serviert werden. Auf der linken Innenseite stehen die Getränke, die zu den Gerichten serviert werden, jeweils auf der Höhe der zugehörigen Gerichte. Die Rückseite kann der Gastgeber für Mitteilungen an die Gäste nutzen.

## Verpackung von Produkten

Wenn Sie in Ihrer Cafeteria auch Coffee to go oder Take-away-Speisen anbieten, müssen geeignete Verpackungsmaterialien zur Verfügung stehen. Kaffee wird häufig in Pappbechern mit Kunststoffdeckeln verkauft.

Kunststoffschalen für Speisen sollten gut schließen. Kunststoffe, die für die Aufbewahrung oder Verpackung von Lebensmitteln geeignet sind, werden besonders gekennzeichnet. Um das gesundheitliche Risiko noch weiter zu minimieren, sollten nur farblose Kunststoffbehältnisse zur Lebensmittelaufbewahrung gewählt werden. Inzwischen gibt es auch Verpackungen aus Bio-Kunststoffen, die aus nachwachsenden Rohstoffen hergestellt werden und kompostierbar sind.

## Jetzt sind Sie dran ...

1. **Gestalten Sie in Partnerarbeit Getränkekarten für Ihre Cafeteria. Präsentieren Sie Ihre Karte vor der Klasse. Bewerten Sie die Unterschiede im Angebot und der Gestaltung. Entscheiden Sie sich gemeinsam, welche Lösung am besten zu Ihrer Cafeteria passt.**

## „Los geht's"

# 4.5 Projektaufgabe

Auch der Servicebereich ist ein komplexes Tätigkeitsfeld, der neben geschickten Händen und umsichtigem Handeln auch eine gewisse Portion Kreativität benötigt. Um dies zu zeigen, heißt die Projektaufgabe in diesem Themenfeld:

**Bauen Sie für unterschiedliche Ereignisse im Jahresverlauf einen für ein jahreszeitliches Menü komplett eingedeckten Tisch für 6 Personen mit Tischdekoration, (Blumenschmuck, Kerzen, Servietten, Menükarten und Platzkarten) auf.**

Präsentieren Sie Ihre Tische zu einer Veranstaltung in der Schule, z. B. zum Sommerfest oder dem Tag der offenen Tür.

### Informieren

Beschaffen Sie sich zuerst die nötigen Informationen. Welche Ereignisse kommen in Frage? Wie könnte ein Menü zu diesem Anlass aussehen? Welche Dekoration passt dazu? Gibt es in der Schule einen Fundus an Dekorationsmaterial? Welches Geschirr, Besteck und Gläser sind in der Schule vorhanden? Welche Tischwäsche ist verfügbar? Erarbeiten Sie in Projektgruppen unterschiedliche Vorschläge.

### Planen

Entwickeln Sie in Ihren Projektgruppen konkrete Ideen, für welches jahreszeitliche Ereignis Sie den Tisch gestalten möchten. Stellen Sie das benötigte Material zusammen. Was ist vorhanden, was müsste eventuell noch beschafft werden? Planen Sie den Arbeitsablauf, kalkulieren Sie die Kosten. Denken Sie auch jetzt schon an die Dokumentation des gesamten Projekts.

### Entscheiden

Wenn jede Gruppe ihre Planung abgeschlossen hat, stellt sie ihr Vorhaben in einer Präsentation vor. Entscheiden Sie gemeinsam, welche Vorhaben umgesetzt werden sollen. Beraten Sie darüber, ob die Projektplanung realistisch und durchführbar ist, oder ob in einigen Punkten nachgebessert werden muss. Sind die Aufgaben so verteilt, dass alle mitmachen können?

**Ausführen**
Jetzt heißt es tatsächlich „Loslegen!“. Der Plan wird Schritt für Schritt in die Tat umgesetzt. Lassen Sie sich dabei von Ihrer Lehrkraft beobachten, beraten und begleiten. Denken Sie an die Projektdokumentation. Nicht nur die Fortschritte und Erfolge, auch Schwierigkeiten und unvorhergesehene Ereignisse bei der Umsetzung sollten festgehalten werden.

**Kontrollieren**
Vergleichen Sie nach jedem Arbeitsschritt Planung unc Ergebnis! Ist die Planung sach- und fachgerecht umgesetzt worden? Ist das Ziel erreicht? Entsprechen die durchgeführten Arbeitsschritte den fachlichen Anforderungen? Wirkt der Tisch so, wie Sie es sich vorgestell hatten? So können Sie noch gegensteuern, wenn etwa nicht so werden sollte, wie Sie es sich vorgestellt hatten.

**Beurteilen**
Die Klasse bewertet gemeinsam die fertigen Tische. Dabei soll auch das eigene Handeln kritisch betrachtet und beurteilt werden. Was kann ich beim nächsten Projekt besser machen? Die Lehrkraft wird ebenfalls eine Bewertung vornehmen und mit Ihnen besprechen. Vielleicht möchten Sie Ihre Tische auch von Besuchern der Ausstellung bewerten und einen Siegertisch wählen lassen? Auch die Beurteilung wird für die Dokumentation festgehalten. Nun können Sie Ihre Dokumentation abschließen und damit das Projekt beenden.

**Vernetzen Sie Ihr Wissen:**

Mit den Themen:

- Waren auswählen
  (→ Themenfeld 2, S. 40)
- Reinigungsfaktoren
  (→ Themenfeld 6, S. 166)

**Textilien auswählen**

- Qualität
- Preis
- Aussehen
- Pflege
- Schadstoffe
- Herkun

**Textilien erhalten**

- ausbessern
- umarbeiten

**Textilie und**

**Nähen**

- mit der Hand
- mit der Maschine

**Durchführung**

- vorbereiten
- waschen
- trocknen
- glätten
- legen

Kleidung und Wäsche sind Dinge, die Sie den ganzen Tag umgeben. Wenig anderes lassen Sie so nah an sich heran. Kleidung ist wie eine zweite Haut, mit der Sie viel über sich selbst aussagen. Deshalb ist es wichtig, Textilien sorgfältig auszuwählen und zu pflegen. Aber bis schmutzige Wäsche wieder sauber im Schrank liegt, ist viel Arbeit nötig. Ob zu Hause oder im Betrieb: Wenn Sie die Reinigungs- und Pflegearbeiten fachgerecht ausführen, können Sie viel Zeit und Geld sparen.

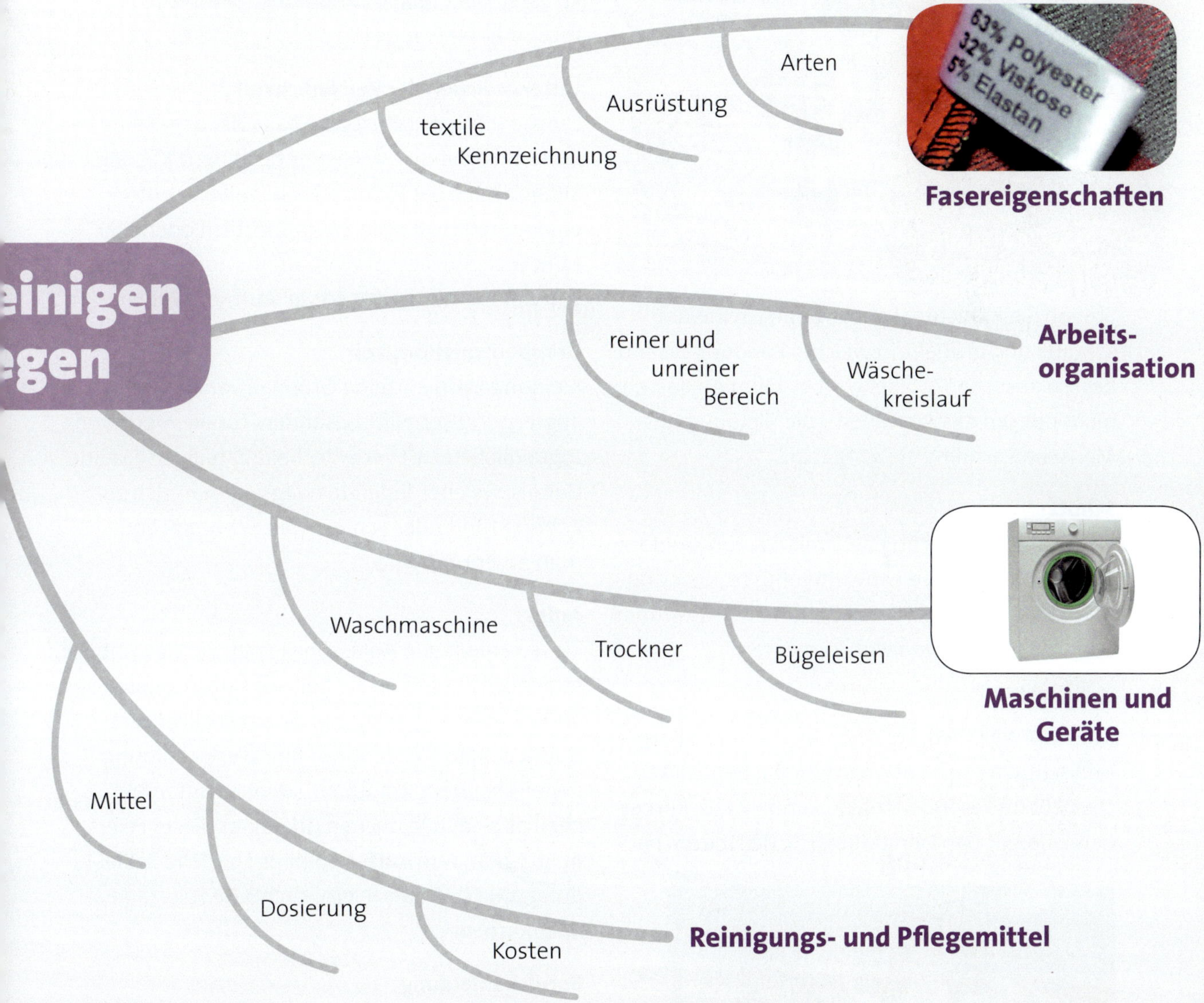


# 5 Textilien reinigen und pflegen

# 5.1 Textilien auswählen

## Funktion von Kleidung

Stehen Sie manchmal auch vor Ihrem Kleiderschrank und grübeln, in welcher Kleidung Sie am besten aussehen? Dabei geht es beim Ankleiden nicht nur um das Aussehen – die Kleidung des Menschen erfüllt viele Aufgaben:

**Schutz**
Die älteste und wichtigste Funktion von Kleidung ist der Schutz gegen Umwelteinflüsse. Kleidung hält Kälte im Winter, Sonnenstrahlen im Sommer oder Nässe bei Regen vom Körper fern.

**Bedecken**
Mit Hilfe von Kleidung bedecken Sie Ihren Körper und schützen sich so vor aufdringlichen Blicken. Dies gilt insbesondere für schambesetzte Körperbereiche, z. B. den Genitalbereich. Welche Körperteile dabei bedeckt werden müssen, ist häufig kulturell oder religiös geprägt (z. B. Kopftuch für muslimische Frauen).

*Hip-Hopper deuteten ursprünglich mit ihren hängenden Hosen die gedankliche Nähe zu Gefängnisinsassen an, denen auf Grund der abgenommenen Gürtel immer die Hosen rutschten.*

**Unterstreichen der Persönlichkeit**
Die Kleidung des Einzelnen sagt viel über seine Persönlichkeit aus. Wie ist es bei Ihnen? Kleiden Sie sich nach der Mode oder setzen Sie mutig eigene Trends? Lieben Sie es sportlich oder eher schick? Legen Sie viel Wert auf Ihr Äußeres oder widmen Sie dem nicht so viel Aufmerksamkeit?

**Gruppenzugehörigkeit**
Kleidung kann einzelne Gruppen voneinander abgrenzen. Dies trifft besonders für die Mode von Jugendlichen zu. Hier entscheiden teilweise kleine Details, welcher Jugendbewegung man sich zugehörig fühlt oder von welcher Schulhofclique man akzeptiert wird.

**Anlass**
Zu verschiedenen Anlässen kleiden Sie sich unterschiedlich. So ziehen Sie bei einer Hochzeitsfeier andere Kleidung an als bei einem Rockkonzert. Damit zeigen Sie nicht nur Ihre Wertschätzung gegenüber dem Brautpaar, sondern unterstreichen auch den festlichen Charakter dieser Feier. Auch für andere Anlässe gibt es spezielle Bekleidung, z. B. für Trauerfeiern, kirchliche Feiertage oder Karneval.

**Berufsbekleidung**
Eine Sonderrolle nimmt die Berufsbekleidung ein. Sie soll vor allen Dingen funktional sein, das heißt für den Beruf nützlich. Im Laufe der Zeit entstanden viele Berufstrachten und -uniformen. Mit der vorwiegend weißen Berufsbekleidung in der Hauswirtschaft soll gezeigt werden, dass Hygiene hier eine große Rolle spielt. Die Berufsbekleidung erfüllt darüber hinaus wichtige Aufgaben im Rahmen der ▸ Arbeitssicherheit (S. 27) und der ▸ persönlichen Hygiene (S. 24).

## Kriterien für die Auswahl von Kleidung und anderen Textilien

Haben Sie das auch schon einmal erlebt? Sie haben sich ein T-Shirt gekauft und sind ganz glücklich, weil es nicht nur schick ist, sondern auch gar nicht teuer. Aber nach der ersten oder zweiten Wäsche befindet sich die Naht nicht mehr an der Seite, der Halsausschnitt ist schief und das ganze Kleidungsstück ist aus der Form geraten. Damit dies nicht passiert, sollten Sie beim Kauf von Kleidung auf folgende Kriterien achten:

**Qualität**
Eine gute Verarbeitung und ein hochwertiger Stoff sorgen in der Regel für eine längere Lebensdauer und eine bessere Passform des Kleidungsstückes.

**Preis**
Welche Kleidung Sie kaufen, hängt natürlich von Ihren finanziellen Möglichkeiten ab. Es bleibt aber Ihre Entscheidung, ob Sie lieber wenige hochwertige Kleidungsstücke oder viele minderwertige Kleidungsstücke von kurzer Lebensdauer besitzen wollen.

**Aussehen**
Ihr persönlicher Geschmack und die aktuelle Mode sind wichtige Kriterien beim Kauf. Allerdings sollten Sie bedenken, dass sehr modische Stücke bald schon wieder „out“ sind.

**Pflegeeigenschaften**
Bekleidung muss gepflegt sein. Praktisch ist Kleidung, die in der Waschmaschine gewaschen werden kann und nicht gebügelt werden muss. Textilien, die nur mit der Hand gewaschen oder chemisch gereinigt werden dürfen, sind aufwändiger bzw. teurer in der Pflege.

**Schadstoffe**
Besonders bei preiswerter Kleidung werden Pflanzenschutzmittel oder Farben eingesetzt, die Ihrer und der Gesundheit der Textilarbeiterinnen schaden könnten. Ein chemischer Geruch der Kleidung oder Hinweise wie „separat waschen“, können darauf hindeuten. Schadstoffarme Kleidung ist mit unterschiedlichen Siegeln gekennzeichnet.

TEXTILES VERTRAUEN 100 plus
Schadstoffgeprüfte Textilien nach Öko-Tex Standard 100 + Öko-Tex Standard 1000
Prüf-Nr. 000000 Institut

**Herkunft**
Ein Großteil unserer Kleidung wird in Ländern hergestellt, in denen die Arbeitsbedingungen für die Arbeiterinnen, darunter auch viele Kinder, katastrophal sind. Das Gleiche gilt für die Baumwollplantagen in Zentralasien. Das Fair-Wear-Siegel garantiert menschenwürdige Arbeitsstandards.

IVN ZERTIFIZIERT BEST NATURTEXTIL

### Jetzt sind Sie dran ...

1. Was ist Ihnen beim Einkauf Ihrer Kleidung wichtig? Diskutieren Sie mit Hilfe der ▸ Vier-Ecken-Methode folgende Aussagen:
   - „Ich möchte Kleidungstücke, die vernünftig verarbeitet sind und nicht komisch riechen.“
   - „Mir ist wichtig, dass die Sachen gerade „in“ sind.“
   - „Ich möchte, dass kein Mensch für die Herstellung meiner Kleidung leiden muss.“
   - „Ich kaufe nur billige Kleidung.“

online

www.fairwear.org
Hier finden Sie die englischsprachige Seite der Fair Wear Foundation, die sich für menschenwürdige Arbeitsbedingungen in der Textilindustrie einsetzt.

www.naturtextil.de
Auf der Seite von „Naturtextil“ erfahren Sie zahlreiche Hintergründe zu Schadstoffen in unserer Kleidung.

## Qualität und Eigenschaften unterschiedlicher Fasern

Kleidung, Haushaltswäsche, aber auch Heimtextilien werden aus unterschiedlichen textilen Fasern hergestellt. Diese bestimmen die Gebrauchs- und Pflegeeigenschaften der Textilien.

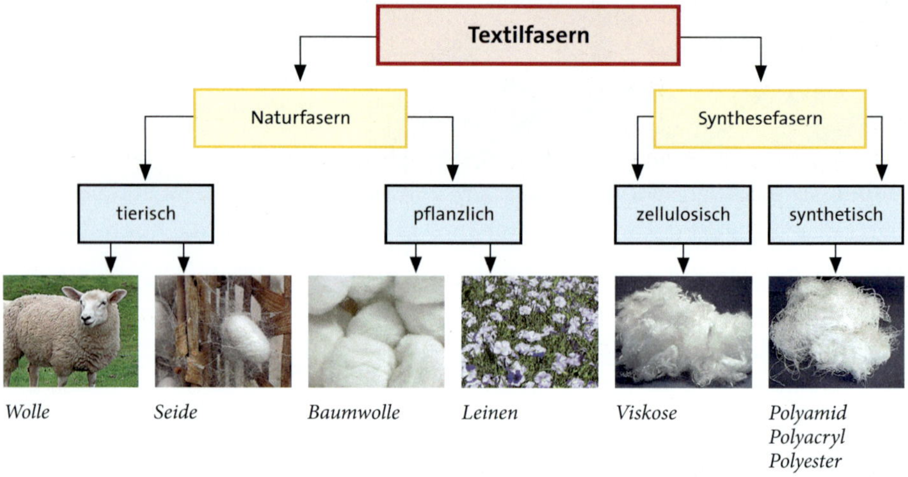

### Eigenschaften und Einsatz textiler Fasern

**Wolle:** Wolle wird überwiegend aus den Haaren von Schafen hergestellt. Sie knittert nicht und wärmt sehr gut. Sie ist sehr saugfähig und elastisch. Jedoch ist sie wenig strapazierfähig, verfilzt leicht, ist anfällig für Motten und empfindlich gegenüber Vollwaschmitteln und Reibung. Wolle wird vor allem für wärmende Oberbekleidung verwendet, z. B. Pullover, Mäntel oder Schals.

**Seide:** Seide ist ein Faden, den die Seidenspinnerraupe spinnt, um sich darin einzuwickeln und zu verpuppen. Sie ist strapazierfähig, knittert wenig, ist sehr saugfähig und isoliert gut (hält warm, kühlt aber auch). Sie ist sehr leicht und glatt, aber empfindlich gegenüber hohen Temperaturen und alkalischen Waschmitteln. Seide ist eine teure und edle Faser, aus der vorwiegend Blusen oder Kleider hergestellt werden.

**Baumwolle:** Die Baumwollfasern gewinnt man aus den behaarten Samen der Baumwollpflanze. Sie ist strapazierfähig, unempfindlich gegenüber hohen Temperaturen und sehr saugfähig. Sie knittert stark, hält wenig warm, kann beim Waschen einlaufen und beult aus. Baumwolle ist besonders gut geeignet für stark beanspruchte Kleidung, die oft gewaschen wird, z. B. Arbeitskleidung, Jeans, Unterwäsche, Tischwäsche.

**Leinen:** Leinen wird aus den faserigen Stängeln der Flachspflanze hergestellt. Leinen ist sehr strapazierfähig und unempfindlich gegenüber hohen Temperaturen. Es ist saugfähig, kühlt, trocknet schnell, fusselt nicht, knittert jedoch sehr stark. Geschirrtücher, Tischwäsche oder Oberbekleidung werden aus Leinen gefertigt.

**Zellulosehaltige Chemiefasern:** Diese gewinnt man aus der Zellulose von Holz. Viskose ist ein Vertreter der zellulosehaltigen Chemiefasern. Sie ist strapazier- und saugfähig, knittert jedoch stark, hält kaum warm und beult aus. Oberbekleidung, wie z. B. Röcke, T-Shirts und Sommerbekleidung, wird aus Viskose hergestellt.
**Synthetische Chemiefasern:** Der Ausgangsstoff für synthetische Chemiefasern ist Erdöl. Es gibt viele verschiedene Chemiefasern, eine wichtige Faser ist Polyester. Da synthetische Chemiefasern gezielt für spezielle Zwecke hergestellt werden, verfügen sie über unterschiedliche Eigenschaften. So ist z. B. Funktionsbekleidung temperatur- und feuchtigkeitsregulierend. Im Allgemeinen sind Chemiefasern sehr strapazierfähig, knittern wenig und trocknen schnell. Sie sind wenig saugfähig, laden sich elektrostatisch auf und sind empfindlich gegenüber hohen Temperaturen. Aus synthetischen Chemiefasern werden Oberbekleidung, aber auch Unterwäsche und Heimtextilien gefertigt.

**Infobox**

Als **Ausrüstungsverfahren** werden die Maßnahmen verstanden, die die Eigenschaften unterschiedlicher Fasern hinsichtlich ihres Einsatzzwecks verbessern sollen. Dazu zählen die **chemischen Verfahren** wie Färben, Sanforisieren (Einlaufschutz) und Mercerisieren (Erzeugung von Glanz) sowie die **mechanischen Verfahren** Rauen (Textilien werden kuscheliger) und Walken (Wollstoffe werden fester).

*Nach dem Textilkennzeichnungsgesetz (TKG) ist die Angabe der textilen Fasern verpflichtend, die Angaben zur Pflege sind freiwillig.*

**Textilkennzeichnungsgesetz**

In allen EU-Ländern ist die Angabe des Rohstoffgehaltes eines textilen Gegenstandes gesetzlich vorgeschrieben. Der Gehalt der verwendeten Rohstoffe, also der textilen Fasern, muss in Prozent angegeben werden. Bei Fasermischungen werden die Rohstoffe in absteigender Reihenfolge ihrer Gewichtsanteile angegeben.

## Jetzt sind Sie dran ...

1. Beantworten Sie mit Hilfe der ▸ Pair-Check-Methode folgende Fragen:

   Fragen für Schüler A:
   1. Warum wird Berufsbekleidung meist aus Baumwolle hergestellt?
   2. Welches Tier spinnt den Seidenfaden?
   3. Warum sind viele Geschirrtücher aus Leinen gewebt?

   Fragen für Schüler B:
   1. Kann man Textilien aus Polyester bei 95° C waschen?
   2. Warum muss Wolle manchmal mit der Hand gewaschen werden?
   3. Aus welcher Faser wird häufig Tischwäsche hergestellt und warum?
2. Vergleichen Sie die verschiedenen Fasern hinsichtlich ihrer Eigenschaften. Erstellen Sie dazu in Partnerarbeit eine Tabelle.

# 5.2 Textilien reinigen und pflegen

## Arbeitsorganisation

Wäsche waschen, trocknen, glätten, zusammenlegen, in den Schrank räumen – ob in Ihrem eigenen Haushalt oder im Betrieb: Wäsche macht viel Arbeit. Deshalb sollte dieser Arbeitsbereich gut organisiert sein. Die anfallenden Tätigkeiten kann man als Kreislauf darstellen.

Der Wäschekreislauf

Nach dem Tragen bzw. Benutzen der Wäsche wird sie trocken in luftdurchlässigen Behältern bis zur Reinigung gelagert. Als erster Schritt wird dann die schmutzige Wäsche sortiert, zum Waschen vorbereitet und letztendlich gewaschen. Diese Arbeiten an verschmutzter Wäsche werden im **unreinen Bereich** einer Wäscherei durchgeführt. In gewerblichen Wäschereien ist dieser Bereich räumlich vom **reinen Bereich**, in dem die nun saubere Wäsche weiter bearbeitet wird, getrennt. Dadurch wird eine Keimverschleppung vermieden. Nun wird die Wäsche getrocknet und anschließend geglättet und gelegt. Die Wäsche wird bis zum nächsten Einsatz sauber aufbewahrt.

## Maschinen und Geräte

**Die Waschmaschine**

Bei Trommelwaschmaschinen dreht sich die Waschtrommel um eine horizontale Achse. Die drehbare Waschtrommel ist wasserdurchlässig und von einem Laugenbehälter umgeben. Mit jeder Drehung der Waschtrommel wird die Waschlauge durch die Kleidung gespült. Mitnehmerrippen sorgen für die Bewegung der Wäsche in der Trommel. Waschmaschinen unterschiedet man zwischen Frontladern (Einfüllöffnung vorne) und Topladern (Einfüllöffnung oben).

Moderne Waschmaschinen haben ein Fassungsvermögen von 7 – 8 kg. Im oberen Teil der Maschine befindet sich die Schublade für

Wasch- und Pflegemittel mit drei Kammern für Vorwäsche (I), Hauptwäsche (II) und Weichspüler oder Wäschestärke (Blümchensymbol). Die an der Bedienblende auswählbaren Programme unterscheiden sich durch die eingesetzte Wassermenge, die Menge der Waschbewegungen, die Schleuderdrehzahl und die Gesamtmenge an waschbarer Wäsche.

**Der Trockner**

Der Trockner besteht aus einer drehbaren Trommel, in der die Wäsche mit warmer Luft durchströmt und so getrocknet wird. Es gibt Ablufttrockner (die feuchte Luft wird ins Freie geleitet) und Kondenstrockner (der Wasserdampf wird kondensiert und in einem Behälter gesammelt). An der Bedienblende können verschiedene Trocknungsstufen gewählt werden, z. B.: extratrocken, schranktrocken, bügelfeucht 💧, bügelfeucht 💧💧 und mangelfeucht. Bei Geräten mit einer Zeitsteuerung wird die gewünschte Trockenzeit gewählt. Bei den meisten Trocknern gibt es für empfindliche Textilien die Möglichkeit, die Trockentemperatur zu reduzieren.

**Das Bügeleisen**

Bügeleisen bestehen aus beheizbarer Bügelsohle und einem Griff. Die Bügeltemperatur von 60 °C bis 220° C wird an einem drehbaren Temperaturregler eingestellt. Die unterschiedlichen Temperaturstufen sind mit Punkten gekennzeichnet. Dampfbügeleisen haben zusätzlich einen Wassertank, in dem im höchsten Temperaturbereich (3 Punkte) Dampf erzeugt werden kann. Dieser tritt während des Bügelns ständig aus den Öffnungen in der Bügelsohle aus und feuchtet die Wäsche so an. Dampfbügeleisen können mit destilliertem Wasser oder mit Leitungswasser befüllt werden und benötigen ein Bügelbrett mit Metallgitter.

*Waschmaschine (Frontlader)*

*Flusensieb eines Kondenstrockners, muss nach jedem Gebrauch gereinigt werden*

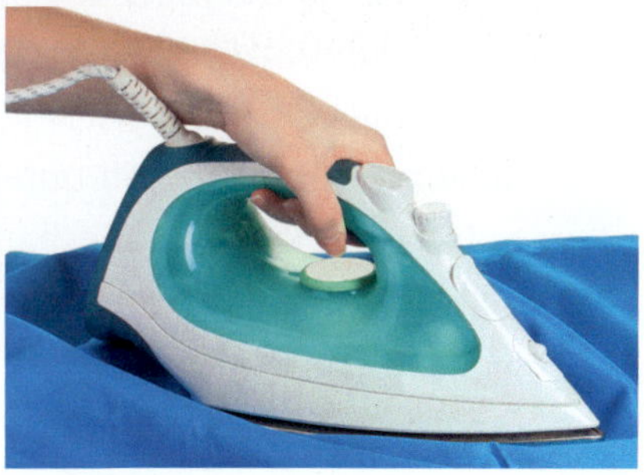

*Dampfbügeleisen*

## Jetzt sind Sie dran ...

1. Informieren Sie sich in Gruppenarbeit über das neue EU-Energielabel. Stellen Sie auf einem Plakat das Label für Waschmaschinen, Wäschetrockner und die Bedeutung der einzelnen Angaben dar.
2. Besorgen Sie sich die Gebrauchsanweisung einer Waschmaschine, z. B. Ihrer eigenen. Finden Sie in Partnerarbeit heraus, wodurch sich die einzelnen Waschprogramme unterscheiden. Halten Sie dies in einer Tabelle fest.
3. Welche Wäsche wird in Ihrer Schule gewaschen? Schreiben Sie die Wäschearten auf und notieren Sie dazu das passende Waschprogramm und die Waschtemperatur. Vergleichen Sie die Ergebnisse in der Klasse.

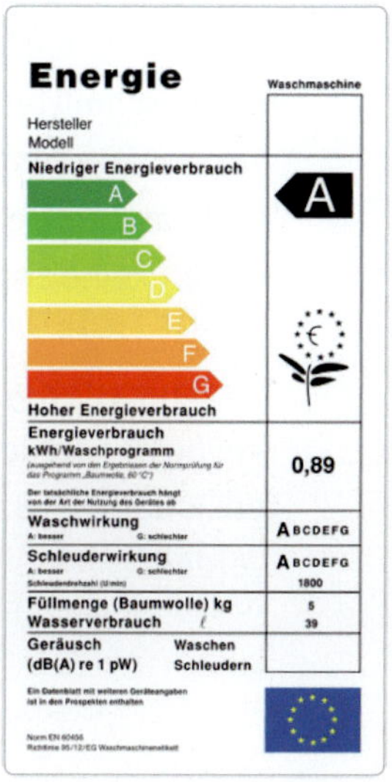

Waschmittel gibt es pulver- oder perlenförmig, flüssig, als Tab oder Portionsbeutel.

## Reinigungs- und Pflegemittel für Textilien

Schmutzige Textilien werden durch unterschiedliche ▸ Reinigungsfaktoren (S. 167) sauber. Das Waschmittel und seine Wirkstoffe spielen dabei eine wichtige Rolle.

### Inhaltsstoffe von Waschmitteln und ihre Funktion

| Wichtige chemische Wirkstoffe | Funktion |
|---|---|
| Tenside (anionische, nichtionische, Seife) | Ablösen von Schmutz, Halten von Schmutz in der Waschlauge |
| Enthärter (Zeolithe, Polykarboxylate, Phosphonate, Soda, Silikate) | Enthärten des Wassers, Halten von Schmutz in der Waschlauge |
| Bleichmittel | Entfernen von farbigen Flecken |
| optische Aufheller | Überdecken eines Gelbstichs bei weißer Wäsche |
| Enzyme | Ablösen von eiweißhaltigem, stärkehaltigem oder fetthaltigem Schmutz |
| Farbübertragungsinhibitoren | verhindern das Verfärben |

### Waschmittelarten

Das Waschmittelangebot ist überwältigend groß. Grundsätzlich lassen sich Waschmittel und Waschhilfsmittel unterscheiden.

**Vollwaschmittel** enthält unter anderem Bleichmittel und eignet sich deshalb für weiße oder helle Textilien, mit Ausnahme von Wolle und Seide. Es ist für alle Temperaturen geeignet.

**Colorwaschmittel** ist für alle farbigen Textilien geeignet, da Farbübertragungshemmer enthalten sind. Es wird im Temperaturbereich von 30–60° C eingesetzt.

**Feinwaschmittel** erzeugt mehr Schaum und wird für empfindliche Textilien benötigt.

**Wollwaschmittel** reinigt besonders schonend, enthält keine Enzyme und verhindert das Verfilzen.

Mit **Baukastensystemen** können nach Bedarf die drei Bestandteile (Bleichmittel, Enthärter und tensidhaltiges Basiswaschmittel) kombiniert werden.

Als **Waschhilfsmittel** gelten

- Vorbehandlungsmittel, z. B.: Gallseife, Einweichmittel,
- Nachbehandlungsmittel, z. B.: Weich- und Hygienespüler oder Stärke sowie
- Wäschebehandlungsmittel, z. B.: Textilerfrischer, Entfärber.

### Dosierung

Um die Umwelt zu schonen und Kosten zu sparen, ist die richtige Dosierung des Waschmittels äußerst wichtig. Eine Überdosierung führt nicht zu einem besseren Reinigungsergebnis, sondern schadet der Umwelt. Auch eine Unterdosierung führt nicht zum gewünschten Reinigungserfolg und schadet der Maschine. Für die richtige Waschmittelmenge muss die Wasserhärte und der Verschmutzungsgrad beachtet werden. Die Dosierangaben beziehen sich auf Waschmaschinen mit 4,5–5 kg Fassungsvermögen. Wenn Sie eine größere Maschine verwenden, müssen Sie entsprechend mehr Waschmittel einsetzen.

| Vergleichsgröße | Modellhaushalt Cleverle | Modellhaushalt Weißkragen |
|---|---|---|
| Wäscheanfall pro Jahr | 375 kg | 500 kg |
| Waschgänge pro Jahr | 94 | 286 |
| Befüllung der Trommel | 4 kg | 1,75 kg |
| Waschmitteltyp | Superkompaktwaschmittel oder Baukastensystem | herkömmliches Vollwaschmittel |
| Dosierung pro Waschgang | 77 g | 153 g |
| Waschmitteleinsatz pro Jahr | 7 kg | 44 kg |
| Weichspülereinsatz pro Jahr | – | 13 kg |
| Gesamtstromverbrauch inkl. Bügeln | 65 kWh | 614 kWh |
| Gesamtwasserverbrauch pro Jahr | 5,6 $m^3$ | 13,4 $m^3$ |
| Geschätzte Kosten pro Jahr | 54,00 Euro | 258,00 Euro |

**Wasserhärte**

Vereinfacht gesagt gibt die Wasserhärte an, wie viel Kalk im Wasser gelöst ist. Sehr hartes, also sehr kalkhaltiges Wasser ist zum Waschen nicht gut geeignet, da Kalk die Tenside bindet und unwirksam macht. Die Wasserhärte ist in Grad deutscher Härte (°dH) angegeben und kann von Ort zu Ort sehr unterschiedlich sein. Ihre örtliche Wasserhärte können Sie beim zuständigen Wasserversorger erfragen oder im Internet nachlesen. In Waschmitteln ist eine gewisse Menge sogenannter Enthärter enthalten. Wenn Sie hartes Wasser haben, müssen Sie mehr Waschmittel zugeben (siehe Verpackung) oder einen separaten Enthärter verwenden.

**Verschmutzung**

Für die richtige Dosierung des Waschmittels ist die Schmutzmenge von Bedeutung. Auf den Waschmittelverpackungen wird meist zwischen leicht, normal und stark verschmutzt unterschieden.

| Leicht | Normal | Stark |
|---|---|---|
| Keine Verschmutzungen und Flecken* erkennbar. Einige Kleidungsstücke haben Körpergeruch angenommen.<br><br>Beispiele:<br>Leichte Sommer- und Sportkleidung (wenige Stunden getragen), T-Shirts, Hemden, Blusen (bis zu 1 Tag getragen), Gästebettwäsche und -handtücher (1 Tag benutzt) | Verschmutzungen sichtbar und/oder wenige leichte Flecken* erkennbar.<br><br>Beispiele:<br>T-Shirts, Hemden, Blusen (durchgeschwitzt beziehungsweise mehrfach getragen), Unterwäsche (1 Tag getragen), Handtücher, Bettwäsche (bis zu 1 Woche benutzt), Gardinen ohne Nikotinverschmutzungen (bis zu ½ Jahr Gebrauch) | Verschmutzungen und/oder Flecken* deutlich erkennbar.<br><br>Beispiele:<br>Geschirr- und Küchenhandtücher, Stoffservietten, Babylätzchen, Kinder- und Fußballbekleidung (mit Gras und Erde verschmutzt), Tenniskleidung (mit Kieselrot verschmutzt), Berufskleidung (im Haushalt waschbar wie Schlosseranzug, Bäcker- und Metzgerkleidung) |

* Typische Flecken: **Bleichbar:** Tee, Kaffee, Rotwein, Obst, Gemüse · **Fett-/ölhaltig:** Hautfett, Speiseöle/-fette, Soßen, Mineralöl, Wachse · **Eiweiß-/kohlenhydrathaltig:** Blut, Ei, Milch, Stärke · **Pigment:** Ruß, Erde, Sand · Bei einer Fleckenvorbehandlung der Wäsche kann die Waschmittelmenge entsprechend reduziert werden!

Quelle (2008): Industrieverband Körperpflege- und Waschmittel e. V. (IKW)

*Bei der Textilpflege können Sie viel Geld sparen. Dabei kommt es nicht darauf an, ob Sie das billigste Waschmittel verwenden, sondern wie häufig Sie waschen, ob die Maschine ausreichend gefüllt ist, welches Waschprogramm Sie wählen und ob Sie korrekt dosieren.*

online

www.forum-waschen.de
Hier finden Sie zahlreiche Informationen zum Thema „Nachhaltiges Waschen“.

## Jetzt sind Sie dran ...

1. Besuchen Sie eine Drogerie oder einen Supermarkt. Notieren Sie verschiedene Wäschevor- und -nachbehandlungsmittel, die dort verkauft werden. Schreiben Sie auch auf, wofür diese eingesetzt werden.
2. Führen Sie in der Klasse eine ▸ Fishbowl-Diskussion. Debattieren Sie, ob Sie persönlich Vor- und Nachbehandlungsmittel verwenden und ob diese sinnvoll sind oder nicht.

# Textile Reinigung und Pflege durchführen

Die Pflegekennzeichen für Textilien helfen Ihnen beim richtigen Waschen und Pflegen. Sie sind eine freiwillige Angabe der Hersteller und geben Auskunft über geeignete Waschverfahren, Bügeltemperaturen, Einsatz des Wäschetrockners sowie über die Möglichkeit der chemischen Reinigung und Bleiche. Die Grundsymbole sehen folgendermaßen aus:

*Waschen* *Bleichen* *Bügeln* *chemisch Reinigen* *elektrisch Trocknen*

## Wäsche zum Waschen vorbereiten

Das richtige Vorbereiten der Wäsche ist ausschlaggebend für ein gutes Reinigungsergebnis. Als Erstes wird die Wäsche sortiert und zwar nach ▸ Faserart (S. 152), Farbe und ▸ Verschmutzungsgrad (S. 157). Danach werden Taschen geleert, Flecken vorbehandelt usw.

## Wäsche waschen

Die meisten Textilien können in der Waschmaschine gewaschen werden. Nur bei sehr empfindlicher Kleidung oder bei einzelnen Stücken ist eine Handwäsche zu empfehlen. Beim Beladen und Starten der Waschmaschine gehen Sie am besten folgendermaßen vor:

- Wäsche locker in die Maschine legen
- Tür schließen
- geeignetes Waschmittel auswählen, dosieren und einfüllen
- Wasserhahn öffnen
- passendes Programm wählen
- Temperatur nach Waschsymbol und ggf. Schleuderdrehzahl wählen
- Maschine einschalten

## Wäsche trocknen

Das Trocknen der Wäsche geschieht sofort nach dem Waschen. Hierbei gibt es zwei Möglichkeiten.

Im Freien können Sie Ihre Wäsche auf der **Leine oder einer Wäschespinne** trocknen. Wenn das bei Ihnen nicht möglich ist, können Sie Ihre Wäsche auch in der Wohnung auf einem Wäscheständer trocknen. Achten Sie darauf, die Wohnung ausreichend zu lüften. Das Aufhängen der Wäsche ist zwar zeit- und arbeitsintensiv, verbraucht aber keinen Strom und schont deshalb die Umwelt und spart Kosten.

Beachten Sie beim Trocknen auf der Leine folgende Hinweise:

- Schlagen Sie die Wäsche vor dem Aufhängen aus.
- Setzen Sie die Wäscheklammern so, dass die Abdrücke später kaum zu sehen sind (etwa am Saum).
- Hängen Sie Herrenoberhemden und Blusen auf einen Kleiderbügel.
- Kleidung aus Wolle sollten Sie immer liegend trocknen.
- Hängen Sie dunkle Wäsche nicht in die Sonne.

Durch die Verwendung eines **Wäschetrockners** sind Sie unabhängig vom Wetter, allerdings verbraucht er viel Energie und ist auch in der Anschaffung teuer. Manche Textilien sind nicht für den Trockner geeignet, das erkennen Sie am durchgestrichenen Trocknersymbol. Legen Sie die Wäsche immer locker in das Gerät und beachten Sie die angegebene Füllmenge. Denken Sie daran, nach jedem Trocknungsvorgang das Flusensieb zu reinigen.

**Wäsche glätten**

Durch Hitze und Druck wird die Wäsche geglättet. Dies kann mit Hilfe eines Bügeleisens (gut geeignet für Oberbekleidung) oder eines Heimbüglers (gut geeignet für Tischdecken und Geschirrtücher) geschehen. Wäsche wird geglättet, damit sie gepflegter aussieht, nicht fusselt, schmutzabweisender und besser zu stapeln ist. Wenn Sie Wäsche glätten möchten, nehmen Sie diese noch leicht feucht von der Leine bzw. wählen Sie das Programm „bügelfeucht". Die Wäsche lässt sich so leichter glätten.
Beim Bügeln erzielen Sie ein besseres Ergebnis und sparen Zeit, wenn Sie eine gewisse Reihenfolge einhalten. Ein Beispielvideo für die Reihenfolge beim Bügeln eines Oberhemdes finden Sie auf www.hauswirtschaft.info/waesche/buegeln.

**Wäsche legen**

Wäsche sollte so gefaltet werden, dass Sie gut in den Schrank passt. Beim Falten sollten Sie darauf achten, dass sich die geschlossenen Kanten vorne befinden, alle gleichen Teile gleich gelegt und ordentlich gestapelt sind. Hemden oder Ähnliches können auch auf einen Bügel gehängt werden.

## Jetzt sind Sie dran ...

1. Suchen Sie im Internet nach Regeln für „das Bügeln von Hand" und „das Vorbereiten der Wäsche zum Waschen". Gestalten Sie jeweils ein Plakat für den Textilraum. Arbeiten Sie dazu in Gruppen.
2. Drucken Sie sich eine vollständige Tabelle der Pflegekennzeichen aus dem Internet aus. Notieren Sie auf einem Zettel die Bedeutung unterschiedlicher Pflegeetiketten. Tauschen Sie sich in Partnerarbeit über das Ergebnis aus.
3. In der Textilpflege werden Geräte eingesetzt, Wasser, Waschmittel und Strom verbraucht. Wie können Sie bei der Textilpflege möglichst umweltschonend arbeiten? Sammeln Sie auf einem Plakat mit Hilfe eines ▸ Brainstormings Ideen.
4. Ergänzen Sie Ihr Plakat mit weiteren Empfehlungen zum Umweltschutz, z. B. aus Fachbüchern oder Internet. Führen Sie nun in der Klasse eine ▸ Themengewichtung der gesammelten Informationen durch. Übertragen Sie die wichtigsten Punkte in ein ▸ Buddybook.

online

www.hauswirtschaft.info/waesche

www.putzatelier.de/waeschepflege.htm

www.aid.de/downloads/textilien_waschen.pdf

Auf diesen Seiten finden Sie zahlreiche Empfehlungen zum Wäschepflegen.

# 5.3 Textilien erhalten

## Ausbesserungsarbeiten

Auch bei guter Pflege kann es passieren, dass Textilien beschädigt werden. Bei kleineren Schäden, bei hochwertigen Textilien oder Ihrem Lieblingsstück lohnt es sich, diese auszubessern. Das kann mit der Nähmaschine oder mit der Hand geschehen. Das Ausbessern bringt ökologische und ökonomische Vorteile. Das heißt, es wird Geld gespart und weniger Textilien müssen hergestellt und entsorgt werden.

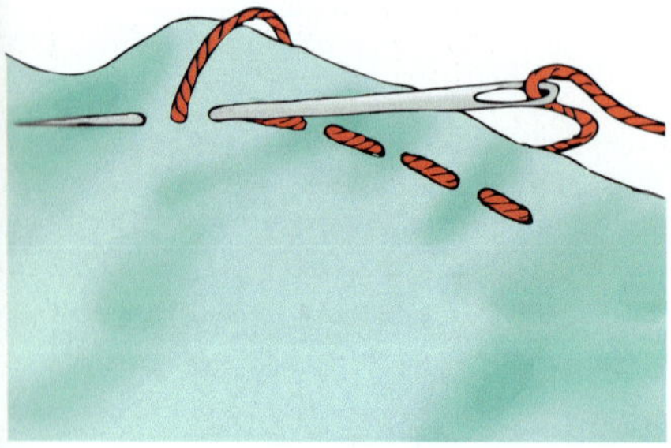

*Die einfache Naht*

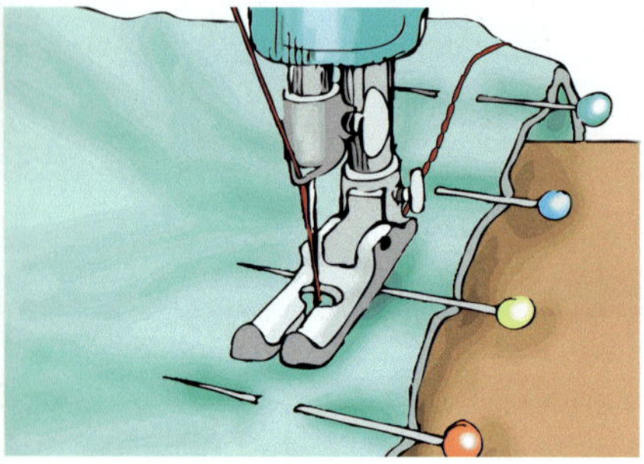

*Der Steppstich*

### Vorbereitungen zum Nähen

- Alle Arbeitsmittel werden bereitgelegt und ggf. der Faden in die Nähmaschine eingefädelt.
- Der benötigte Stoff wird genau zugeschnitten.
- Die Stoffteile werden aufeinandergesteckt. Dabei steckt man die Nadeln immer quer zur Nählinie.
- Bei Bedarf werden die Stoffteile geheftet, das heißt, sie werden mit einem Heftfaden vorläufig zusammengehalten.

### Nähen mit der Hand

Beim Nähen werden zwei Stoffstücke mit einer Naht verbunden. Wenn Sie mit der Hand nähen, brauchen Sie dafür nur eine Nähnadel und einen Faden. Je nach Verwendungszweck können unterschiedliche Stiche ausgeführt werden, z. B. Heft-, Stepp-, Knopflochstich oder hohler Saumstich.

### Nähen mit der Nähmaschine

Hier werden zwei Fäden, der Ober- und Unterfaden, zu Schlaufen miteinander verbunden. Wie das funktioniert und wie der Stoff in der Maschine transportiert wird, können Sie bei YouTube „Das Geheimnis der Nähmaschine" sehen. Die wichtigsten Nähte sind die einfache Naht, die Doppel- und die Rechts-links-Naht.

### Die Nähmaschine

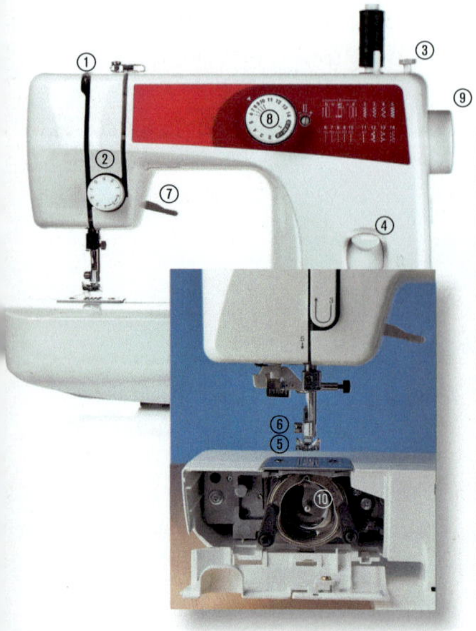


**Bedienungsteile:**
① Fadengeber
② Oberfadenspannung
③ Spuleneinrichtung
④ Rückwärtstaste
⑤ Nähfuß
⑥ Nähnadel
⑦ Nähfußheber
⑧ Stichwahlrad
⑨ Handrad
⑩ Spulenkapsel

Die Nähmaschine wird mit Hilfe eines Elektromotors angetrieben, der über das Fußpedal gesteuert wird. Auch bei unterschiedlichen Nähmaschinen ähneln sich die Bedienungsteile. Allerdings reicht das Angebot mittlerweile von der einfachen Maschine mit wenigen Grundstichen bis zur computergesteuerten Maschine mit integriertem Touchscreen.
Für ein gutes Arbeitsergebnis ist es nötig, die Fadenspannung, die Stichart und die Stichlänge passend auszuwählen.

**Ausbesserungsarbeiten**

Ober- und Berufsbekleidung sowie Küchen- und Haushaltswäsche sind Textilien, die häufig ausgebessert werden. Zu den einfacheren und schnell auszuführenden Ausbesserungsarbeiten gehören:

- Knöpfe und Aufhänger annähen
- Löcher stopfen mit der Maschine
- Säume nähen
- Flicken aufsetzen

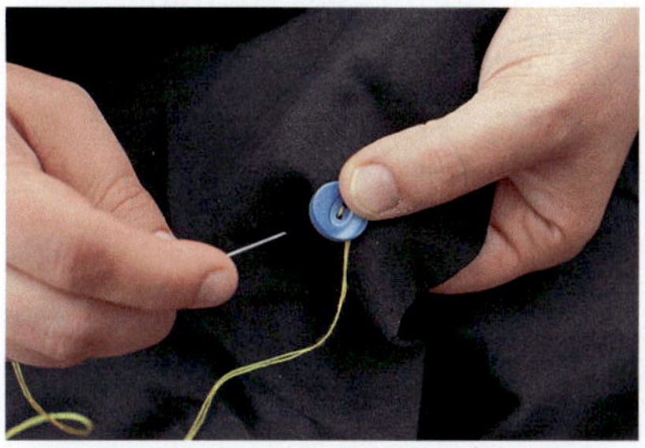

## Modifizieren von Textilien

Kleiden Sie sich auch gerne nach der Mode? Leider ändern sich die Trends schnell. Es ist schade, wenn Textilien nach einer Saison in den Müll wandern. Besser ist es, Kleidungsstücke umzuarbeiten und dabei individuell zu gestalten. Sie können Ihre ausrangierte Kleidung z. B. neu färben, mit Strasssteinen bekleben oder umnähen. Auch schicke Accessoires wie Gürtel, Taschen, Tücher oder Kissenbezüge lassen sich einfach selber herstellen. Anregungen finden Sie im Internet unter dem Thema DIY („do it yourself"). Finden Sie Ihren eigenen Stil.
Häufig gibt es auch das ein oder andere Kleidungsstück, an dem man hängt, das aber nicht mehr passt. Auch hier können Sie selber aktiv werden. Hosen kürzen, Weiten anpassen oder zu kurze Ärmel verlängern – alles ist möglich.

## Jetzt sind Sie dran ...

1. Suchen Sie aus Ihrem Schrank drei Kleidungsstücke heraus, die Sie nicht mehr anziehen. Informieren Sie sich im Internet, wie Sie daraus wieder „Lieblingsstücke" arbeiten können.
2. Stellen Sie in Ihrer Klasse die Kleidungsstücke und die Umarbeitungsmöglichkeiten vor. Entscheiden Sie sich für ein Kleidungsstück und arbeiten Sie es um.

online

Auf den folgenden Internetseiten finden Sie interessante Videos, Nähtutorials und viele Tipps und Tricks rund ums Nähen und Umarbeiten.
www.naehen-schneidern.de
www.diy-tipps.onblog.at
www.vernaehtundzugestrickt.de
www.farbenmix.de/de/grundkenntnisse.html

# „Los geht's"

## 5.4 Projektaufgabe

Die tolle Jeans im Schaufenster müssen Sie einfach haben und schnell ist das neue Kleidungsstück gekauft. Doch woher kommen Kleider, Bettwäsche oder Geschirrtücher überhaupt und wer stellt Sie her? Nicht zu vergessen: Was passiert mit ihnen, wenn wir sie nicht mehr anziehen bzw. benutzen?
Dies sind Fragen, denen Sie im Projekt Textilien reinigen und pflegen begegnen werden. Denn ihre Aufgabe lautet:
**Gestalten Sie eine Ausstellung (z. B. im Textilraum) zum Thema: „Der Weg unserer Kleidung – Vom Anbau bis zur Entsorgung".**
Diesen Weg bezeichnet man auch als textile Kette. Diese ist sehr umfangreich, deshalb sollten Sie sich zu Beginn auf vier Gruppen mit folgenden Themenschwerpunkten verteilen:

- Fasergewinnung
- Verarbeitung (Stoffherstellung und -veredelung, Schneidern)
- Transport und Verkauf
- Entsorgung (Müll und Altkleider)

Behalten Sie bitte in allen Gruppen diese Themen im Blick: Arbeitsbedingungen, Entlohnung und Gesundheitsschutz der Arbeiter sowie mögliche Umweltbelastung.

### Informieren

Beschaffen Sie sich zuerst die nötigen Informationen. Sie können z. B. mit einer Mindmap Ideen sammeln, im Internet oder Bibliotheken recherchieren und Erkundungen unternehmen (z. B. zum Eine-Welt-Laden). Alle Materialien, die Sie beschaffen, müssen Sie bewerten sortieren und ordnen.

### Planen

Setzten Sie nun Schwerpunkte und legen Sie Themenbereiche fest. Entwickeln Sie konkrete Ideen für die Gestaltung und Darstellung der Informationen. Stellen Sie das benötigte Material zusammen. Erstellen Sie einen Arbeits- und Zeitplan. Halten Sie darin fest, wann Sie welche Arbeiten erledigen, damit die Ausstellung zum festgelegen Termin fertig werden kann. Denken Sie auch jetzt schon an die Dokumentation des gesamten Projekts.

**Entscheiden**

Wenn jede Gruppe die Planung abgeschlossen hat, stellt sie ihr Vorhaben in einer Präsentation vor. Überprüfen Sie gemeinsam, ob die unterschiedlichen „Glieder" Ihrer textilen Kette zusammenpassen – werden Themen doppelt dargestellt oder ganz vergessen? Gibt es bei der Darstellung einen harmonischen Gesamteindruck? Überlegen Sie auch, was die Besucher unbedingt im Gedächtnis behalten sollen. Bestimmt fallen Ihnen noch weitere Punkte ein. Entscheiden Sie gemeinsam über diese Fragen und darüber, ob die Projektplanung realistisch und durchführbar ist. Verteilen Sie die Aufgaben so, dass alle mitmachen können.

**Ausführen**

Jetzt geht es darum, die Informationen möglichst interessant und übersichtlich darzustellen. Setzen Sie Ihren Plan Schritt für Schritt in die Tat um. Sie können Texte schreiben, Fotos machen, Grafiken und Schaubilder erstellen, Plakate gestalten und Ausstellungsstücke (z. B. Landkarten, Textilien) organisieren. Wenn alles fertig ist, wird die Ausstellung mit Hilfe von Tischen, Stellwänden usw. aufgebaut.

Sammeln Sie in Ihrer Projektdokumentation die Fortschritte und Erfolge, aber auch die Schwierigkeiten und unvorhergesehene Ereignisse während der Ausführung.

**Kontrollieren**

Vergleichen Sie nach jedem Arbeitsschritt Planung und Ergebnis. Wurde auch nichts vergessen? Passen die unterschiedlichen Glieder Ihrer textilen Kette im Inhalt und in der Gestaltung immer noch zusammen? Wirken Ihre Medien ansprechend?

**Beurteilen**

Die Klasse bewertet gemeinsam das Arbeitsergebnis. Dabei soll auch das eigene Handeln kritisch betrachtet und beurteilt werden.

Konnte Interesse bei den Besuchern geweckt werden? Waren alle Informationen verständlich dargestellt? War die Zusammenarbeit in den Gruppen partnerschaftlich? Was kann man beim nächsten Projekt besser machen? Mit der Beurteilung können Sie Ihre Dokumentation abschließen und damit das Projekt beenden.

**Vernetzen Sie Ihr Wissen:**

Mit den Themen:
- Arbeitsplatzgestaltung
  (→ Themenfeld 1, S. 28)
- Waren auswählen
  (→ Themenfeld 2, S. 40)
- Werkstoffe für Möbel
  (→ Themenfeld 8, S. 225)
- Qualitätssicherung
  (→ Themenfeld 9, S. 225)

**Reinigungsmittel**

Beschaffung

Lagerung

Dosierung

**Materialien**

Vorkommen

Eigenschaften

Reinigungs-geräte

Reinigungs-verfahren

**Rei plan durc**

| zu reinigender Gegenstand | Reinigungs-/Des-infektionsmittel | Dosierung/Einwirkzeit | Maßnahmen | Häufigkeit | | | | | | | Verantwortlich | Konrolle/Datum | | | | |
|---|---|---|---|---|---|---|---|---|---|---|---|---|---|---|---|---|
| | | | | Mo | Di | Mi | Do | Fr | Sa | So | | | | | | |
| | | | | | | | | | | | | | | | | |
| | | | | | | | | | | | | | | | | |
| | | | | | | | | | | | | | | | | |

**Arbeits-prozesse**

Pläne

Arbeitsanweisungen

Rationelle Reinigung

Haut-schut:

Gefahr-stoffe

Unfall-verhütung

Unfall-gefahren

**Arbeitssicherheit**

„Ordnung ist das halbe Leben." Diesen Spruch haben Sie sich vielleicht schon häufig anhören müssen. Jeder Mensch hat ein anderes Bedürfnis nach Ordnung und Sauberkeit. Eine Wohnung, die in Ihren Augen sauber und ordentlich ist, empfindet eine andere Person vielleicht als steril und ungemütlich. Wo fängt der „Putzfimmel" an? Ab wann würde man eine unhygienische Wohnung als „Messiebude" bezeichnen? Im Gegensatz zum privaten Umfeld werden die Maßstäbe im Betrieb durch Reinigungspläne und betriebliche Standards vorgegeben.

ung
und
hren

Grundreinigung
Unterhalts-
reinigung
Sichtreinigung

**Reinigunsarten**

Zeit
Temperatur
Mechanik
Chemie
Wasser

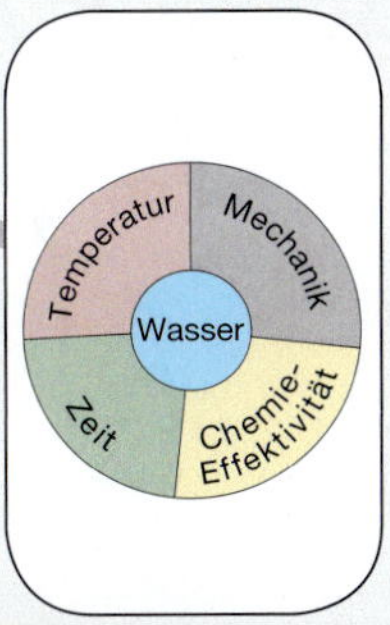


**Reinigungsfaktoren**

trocken
feucht
nass

**Reinigungsverfahren**

Ziele
Dokumentation

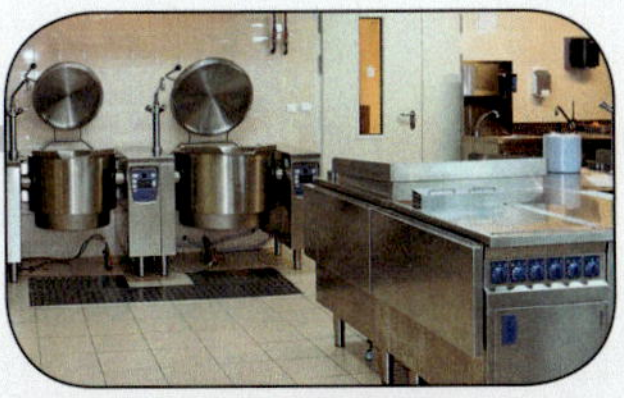

**Qualität**

# 6 Reinigung planen und durchführen

# 6.1 Reinigungs- und Pflegemittel auswählen

## Aufgaben der Reinigung

Reinigung sorgt für Hygiene und Sauberkeit. Das ist vorrangig aus gesundheitlichen Gründen wichtig, damit krankheitserregende Keime sich nicht vermehren. Es geht aber auch um das gepflegte Aussehen der Einrichtungsgegenstände, das das Wohlbefinden in Räumen fördert. Ebenso verlängert materialgerechte Reinigung und Pflege die Lebensdauer der Einrichtung. Reinigung dient also der Werterhaltung der Räume und ihres Inventars.

**Infobox**

**Schmutz:** Materie am falschen Ort
**Reinigung:** Entfernung von unerwünschten Substanzen
**Pflege:** Aufbringen von erwünschten Substanzen zum Schutz der Oberfläche
**Desinfektion:** Abtöten von unerwünschten Mikroorganismen

## Wasser als Grundkomponente der Reinigung

### Wirkung des Wassers

Viele Verschmutzungen lassen sich allein schon mit einem nassen Tuch oder unter fließendem Wasser beseitigen. Wasser wirkt im Reinigungsprozess mit den anderen Reinigungsfaktoren gemeinsam und unterstützt diese. Die Wirkungen des Wassers sind vielfältig. Wasser

- benetzt den Schmutz und lässt ihn aufquellen,
- dient als Lösemittel sowohl für Schmutz, aber auch für Reinigungsmittel,
- überträgt die Temperatur und
- hält den gelösten Schmutz in der Schwebe und transportiert ihn ab.

### Unser Wasserverbrauch

In Deutschland kommt Wasser stets in Trinkwasserqualität aus der Leitung. Trinkwasser gehört zu den am besten kontrollierten Nahrungsmitteln. Wir verbrauchen aber nur einen geringen Teil (ca. 5 l) unseres täglichen Wasserverbrauchs (ca. 125 l pro Person) zum Trinken und Kochen. 110 l werden für Körperpflege, Toilettenspülung, Wäschewaschen, Geschirrspülen, Putzen, Autoreinigung und Gartenbewässerung verbraucht. Sparsamer Umgang mit Wasser schont den Geldbeutel.

Die Wahl der richtigen **Wassertemperatur** erleichtert den Reinigungsprozess. Sicher haben Sie auch schon beobachtet, dass sich Fett in heißem Wasser besser löst als in kaltem Wasser. Eiweiß dagegen löst sich besser in kaltem Wasser. Sie können durch die richtige Auswahl von effektiven Wasch- und Reinigungsmitteln auch mit kaltem oder lauwarmem Wasser reinigen und so Energie sparen.

*Reinigungsmittel für die professionelle Reinigung werden im Gegensatz zu Haushaltsreinigern grundsätzlich mit kaltem Wasser angesetzt.*

## Die Reinigungsfaktoren

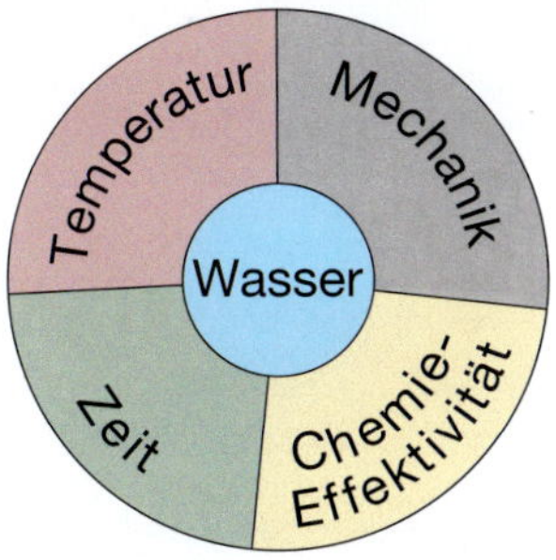

*Sinner'scher Kreis*

Neben Wasser sind weitere sogenannte Reinigungsfaktoren am Reinigungsprozess beteiligt. Sie werden im „Sinner'schen Kreis" in nebenstehender Abbildung dargestellt. Am Beispiel der Reinigung eines Ceranfeldes soll das Zusammenwirken der Reinigungsfaktoren erläutert werden:
Mit **Wasser** können kleine Spritzer und Flecken sofort beseitigt werden.
**Reinigungschemie** verbessert die Reinigungsleistung. Bei leichten Verschmutzungen reicht Geschirrspülmittel (▸ Tenside, S. 168) aus. Für stärkere Verschmutzungen oder eine Grundreinigung wird Ceranfeldreiniger (Tenside, Polierpigmente, organische Säuren, Duft- und Konservierungsstoffe, Silikonöle) eingesetzt.
Die **Mechanik** kommt bei der Reinigung durch Bewegung und Krafteinwirkung zum Einsatz. Die mechanische Reinigung kostet etwas Zeit und Kraft, schont aber den Geldbeutel, die Gesundheit und die Umwelt. Als Hilfsmittel beim körperlichen Einsatz dienen z. B. Mikrofasertücher, der Ceranfeldschaber und die Edelstahlspirale, aber auch bestimmte Stoffe in Reinigungsmitteln. Diese Schleif- oder Polierstoffe sind wasserunlöslich und entfernen schwer löslichen Schmutz, ohne die Oberfläche zu zerkratzen.
**Zeit** spielt sowohl für den Zeitpunkt der Reinigung als auch bei der Wirkungsdauer eine Rolle. Übergekochtes kann mit dem Ceranfeldschaber, bevor es einbrennt, sofort beseitigt werden. Starke Verschmutzungen können mit Wasser oder Reinigungschemie eingeweicht werden.
Sowohl die **Temperatur** des Kochfeldes als auch des Reinigungs- bzw. Lösungsmittels beeinflusst die Reinigung. Mit heißem Wasser lösen sich fetthaltige Verschmutzungen leichter. Ceranfeldreiniger kommt erst nach Abkühlen des Kochfelds zum Einsatz, sonst brennt auch der Reiniger ein.

Beachten Sie die:
- Art der Verschmutzung
- Stärke der Verschmutzung
- Materialeigenschaften

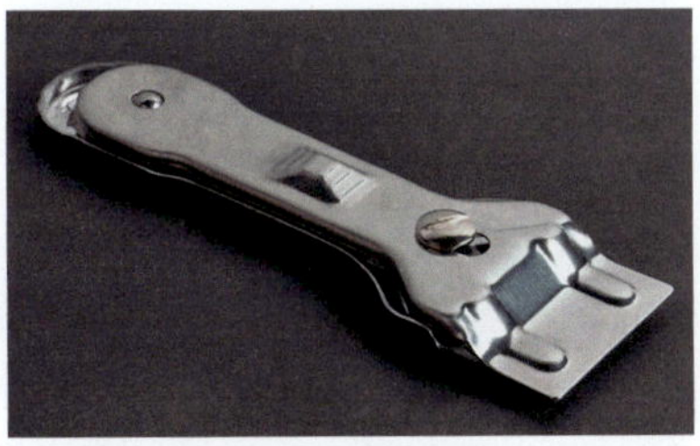
*Ceranfeldschaber*

*Mikrofasertüchern*

*Edelstahlspirale*

### Jetzt sind Sie dran ...

1. Erstellen Sie in Partnerarbeit anhand von konkreten Beispielen (z. B. Reinigung von Geschirr, eines Kochtopfes, eines WCs oder Waschbeckens) auf einem ▸ Plakat eine Übersicht über die jeweilige Wirkung der Reinigungsfaktoren und vergleichen Sie Ihre Ergebnisse in der Klasse.
2. Erstellen Sie in Gruppenarbeit für Ihre Lehrküche Regeln für den sparsamen Umgang mit Wasser und Energie (z. B. bei der Benutzung der Spülmaschine) und gestalten Sie daraus ein ▸ Lernplakat als Aushang für die Lehrküche.

## Art und Anwendung von Reinigungsmitteln

Für die regelmäßige Reinigung reichen kostengünstige **Allzweckreiniger oder Neutralreiniger** aus. Die zahlreichen verschiedenen, in der Regel teuren, **Spezialreiniger** sollten starken Verschmutzungen oder besonderen Oberflächen vorbehalten sein. Im normalen Haushalt sind weder **Desinfektionsmittel** noch Kombinationspräparate zum Reinigen und Desinfizieren sinnvoll, da sie weder besser reinigen noch ausreichend desinfizieren. Auch stehen Reinigungsmittel mit „antibakteriellen" oder „antimikrobiellen" Zusätzen im Verdacht, Allergien auszulösen oder sogar die Entstehung besonders widerstandsfähiger Krankheitserreger zu begünstigen.

Inhaltsstoffe von Reinigungsmitteln

| Name | Wirkungsweise | Vorkommen |
|---|---|---|
| Tenside | waschaktive Substanzen, die die Oberflächenspannung des Wasser herabsetzen, damit es den Schmutz besser herauslösen kann, Schmutzhaftung wird verringert, Schmutz wird gelöst und in der Waschlauge gehalten, damit er sich nicht wieder anlagert | fast alle Reinigungs- und Geschirrspülmittel |
| Alkalien | ätzende Substanzen, die mit Wasser alkalische Lösungen bilden, machen Fette wasserlöslich, erleichtern die Schmutzablösung | Fußboden-Grundreiniger, Küchenreiniger, Backofenreiniger, Abflussreiniger |
| Säuren | ätzende Substanzen, die mit Wasser saure Lösungen bilden, zersetzen Kalk | Sanitärreiniger, WC-Reiniger, Kalkentferner, Essigreiniger |
| organische Lösungsmittel (Benzin, Aceton) | lösen und verdünnen andere Stoffe und nehmen sie fein verteilt auf | Fleckentferner, Möbelpflege, Etikettenentferner |
| Fette, Öle, Wachse, Silikone | schützen die Oberflächen vor dem Austrocknen, bilden eine wasserabweisende, schmutzabweisende, glänzende Schutzschicht | Holzpflege-, Lederpflege-, Kunststoffpflegeprodukte, Glaskeramikreiniger |
| Chlor (Hypochlorit) | bleicht und desinfiziert, kann giftiges Chlorgas bilden | Sanitärreiniger, Abflussreiniger |
| Alkohole | Lösungsmittel, das die Reinigungswirkung der Tenside verstärkt | Handgeschirrspülmittel, Glas- und Fensterreiniger, Allzweckreiniger |
| Farbstoffe | keine Reinigungswirkung, dienen der Produktästhetik (z. B. Gelb für Zitronenduft, Lila für Lavendelduft), bei gewerblichen Reinigern oft Rot für saure und Blau für alkalische Reiniger | fast alle Arten von Reinigungsmitteln |
| Duftstoffe | dienen der Produktästhetik, zur Geruchsüberdeckung, können Allergien auslösen | in vielen Reinigungsmitteln mit Zitronen- oder Orangen- oder anderen Düften |

**Der pH-Wert macht's**

Wasserlösliche Verschmutzungen können mit Wasser (pH-Wert 7) entfernt werden. Leichter geht es mit Neutralreiniger, Allzweckreiniger oder Geschirrspülmittel.
Fetthaltige Verschmutzungen lassen sich mit alkalischen (d. h. pH-Wert über 7) Reinigungsmitteln entfernen.
Verkalkungen können durch saure (d. h. pH-Wert unter 7) Reinigungsmittel entfernt werden.

**Reinigungsmittel einkaufen**

Bevorzugen Sie konzentrierte Reiniger möglichst in Nachfüllpackungen. So sparen Sie Verpackungsmaterial und reduzieren Abfälle. Konzentrate sind auf den ersten Blick teurer als herkömmliche Reiniger. Bei richtiger Dosierung reichen sie aber für erheblich mehr Anwendungen aus. Bevorzugen Sie Reinigungsmittel ohne ▸ Gefahrensymbole (S. 176) oder mit dem Ecolabel „Euroblume", um Gesundheit und Umwelt zu schonen.

**Reinigungsmittel lagern**

Reinigungs- und Waschmittel können in der Küche bzw. im Badezimmer aufbewahrt werde, z.B. in einem Schrank unter der Spüle. Sind Kinder im Haus, sollten Reinigungsmittel für die Kinder unerreichbar gelagert werden, da die bunten Flaschen für sie besonders attraktiv, aber gesundheitsgefährlich sein können. Darauf weisen auch die Sicherheitspiktogramme auf den Verpackungen hin. Sie bedeuten: „Außer Reichweite von Kindern aufbewahren" und „Produkt immer im Originalbehälter aufbewahren".

**Reinigungsmittel dosieren**

Auf den Etiketten von Reinigungsmitteln finden Sie Hinweise zur Dosierung. Die sollten Sie unbedingt beachten. Bei Unterdosierung ist die Reinigungswirkung nicht ausreichend. Überdosierung belastet die Umwelt und den Geldbeutel, kann Schlierenbildung und Vergrauung bewirken und führt nicht zu mehr Sauberkeit.

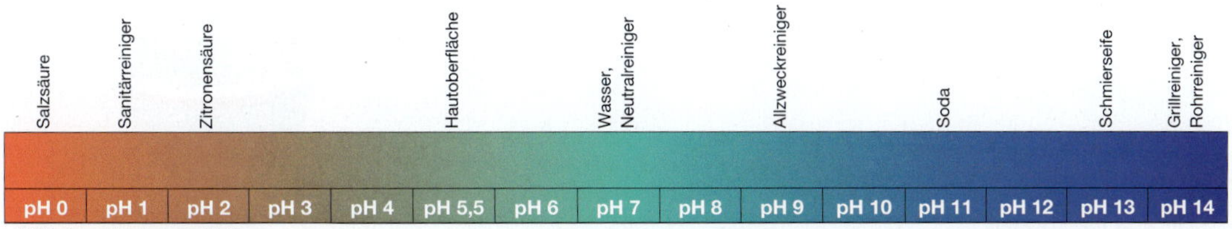

pH-Wert von Reinigungsmitteln

## Jetzt sind Sie dran ...

1. Führen Sie zu der Frage „Desinfektion im Haushalt" eine ▸ Pro-und-Kontra-Diskussion durch. Suchen Sie Argumente in der Werbung und beim Internetauftritt des Bundesinstituts für Risikobewertung.
2. Erstellen Sie ein ▸ Plakat, das über die Bedeutung sämtlicher Sicherheitspiktogramme auf Wasch- und Reinigungsmitteln informiert.
3. Suchen Sie im Internet nach Allzweck- und Sanitärreinigern, die mit der Euroblume gekennzeichnet sind. Erkunden Sie, wo Sie diese Produkte beziehen können.

online

www.bfr.bund.de
Seite des Bundesinstituts für Risikobewertung
http://ec.europa.eu/ecat

# 6.2 Ausgewählte Materialien reinigen und pflegen

## Eigenschaften ausgewählter Materialien

Sehen Sie sich einmal in Ihrer Schulküche oder in Ihrer Wohnung um. Dann können Sie feststellen, wie viele unterschiedliche Materialien dort zu finden sind: Metall, Holz, Kunststoff, Glas, Keramik und Textilien. Für eine materialgerechte Reinigung ist es wichtig, die Eigenschaften der Materialien zu kennen. So können Sie geeignete Reinigungsmittel und -geräte und ein passendes ▸ Reinigungsverfahren (S. 172) auswählen.

| Material | Eigenschaft | |
|---|---|---|
| **Edelstahl** besteht aus Stahl, Chrom und Nickel. Gebräuchlich ist Edelstahl 18/10 (18 % Chrom und 10 % Nickel). | • widerstandsfähig gegen Säuren, Laugen, Hitze, Kälte und Wasser<br>• unzerbrechlich, hat eine glatte Oberfläche<br>• zerkratzbar<br>• rostfrei und spülmaschinenfest | 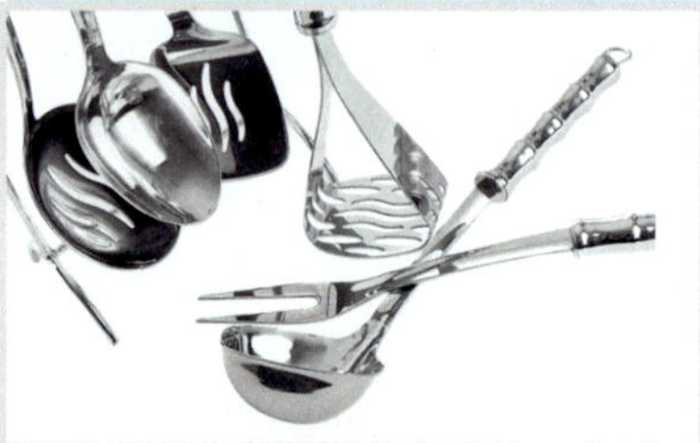 |
| **Holz** ist ein natürlicher Stoff, der aus Zellulosefasern besteht. | • wasserempfindlich, kann aufquellen und Risse bilden<br>• hitzeempfindlich und brennbar<br>• hat eine poröse Oberfläche |  |
| **Kunststoffe** werden aus Erdöl oder zunehmend auch aus nachwachsenden Rohstoffen hergestellt. | • hitze- und kratzempfindlich<br>• säurefest und leicht |  |
| **Glas** besteht aus bei hohen Temperaturen geschmolzenem Quarzsand, Soda, Kalk und weiteren mineralischen Grundstoffen. | • zerbrechlich<br>• empfindlich gegenüber raschen Temperaturwechseln<br>• hitzeempfindlich (mit Ausnahmen, z. B. Jenaer Glas) |  |
| **Keramische Erzeugnisse** wie Steingut, Töpferware oder Porzellan werden aus Ton, Quarz und weiteren Mineralien gebrannt. Das Reinigungsverfahren ist u. a. abhängig von Glasur und Dekor. | • zerbrechlich<br>• kratzempfindlich<br>• spülmaschinenfest |  |

## Auswahl geeigneter Reinigungsmittel und -verfahren

| Material | Reinigungsmittel | Reinigungsgeräte | Reinigungs-verfahren | Hinweise |
|---|---|---|---|---|
| Edelstahl | Spülmittel, Allzweckreiniger, Edelstahlreiniger | Spültuch, Spülschwamm, Edelstahlspirale | feucht reinigen, nass reinigen, im Geschirrspüler reinigen, desinfizierende Reinigungsverfahren | Edelstahl nach der Reinigung sofort mit Trockentuch polieren, damit keine Flecken entstehen; gebürsteten Stahl immer in Richtung der „Maserung“ polieren |
| Rohholz (z. B. Holzbretter) | Spülmittel, Allzweckreiniger, Scheuermittel | Spültuch, Bürste, Schwamm | nass reinigen | Holzgegenstände niemals länger im Wasser liegen lassen; schnell reinigen und trocknen |
| oberflächenbehandeltes Holz | Allzweckreiniger, Holzreiniger oder Pflegeöl oder Pflegeemulsion | Staubtuch, weiches Poliertuch | trocken reinigen, feucht reinigen, Pflegemittel auftragen | je nach Art der Oberflächenbehandlung evtl. Pflegeöl oder -emulsion dünn auftragen als Schutz vor Feuchtigkeit und vor Austrocknung |
| Kunststoff | Spülmittel, Allzweckreiniger | Reinigungstuch | feucht reinigen, nass reinigen | Scheuermittel und harte Schwämme zerkratzen die Oberfläche |
| Gebrauchsglas | Spülmittel | Spültuch, Spülschwamm | nass reinigen, im Geschirrspüler reinigen | kurz abtropfen lassen und sofort abtrocknen |
| Keramik | Spülmittel, Allzweckreiniger für Sanitärkeramik, Zitronensäure oder Sanitärreiniger | Reinigungstuch, Bürste, Poliertuch | nass reinigen, gründlich nachspülen, trockenpolieren | bei hartnäckigen Verkalkungen im Sanitärbereich Zitronensäure oder konzentrierten Sanitärreiniger verwenden |

### Jetzt sind Sie dran ...

1. Erstellen Sie in Gruppenarbeit für Ihre Lehrküche eine Tabelle mit allen Einrichtungsgegenständen und Arbeitsgeräten. Listen Sie das Material und die geeigneten Reinigungsmittel und -geräte auf.
2. Führen Sie eine Bestandskontrolle Ihrer Reinigungsmittel und Geräte durch. Was ist sinnvoll? Was fehlt? Worauf kann verzichtet werden? Gibt es umweltverträgliche Alternativen? Passen Sie Ihr Inventar an und halten Sie Ihr Ergebnis in einer neuen Inventarliste fest.

## Reinigungsverfahren

Vielleicht standen Sie auch schon einmal vor der Entscheidung, ob Sie das Geschirr mit der Hand oder mit der Geschirrspülmaschine reinigen sollen. Für welches Reinigungsverfahren haben Sie sich entschieden? Welche Überlegung hat den Ausschlag für Ihre Entscheidung gegeben? Und was versteht man überhaupt unter einem Reinigungsverfahren?

**Infobox**

Ein **Reinigungsverfahren** definiert eine Methode zur Reinigung, die durch die eingesetzten Reinigungsgeräte und -maschinen sowie durch die Kombination der Reinigungsfaktoren Chemie, Mechanik, Temperatur und Zeit beschrieben wird. Auch, ob mit oder ohne Wasser gereinigt wird, kann ein Unterscheidungsmerkmal für Reinigungsverfahren sein.

**Beschreibung von Reinigungsverfahren für die ▸ Unterhaltsreinigung von nichttextilen Fußböden**

| Trockenreinigungsverfahren | Feuchtreinigungsverfahren | Nassreinigungsverfahren (zweistufig) |
|---|---|---|
| Dieses Verfahren wird angewendet, wenn es sich um groben, nicht anhaftenden Schmutz handelt; für fast alle Oberflächen, auch textiler Art (z. B. Teppich oder Sofa), geeignet. | Dieses Verfahren wird angewendet, um feinen, leicht anhaftenden Schmutz zu beseitigen; für empfindliche Oberflächen, wie z. B. Parkett, Laminat oder versiegelten Kork, geeignet. | Es handelt sich um ein intensives Reinigungsverfahren, bei dem anhaftender, hartnäckiger Schmutz entfernt wird; für unempfindliche Oberflächen, wie z. B. PVC- oder Steinböden, geeignet. |
|  |  |  |
| Bei diesem Verfahren wird Staub aufgewirbelt und belastet die Raumluft. | Der Staub wird bei diesem Verfahren gebunden. | Dieses Verfahren ist sehr gründlich, aber auch sehr arbeits- und zeitintensiv. |
| **Arbeitsgeräte** Staubsauger, Besen, Handfeger und Schaufel | **Arbeitsgeräte** Wischgerät, Wischbezug, Eimer mit Presse, Handfeger und Schaufel | **Arbeitsgeräte** Wischgerät, Wischbezug, Eimer mit Presse, Handfeger und Schaufel |
| Die Reinigung mit dem Besen ist für Außenflächen geeignet. In Innenräumen wird zum Schutz der Gesundheit nur punktuell an besonders verschmutzten Stellen gefegt. | Die Wischbezüge dürfen nur leicht feucht sein. Sie können vorgetränkt sein oder müssen in die Reinigungslösung getaucht und ausgepresst werden. | Das Nassreinigungsverfahren ist arbeitsaufwändig. Im ersten Arbeitsgang wird nass gewischt. Im zweiten Arbeitsgang wird die Reinigungslösung mit trockenen Bezügen wieder aufgenommen. |
| Vorsicht: Bei empfindlichen Oberflächen kann es zur Kratzerbildung kommen. | Vorsicht: Gefahr bei Verwendung von zu viel Flüssigkeit. Die Oberflächen können aufquellen. | Vorsicht: Fußboden muss gegen Feuchtigkeit unempfindlich sein, vor allem an Kanten und Stößen. |

Weitere Varianten dieser Reinigungsverfahren sind: Nassscheuern mit Schrubber oder einer Scheuermaschine. Entfernen Sie anschließend die Reinigungslösung mit einem Abzieher oder Wassersauger.

**Vergleich von Reinigungsverfahren für die Glasreinigung**

| | Fensterreinigung mit Einwascher und Abzieher | Fensterreinigung mit Mikrofasertuch |
|---|---|---|
| |  |  |
| **Eignung des Verfahrens** | Dieses Verfahren ist für die Unterhaltsreinigung geeignet, kann auch mit einer kompletten Fensterreinigung (einschließlich Rahmen) kombiniert werden. | Dieses Verfahren ist für die Sichtreinigung und für die Unterhaltsreinigung geeignet. |
| **Wasserbedarf** | Die Scheiben werden mit dem ausgedrückten Einwascher nass gereinigt. | Bei geringer Verschmutzung ist trockene Reinigung möglich. Bei stärkerer Verschmutzung werden die Scheiben mit dem ausgewrungenen Mikrofasertuch nebelfeucht gereinigt. |
| **Chemieeinsatz** | Spiritusreiniger | ohne Chemie oder mit Spiritusreiniger |
| **Temperatur** | ca. 40 °C | ca. 40 °C |
| **Zeit** | zwei Arbeitsgänge: Einwaschen und Abziehen, eventuell noch Nachpolieren | ein Arbeitsgang: feucht wischen, die geringe Restfeuchte trocknet allein, eventuell noch nachpolieren |
| **Mechanik** | Die nasse Mikrofaser des Einwascherbezugs löst und entfernt Verschmutzungen, der Abzieher entfernt mit der Gummilippe das Wasser mit dem gelösten Schmutz, eventuell nachpolieren. | Die Mikrofaser des Fenstertuches löst und entfernt Verschmutzungen, eventuell nachpolieren. |

## Jetzt sind Sie dran ...

1. Führen Sie in Gruppenarbeit Verfahrensvergleiche für Reinigungsprozesse durch (z. B. Geschirrspülen mit der Hand, mit dem Haushaltsgeschirrspüler oder der gewerblichen Spülmaschine; Silberreinigung mit Silberputztuch oder Heißtauchbad mit Alufolie, Salz und heißem Wasser). Stellen Sie dabei in einer Tabelle den Einsatz der Reinigungsfaktoren gegenüber. Bewerten Sie neben dem Reinigungsergebnis auch die Umwelt- und Gesundheitsverträglichkeit der unterschiedlichen Verfahren und vergleichen Sie Ihre Ergebnisse in der Klasse.
2. Stellen Sie in Partnerarbeit für unterschiedliche Reinigungsverfahren im Sinner'schen Kreis das Verhältnis der Reinigungsfaktoren zueinander dar. Wird z. B. mehr Mechanik eingesetzt, kann der Anteil der Chemie reduziert werden. Diskutieren Sie die Bedeutung Ihrer Ergebnisse.

online

www.aid.de/downloads/fussboden_reinigen.pdf
Informationen des aid zur Fußbodenreinigung

# 6.3 Räume reinigen und pflegen

Auch wenn jeder zu Hause in regelmäßigen Abständen aufräumt und sauber macht, gibt es bestimmte Techniken, die das professionelle, und damit vor allem geplante, Reinigen erleichtert. Dies nennt man rationelles Reinigen; es bedeutet, dass zeit- und kräftesparend gearbeitet wird.

## Regeln für rationelles Reinigen

Für ein geordnetes, systematisches Vorgehen sind folgende Regeln hilfreich:

- Arbeiten Sie im Raum von hinten nach vorn bis zur Tür.
- Arbeiten Sie von oben nach unten.
- Richten Sie Ihren Arbeitsplatz so ein, dass Sie von rechts nach links arbeiten können (Linkshänder von links nach rechts).
- Beginnen Sie mit Arbeiten, die eine gewisse Einwirkzeit benötigen.
- Halten Sie Ordnung am Arbeitsplatz.
- Erledigen Sie gleiche Arbeiten hintereinander, bevor Sie einen neuen Arbeitsschritt beginnen (z.B. erst alles abwaschen, dann alles abtrocknen).
- Reinigen Sie vom weniger Verschmutzten zum stärker Verschmutzten (z.B. Fenster erst von innen, dann von außen).

## Arbeitsprozesse in der Reinigung

Reinigungsarbeiten müssen gut geplant sein. Wenn Sie nicht nur einzelne Gegenstände, sondern einen Raum reinigen möchten, handelt es sich um eine komplexe Aufgabe, bei der vieles zu beachten ist. Informieren Sie sich vor Arbeitsbeginn über Reinigungsarten, Tagespläne, Arbeit sanweisungen, ▸ Reinigungspläne (S.178), ▸ betriebliche Standards (S.178) und ▸ Ergonomie (S.20).

Reinigungsarten

**Sichtreinigung**

Es handelt sich vorwiegend um Aufräumarbeiten von Dingen, die Sie sehen. Die Sichtreinigung wird dann erledigt, wenn sie anfällt, mehrmals in der Woche, täglich oder mehrmals täglich. Dazu gehören Tätigkeiten wie z.B.
- Gegenstände oder Geschirr wegräumen,
- Oberflächen (z.B. Tisch) abwischen,
- Müllbehälter entleeren,
- Betten machen,
- verwelkte Blumenblätter beseitigen oder
- Spinnweben entfernen.

**Unterhaltsreinigung**

Hier handelt es sich um alle Aufräum- und Reinigungsarbeiten, die im Alltag wiederkehren und meist einmal in der Woche erledigt werden sollten, z.B.
- Staub saugen,
- Wäsche bügeln,
- Staub wischen,
- Fußböden reinigen,
- Kühlschrank auf verdorbene Lebensmittel kontrollieren und auswischen,
- WC, Waschbecken, Dusche/Badewanne reinigen oder
- Schuhe putzen.

**Grundreinigung**

Bei der Grundreinigung werden alle Einrichtungsgegenstände und Geräte intensiv gereinigt. Diese Reinigungsart benötigt viel Zeit und wird deshalb in größeren Abständen (z.B. 2- bis 3-mal im Jahr) durchgeführt, wie z.B.
- Reinigung von Geräten wie E-Herd, Geschirrspülmaschine,
- Fenster- und Türenreinigung,
- Abtauen des Gefrierschrankes,
- Schränke innen und außen reinigen, aussortieren und wieder einräumen.

**Tagesplan**
Gibt es in Ihrer Schule oder Ihrem Haushalt bestimmte feststehende Zeiten, wann gereinigt werden soll? Tagespläne haben zum Ziel, dass die Reinigungsarbeiten zu einem sinnvollen Zeitpunkt stattfinden, aber auch für Sie umsetzbar sind: Die Cafeteria muss fertig sein, bevor die Gäste kommen. Ein Bewohnerzimmer im Seniorenheim kann besser gereinigt werden, wenn der Bewohner aufgestanden ist. Erledigen Sie sehr anstrengende Arbeiten zu einer Tageszeit, zu der Sie sich besonders leistungsfähig fühlen.
Achten Sie auf einen Wechsel zwischen leichten und schwierigen Arbeiten.

**Arbeitsanweisungen**
Arbeitsanweisungen sichern die Qualität von Reinigungsarbeiten. Sie sind für alle Mitarbeiter verbindlich. Eine Arbeitsanweisung enthält alle Arbeitsschritte für die Reinigung eines Raumes oder Einrichtungsgegenstandes in der richtigen Reihenfolge und legt auch die Reinigungsmittel und Geräte fest, die verwendet werden sollen. Das ist besonders für die Arbeitsvorbereitung eine Hilfe. So können alle notwendigen Arbeitsmittel zusammengestellt werden.

**Bewegungsabläufe**
Flüssige Bewegungen sind eine Voraussetzung für zügiges Arbeiten.

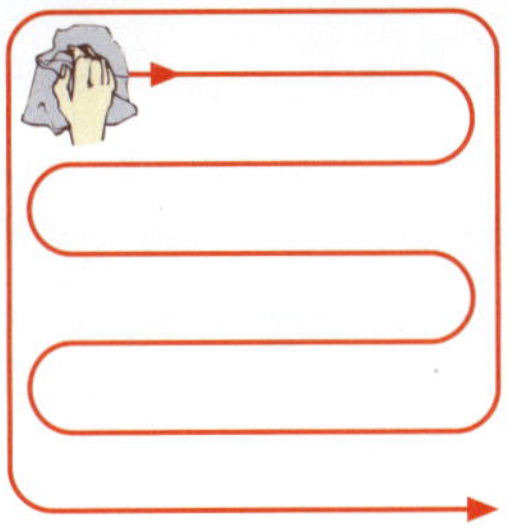
Alle kleinen Flächen werden in schlangenförmigen Bewegungen bearbeitet, z. B. Tür, Fenster, Tisch.

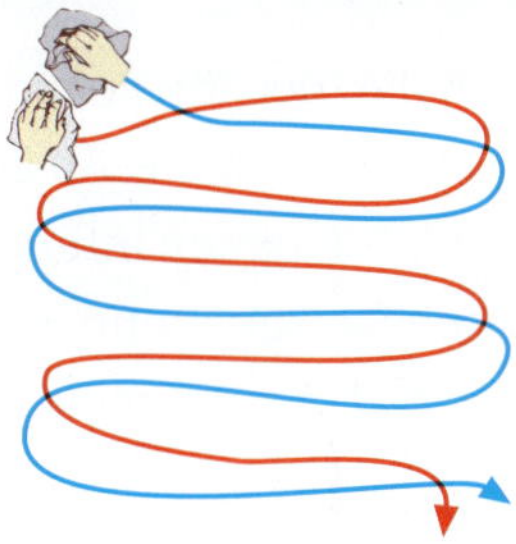
Beide Hände halten je ein Reinigungstuch, die rechte Hand hält das feuchte Reinigungstuch, die linke das trockene Tuch.

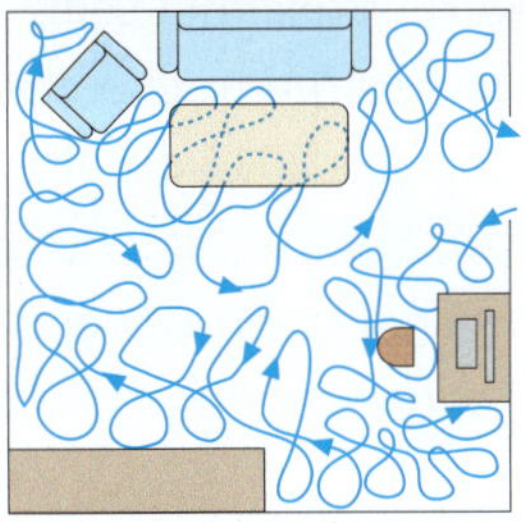
schlangenförmige Bewegungen beim Feuchtwischen einer überstellten Fläche in einem Wohnraum

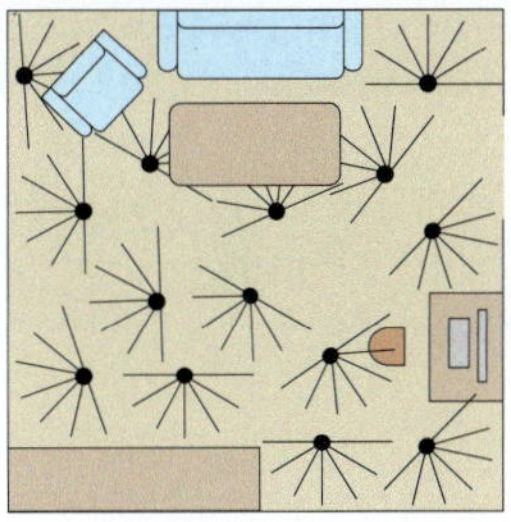
sternförmige Bewegungen beim Saugen eines Teppichbodens in einem Wohnraum

## Jetzt sind Sie dran ...

1. Besuchen Sie im Internet die Seite http://de.cleanright.eu/. Dort können Sie einen Rundgang durch ein Wohnhaus starten, bei dem Sie viele Tipps und Informationen zur Reinigung von Räumen, zur Hygiene und zur Nachhaltigkeit bekommen.
2. Diskutieren Sie die erhaltenen Tipps kritisch in Ihrer Klasse. Bedenken Sie dabei, dass die Internetseite „Cleanright" von Produktherstellern und nicht von einer neutralen Verbraucherorganisation betrieben wird. Auf welche Spezialreiniger könnte man verzichten?

## Arbeitssicherheit

Schlagen Sie noch einmal die allgemeinen Hinweise zur Arbeitssicherheit auf Seite 21 nach. Diese gelten selbstverständlich auch bei Reinigungsarbeiten.

**Typische Gefahren bei der Reinigung**

- Stürze von Leitern
- Stürze auf feuchtem Boden
- Stürze über Kabel oder andere Hindernisse
- Stürze durch ungeeignetes Schuhwerk
- Einatmen ätzender Reinigungsmittel
- Hautschädigung durch Feuchtarbeit
- Hautschädigung durch aggressive Reiniger
- Lärmbelastung durch Reinigungsgeräte
- Elektrounfälle durch defekte Geräte
- Belastungen der Wirbelsäule durch ungünstige Arbeitshaltung
- Belastungen der Wirbelsäule durch falsches Heben und Tragen

online

www.baua.de
→ Informationen für die Praxis
→ Rechtsgrundlagen und Vorschriften
→ Rechtstexte Gefahrstoffe
Hier finden Sie den gesamten Text der Gefahrstoffverordnung.

**Gefahrstoffkennzeichnung**

Reinigungsmittel, die die Gesundheit gefährden oder auch schädlich auf die Umwelt wirken (z. B. viele Sanitärreiniger), müssen mit Gefahrensymbolen gekennzeichnet sein.
Für Stoffgemische, zu denen die meisten Reinigungsmittel gehören, gelten noch bis 2015 die alten Gefahrensymbole. Ab 2012 müssen Chemikalien (z. B. Spiritus oder Benzin) mit den neuen internationalen Symbolen gekennzeichnet sein. Generell sollten Sie Reinigungsmittel bevorzugen, die nicht kennzeichnungspflichtig sind, also auch keine oder nur geringe Mengen schädlicher Substanzen enthalten.

| **Xi**<br>reizend | **Xn**<br>gesundheitsschädlich | **T**<br>giftig | **F+**<br>hochentzündlich | **N**<br>umweltgefährlich | **C**<br>ätzend |
|---|---|---|---|---|---|
|  |  |  |  |  |  |
| Reizende Stoffe, z. B. Natriumcarbonat, rufen bei Berührung mit Haut oder Schleimhaut lokale Entzündungsreaktionen hervor. | Gesundheitsschädliche Stoffe, z. B. Jod, Koffein, führen in größeren Mengen zu Gesundheitsschäden. | Giftige Stoffe, z. B. Chlor, rufen bereits in geringen Mengen Gesundheitsschäden hervor. | Die Dämpfe hochentzündlicher Stoffe oder Gase (z. B. Wasserstoff) bilden mit der Umgebungsluft explosionsfähige Gemische, die bei Anwesenheit einer Zündquelle sehr leicht entzündet werden können (Flammpunkt unter 0 °C). | Umweltgefährliche Stoffe, z. B. Kaliumpermanganat, stellen eine unmittelbare oder längerfristige Gefahr für die Struktur und das Funktionieren natürlicher Ökosysteme dar. | Ätzende Stoffe, z. B. Natronlauge, führen bei Berührung mit Haut oder Schleimhaut zur Zerstörung des Körpergewebes. |

## Hautschutz

Wie empfindlich oder wie widerstandsfähig ist Ihre Haut? Gehen Sie nicht leichtsinnig mit ihr um. Schützen Sie sie vor schädlichen Einflüssen. Die Haut ist das größte Organ unseres Körpers und hat viele Funktionen, die für unser Wohlbefinden und unsere Gesundheit wichtig sind. Hauterkrankungen zählen zu den häufigsten Berufskrankheiten. Rote, rissige Hände können ein Zeichen für ungenügenden Hautschutz sein.

online

Informationen zum Hautschutz unter www.bgw-online.de
→ Kundenzentrum
→ Hauptsache Hautschutz

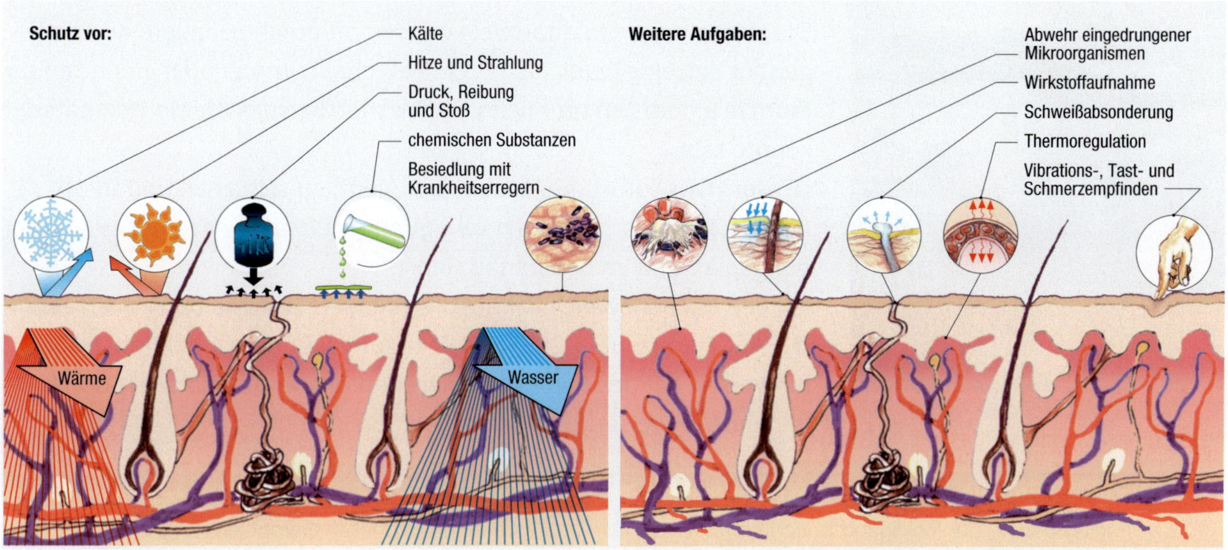


*Aufgaben der Haut*

## Jetzt sind Sie dran ...

1. Schauen Sie sich die Sicherheitsleitern in Ihrer Schule an. Welche Sicherheitszeichen und Piktogramme sind darauf angebracht? Schreiben Sie zu jedem Piktogramm die richtigen Verhaltensregeln auf und hängen Sie diese an einem gut sichtbaren Ort auf.
2. Laden Sie einen Referenten der Berufsgenossenschaft ein. Führen Sie mit ihm eine ▸ Expertenbefragung zum Thema Hautschutz durch. Halten Sie die wichtigsten Informationen in einer ▸ Mindmap fest.
3. Erstellen Sie gemeinsam für Ihre Lehrküche einen Hautschutzplan. Tragen Sie in diesen Plan die Hautpflegeprodukte ein, die Sie tatsächlich in Ihrem Betrieb benutzen.
4. Suchen Sie mit einem ▸ Brainstorming Ideen zur Vermeidung der oben genannten Gesundheitsgefahren. Sammeln Sie alle Ideen auf Moderationskarten und gestalten Sie mit den Karten eine Übersicht zum Thema Gesundheitsschutz.

## Qualitätsstandards in der Reinigung

Stellen Sie sich vor, Sie müssten für eine Reinigung bezahlen. Was würden Sie für Ihr Geld erwarten? Sicher wäre Ihnen die ▶ Qualität (S. 252) der Reinigung wichtig. Doch was genau macht die Qualität der Leistung aus? Viele hauswirtschaftliche Betriebe beschreiben das in ihren **Qualitätsstandards**. Der Standard legt qualitativ und quantitativ fest, welches Ergebnisniveau (was) erreicht werden soll. Die ▶ **Arbeitsanweisung** (S. 175) beschreibt den Weg dahin (wie).

## Qualitätsziele für die Reinigung

Die allgemeinen Qualitätsziele werden oft durch genauere Anweisungen für einzelne Bereiche, z. B. ein Bewohnerzimmer oder einen Sanitärraum in einem Seniorenheim, ergänzt. Ein Beispiel für ein Qualitätsziel könnte sein:

„Unser Haus soll immer sauber sein, gepflegt aussehen und frisch riechen. Deshalb erfolgt die Reinigung regelmäßig nach unserem Reinigungsplan und im Bedarfsfall sofort."

Für den **Küchenbereich** könnte die genauere Beschreibung auch auf das ▶ HACCP-Konzept (S. 253) und Reinigungs- und Desinfektionspläne hinweisen. Für den **Sanitärbereich** könnten die Qualitätsziele durch folgende Anweisungen ergänzt werden:

| Anweisung | Begründung |
|---|---|
| Farbsystem in der Reinigung beachten (z. B. rote Tücher für Toilette und Abfalleimer, grüne für Spiegel, Waschbecken, Fliesen) | Vermeidung von Keimverschleppung |
| Reinigungs- und Desinfektionsmittel richtig dosieren | wirksame Hygiene, starke Umweltbelastung vermeiden, Geld sparen |
| Reinigungsmittel und -geräte nach Reinigungsplan einsetzen | Beschädigungen der Oberflächen durch falsche Reinigungsmittel und -methoden vermeiden |
| Reinigung bei akuter Verschmutzung sofort durchführen | Verhinderung der Schmutzverbreitung |

## Reinigungspläne und Dokumente

Sicher kennen Sie die Reinigungspläne, die in den Toiletten von Restaurantketten hängen. In Ihrem eigenen Haushalt müssen Sie nicht unbedingt einen Reinigungsplan in Papierform haben. Vielleicht haben Sie im Kopf einen Plan, welche Räume oder Einrichtungsgegenstände wann und wie gereinigt werden. In einem großen Betrieb mit vielen Reinigungskräften ist ein Reinigungsplan ein Instrument zur Erreichung der Qualitätsziele. Jeder Mitarbeiter weiß, was zu tun ist, ohne langwierige Absprachen treffen oder häufig nachfragen zu müssen.

| zu reinigender Gegenstand | Reinigungs-/Desinfektionsmittel | Dosierung/ Einwirkzeit | Maßnahmen | Häufigkeit | | | | | | | Verantwortlich | Kontrolle/Datum | | | | |
|---|---|---|---|---|---|---|---|---|---|---|---|---|---|---|---|---|
| | | | | Mo | Di | Mi | Do | Fr | Sa | So | | | | | | |
| | | | | | | | | | | | | | | | | |
| | | | | | | | | | | | | | | | | |
| | | | | | | | | | | | | | | | | |

### Struktur eines Reinigungsplans

Der Reinigungsplan listet für jeden zu reinigenden Gegenstand auf,

**• womit • wie • in welcher Dosierung • wann gereinigt werden soll.**

Die verantwortliche Person oder eine beauftragte Vertretungskraft bestätigt dann mit Namenszeichen, dass die Reinigung nach Plan durchgeführt wurde.

### Voraussetzung für die Umsetzung des Reinigungsplans

Reinigungspläne dürfen nicht nur auf dem Papier stehen. Sie müssen auch umgesetzt werden. Deshalb müssen alle Reinigungskräfte gut ausgebildet und geschult werden. Nur so kann die Qualität der Reinigung erreicht und ggf. weiter verbessert werden. Die verantwortliche Leitungskraft muss dafür sorgen, dass alle Reinigungsmittel und Geräte im Lager sind und sich in einem funktionsfähigen Zustand befinden.

### Reinigungsplan Küche

In einem hygienisch sensiblen Bereich wie der Küche sind Reinigungspläne besonders wichtig. So könnte ein Reinigungsplan für Ihre Lehrküche aufgebaut sein:

| **Reinigungsplan Lehrküche** | | | | **Betrieb:** | | | | | |
|---|---|---|---|---|---|---|---|---|---|
| Zu reinigender Gegenstand | Reinigungsmittel | Dosierung | Maßnahmen | Häufigkeit: | | | | | Verantwortlich |
| | | | | Mo | Di | Mi | Do | Fr | |
| Arbeitsflächen | Allzweckreiniger | x ml / 5 l W. | nachwischen | x | x | x | x | x | Lehrkraft xy |
| Ceranfeld | Ceranfeldreiniger | gebr.-fertig | einwirken lassen, nachwischen | x | x | x | x | x | Lehrkraft xy |
| Kühlschrank | Essigreiniger | x ml / 5 l W. | nachwischen, aussortieren | x | 1 x wöchentlich | | | | Lehrkraft xy |
| Transportwagen | Allzweckreiniger, Edelstahlreiniger | x ml / 5 l W. gebr.-fertig | nachwischen, polieren | x | x | x | x | x | Lehrkraft xy |

### Dokumentation von Reinigungsleistungen

Ist der Reinigungsplan so aufgebaut wie auf Seite 178, kann er direkt zur Dokumentation verwendet und abgeheftet werden. Die unterzeichnende Reinigungskraft übernimmt die Verantwortung für ihre Arbeit. Reinigungspläne können aber auch so aufgebaut sein wie das Beispiel für die Lehrküche. Dann ist der Plan für lange Zeit gültig, muss aber durch einen Dokumentationsbogen ergänzt werden, in dem die Erbringung der Reinigungsleistung abgezeichnet wird. Bei Reklamationen oder Beschwerden ist der Ansprechpartner ersichtlich.

## Jetzt sind Sie dran ...

1. Erstellen Sie in Gruppen einen Reinigungsplan für Ihre jeweilige Küchenzeile. Testen Sie den Plan über mehrere Wochen und fügen Sie Verbesserungen ein.
2. Messen Sie die Zeit, die eine Mitschülerin bei zügigem, konzentriertem Arbeiten für die tägliche Reinigung der Küchenzeile benötigt. Berechnen Sie, welche Kosten entstünden, wenn eine Reinigungskraft nach Gebäudereinigertarif bezahlt werden müsste. Diskutieren Sie das Ergebnis.

# Abfallentsorgung und Mülltrennung

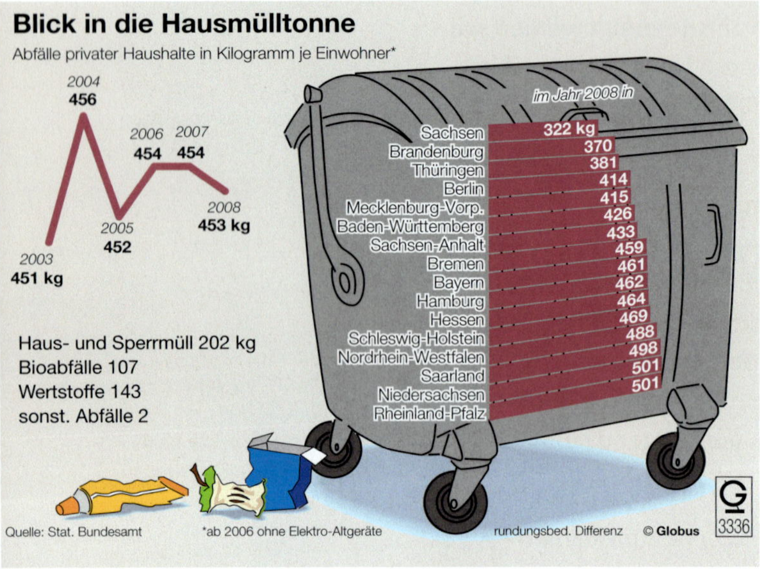


## Abfallentsorgung als Aufgabe der Reinigung

Zu jeder Reinigung eines Raumes gehört auch die Abfallentsorgung. Egal ob Sichtreinigung, Unterhaltsreinigung oder Grundreinigung, Abfallbehälter müssen immer entleert werden. Die Zeiten der Wegwerfgesellschaft, in der alles in eine Tonne wanderte, sind allerdings vorbei. Unser Abfall enthält viele Wertstoffe, die wiederverwendet werden können. Deshalb ist es notwendig, sich über sinnvolle Systeme zur Abfalltrennung Gedanken zu machen. Je besser der Abfall sortiert ist, desto besser lässt er sich verwerten.

DER GRÜNE PUNKT

## Abfall als wirtschaftlicher Faktor

Auch wenn wir oft von Wohlstandsmüll sprechen, ist es durchaus nicht so, dass die Menge des Abfalls dort am höchsten ist, wo die Menschen mit den höchsten Durchschnittseinkommen leben. Die Menge der Abfälle ist auch eine Frage der Einstellung und der Konsumgewohnheiten. Nicht zuletzt ist das gründliche Sortieren von Abfällen auch ein wirtschaftlicher Faktor, denn die Entsorgung ist teuer. Große hauswirtschaftliche Versorgungseinrichtungen haben oft spezielle Konzepte zur Abfalltrennung.

## Kosten der Abfallentsorgung

Die Kosten für die Abfallentsorgung sind je nach Gebührenordnung der kommunalen Abfallentsorgungsunternehmen unterschiedlich. Allen gemeinsam ist, dass Restmüll mit Abstand die teuerste Abfallart ist. In vielen Kommunen sind Altpapier- und Glascontainer zur kostenlosen Nutzung für die Bürger aufgestellt. Biomüll wird entweder kostenlos oder gegen eine geringe Gebühr entsorgt. Die Gelbe Tonne für Verpackungen mit dem grünen Punkt wird generell kostenlos abgeholt.

Je besser getrennt wird, umso preisgünstiger die Entsorgung.

## Gesetzliche Grundlagen

Rohstoffe sind kostbar. Deshalb kann es sich unsere Wirtschaft nicht leisten, Abfälle ungenutzt auf Deponien zu lagern. Das **Kreislaufwirtschaftsgesetz** regelt den Umgang mit Abfällen. Grundsätzlich gilt: Abfälle sind in erster Linie zu vermeiden, in zweiter Linie zu verwerten oder zur Gewinnung von Energie zu nutzen.

Nach der **Verpackungsverordnung** sind Hersteller und Vertreiber in Deutschland verpflichtet, sich an einem dualen System (zum Beispiel „Der Grüne Punkt – Duales System Deutschland GmbH") zu beteiligen. Die Gebühr können die Hersteller an die Verbraucher weitergeben. So werden mit dem Kauf der Produkte bereits die Kosten für das Sammeln, Sortieren und Recyceln bezahlt.

### Abfalltrennung als Voraussetzung für Recycling

| Leichtverpackungen aus Kunststoff und Metall | Altpapier und Karton | Biomüll | Glas | Restmüll |
|---|---|---|---|---|
| **Gelbe Tonne** | **Blaue Tonne** | **Braune Tonne** | **Glascontainer** | **Schwarze Tonne** |
| **Kunststoffverpackungen** Becher (z. B. Jogurtbecher), Flaschen (z. B. Saftflaschen), Folien (z. B. Beutel, Einwickelfolie), Schaumstoffe (z. B. Styroporschalen für Fleisch), **Metallverpackungen** Aluminiumfolie, -deckel und -schalen, Flaschenverschlüsse, Getränke- und Konservendosen, Verbundverpackungen, Getränkekartons | Zeitungen, Zeitschriften, Verpackungen aus Papier (z. B. Mehl- und Zuckertüten), Prospekte, Kartons (z. B. Waschmittelkartons), Kataloge, Schreibpapier, Bücher, Hefte | Schalen und Reste von Obst und Gemüse (auch von Zitrusfrüchten), Kaffeesatz samt Filter, Tee und Teebeutel, Eierschalen, Essenreste, alte Lebensmittel (ohne Verpackung), Blumen, Gartenabfälle (auch Rasenschnitt), Grün- und Strauchschnitt, Laub, Einwickelpapier (z. B. altes Zeitungs- oder Küchenpapier) | Flaschen (z. B. Saft, Wein, Essig), Gläser (z. B. Marmelade, Konserven) ggf. nach Flaschenfarben sortiert | Hygieneartikel, Hygienepapiere, Geschirr, Staubsaugerbeutel, Papier (verschmutzt oder beschichtet), Tierstreu, Windeln, Tapetenreste, Folien (verschmutzt), Farben (eingetrocknet), Kehricht (Fegereste) Asche und Aschenbecherinhalt, Spiegel- und Fensterglas, Fotos |

### Abfalltrennsysteme

Trennen Sie den Abfall bereits dort, wo er entsteht, dann ist die weitere Zuordnung in die verschiedenen Tonnen einfacher. Überlegen Sie, welche Abfallarten an bestimmten Arbeitsplätzen, z. B. in der Küche, der Wäscherei oder im Büro, hauptsächlich anfallen. Stellen Sie für diese Abfallarten getrennte, gekennzeichnete Behälter auf.
In der Großküche werden aus hygienischen Gründen Treteimer empfohlen. Sie können berührungslos bedient werden.

online

www.bmu.de
→ Die Themen
→ Wasser – Abfall – Boden
→ Abfallwirtschaft
Auf der Seite des Bundesministeriums für Umwelt, Naturschutz und Reaktorsicherheit finden Sie zahlreiche Informationen zum Thema.

## Jetzt sind Sie dran ...

1. Starten Sie in Ihrer Klasse einen Ideenwettbewerb zur Vermeidung von Abfällen in Ihrer Schule. Stellen Sie die besten Ideen aus und führen Sie gemeinsam Veränderungen ein.
2. Führen Sie eine Exkursion zu einem Recyclinghof, einer Wertstoffsortieranlage oder einer Müllverbrennungsanlage durch. Dokumentieren Sie Ihre Erkenntnisse über die weitere Verwendung der Wertstoffe mit Fotos und Grafiken und gestalten Sie damit eine Ausstellung.

# „Los geht's"

## 6.4 Projektaufgabe

Das Reinigen und Pflegen von Räumen ist eine komplexe Tätigkeit, die einen guten Überblick und Routine benötigt. Es ist ebenso eine Tätigkeit, die überall in bestimmten, regelmäßigen Abständen durchgeführt werden muss. Daher lautet die Projektaufgabe in diesem Themenfeld:

**Erstellen Sie ein Reinigungshandbuch, in dem Sie Arbeitsanweisungen für häufig durchzuführende Reinigungsarbeiten zusammenstellen.**

Wenn alle Arbeitsgruppen eine oder mehrere Anleitungen für das Handbuch erstellen, kann jeder Schüler am Ende des Projekts ein hilfreiches Nachschlagewerk für den Schulalltag oder auch für Reinigungsarbeiten zu Hause mitnehmen.

**Informieren**
Beschaffen Sie sich zuerst die nötigen Informationen. Welche Reinigungsarbeiten müssen in der Schule häufig durchgeführt werden? Sind dafür schon betriebliche Standards, Arbeitstechniken, Arbeitsmittel festgelegt? Gibt es Formatvorlagen für Arbeitsanweisungen in der Schule?

**Planen**
Entwickeln Sie in Ihren Projektgruppen konkrete Ideen, welche Reinigungsarbeiten Sie beschreiben möchten, wie Sie die Arbeitsanweisung aufbauen und mit Abbildungen veranschaulichen möchten. Stellen Sie das benötigte Material zusammen, planen Sie den Arbeitsablauf, kalkulieren Sie die Kosten. Melden Sie sich gegebenenfalls rechtzeitig im Computerraum der Schule an. Denken Sie auch jetzt schon an die Dokumentation des gesamten Projekts.

**Entscheiden**
Wenn jede Gruppe ihre Planung abgeschlossen hat, stellt sie ihr Vorhaben in einer ▸ Präsentation vor. Entscheiden Sie gemeinsam, welche Arbeitsanweisungen erstellt werden sollen. Beraten Sie darüber, ob die Projektplanung realistisch und durchführbar ist oder ob in einigen Punkten nachgebessert werden muss. Sind die Aufgaben so verteilt, dass alle mitmachen können?

**Ausführen**

Jetzt heißt es tatsächlich „Loslegen!". Der Plan wird Schritt für Schritt in die Tat umgesetzt. Lassen Sie sich dabei von Ihrer Lehrkraft beobachten, beraten und begleiten. Denken Sie an die Projektdokumentation. Nicht nur die Fortschritte und Erfolge, auch Schwierigkeiten und unvorhergesehene Ereignisse bei der Umsetzung sollten festgehalten werden.

**Kontrollieren**

Vergleichen Sie nach jedem Arbeitsschritt Planung und Ergebnis. Ist die Planung sach- und fachgerecht umgesetzt worden? Ist das Ziel erreicht? Entsprechen die erstellten Arbeitsanweisungen den einheitlichen Layoutvorlagen der Schule? Sind die Anweisungen klar und verständlich formuliert? Sind sie logisch aufgebaut? Sind die Abbildungen aussagekräftig? So können Sie frühzeitig gegensteuern, wenn etwas nicht so werden sollte, wie Sie es sich vorgestellt hatten.

**Beurteilen**

Die Klasse bewertet gemeinsam das Arbeitsergebnis. Dabei soll auch das eigene Handeln kritisch betrachtet und beurteilt werden. Was kann ich beim nächsten Projekt besser machen? Die Lehrkraft wird ebenfalls eine Bewertung vornehmen und mit Ihnen besprechen. Vielleicht möchten Sie Ihr Reinigungshandbuch auch der Schulöffentlichkeit oder den Mitarbeitern einer Gebäudereinigungsfirma vorstellen oder am „Tag der offenen Tür" präsentieren?
Auch die Beurteilung wird für die Dokumentation festgehalten. Nun können Sie Ihre Dokumentation abschließen und damit das Projekt beenden.

**Vernetzen Sie Ihr Wissen:**

Mit dem Thema:
- Informationen beschaffen und bewerten (→ Themenfeld 1, S. 15)
- Kommunikation (→ Themenfeld 1, S. 30)
- Vollwertige Ernährung ausgewählter Personengruppen (→ Themenfeld 3, S. 80)

**in der Entwicklung begleiten**

- Erziehung
- Entwicklungs-stufen
- Entwicklung fördern
- am Ende des Leben

**Per**
**individuell**
**und**

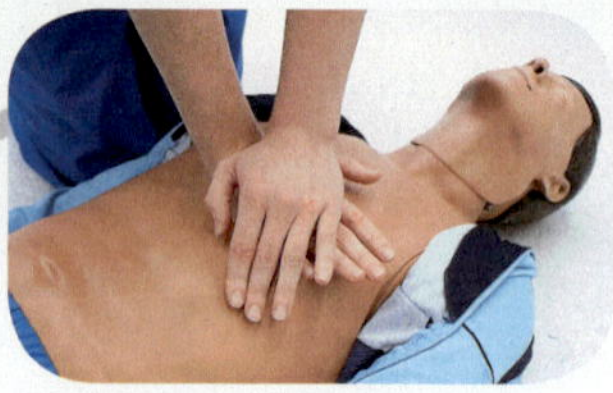

**Erste Hilfe leisten**

- Notruf absetzen
- Vitalfunktionen kontrollieren
- Sofortmaßnahmen bei Bewußtlosigkeit
- Aufrechterhaltung des Kreislaufs
- Wunden versorgen

**im Alltag unterstützen**

- bei den Mahlzeiten
- bei der Bewegung
- beim An- und Auskleiden
- bei der Körperpflege
- bei der Ausscheidung

Ein zunehmendes Aufgabenfeld hauswirtschaftlicher Tätigkeit ist die Betreuung und Begleitung von Menschen in besonderen Lebenslagen. Das kann in stationären Einrichtungen der Alten- oder Behindertenhilfe sein oder in der häuslichen Versorgung von Menschen mit Unterstützungsbedarf. Auch Familien mit erwerbstätigen Eltern nehmen zunehmend professionelle Hilfe bei der Haushaltsführung in Anspruch. In diesen Tätigkeitsfeldern arbeiten Sie gemeinsam mit Pflegekräften, Heilpädagogen oder Heilerziehungspflegern, Sozialarbeitern und Therapeuten. Im Zentrum der gemeinsamen Arbeit steht die individuelle Betreuung, d.h., auf die jeweilige Lebenssituation der Menschen und ggf. ihrer Angehörigen einfühlsam einzugehen. So erhalten Sie in diesem Themenfeld einen Überblick über die Grundlagen von Erziehung und pflegerischer Versorgung, aber auch das notwendige Wissen, um in Notfällen Erste Hilfe leisten zu können.

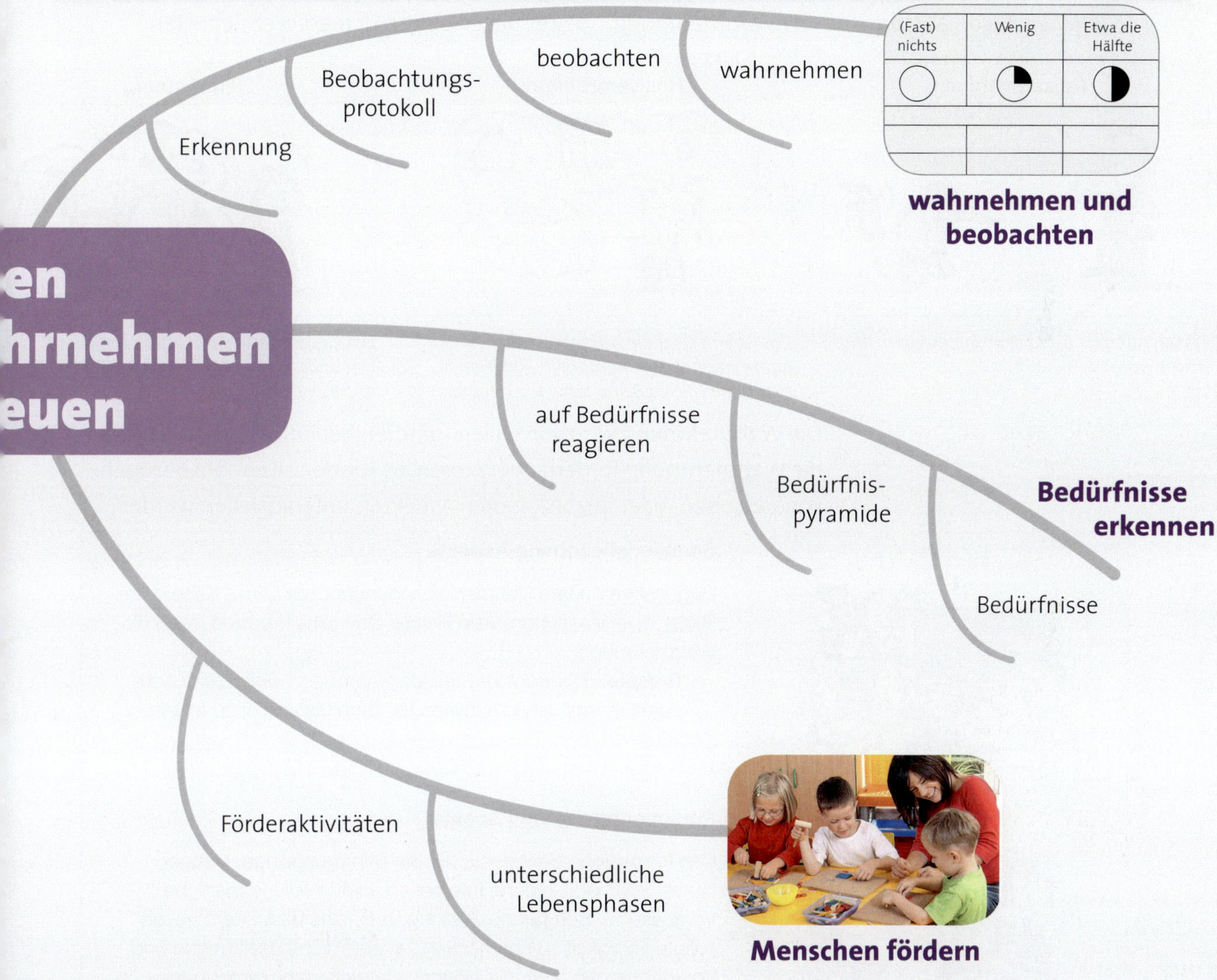


# 7 Personen individuell wahrnehmen und betreuen

# 7.1 Personen wahrnehmen und beobachten

## Personen wahrnehmen

Jeder Mensch nimmt seine Umwelt wahr und setzt daraus seine eigene Wirklichkeit zusammen. Wir gehen davon aus, dass unsere Wahrnehmung uns ein richtiges Bild von der Umwelt vermittelt. Wenn wir Dinge oder Personen wahrnehmen, arbeitet unser Gehirn in mehreren Schritten:

**Reizaufnahme**

*Person nimmt z. B. mit dem Sinnesorgan „Auge" etwas wahr.*

**Reizverarbeitung**

*Das Gehirn setzt die wahrgenommenen Informationen zum bekannten Bild „Hund" zusammen: Fell, 4 Beine, Schwanz = Hund.*

**Singebung**

*Das Gesehene wird mit Erfahrungen verbunden: Hund wedelt mit dem Schwanz, ist freundlich.*

Die Wahrnehmung wird von vielen Faktoren beeinflusst. Diese können die Wahrnehmung fördern oder stören. Es können situationsbezogene von personen- oder reizbezogenen Aspekten unterschieden werden.

**Situationsbezogene Aspekte**

Ungünstige äußere Rahmenbedingungen, wie Lärm, Kälte oder Hitze, viele Menschen (viele Reize), Dunkelheit, beeinflussen die Wahrnehmung.

**Beispiel:** Herrscht im Klassenzimmer ein hoher Geräuschpegel (Lärm), ist es schwieriger, dem Unterricht zu folgen.

**Personenbezogene Aspekte**

Das körperliche Befinden (z. B. die Stimmungslage, Hunger, Durst, Schmerz), eigene Interessen, individuelle körperliche Voraussetzungen (Sinnesleistung, z. B. eine besonders ausgeprägte Fähigkeit zu schmecken), soziale Voraussetzungen und Vorerfahrungen (z. B. die eigenen Umwelterfahrungen) beeinflussen die Wahrnehmung.

**Beispiel:** Wenn man mit Hunger einkaufen geht, sieht und riecht man plötzlich viele leckere Lebensmittel.

**Reizbezogene Aspekte**

Der Reiz an sich beeinflusst die Wahrnehmung, z. B. wenn er besonders intensiv oder häufig auftritt.

**Beispiel:** Ein schreiendes, trotziges Kind, z. B. in der Kirche oder in einer Bibliothek, wo es sonst eher ruhig ist, fällt einem besonders stark auf.

## Personen beobachten

Während Wahrnehmung größtenteils unbewusst erfolgt, geschieht Beobachtung bewusst und zielgerichtet. Bei der **Alltagsbeobachtung** sammeln Sie Informationen über einen Menschen, während Sie alltägliche Dinge tun. Alltagsbeobachtung sollte im beruflichen Rahmen mit einer offenen Grundhaltung erfolgen, um möglichst viele Aspekte einer Situation zu erfassen.

*Wahrnehmung erfolgt durch die Aufnahme, die Verarbeitung und die Sinngebung von Reizen. Beobachtung ist die zielgerichtete Wahrnehmung von Reizen.*

Die **fachliche Beobachtung** benötigt größtmögliche Objektivität und Wertfreiheit, daher erfolgen Beobachtung und Auswertung strikt voneinander getrennt. Die gewonnenen Informationen sind keine „Zufallsprodukte", sondern zielgerichtet wahrgenommen, um weitere Handlungen anzuschließen oder Sachverhalte zu klären.

Gehen Sie bei der fachlichen Beobachtung wie folgt vor:

1. Beobachtungsziel auswählen, z. B. die Ernährung eines pflegebedürftigen Menschen
2. Informationen sammeln, z. B.: Wie viel isst der pflegebedürftige Mensch wann?
3. Beobachtung dokumentieren, z. B. in einem Essprotokoll
4. Informationen auswerten, z. B.: Sind die zu sich genommenen Speisen ausreichend?
5. Schlüsse aus der Beobachtung ziehen, z. B.: Muss ich zusätzliche Speisen anbieten?

Auch bei der bewussten Beobachtung können durch unsere Erwartungshaltung oder Vorerfahrung Fehler in der Beurteilung einer Situation auftauchen. Beispiele dafür sind:

**Überstrahlungsfehler**: Eine einzelne Eigenschaft der Person überstrahlt alle anderen Eigenschaften. Dies geschieht v. a. dann, wenn diese Eigenschaft als besonders positiv oder negativ empfunden wird.

**Logikfehler**: Aus beobachtbaren Merkmalen wird „logischerweise" auf nicht beobachtbare Kriterien geschlossen. So mag man von einem fleißigen Schüler eher gute Noten erwarten, auch wenn dies in der Realität nicht zutreffen muss.

**Selbsterfüllende Prophezeiung:** Die beobachtete Person entspricht der Erwartungshaltung des Beobachters. Traut ein Sporttrainer z. B. einem Kind eine besonders gute Leistung zu, kann sich dies positiv auf die Leistung des Kindes auswirken und umgekehrt. Versuche haben z. B. gezeigt, dass blonde Frauen, denen besonders viele „Blondinenwitze" erzählt wurden, in nachfolgenden Intelligenztests schlechter abschnitten als blonde Frauen, die diese Witze nicht gehört hatten.

## Beobachtungsprotokoll

Für viele Gegenstände fachlicher Beobachtung, insbesondere bei personenorientierten Dienstleistungen, liegen bestimmte Protokolle vor, die das Beobachtungsziel verdeutlichen und die Dokumentation erleichtern. Existiert ein solches Protokoll, lesen Sie es sich vor der Beobachtung genau durch. Manche Protokolle können während der Beobachtung eingesetzt werden, andere wiederum müssen nach einer Beobachtung ausgefüllt werden. Das folgende Essprotokoll kann z. B. nach einer Mahlzeit von der Bezugspflegeperson ausgefüllt werden.

| Tag | Datum | Mahlzeit | (Fast) nichts | Wenig | Etwa die Hälfte | Fast alles | Alles |
|---|---|---|---|---|---|---|---|
| | | | ○ | ◔ | ◑ | ◕ | ● |
| | | Frühstück | | | | | |
| | | Mittagessen | | | | | |
| | | Abendessen | | | | | |
| | | Sonstiges | | | | | |

*Essprotokoll*

## Interviews

Ein Interview ist eine Befragung durch einen oder mehrere Fragesteller (so genannte Interviewer). Ziel eines Interviews ist, persönliche Informationen oder Sachverhalte zu ermitteln. Bei jedem persönlich geführten Interview gelten alle Regeln allgemeiner ▸ Gesprächsführung (S. 32).

**Interviewtechniken**

Abhängig vom Ziel des Interviews können Sie verschiedene Techniken anwenden. Dabei bewegt sich das Interview zwischen

- ausformulierten Fragen oder offener Gesprächsführung,
- einem bestimmten oder einer breiteren Auswahl von Themen,
- der Aufforderung zum freien Erzählen („Erzählen Sie aus Ihrer Jugend!") oder dem konkreten „Abfragen" bestimmter Inhalte („Wann waren Sie das erste Mal verliebt?") sowie
- konkreten Fakten („Was haben Sie gestern gemacht?") oder freier Interpretation („Welche Bedeutung hatte der gestrige Tag für Sie?").

**Experteninterview**

Ein Experteninterview wird mit einer Person geführt, die mit Hinblick auf ihr berufliches oder allgemeines Wissen als Experte gilt. Davon verspricht sich der Interviewer meist einen Hinweis für eine bestimmte Entscheidung oder zur Lösung eines bestimmten Problems. Als Experten gelten gemeinhin Menschen mit besonderen Abschlüssen (z. B. einer bestimmten Weiterbildung), besonderer Erfahrung (z. B. langjähriger Erfahrung in einem Betrieb) oder mehreren Veröffentlichungen zum Thema (z. B. in Fachzeitschriften).

**Fragebogen**

Fragebögen ermöglichen eine strukturierte, schriftliche Informationssammlung. Bestimmte Fragebögen sind als Unterstützung und Dokumentation von Gesprächen gedacht und werden von der fragenden Person ausgefüllt. Andere Fragebögen können von den Befragten selbstständig ausgefüllt werden. Versichern Sie sich vor dem Einsatz eines Fragebogens, ob der Befragte lesen und schreiben kann und die Sprache bzw. die einzelnen Fragen versteht. Die Antworten in Fragebögen können entweder als freier Text eingefügt werden, oder es gibt verschiedene Antwortmöglichkeiten zum Ankreuzen.

online

Diesen Fragebogen finden Sie unter www.dghev.de → Publikationen und Downloads

## Erkundung

Immer wieder wird es Situationen geben, in denen Sie ein neues Umfeld kennen lernen. Um dieses zu erkunden, ist eine gute Planung im Vorfeld sinnvoll. Viele Orte oder Einrichtungen können Sie im Vorfeld „virtuell“, also im Internet besuchen. Hier finden Sie auch Ansprechpartner und Kontaktadressen. Machen Sie sich im Laufe Ihrer Planung Gedanken dazu,

- wann Sie die Erkundung durchführen wollen,
- mit welchen Verkehrsmitteln Sie in welcher Zeit den Ort erreichen können,
- welche Gegenstände oder Personen für Sie von besonderem Interesse sind und
- welche Fragen Sie wem stellen wollen.

Nehmen Sie einen Notizblock oder Ihr Smartphone mit, um wichtige Informationen festzuhalten. Fragen Sie gezielt nach Informationsmaterial, das Sie mitnehmen dürfen. Um die gewonnen Informationen auch nutzen zu können, sollten Sie sie möglichst schnell auswerten.

## Jetzt sind Sie dran ...

1. Führen Sie in Partnerarbeit eine Beobachtung durch: Beobachten Sie Ihren Partner eine Pause lang und halten Sie Ihre Beobachtungen schriftlich fest. Tauschen Sie danach die Rollen. Werten Sie im Anschluss das Protokoll aus und diskutieren Sie Ihre Ergebnisse.
2. Planen Sie gemeinsam mit Ihrer Lehrerin einen „Erkundungstag“ und suchen Sie sich mehrere Einrichtungen aus, in denen Sie möglicherweise eine Ausbildung absolvieren möchten. Planen und führen Sie die Erkundung in einer Einrichtung in Partnerarbeit durch. Erstellen Sie im Anschluss aus allen Erkundungsergebnissen einen Ordner „Mögliche Ausbildungsbetriebe in der Umgebung“.

# 7.2 Bedürfnisse erkennen

## Bedürfnisse des Menschen

**Was ist ein Bedürfnis?**

Sie kennen mit Sicherheit das Gefühl, unbedingt ein bestimmtes Kleidungsstück besitzen zu wollen oder bei heißem Wetter einen solchen Durst zu verspüren, dass Sie an nichts anderes mehr denken können. Dieses Gefühl nennt man Bedürfnis. Es ist der Wunsch oder das Verlangen, einem körperlichen oder seelischen Mangel Abhilfe zu schaffen. Bedürfnisse sind eine subjektive Empfindung, die unser Leben lenken und leiten und von Außenstehenden nicht immer nachempfunden werden können. Sie können ein Leben lang bestehen, z. B. das Bedürfnis nach Macht oder Leistung, oder zu einem bestimmten Zeitpunkt, z. B. Hunger oder Durst. Um ein bestimmtes Bedürfnis zu befriedigen, entwickeln Menschen bestimmte Verhaltensmuster. Werte und Normen sollen dabei verhindern, dass die Menschen sich gegenseitig Schaden zuführen (z. B. bei Hunger einem anderen Menschen etwas wegzunehmen).

**Die Bedürfnispyramide**

Ein Modell, um die menschlichen Bedürfnisse darzustellen, ist die Bedürfnispyramide. Ihrem Erfinder entsprechend wird sie teilweise auch als „Maslow'sche Pyramide" bezeichnet. In dieser Pyramide können die jeweils höher stehenden Bedürfnisse erst erfüllt werden, wenn die Stufe darunter befriedigt ist. Somit müssen zuerst die körperlichen Bedürfnisse wie Hunger und Durst gestillt werden. Erst dann kann Sicherheit, Dazugehörigkeit/Liebe, Anerkennung und schließlich Selbstverwirklichung erreicht werden. Wie alle Modelle vereinfacht die Bedürfnispyramide die Sicht auf das wirkliche Leben und es gibt hierzu Ausnahmen. Haben Sie nicht auch schon einmal vergessen zu essen, wenn Sie richtig verliebt waren?

## Verbale und nonverbale Kommunikation

Betreuung als ein Teil der Hauswirtschaft bedeutet, die Bedürfnisse seiner Klienten zu erkennen und darauf zu reagieren. Die Basis dafür ist die Kommunikation. Die wesentlichen Grundlagen zur Kommunikation haben Sie ja bereits in ▸ Themenfeld 1 (S. 30) erarbeitet. Im Folgenden erfahren Sie, wie Sie mit Menschen umgehen, die durch Alter oder Krankheit ein anderes Kommunikationsverhalten aufweisen.

**Kommunikation mit Kindern**

Kinder können sich erst ab einem bestimmten Alter verbal verständigen. Bis dahin versuchen Sie mit Mimik und Gestik und einer eigenen Lautsprache ihre Bedürfnisse zu vermitteln. So bringt Ihnen ein zweijähriges Kind z. B. seine Straßenschuhe oder den Ball, um zu zeigen, dass es auf den Spielplatz möchte. Es bedarf einiges Einfühlungsvermögens, ein Kleinkind zu verstehen. Vergewissern Sie sich, dass Sie das Kind richtig verstanden haben: „Du willst also, dass ich Dir noch ein Brötchen schmiere?" Kinder haben zudem ein ziemlich gutes Gespür für Authentizität (Echtheit). Ihnen fällt sehr schnell an unserem Verhalten auf, wenn wir etwas nicht so meinen, wie wir es sagen.

**Kommunikation mit alten Menschen**

Alte Menschen haben ein Leben lang gelernt, ihr Verhalten und ihre Bedürfnisse zu kontrollieren. Gerade ältere Frauen neigen dazu, sich sehr zurückzunehmen. Es erscheint ihnen unhöflich, ihre Bedürfnisse zu sehr hervorzuheben. Manchmal können Sie jedoch an der Mimik erkennen, dass das Gesagte nicht unbedingt mit den Gefühlen übereinstimmt. „Gehen Sei ruhig nach Hause, ich wünsche Ihnen einen schönen Nachmittag mit Ihrer Familie", mag freundlich gemeint sein. Der traurige Gesichtsausdruck signalisiert aber das Bedürfnis nach Gesellschaft. Auch Schmerzen können sich im Gesicht oder an der Körperhaltung eher zeigen, als sie von den Betroffenen verbal ausgesprochen werden. Ermuntern Sie in diesen Momenten die Person dazu, Ihre Gefühle zu verbalisieren. Zeigen Sie Geduld und Verständnis, wenn es etwas länger dauert, bis Ihr Gegenüber sein Anliegen formuliert oder seine Geschichte erzählt hat.

**Kommunikation mit hör- und seheingeschränkten Menschen**

Menschen mit Hörbehinderungen haben häufig gelernt, die nonverbale Kommunikation für sich zu nutzen. So ist die Gebärdensprache oder das Lippenablesen für Menschen mit Hörbehinderungen eine gebräuchliche Form, Informationen von anderen Menschen aufzunehmen. Auch kann es hilfreich sein, bestimmte Sichtzeichen (z. B. das An- und Ausschalten des Lichts) zu vereinbaren, wenn Sie in das Zimmer eintreten, da das Anklopfen nicht gehört wird. Für Sehbehinderte oder blinde Menschen ist das Gegenteil der Fall. Sie können nonverbale Signale nur schlecht oder gar nicht aufnehmen. Denken Sie z. B. daran, wenn Sie eine Frage nur mit einem Kopfschütteln beantworten – der sehbehinderte Mensch ist darauf angewiesen, dass Sie das „Nein" laut aussprechen.

**Kommunikation mit kognitiv eingeschränkten Menschen (z. B. bei einer Demenz)**

Demenzerkrankungen führen dazu, dass Teile des Gehirns abgebaut werden und die betroffenen Menschen in ihren geistigen Fähigkeiten zunehmend eingeschränkt sind. Dies führt nicht selten dazu, dass sie „ihre Sprache verlieren". In den ersten Krankheitsphasen kann es z. B. zum Vertauschen von Wörtern oder Wortfindungsstörungen kommen, später auch zum Ausfall der verbalen Sprache. Menschen mit Demenz leiden sehr darunter, dass sie ihre Bedürfnisse nicht mehr ausdrücken können. Die Mimik bleibt in der Kommunikation jedoch ein zuverlässiger Partner. Freude, Trauer, aber auch Schmerz können Sie im Gesicht erkennen.

## Förderaktivitäten

### Begleiten, zuhören und erzählen

Betreuen Sie Menschen in ihrem häuslichen Umfeld, sind Sie als hauswirtschaftlicher Dienstleister häufig der einzige soziale Kontakt. Daher ist es äußerst wichtig, dass Sie neben den Ihnen übertragenen Aufgaben, wie z. B. einer Grundreinigung, ein offenes Ohr für die Sorgen und Nöte Ihres Klienten haben. Erzählen Sie auch ruhig von „draußen“: Die Beschreibung des Wetters, der Straßenbauarbeiten vor dem Haus oder die Schlagzeile aus dem Lokalteil können immobilen (in der Bewegung eingeschränkten) Menschen ein Gefühl der gesellschaftlichen Teilhabe geben.

*Im Alltag mithelfen – je nach den persönlichen Fähigkeiten und Vorlieben – kann für Bewohner sehr sinnvoll sein.*

### Einbeziehen in hauswirtschaftliche Tätigkeiten

Frauen, die ihr Leben lang für den Haushalt bzw. die Versorgung ihrer Familie verantwortlich waren, erfahren durch das Weiterführen hauswirtschaftlicher Tätigkeiten Selbstbestätigung. Dem traditionellen Rollenbild von Männern entspricht eher das Arbeiten in Garten. Erfragen Sie dies und beziehen Sie Ihre Klienten auf Wunsch ruhig in Ihre Arbeiten mit ein. Überlegen Sie, welche Arbeiten angemessen sind. So kann eine gehbehinderte Frau im Sitzen Kartoffeln schälen oder ein durch einen Schlaganfall halbseitig gelähmter Mann nichtlagerfähige Äpfel aussortieren.
Kinder, insbesondere ab zwei oder drei Jahren, haben ein großes Interesse an hauswirtschaftlichen Tätigkeiten. Beziehen Sie das Kind mit ein, indem Sie es z. B. den Teig rühren oder mit einem Tuch den Staub in den unteren Regalen entfernen lassen.

*Das Spiel „Mensch, ärgere dich nicht“ gibt es auch mit großen Spielfiguren, sodass auch Menschen mit einer eingeschränkten Feinmotorik die Steine gut greifen können.*

### Spielen

Wenn Sie in der Alltagsbetreuung eingesetzt oder privat angestellt sind, können Sie die Fähigkeiten Ihrer Klienten spielerisch fördern. Möchten Sie mit Kindern spielen, geben die Altersangaben auf den Spielen eine gute Richtschnur, welches Spiel geeignet ist. Fragen Sie aber auch ruhig das Kind, welches Spiel es besonders mag. Einigen Sie sich im Vorfeld auf die Regeln, damit es keinen Streit gibt. Möchten Sie mit älteren oder pflegebedürftigen Menschen ein Gesellschaftsspiel spielen, achten Sie darauf, dass Sie die motorischen und geistigen Ressourcen nutzen und vorhandene Defizite umgehen (z. B. können zu kleine Mensch-ärgere-Dich-nicht-Figuren für zittrige Hände schlecht zu greifen sein – spielen Sie ein anderes Spiel oder versuchen Sie, größere Figuren zu bekommen).

**Infobox**

Als **Ressourcen** bezeichnet man in sozialen und pflegerischen Berufen die Möglichkeiten, die ein Mensch besitzt, um seinen Alltag zu gestalten. Als **Defizite** oder auch Probleme bezeichnet man die fehlenden Fähigkeiten zur Alltagsbewältigung. Die **Ressourcenorientierung** ist ein weit verbreiteter Ansatz, nach dem die Ressourcen und nicht die Defizite eines Klienten im Vordergrund stehen sollen. Die Förderung von vorhandenen Ressourcen spielt somit eine große Rolle.

### 10-Minuten-Aktivierung

Die 10-Minuten-Aktivierung trainiert durch regelmäßig wiederholte Übungen das Langzeitgedächtnis. Sie wird hauptsächlich in der Betreuung von Menschen mit Demenz eingesetzt und ist nur wirkungsvoll, wenn sie täglich stattfindet. Die Übung eignet sich insbesondere für Menschen mit einer beginnenden Demenz. Für die 10-Minuten-Aktivierung füllen Sie einen Beutel oder eine Kiste mit täglich wechselnden Gegenständen. Dadurch setzen Sie Erinnerungsimpulse. Dann fragen Sie mit einfachen Sätzen nach dem Namen, der Farbe, dem Material usw. des Gegenstands in Ihrer Hand. Lassen Sie Ihr Gegenüber auch ruhig die Gegenstände erspüren. Wenn Sie diese Aktivierungsform ein wenig abwandeln, ist sie auch eine gute Technik, um die Sprachkompetenz bei Kindern zu fördern: Lassen Sie das Kind die Gegenstände benennen, fragen Sie nach Formen und Farben und lassen Sie es (je nach Alter) eine kurze Geschichte zu jeweils zwei oder mehr Gegenständen erfinden.

- Wäscheklammern
- Postkarten, Bilder
- alte Spielzeugautos oder Fahrräder
- Spitzendeckchen, Strick- und Nähzeug
- Knöpfe, alte Kochgeräte
- Materialien aus dem Puppenhaus, die realistisch nachgebaut sind (z. B. ein Herd)
- große Schrauben
- Plastikblumen
- Puppen
- Stofftiere

*Mögliche Materialien für eine 10-Minuten-Aktivierung*

### Beschäftigungsangebote anderer Anbieter

Das Angebot von Betreuungs- und Hilfediensten unterscheidet sich stark zwischen den einzelnen Kommunen und Regionen. Grundsätzlich muss man unterscheiden zwischen kostenfreien Angeboten durch meist ehrenamtliche Mitarbeiter, kostenpflichtige Angebote, die von Pflege- oder Krankenkassen übernommen werden, und kostenpflichtigen Angeboten, die der Klient selbst zu tragen hat. Weiterhin muss im Vorfeld geklärt werden, wie die Angebote erreichbar sind, ggf. muss ein Transportdienst mit einbezogen werden. Für diese Fragen sind in der Regel die Sozialarbeiter eines Pflegedienstes oder auch Pflegefachkräfte zuständig, die z. B. bei der Antragsstellung Hilfe leisten können. Beispiele für Förder- und Betreuungsangebote sind:

- Seniorendienste, häufig von Kirchengemeinden oder Wohlfahrtsverbänden, unterstützen mit ehrenamtlich Tätigen ältere Menschen.
- Seniorencafés bieten Zeitvertreib in Seniorengruppen, z. B. Heimatabende oder Tanztees.
- Vereine bieten vielfältige Möglichkeiten, sich sportlich oder musikalisch zu betätigen. In der Regel gibt es auch altersgetrennte Angebote, z. B. für Kleinkinder oder Senioren.
- Manche Pflegeheime bieten ihre Dienste auch für „externe" Klienten an. Hierzu gehören neben der Tagespflege auch Freizeitangebote sowie die Teilnahme an den Mahlzeiten in der Einrichtung.

## Jetzt sind Sie dran ...

1. Erkundigen Sie sich nach Angeboten für Senioren oder Pflegebedürftige in Ihrer Region. Erstellen Sie in Ihrer Klasse einen Katalog mit Angaben zu Kontaktadressen, Zeiten und Kosten.
2. Stellen Sie in Partnerarbeit eine Kiste zur 10-Minuten-Aktivierung zusammen. Erproben Sie die Kiste in einem ▸ Rollenspiel und werten Sie Ihre Erfahrungen im Anschluss im Plenum aus.

# 7.3 Menschen in unterschiedlichen Lebenssituationen begleiten

*Am Beispiel eines Gartenschlauchs und Oscar – links im Alter von 6 Monaten, rechts im Alter von 4 1/2 Jahren – kann man gut die rasante körperliche Entwicklung nachvollziehen, die Kinder in den ersten Lebensjahren erfahren.*

## Entwicklung des Menschen

**Gesunde körperliche Entwicklung**

Jedes Kind entwickelt sich individuell unterschiedlich, die folgenden Angaben sind als Richtwerte zu verstehen. Die körperliche Entwicklung lässt sich wohl am besten sehen. Hat man den kleinen Cousin ein halbes Jahr nicht gesehen, wird jedem der Satz „Oh, ist der aber groß geworden“ herausrutschen. Mit dem Längenwachstum verändern sich auch die Körperproportionen.

**Gesunde sensomotorische Entwicklung**

Das Zusammenspiel von sensorischen (Wahrnehmen von Sinneseindrücken) und motorischen Leistungen (Bewegung) ermöglicht die Steuerung und Kontrolle des Körpers. Insbesondere im ersten Lebensjahr vollziehen Kinder eine enorme Entwicklung.

**Sensomotorische Entwicklung im ersten Lebensjahr**

**2. Lebensmonat**
Der Säugling hört und sieht zunehmend zielgerichtet.
Das Lächeln als Reaktion auf Zuwendung beginnt sich auszuprägen.

**3. Lebensmonat**
Der Säugling wendet sich Umweltreizen intensiver zu, wie z. B. Schall- und Lichtquellen.
Er kann Gesichter erkennen, greift nach Gegenständen und führt sie zum Mund.

**6.–7. Lebensmonat**
Mit dem Sitzen und dem Kriechen gewinnt der Säugling neue Perspektiven.
Er unterscheidet vertraute von fremden Menschen.

**8.–12. Lebensmonat**
Das Kind erlernt den Gebrauch von Werkzeug und zieht gezielt Gegenstände zu sich her.

### Gesunde Sprachentwicklung

Die Sprachentwicklung wird stark von der Umwelt geprägt. Kinder verstehen Sprache sehr viel früher, als sie selbst sprechen können.

Der Anfang des Sprechens

| Stufe der Sprachentwicklung | Alter (circa) | Erläuterung |
|---|---|---|
| Schreiperiode | bis zum 3. Monat | Säuglinge verfügen über sieben Varianten des Schreiens, z. B. für Hunger oder Langeweile |
| Lallmonologe | 6 Monate bis 1 Jahr | Aneinanderreihung von Silben, z. B. „Dadada“ |
| Einwortsätze | 1 bis 1½ Jahre | mit einem Wort wird ein ganzer Satz ausgedrückt, z. B. „Ball“ für „Ich will den Ball haben“ |
| Zwei- und Mehrwortsätze | 1½ bis 2 Jahre | Wörter werden aneinandergereiht; erstes Fragealter |
| Auf- und Ausbau | 2 bis 3 Jahre | einfache Satzgefüge entstehen, Grammatik wird immer besser, zweites Fragealter |
| Festigung | 3 bis 4 Jahre | Grammatik wird sicherer, Sätze werden umfangreicher |
| vollständige Beherrschung | 4 bis 5 Jahre | Grammatik und Wortschatz werden beherrscht |
| Verfeinerung | 5 bis 6 Jahre | Sprache wird perfektioniert |

### Gesunde geistige Entwicklung

Die geistige (kognitive) Entwicklung beschreibt den Erwerb der Fähigkeiten „zu erkennen“ und „zu lernen“ bzw. „zu verstehen“ und „zu denken“. Wie alle anderen Entwicklungen auch verläuft diese allmählich, in einem individuellen Tempo und in aufeinander aufbauenden Schüben.

### Gesunde psychosoziale Entwicklung

Die psychosoziale Entwicklung umfasst die Entwicklung von Emotionen, Moral und Persönlichkeit. Sie beginnt bereits kurz nach der Geburt mit dem ersten Blickkontakt zur Mutter. In den weiteren Lebensjahren lernen Kinder, ihre Gefühle auszudrücken und zu kontrollieren. Parallel dazu erfolgt die moralische Entwicklung, bei der Kinder und Jugendliche lernen, Rücksicht auf andere zu nehmen und Entscheidungen nicht nur zum eigenen Wohl zu fällen. Die Persönlichkeitsentwicklung dauert bis zur Pubertät, in der die Jugendlichen ihre eigene Identität entwickeln.

## Jetzt sind Sie dran ...

1. **Informieren Sie sich im Internet, z. B. bei der Bundeszentrale für gesundheitliche Aufklärung, über die Kindervorsorgeuntersuchungen. Erstellen Sie in Gruppenarbeit ein ▸ Plakat, auf dem Sie den Zeitpunkt und das Ziel der jeweiligen Vorsorgeuntersuchung festhalten. Diskutieren Sie in der Klasse die Notwendigkeit der Vorsorgeuntersuchungen.**
2. **Bringen Sie von zu Hause vier bis fünf Fotos aus Ihrem ersten Lebensjahr mit. Beschreiben Sie in Partnerarbeit, welche Entwicklungsschritte Sie auf diesen Fotos erkennen können und tauschen Sie sich über Gemeinsamkeiten und Unterschiede aus.**

online

www.kindergesundheit-info.de

Online-Portal der Bundeszentrale für gesundheitliche Aufklärung zur Förderung der Gesundheit und Entwicklung von Kindern

# Förderung und Störung des Entwicklungsprozesses

*Eigenständige Bewegungsmöglichkeiten sind für die gesamte Entwicklung von Kindern von großer Bedeutung.*

*Spezielle Bewegungsspiele können kleine Defizite in der motorischen Entwicklung ausgleichen.*

*Gemeinsam in Büchern zu lesen macht Spaß.*

**Einflüsse auf die Entwicklung**

Jeder Mensch entwickelt sich zu einem einzigartigen Individuum. Die Ursachen dafür sind unterschiedliche Faktoren, die das Aufwachsen des Kindes, des Jugendlichen und des Erwachsenen beeinflussen. Das sind

- genetische Anlagen (Erbanlagen),
- Umwelteinflüsse und
- der eigene Wille, also die Selbststeuerung.

Durch diese Einflüsse bilden sich individuelle Fähigkeiten und Verhaltensweisen heraus.

**Körperliche Entwicklung**

Damit der Körper seinem „genetischen Plan“ entsprechend wachsen kann, benötigt er ausreichende Nährstoffe in der richtigen Zusammensetzung. In den ersten Lebensmonaten haben Muttermilch oder Muttermilchersatzprodukte genau die richtige Zusammensetzung für das rasante Wachstum. Später sollte die Ernährung von Kindern den allgemeinen ▸ Empfehlungen für eine gesunde Ernährung (S. 66) folgen. Treten Störungen in der körperlichen Entwicklung auf, sollte ein Arzt die Ursachen ermitteln und ggf. eine Behandlung einleiten.

**Motorische Entwicklung**

Kinder verfügen von Geburt an über einen starken Bewegungsdrang. Sind die Bewegungen zuerst noch unkoordiniert, erlernen die Kinder zunehmend, ihren Körper zu kontrollieren. Für eine gesunde motorische Entwicklung benötigen Kinder ausreichend Möglichkeiten zur Bewegung. Dabei sollten sie sich frei ausprobieren können – ein Kind darf ruhig auch mal hinfallen, wenn es etwas Neues versucht.

Die motorische Entwicklung kann verzögert sein. In diesen Fällen benötigen Kinder zusätzliche Unterstützung, z.B. durch Physio- oder Ergotherapie. Dort lernen die Kinder und ihre Eltern spezielle Übungen zur Verbesserung der Motorik. Manche Entwicklungsstörungen haben ihre Ursache in bestimmten Erkrankungen, die gut oder auch nicht so gut behandelbar sind. In diesen Fällen ist es für die Entwicklung der Kinder besonders wichtig, ihre besonderen Fähigkeiten in anderen Bereichen herauszustellen, um für ein gesundes Selbstbewusstsein zu sorgen.

**Geistige Entwicklung**

Auch die geistige Entwicklung von Kindern verläuft nach einem bestimmten Schema, aber in sehr unterschiedlichem Tempo. Ein anregendes Umfeld ist für die gesunde geistige Entwicklung von großer Bedeutung. Der Erfolg besonderer Förderprogramme für die Allerkleinsten ist jedoch umstritten. Kinder benötigen neben der Begegnung mit anderen Kindern hinreichende Erholungsmöglichkeiten sowie eine gesunde Ernährung. Freies Spiel und ausreichende Bewegungsmöglichkeiten unterstützen die geistige Entwicklung.

Störungen in der geistigen Entwicklung können auf mangelnde Umweltreize (Deprivation) oder auf organische Schädigungen des Gehirns (z. B. durch Unfälle, Erkrankungen, Sauerstoffmangel bei der Geburt, Alkoholkonsum in der Schwangerschaft) zurückzuführen sein. Bei geringen Störungen können Eltern und Erzieher in Zusammenarbeit mit Therapeuten die Entwicklung zielgerichtet fördern. Bei stärkeren Schäden kommt möglicherweise auch dem Ausgleich von ▸ Defiziten (S. 192) in der Alltagsbewältigung eine starke Bedeutung zu.

**Sprachentwicklung**

Der Spracherwerb bei Kindern ist ein komplexes Zusammenspiel. Am besten können Eltern und Bezugspersonen die Sprachentwicklung unterstützen, indem sie viel mit dem Kind sprechen, Lieder und Gedichte aufsagen oder vorlesen. Der Einsatz von Medien, wie z. B. Hör-CDs oder Filmen, ist als Ersatz nicht zu empfehlen, da die Kinder nur einseitig gefordert sind – sie können keine Fragen stellen und ihr Gegenüber reagiert nicht auf mögliche Zeichen von Überforderung. Störungen in der Sprachentwicklung können organische Ursachen haben (z. B. Hörschwäche durch vergrößerte Gaumenmandeln, Verwachsungen am Kehlkopf), aber auch durch psychosoziale Faktoren ausgelöst werden (z. B. Vernachlässigung, übertrieben autoritäre Erziehung). Professionelle Unterstützung bieten Logopäden.

**Psychosoziale Entwicklung**

Kinder lernen erst langsam, ihren Platz in der Gesellschaft zu finden. Dazu nutzen sie das Spiel und den Austausch mit Gleichaltrigen, aber auch mit engen ▸ Bezugspersonen (S. 198). Sie müssen lernen, Beziehungen aufzubauen, nachzugeben oder sich durchzusetzen, zu teilen und zu geben, aber auch schädliche Verhaltensweisen zu vermeiden. Die Bezugspersonen vermitteln ihnen dabei Sicherheit. Auffälliges Sozialverhalten sollte analysiert und gemeinsam mit Eltern, Pädagogen und ggf. Therapeuten besprochen werden.

## Jetzt sind Sie dran ...

1. Laden Sie eine Physiotherapeutin in den Unterricht ein und führen Sie ein ▸ Experteninterview zu
   a. gesunden Bewegungsabläufen bei Kindern
   b. möglichen Störungen der Entwicklung und
   c. Übungen, die die motorische Entwicklung von Kindern fördern können.
2. Erstellen Sie nun in Gruppenarbeit einen Leitfaden zur Förderung der motorischen Entwicklung von Kleinkindern. Nutzen Sie dazu auch das Internet.

*Eine stabile Beziehung zu Bezugspersonen, das Spielen mit anderen Kindern sowie ausreichende Bewegungsmöglichkeiten sind die Grundlagen jeder Entwicklungsförderung.*

## Grundlagen der Erziehung

### Was ist Erziehung?

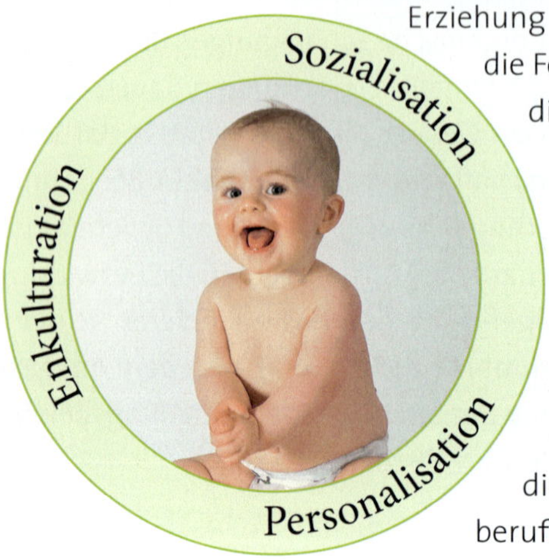


Erziehung ist die Förderung der Entwicklung eines Menschen und die Formung eines Charakters. Im Alltag versteht man unter diesem Begriff häufig die Kindererziehung, bei der absichtlich und bewusst Verhaltensweisen durch bestimmte Maßnahmen herbeigeführt werden sollen. Die Wissenschaft, die sich mit Erziehung beschäftigt, heißt Pädagogik. Entsprechend ihrer vielfältigen Zielgruppen unterscheidet man sie z. B. in Frühpädagogik (Klein- und Kindergartenkinder), Elementarpädagogik (Grundschulkinder) oder auch Erwachsenenpädagogik, die sich z. B. mit Themen wie lebenslangem Lernen oder beruflicher Weiterbildung beschäftigt.

Die Erziehung des Menschen verfolgt drei zentrale Ziele:

- das Hineinwachsen in eine bestimmte Kultur (Enkulturation)
- die Anpassung an die Gesellschaft (Sozialisation)
- die Entwicklung der Persönlichkeit (Personalisation)

Man unterscheidet zwischen einer beabsichtigten und zielgerichteten Erziehung (intentionale Erziehung) sowie der unbewussten Erziehung, die aus einer Situation heraus geschieht (funktionale Erziehung).

### Bezugspersonen sind Voraussetzung der sozialen Entwicklung

Als Bezugspersonen bezeichnet man die Menschen, zu denen ein Mensch ein besonderes Vertrauen hat. Dieses Vertrauen basiert auf Verlässlichkeit, Zuneigung und häufig auch auf der Zeit, die der Mensch mit dieser Person verbringt. Die natürlichen Bezugspersonen eines Kindes sind seine Eltern oder aber Menschen, die die Elternfunktion übernommen haben. Im Laufe der Entwicklung werden weitere Bezugspersonen in das Leben eines Kindes kommen. Das können nahe Angehörige, Freunde oder Nachbarn der Familie sein, aber auch die Erzieherin im Kindergarten, der Grundschullehrer oder die Judotrainerin. Je fester und sicherer die Bindung zu einzelnen Bezugspersonen ist, desto stabiler ist die soziale Entwicklung. Bei Jugendlichen gewinnen Gleichaltrige als Bezugspersonen an Bedeutung. In diesem Zusammenhang spricht man auch von „Peergroups“, die einen großen Einfluss auf die Entwicklung in dieser Lebensphase haben.

**Erziehungsstile**

Noch vor einem Jahrhundert war Erziehung davon geprägt, dass Kinder ihren festen Platz in der Gesellschaft erlernen mussten. Sie sollten „funktionieren“. Mit der Veränderung der Gesellschaft hin zu mehr Mitbestimmung des einzelnen Menschen entwickelten sich auch zunehmend andere Vorstellungen darüber, wie Kinder erzogen werden. Heute unterscheidet man drei wesentliche Erziehungsstile, die in der Praxis selten in Reinform, sondern eher als Mischformen auftreten:

- Der **autoritäre Erziehungsstil** ist von starker Kontrolle über das Kind geprägt. Das Kind führt nur das aus, was ihm gesagt wird, und soll keine Eigeninitiative entwickeln. Sogenanntes Fehlverhalten wird bestraft.
- Der **demokratische Erziehungsstil** basiert auf gemeinsamen Entscheidungen von Kindern und Erwachsenen. Die Interessen des Kindes finden genauso Berücksichtigung wie die des Erwachsenen. Kindern wird „auf Augenhöhe“ begegnet und gemeinsam nach Regeln und Lösungen gesucht.
- Der **Laissez-faire-Stil** überlässt dem Kind die Verantwortung für sein Handeln. Die Beziehung zum Kind ist eher neutral und unpersönlich, es gibt weder Lob noch Tadel.

**Erziehungsmaßnahmen**

Eigentlich lassen sich keine allgemein gültigen Erziehungsmaßnahmen nennen. Erziehungsmaßnahmen müssen immer sowohl zum Kind als auch zur erziehenden Person und der entsprechenden Situation passen. Als grundlegendes Prinzip gilt jedoch immer: Erziehung ist gewaltfrei. Folgende Anregungen können bei der Auswahl von geeigneten Erziehungsmaßnahmen hilfreich sein:

- Kinder können von alleine die Folgen (Konsequenzen) ihres Handelns nicht absehen. Dies trifft insbesondere auf Konsequenzen zu, die in entfernter Zukunft liegen. Möchten Sie also, dass sich das Kind eine bestimmte Verhaltensweise abgewöhnt, müssen Sie auf kurzfristige Konsequenzen verweisen oder das Kind immer wieder daran erinnern.
- Kinder lernen hauptsächlich am Modell. Die Erziehenden sind also die Vorbilder, denen im Zweifel alles nachgeahmt wird. Sagt der Vierjährige zu seinem Papa „Entweder ich bekomme jetzt sofort ein Brötchen, oder es setzt was!“, bekommt der Vater in diesem Moment einen Spiegel vorgehalten.
- Kinder müssen erst lernen, Frustrationen auszuhalten und Bedürfnisse aufzuschieben. Diese Fähigkeiten müssen regelmäßig geübt werden und können nicht erworben werden, wenn Kinder alles (Materielle) bekommen, was sie wollen.
- Kinder benötigen feste Regeln und verlässliche Partner. Erarbeiten Sie mit Kindern ein Regelwerk aus wenigen, Ihnen als Familie oder Gruppe wichtigen Regeln. Legen Sie auch die Konsequenzen fest, die aus Nichteinhalten der Regeln folgen. Nun muss sich das Kind darauf verlassen können, dass sich alle an diese Regeln halten oder die dementsprechenden Konsequenzen in Kauf nehmen müssen.
- Begegnen Sie Ihrem Kind auch bei Regelverstößen oder unangemessenem Verhalten mit Respekt, aber bleiben Sie authentisch (echt). Sicher ist eine Mutter nach einem 14-Stunden-Tag furchtbar genervt, wenn die 3-jährige Tochter einen Trotzanfall bekommt. Sie sollte aber niemals vergessen, dass sie als Erwachsene bereits gelernt hat, mit ihren Gefühlen umzugehen.

## Menschen in unterschiedlichen Lebensphasen

### Kinder und Jugendliche

Kinder und Jugendliche genießen in unserer Gesellschaft einen besonderen Schutz und sollen die Möglichkeit haben, sich möglichst frei zu entfalten. Dazu gehört ein ausgewogenes Verhältnis zwischen Lernen und Freizeitgestaltung. Gesetze geben Kindern das Recht auf eine gewaltfreie Erziehung oder schützen Jugendliche vor übermäßiger Erwerbstätigkeit. Ebenso wacht der Gesetzgeber über den Suchtmittel- und Medienkonsum von Jugendlichen, indem z.B. die Abgabe von Tabak oder bestimmten Filmen und Computerspielen an unter 18-Jährige verboten ist.

Für Kinder und Jugendliche gibt es in Deutschland eine Vielfalt an pädagogischen Einrichtungen, von denen einige auch hauswirtschaftliche Betätigungsfelder bieten.

*Anhand des „Hämmerchen-Spiels" können Kinder motorische Fähigkeiten sowie methodische und soziale Kompetenzen erwerben und ihrer Kreativität freien Lauf lassen. Durch die Auseinandersetzung mit Farben und Formen schulen sie bereits erste mathematische Fähigkeiten.*

Die **frühkindliche Bildung** dient u.a. der Förderung der Entwicklung von Sprache und Motorik (Bewegung), sozialer Kompetenzen, aber auch Alltagskompetenzen wie das Essen mit Besteck. Kleine Kinder können ab zwei Monaten in Krabbelgruppen, Kinderkrippen, Tagespflegestellen oder entsprechend ausgerichteten Kindertagesstätten betreut werden. Ab dem Alter von 3 Jahren haben Eltern einen Rechtsanspruch auf einen Kindergartenplatz.

Zwischen dem 5. und 7. Geburtstag werden die Kinder eingeschult. In Deutschland herrscht Schulpflicht. In der **Grundschule** lernen die Kinder in den ersten Jahren die grundlegenden Kulturtechniken wie Lesen, Schreiben und Rechnen. Darüber hinaus bieten viele Schulen oder eigene Träger in Horten eine Nachmittagsbetreuung für Kinder an. Ab der 5. oder 7. Klasse erwerben Jugendliche weiterführende Kenntnisse z.B. in Fremdsprachen und Naturwissenschaften, die sie auf ihre berufliche Laufbahn vorbereiten sollen.

Nach einem **Schulabschluss** in der 9. oder 10. Klasse können Schüler entweder eine berufliche Ausbildung beginnen, in einem der zahlreichen berufsvorbereitenden Bildungsgänge ihre Schulkenntnisse vertiefen oder das Abitur erlangen. Dieses ist nötig, um an einer Hochschule oder Universität zu studieren.

*Die meisten Kinder genießen in der Schule die Gemeinschaft mit anderen Kindern und die Möglichkeit, Neues lernen zu können.*

Zusätzlich zu dem staatlichen Schulangebot gibt es vielseitige Angebote von Vereinen, Elterninitiativen und verschiedenen privaten oder öffentlichen Trägern, die verschiedene Kurse vor allem für die **Freizeitgestaltung** anbieten (z.B. Sportverein, Musikschule, Jugendzentren).

### Menschen im jungen und mittleren Erwachsenenalter

In diesem Lebensabschnitt steht für viele Menschen das berufliche und familiäre Leben im Mittelpunkt. Mit der Familiengründung und möglichen eigenen Kindern verändert sich das Leben nachhaltig und ist von Verantwortung dem Lebenspartner oder der Lebenspartnerin oder den eigenen Kindern gegenüber geprägt. Die Vorstellungen über die Gestaltung des beruflichen und familiären Lebens sind dabei von unterschiedlichen Werten geprägt. Diese beeinflussen Entscheidungen über Kindererziehung oder Haushaltsgestaltung. Manche Familien benötigen Hilfen im Haushalt. Bei entsprechenden Einkommen können sie selber z. B. eine Hauswirtschafterin einstellen. Einrichtungen der Familienhilfe unterstützen Familien, die kurz- oder mittelfristig auf Grund persönlicher Krisen nicht in der Lage sind, den Haushalt oder die Kinderbetreuung zu bewältigen.

### Menschen im höheren und hohen Erwachsenenalter

Mit dem Eintritt ins Rentenalter (heute im Durchschnitt mit 62 Jahren) spricht man landläufig von Senioren oder Rentnern. Im offiziellen Sprachgebrauch unterscheidet man zwischen Menschen im höheren Erwachsenenalter (65–80 Jahre) und Menschen im hohen Erwachsenenalter (über 80 Jahre). Der Anteil der Menschen in diesen Lebensphasen hat in den vergangen Jahrzehnten erheblich zugenommen. Man spricht vom „demografischen Wandel". Auch wenn mit zunehmendem Alter das Risiko steigt zu erkranken, ist der Großteil der Menschen im höheren Erwachsenenalter rüstig und versorgt sich alleine. Je älter die Menschen jedoch werden, desto größer ist auch die Wahrscheinlichkeit, dass sie Unterstützung bei den Alltagsverrichtungen benötigen. Diese können sie sowohl zu Hause (ambulant) als auch in entsprechenden Einrichtungen (z. B. betreutes Seniorenwohnen oder Pflegeheimen) erhalten.

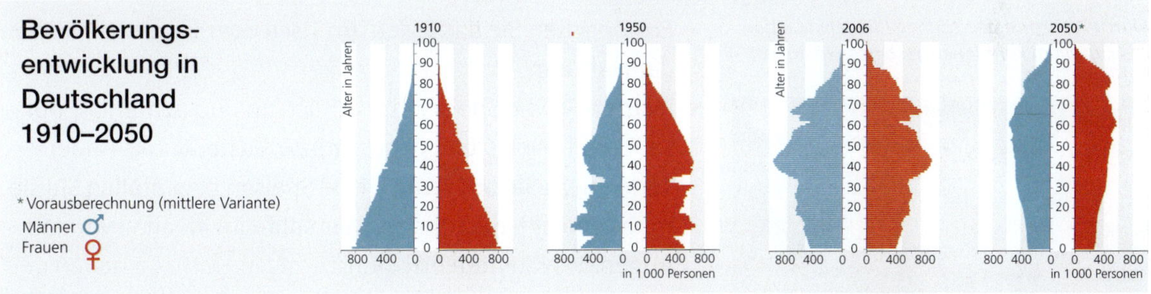


## Jetzt sind Sie dran ...

1. Suchen Sie sich in Gruppenarbeit eine der drei genannten Lebensphasen aus und gestalten Sie ein ▸ Plakat über die Alltagsgestaltung einer entsprechenden Person sowie die möglichen hauswirtschaftlichen Unterstützungsfelder.
2. Suchen Sie sich eine Person aus Ihrem privaten Umfeld aus, ordnen Sie diese einer entsprechenden Lebensphase zu und führen Sie ein ▸ Interview mit ihr über ihre persönlichen Wertvorstellungen, z. B.: Was ist ihr wichtig im Leben? Wie sieht ein idealer Tagesablauf aus? Vergleichen Sie im Plenum die Ergebnisse Ihrer Interviews und halten Sie Gemeinsamkeiten und Unterschiede der jeweiligen Lebensphasen fest.

*Stellt man den Anteil der Menschen in ihrem jeweiligen Lebensalter grafisch dar, ähnelte diese Darstellung über viele Jahrzehnte einer Pyramide: Es gab viele junge Menschen und wenige alte Menschen (links). Heute ist dieses Bild verschoben und der Trend hält an: Ältere Menschen werden immer älter, weniger Kinder werden geboren; die Grafik ähnelt eher einem Baum (rechts).*

## Alltagsverrichtungen unterstützen

Das Ziel hauswirtschaftlicher Betreuung ist ein weitgehender Erhalt bzw. die Förderung der Selbstständigkeit der betreuten Personen. Dazu gehört die Förderung des Wohlbefindens durch soziale Kontakte und Kommunikation im Alltagsleben sowie die Unterstützung bzw. Übernahme von Alltagsverrichtungen. Körpernahe Unterstützung erfolgt in der Regel durch Pflegefachkräfte bzw. in Absprache mit ihnen.

**Tagesstrukturierende Maßnahmen**

Der Tag kann sowohl im häuslichen Umfeld als auch in betreuten Wohneinrichtungen durch bestimmte Tätigkeiten und Rahmenbedingungen strukturiert werden. Dazu gehören zu festen Zeiten angebotene Mahlzeiten, verlässliche Freizeitangebote und Ruhezeiten. Eine Abwechslung aus körperlicher und geistiger Betätigung führt zu einer ausgeglichenen Gemütslage, feste Routinen geben Halt und Orientierung.

*Durch Farbkontraste können Pflegebedürftige die einzelnen Komponenten besser erkennen.*

*Ein schön eingerichteter Speisesaal sowie die Gesellschaft von anderen Menschen wirken appetitanregend.*

**Unterstützung bei den Mahlzeiten**

Die meisten Menschen ziehen es vor, in Gesellschaft und zu bestimmten Tageszeiten zu essen. Sind sie auf Hilfe angewiesen, kann es passieren, dass bestimmte Rahmenbedingungen (z. B. Lieferzeiten von „Essen auf Rädern") die Gewohnheiten durchbrechen. Umso wichtiger ist es, mit kleinen Handgriffen eine essförderliche Umgebung zu schaffen:

- Sorgen Sie für eine aufgeräumte und gelüftete Raumumgebung. Dekorieren Sie den Essplatz z. B. mit einer kleinen Blume oder Serviette.
- Ermöglichen Sie das Essen am Tisch oder in aufrecht sitzender Haltung.
- Richten Sie die Speisen appetitlich an und achten Sie auf saubere Tabletts und Geschirr bzw. Besteck.
- Zerkleinern Sie auf Wunsch die Speisen bzw. stellen Sie sie mundgerecht zusammen. Dies sollte im Idealfall vor den Augen des Klienten erfolgen.
- Setzen Sie in Absprache mit der Pflegefachkraft geeignete Hilfsmittel ein, um möglichst lange die Selbstständigkeit zu erhalten, z. B. Spezialbesteck.
- Achten Sie auf Ihre Sprache: Vermeiden Sie verniedlichende Wörter aus der Kleinkindsprache wie „füttern", „Lätzchen" oder gar gut gemeinte Motivationsversuche wie „Noch ein Löffelchen für Annegret!".

Kinder benötigen in der Regel keine spezielle Kost. Eine Teilhabe an den allgemeinen Mahlzeiten fördert die Entwicklung. Säuglinge und Kleinkinder benötigen beim Füttern die körperliche Nähe sowie Blickkontakt zur Bezugsperson. Beziehen Sie Kinder in die Herstellung von Speisen sowie das Ein- und Abdecken des Tisches mit ein. So können sie eine gesunde Esskultur kennen lernen.

**Unterstützung bei der Bewegung**

Menschen können auf Grund bestimmter Erkrankungen oder des Alters Unterstützung bei bestimmten Bewegungsabläufen benötigen. Berücksichtigen Sie dabei folgende Grundprinzipien:

- Solange eine Person sich selbstständig bewegen kann, sollte sie dies tun, auch wenn dies länger dauert, als wenn ihr jemand die Bewegung abnimmt.
- Leisten Sie nicht ungefragt Unterstützung bei der Bewegung. Erkundigen Sie sich vorher nach möglichen Schmerzen, Kreislaufproblemen oder anderen Erkrankungen.

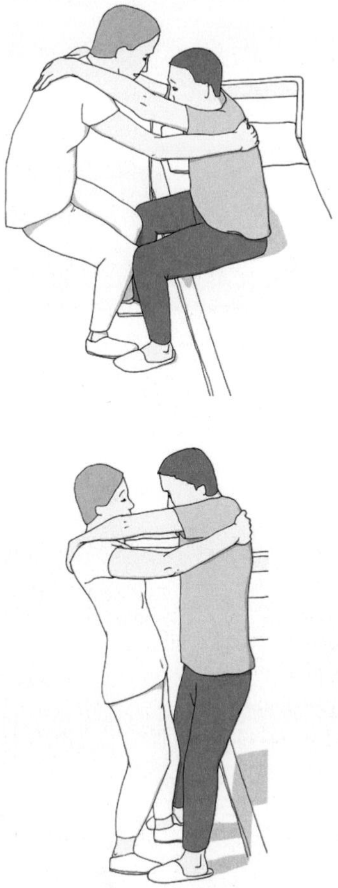

*Möglichkeit, mit Hilfe des eigenen Körpergewichts einen Pflegebedürftigen beim Aufstehen zu unterstützen*

Sind Menschen in ihrer Gehfähigkeit eingeschränkt, sorgen Sie immer für greifbare Gehhilfen (z. B. Rollator, Gehstock). Möchten Sie die Person beim Gehen begleiten, stellen Sie sich seitlich neben sie und greifen Sie ihre Hand. Mit der zweiten Hand können Sie ihren Unterarm stützen und ggf. ihr Handgelenk umfassen.
Manche Menschen benötigen Hilfe gerade beim Aufstehen aus einem Sessel, vom Sofa oder aus dem Bett. Das Hochziehen unter den Achseln ist dafür ungeeignet, da es der betroffenen Person Schmerzen bereitet und Schäden im Schultergelenk verursachen kann. Folgende Technik hat sich als hilfreich erwiesen:

- Ziehen Sie der Person Schuhe an, damit sie stabil steht.
- Stellen Sie sich vor die Person, gehen Sie leicht in die Hocke und lassen Sie sie ihre Arme auf Ihre Schulter legen.
- Legen Sie Ihre Arme von unten auf ihre Schulterblätter und lassen Sie sich leicht nach hinten fallen. Nutzen Sie Ihren Schwung, bis die Person in den aufrechten Stand kommt.

Kinder sollten sich weitgehend selbstständig bewegen. Für das Aufnehmen und Tragen von Säuglingen gibt es einige hilfreiche Handgriffe, die man in Geburtsvorbereitungs-, Eltern-Kind- oder anderen Kursen lernen kann.

## Jetzt sind Sie dran ...

1. Bringen Sie Winterhandschuhe mit in die Schule und nehmen Sie eine Mahlzeit mit angezogenen Handschuhen ein.
2. Üben Sie in Kleingruppen das Unterstützen bei der Bewegung. Wechseln Sie die Rollen zwischen betreuender und pflegebedürftiger Person.
3. Tauschen Sie sich im Anschluss an die beiden Übungen darüber aus, wie Sie sich dabei gefühlt haben und welche Unterstützung Sie sich wünschen würden. Diskutieren Sie in der Klasse, wie man angemessen mit diesen Gefühlen umgehen kann.

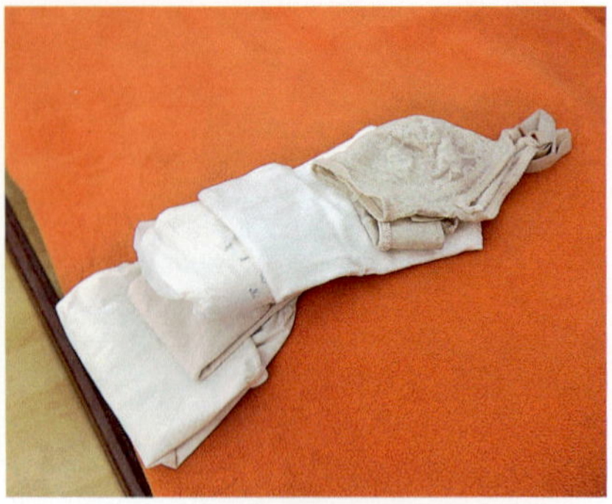

*Legen Sie die Kleidung in der Reihenfolge des Anziehens zurecht (zuunterst die Oberbekleidung, zuoberst die Unterwäsche).*

**Unterstützung beim An- und Auskleiden**

Grundsätzlich sollten Pflegebedürftige sich so weit wie möglich selbstständig an- und ausziehen. Folgende allgemeine Maßnahmen können die Selbstständigkeit erhalten:

- Wählen Sie gemeinsam die Kleidungsstücke am Vorabend aus und legen Sie sie in der Reihenfolge des Anziehens bereit.
- Empfehlen Sie dem Pflegebedürftigen oder den Angehörigen, Lieblingskleidung umarbeiten zu lassen, indem z. B. Weite aus der Naht gelassen oder Knöpfe durch Reißverschlüsse ersetzt werden.
- Bei einem Neukauf sollten weite, lockere Kleidungsstücke ohne komplizierte Verschlusssysteme bevorzugt werden.

Bei der vollständigen Übernahme des An- oder Auskleidens richten Sie sich möglichst nach den Wünschen des Pflegebedürftigen. Wenn möglich, sollte der Pflegebedürftige beim An- und Auskleiden sitzen. Beachten Sie folgende Grundsätze:

- Kleiden Sie von Lähmung oder Schmerz betroffene Körperteile zuerst an und zuletzt aus.
- Ziehen Sie Oberbekleidung zuerst über den Kopf an und zuletzt über den Kopf aus.
- Achten Sie darauf, dass die Kleidung möglichst keine Falten oder Wulste bildet, die zu Druckstellen führen können.

Sowohl in ihrer geistigen Fähigkeit eingeschränkte Menschen als auch (kleinere) Kinder sind häufig nicht in der Lage, die für das entsprechende Wetter und die jeweilige Aktivität angemessene Kleidung auszuwählen. Wählen Sie die Kleidung gemeinsam aus. Sie müssen ggf. die Reihenfolge beim Anziehen „vorsagen“ oder auch einmal einen Ärmel festhalten, damit der Arm hinein findet. Auch hier gilt: Fördern Sie weitestgehend die Selbstständigkeit. Schon Kleinkinder können lernen, sich die Jacke oder Schuhe mit Klettverschluss selbst anzuziehen.

**Unterstützung bei der Körperpflege**

Die Unterstützung bei der Körperpflege ist eine sehr intime Begegnung. Stellen Sie sich vor, wie es wäre, von einer fremden Person gewaschen zu werden. Eine vollständige und fachlich korrekte Körperpflege sollte von dementsprechend ausgebildetem Personal vorgenommen werden. Sie können Pflegebedürftige jedoch bei ihrer Körperpflege unterstützen, indem Sie

- im Bad alle notwendigen Pflegemittel sowie Handtuch, ggf. Bademantel oder frische Anziehsachen bereitlegen und für eine angenehme Raumtemperatur sorgen,
- Duschstuhl oder -hocker bzw. Badewannensitz bereitstellen und
- ggf. beim Waschen schwer erreichbarer Körperpartien helfen (z. B. Rücken oder Füße).

Bleiben Sie in Rufnähe, sodass Sie bei Bedarf helfen können. Sorgen Sie für so viel Privatsphäre wie möglich, indem Sie die Tür zum Badezimmer nicht offen lassen, sondern anlehnen. Während dieser Zeit können Sie z. B. das Bett richten.

### Unterstützung bei der Ausscheidung

Auf Grund von Bewegungseinschränkungen oder anderen Erkrankungen können Menschen Unterstützung bei der Ausscheidung benötigen. Begleiten Sie die Betroffenen bei Gangunsicherheit zur Toilette. Ist der Weg zur Toilette zu weit, kann ein Toilettenstuhl Abhilfe schaffen. Bei starker Einschränkung der Beweglichkeit können auch Hilfsmittel wie Bettpfanne oder Urinflasche zum Einsatz kommen. Können Menschen ihre Blasen- oder Darmfunktion nicht mehr kontrollieren, spricht man von Inkontinenz. Hier stehen Hilfsmittel wie Inkontinenzeinlagen zur Verfügung.

Säuglinge und Kleinkinder tragen Windeln, die bei Bedarf, mindestens jedoch dreimal am Tag, gewechselt werden sollten. Heute weiß man, dass eine zu frühe Sauberkeitserziehung schaden kann. Häufig interessieren sich die Kinder zwischen dem 2. und 3. Lebensjahr zunehmend für ihre Ausscheidungen. Dieses natürliche Interesse kann zur behutsamen Sauberkeitserziehung genutzt werden. Auch wenn ein Kind tagsüber schon lange „trocken" ist, kann es nachts noch eine Windel oder zumindest eine schützende Matratzenauflage benötigen.

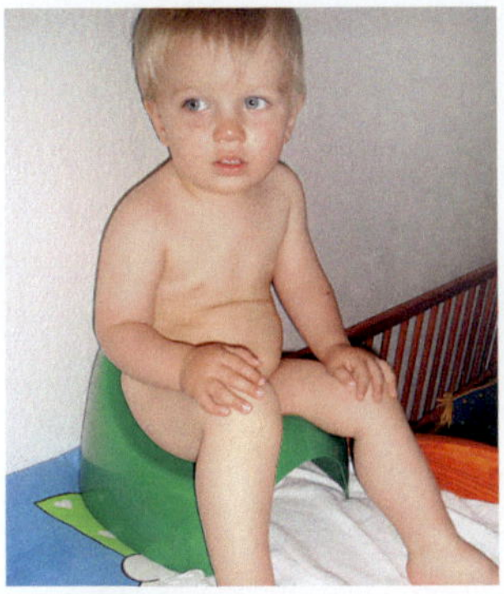

*Kind auf dem Töpfchen*

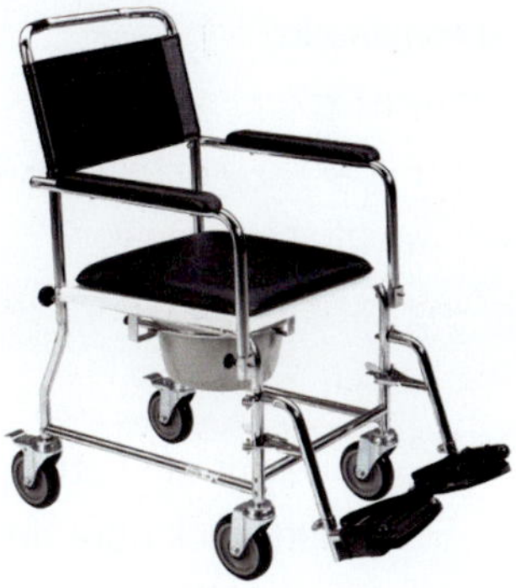

*Toilettenstuhl mit Toiletteneimer*

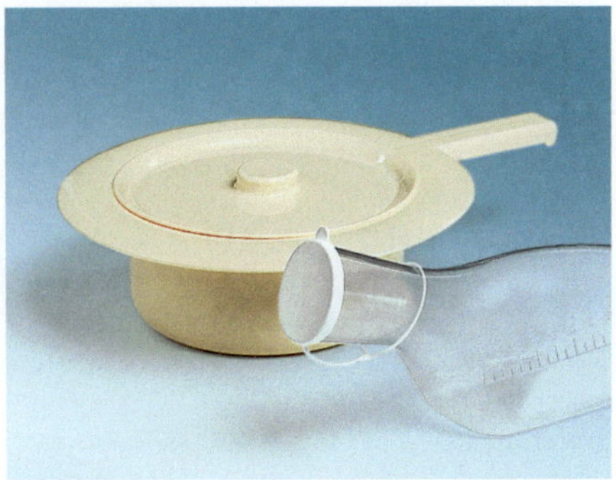

*Steckbecken und Urinflasche*

### Begleitung am Ende des Lebens

Der Tod eines Menschen kann plötzlich und überraschend eintreten, er kann aber auch ein schleichender Prozess mit einer Dauer von Stunden, Tagen, Monaten oder gar Jahren sein. Wenn Sie in Einrichtungen der Altenhilfe oder anderen Pflegeeinrichtungen tätig sind, ist die Wahrscheinlichkeit, dass Sie mit sterbenden Menschen in Kontakt kommen, relativ groß. Dies kann für junge Menschen der erste Kontakt mit dem Tod sein. Scheuen Sie sich daher nicht, Ihre Fragen an erfahrenere Kolleginnen und Kollegen zu richten. Sehen Sie die Begegnung mit dem Tod aber auch als Chance, sich mit Ihrem Leben auseinanderzusetzen. Denken Sie darüber nach, was für Sie würdevolles Sterben bedeutet. Stellen Sie sich vor, Sie wären eine Angehörige, welchen Umgang mit Ihnen würden Sie sich wünschen? Liegt ein Mensch im Sterben, können Sie mit den folgenden Maßnahmen Erleichterung verschaffen:

- Sorgen Sie für eine ruhige und entspannte Umgebung, vermeiden Sie laute Geräusche oder grelles Licht. Der Duft ätherischer Öle kann das Wohlbefinden steigern.
- Wägen Sie sorgfältig ab, ob bestimmte hauswirtschaftliche Tätigkeiten nötig sind oder verschoben werden können.
- Menschen in der Sterbephase atmen hauptsächlich durch den Mund, was zu trockenen Lippen führt. Bestreichen Sie die Lippen mit Tee, Säften oder Lieblingsgetränken.
- Ermutigen Sie Angehörige, beim Sterbenden zu bleiben.
- Zeigen auch Sie dem Sterbenden durch Körperkontakt und Reden Zuneigung. Versuchen Sie jedoch auch zu erspüren, ob dies von dem Sterbenden erwünscht ist.

# 7.4 Erste-Hilfe-Maßnahmen

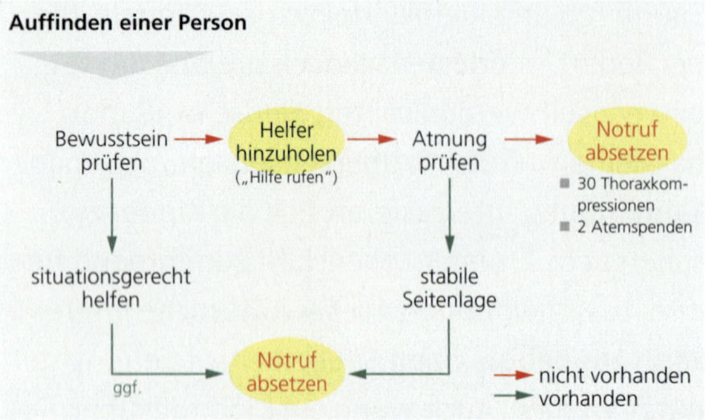


*Schema der Basismaßnahmen bei Wiederbelebung durch Laien*

## Prinzipien der Ersten Hilfe

Kommen Sie im beruflichen oder privaten Alltag zu einem Notfall, sind Sie verpflichtet, im Rahmen Ihrer Möglichkeiten Erste Hilfe zu leisten. In Erste-Hilfe-Kursen können Sie die wichtigsten Maßnahmen lernen, die bis zum Eintreffen eines Notarztes das Überleben einer hilflosen Person sichern können. Diese Maßnahmen werden einfache Sofortmaßnahmen (▸ BLS) genannt und nach einem festen Schema angewendet.

| Notruf |
|---|
| bundesweit einheitlich: |
| **110** Polizei |
| **112** Feuerwehr |
| (auch für Notarzt und Rettungsdienst zuständig) |

| 5-W-Schema |
|---|
| **W**o ist es passiert? |
| **W**as ist passiert? |
| **W**ie viele Personen sind betroffen? |
| **W**elche Symptome liegen vor? |
| **W**arten auf Rückfragen! |

### Notruf – Telefonieren geht immer

Setzen Sie einen Notruf ab, bevor Sie Erste-Hilfe-Maßnahmen einleiten oder versichern Sie sich, dass eine zweite Person einen Notruf absetzt.

Damit die Rettungsmannschaften sich einen Eindruck über den Notfall verschaffen und schnellstmöglich den Notfallort erreichen können, muss der Anrufer klare Angaben machen. Dazu eignet sich das 5-W-Schema.

BLS
basic life support, engl. = grundsätzliche lebensrettende Maßnahmen

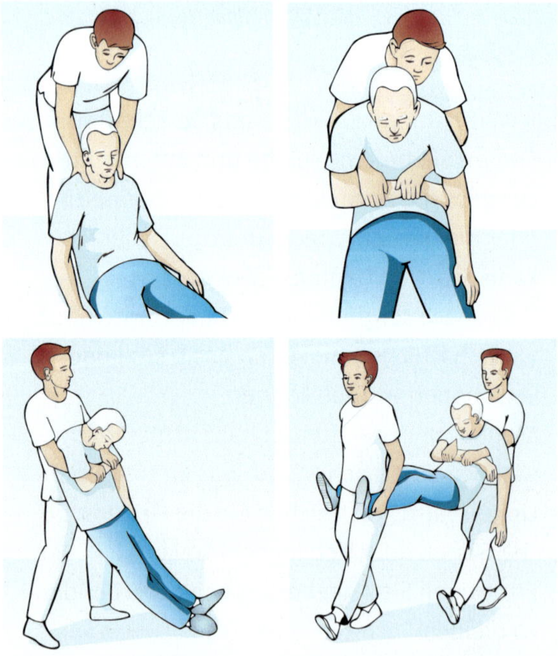

*Mit Hilfe des Rautek-Rettungsgriffs kann eine bewusstlose Person aus der Gefahrenzone gerettet werden. Es ist wichtig, dass der Kopf des Betroffenen beim Aufrichten von den Unterarmen des Helfers gestützt wird, um eine Schleuderbewegung zu verhindern.*

### Kontrolle der Vitalfunktionen

Kontrollieren Sie die Vitalfunktionen der hilflosen Person in unten stehender Reihenfolge (BAK). Stellen Sie fest, dass eine Vitalfunktion nicht vorhanden ist, setzen Sie die entsprechenden Sofortmaßnahmen ein, bevor Sie die nächste Vitalfunktion überprüfen.

| Kontrolle der Vitalfunktionen | |
|---|---|
| **B** = | Bewusstsein: Person ansprechen; Bewusstsein ist vorhanden, wenn Person auf Ansprache reagiert. |
| **A** = | Atmung: Hand auf den Brustkorb oder vor Mund und Nase halten; Atmung ist vorhanden, wenn sich der Brustkorb hebt und senkt oder ein Atemhauch zu spüren ist. |
| **K** = | Kreislauf: Puls an der Halsschlagader ertasten; Kreislauf ist vorhanden, wenn ein Puls zu spüren ist. |

## Sofortmaßnahmen bei Bewusstlosigkeit

Bei Bewusstlosigkeit erschlafft die Muskulatur und die Atemwege können durch die zurücksinkende Zunge blockiert werden. Durch die **Überstreckung des Kopfes** werden Zungengrund und Unterkiefer angehoben und vorgeschoben, die Atemwege sind frei.

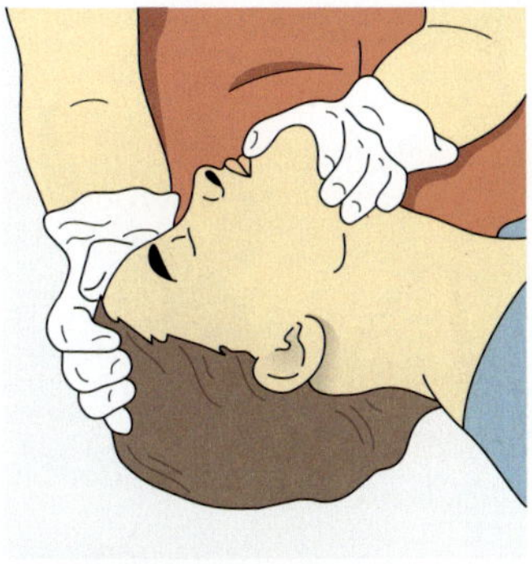

*Überstreckung des Kopfes*

Die **stabile Seitenlage** wird angewandt, wenn eine Person atmet, aber nicht ansprechbar ist. Sie gewährleistet das Freibleiben der Atemwege und verhindert gleichzeitig das Ersticken, da Speichel, Erbrochenes oder Blut aus dem Mund abfließen kann und somit nicht in die Atemwege gelangt. Das Vorgehen ist wie folgt:

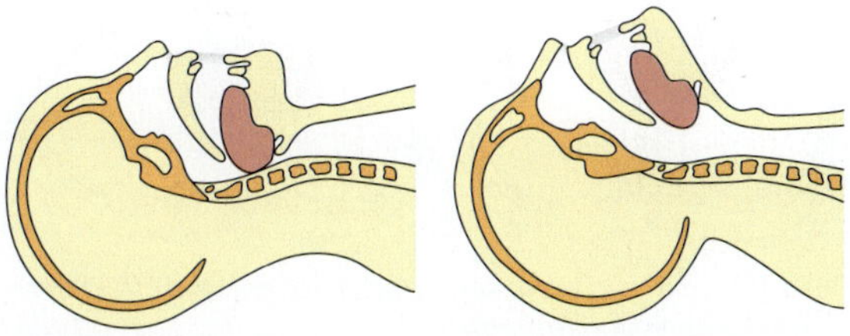

*Zungenposition vor (links) und nach (rechts) der Überstreckung des Kopfes*

### Lagerung in stabiler Seitenlage

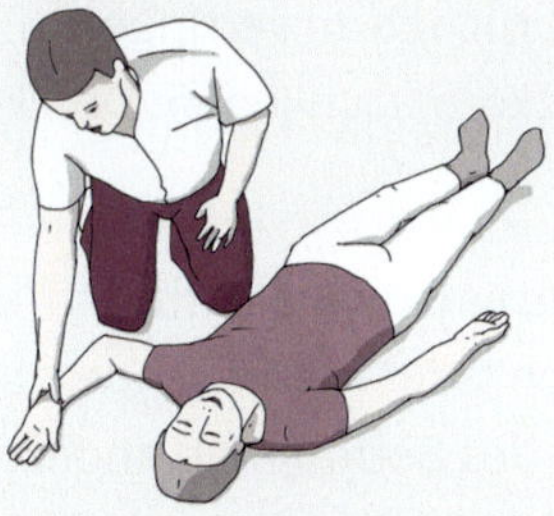

Nehmen Sie ggf. die Brille des Betroffenen ab und strecken Sie seine Beine aus. Knien Sie sich neben den Betroffenen. Lagern Sie den zugewandten Arm des Betroffenen mit gebeugtem Ellenbogen rechtwinklig aus.

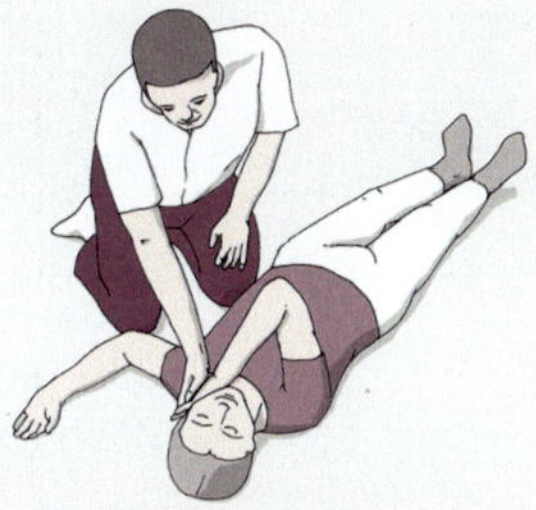

Führen Sie den anderen Arm des Betroffenen über seinen Oberkörper an die zugewandte Wange heran.

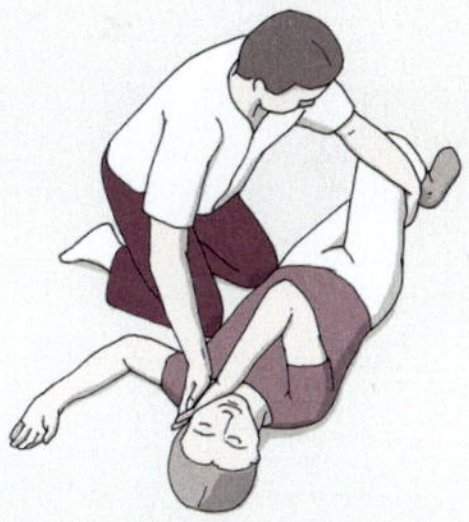

Fixieren Sie den Arm an der Wange und fassen Sie mit der anderen Hand das Knie des Betroffenen und ziehen es zu sich heran.

Durch das Heranziehen des Knies erreichen Sie, dass der Betroffene auf die Seite rollt. Beugen Sie das jetzt oben liegende Bein in Hüfte und Knie rechtwinklig und nutzen Sie es als Stütze für den Körper.

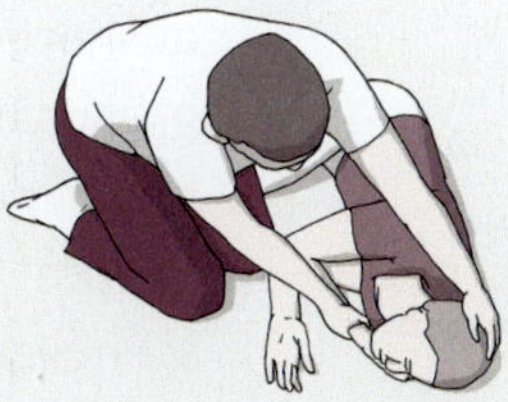

Überstrecken Sie den Kopf zum Freihalten der Atemwege und überprüfen Sie die Atmung regelmäßig.

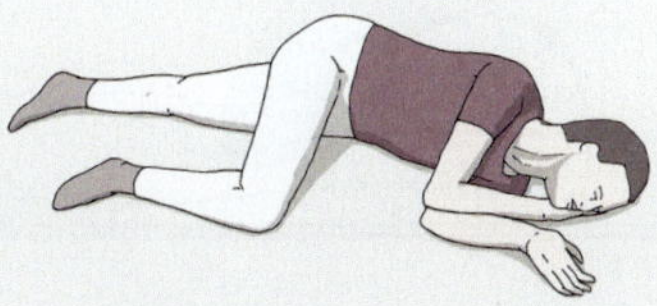

Schützen Sie die Person ggf. vor Kälte z. B. durch eine Decke oder Jacke.

## Sofortmaßnahmen zur Aufrechterhaltung des Kreislaufs

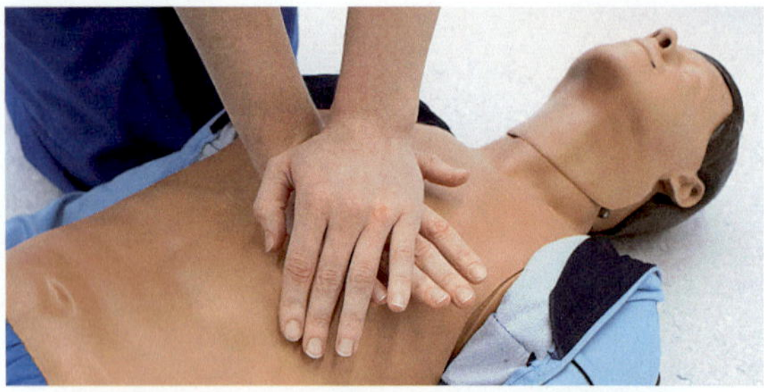

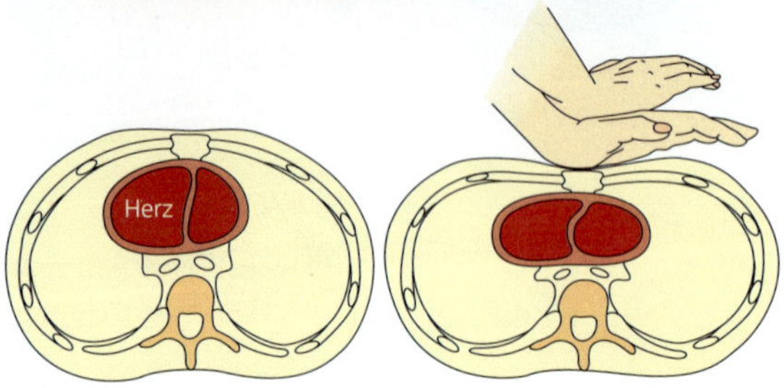


*Durchführung der Thoraxkompression (oben) und Effekt der Thoraxkompression (unten)*
*Neuere wissenschaftliche Untersuchungen haben ergeben, dass die Herzdruckmassage für das Überleben des Betroffenen wichtiger ist als die Atemspende, denn in der Lunge und im Blut ist noch einiger Sauerstoff vorhanden. Durch die Herzdruckmassage fließt das Blut weiter durch die Gefäße und transportiert den darin enthaltenen Sauerstoff.*

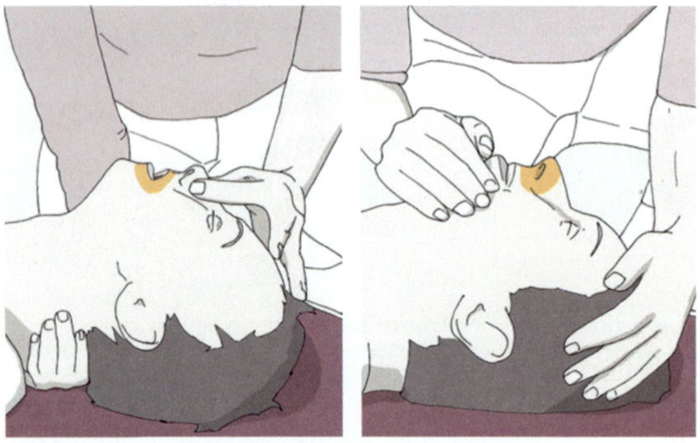

*Die Atemspende erfolgt entweder als Mund-zu-Mund- (links) oder als Mund-zu-Nase-Beatmung (rechts).*

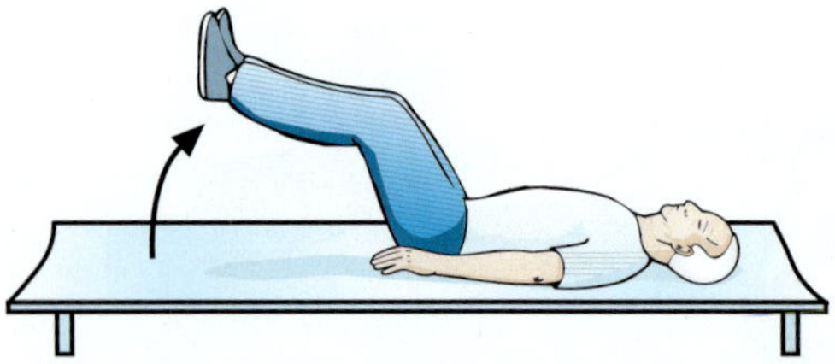

*Schocklagerung bei Blutvolumenmangel. Klagen die Betroffenen über Atemnot und Brustschmerz, liegt wahrscheinlich eine Herzfunktionsstörung vor und die Schocklagerung darf nicht angewendet werden. Dies gilt auch für Verletzungen oder Erkrankungen im Kopf-, Rumpf- und Beckenbereich.*

Bleibt die Atmung aus, kommt es innerhalb weniger Minuten zum Kreislaufstillstand. Nach den Erste-Hilfe-Richtlinien wird bei Feststellen eines Atemstillstands sofort mit der Herzdruckmassage (Thoraxkompression) zur Anregung der Herztätigkeit begonnen. Nach 30 Thoraxkompressionen erfolgen zwei Atemspenden.
Die Herzdruckmassage wird folgendermaßen durchgeführt:

- Knien Sie sich in Höhe des Brustkorbs des Betroffenen hin.
- Platzieren Sie einen Handballen mittig im unteren Drittel des Brustbeins.
- Den Ballen der anderen Hand setzen Sie auf die dem Brustkorb aufliegende Hand.
- Drücken Sie den Brustkorb des Betroffenen mit ausgestreckten Armen und geradem Rücken ca. 3–4 cm nach unten. Achten Sie darauf, dass Ihre Finger gestreckt bleiben, um die Gefahr von Rippenbrüchen zu verringern. Entlasten Sie den Brustkorb nach jedem Drücken wieder völlig.

Atmen Sie vor der Atemspende ganz normal ein. Überprüfen Sie nach jeder Atemspende, ob die Luft in den Lungen des Betroffenen angekommen ist. Wenn sich der Brustkorb nicht hebt und senkt, ist die Atemspende nicht gelungen. Sollte dies der Fall sein, liegt es meistens daran, dass der Kopf nicht weit genug überstreckt ist oder dass Mund und Nase des Betroffenen nicht genügend abgedichtet sind.
Bei einem Schock werden die Organe nicht mehr ausreichend mit Sauerstoff versorgt. Dies liegt grundsätzlich entweder an mangelndem Blutvolumen oder an mangelnder Pumpfunktion des Herzens. In der Folge werden Puls und Atmung schneller, die Betroffenen sind kaltschweißig, unruhig und verwirrt bis hin zur Bewusstlosigkeit. Die Schocklagerung kann dafür sorgen, dass das Gehirn weiterhin mit Blut versorgt wird.

Wunden nicht auswaschen und keine „Hausmittel" wie z. B. Butter, Honig oder Jod auftragen.

## Sofortmaßnahmen bei Wunden

Bei **Schnittwunden** stehen die Blutstillung und das Verhindern einer Infektion im Vordergrund. Bei leicht blutenden Wunden sollten Sie

- den Betroffenen hinsetzen,
- Einmalhandschuhe anziehen und
- die Wunde mit einem Pflasterverband versorgen.

Bei stark blutenden Wunden kann ein Druckverband nötig werden. Gehen Sie wie folgt vor:

- Ziehen Sie Einmalhandschuhe an.
- Lagern Sie den betroffenen Körperteil hoch.
- Drücken Sie eine sterile Kompresse auf die Wunde und legen Sie diese mit einen Druckverband wie in unten stehender Abbildung an.

Bei allen Wunden sollte innerhalb von sechs Stunden ein Arzt aufgesucht werden, um die Wunde zu versorgen und dem Impfschutz gegen Tetanus zu überprüfen.

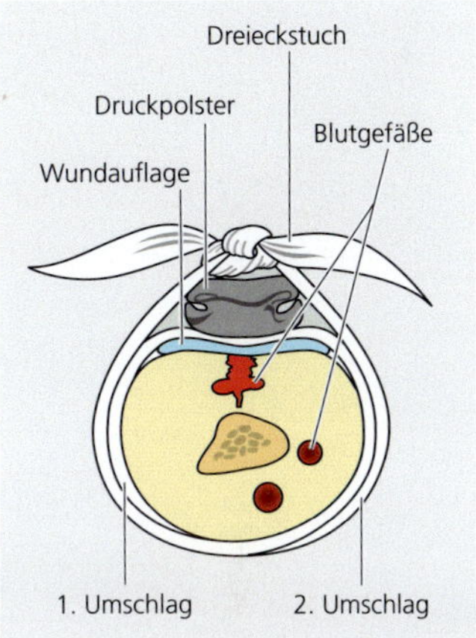


*Druckverband am Arm, als Druckpolster dient z. B. ein Mullbindenpäckchen.*

## Sofortmaßnahmen bei Verbrennungen und Verbrühungen

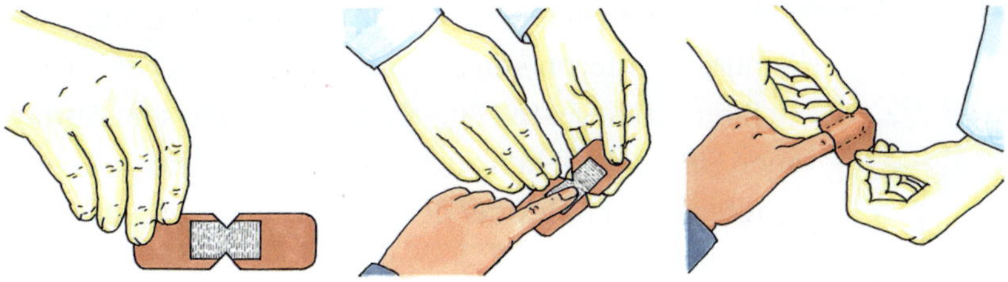

*Anlegen eines Fingerkuppenverbands*

Verbrennungen und Verbrühungen sind äußerst schmerzhaft und benötigen ein sofortiges Handeln:

- Kühlen Sie die verbrannten oder verbrühten Körperstellen unter fließendem kaltem Wasser für maximal 15 Minuten.
- Decken Sie die Haut mit einem metallinebeschichteten Verband aus dem Erste-Hilfe-Kasten ab. Behandeln Sie auf gar keinen Fall die Wunde eigenmächtig mit alten Hausmitteln wie Quark oder Puder.
- Bei großflächigen Verbrennungen und Verbrühungen (z. B. die ganze Hand) muss unbedingt ein Notarzt gerufen werden.

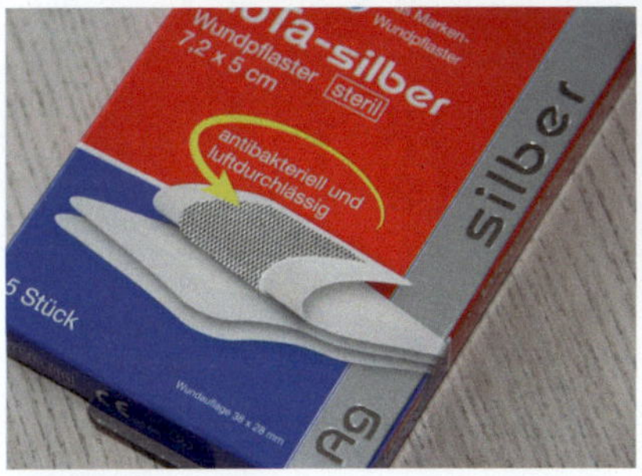


*Metallineverband*

## Sofortmaßnahmen bei Vergiftungen

Haben Sie den Verdacht auf eine Vergiftung, z. B. mit verdorbenen Speisen, Chemikalien oder anderen Stoffen, verständigen Sie sofort den Notarzt bzw. den Giftnotruf unter 19240 und geben Sie nach Möglichkeit, die Art und die Menge des Giftes an. Versuchen Sie auf keinen Fall, Erbrechen auszulösen, sondern warten Sie die Anweisungen des Notarztes ab.

online

www.drk.de
→ Angebote
→ Erste Hilfe und Rettung
→ Erste-Hilfe-Online
→ Wunden

Auf der Webseite des Deutschen Roten Kreuzes finden Sie Bildstrecken, die das Anlegen von Verbänden mit Binden und Dreieckstüchern deutlich nachvollziehbar machen. Darüber hinaus liegt jedem Erste-Hilfe-Kasten eine bebilderte Broschüre bei, die den gleichen Zweck erfüllt.

## „Los geht's"

# 7.5 Projektaufgabe

Der Gesetzgeber schreibt vor, dass in allen öffentlichen Einrichtungen Erste-Hilfe-Kästen vor Ort sein müssen, um im Notfall eine schnelle Versorgung z.B. kleiner Wunden vornehmen zu können. Um sich mit den vorgeschriebenen Materialien und deren Funktionen auseinanderzusetzten, lautet Ihre Aufgabe im Projekt

**Überprüfen Sie alle Erste-Hilfe-Kästen in Ihrer Schule.**

Erste-Hilfe-Kästen müssen regelmäßig daraufhin kontrolliert werden, ob noch alle Materialien vorhanden sind und ob das Haltbarkeitsdatum noch nicht abgelaufen ist. Was gehört noch zur Ausstattung eines Erste-Hilfe-Kastens?

### Informieren

Beschaffen Sie sich zuerst die nötigen Informationen. Recherchieren Sie im Internet oder in Fachbüchern, was ein Erste-Hilfe-Kasten alles beinhalten muss. Gleichen Sie diese Informationen mit den Vorgaben in Ihrer Schule ab. Informieren Sie sich auch, an welchen Orten in Ihrer Schule Erste-Hilfe-Kästen zu finden sind. Stimmen Sie Ihr Vorgehen auch mit dem Sicherheitsbeauftragten der Schule oder der zuständigen Berufsgenossenschaft ab.

### Planen

Gerade wenn Sie an einer größeren Schule sind, ist es sinnvoll, diese Aufgabe in der Klasse aufzuteilen. Erstellen Sie in Gruppen einen Ablaufplan der Überprüfung. Berücksichtigen Sie bei der Planung:

Wann sind die Erste-Hilfe-Kästen gut zugängig (kein Unterricht oder sonstige Veranstaltungen)?

Wie können Sie Zugang zu den entsprechenden Räumen erhalten? Welche Hilfsmittel (z.B. Checklisten) helfen Ihnen bei der Kontrolle des Inhalts der Erste-Hilfe-Kästen?

Wo können Sie Reservematerialien erhalten bzw. neue erstehen?

Wie funktioniert die Abrechnung, wenn Sie neue Materialien bestellen oder kaufen müssen?

**Entscheiden**

Wenn jede Gruppe die Planung abgeschlossen hat, stellt sie Ergebnis in einer Präsentation vor. Entscheiden Sie gemeinsam, nach welchem Ablaufplan die Gruppen vorgehen sollen und verteilen Sie die jeweiligen Standorte der Erste-Hilfe-Kästen auf die Gruppen.

**Ausführen**

Nun können die Gruppen die Kontrolle der Erste-Hilfe-Kästen nach dem Ablaufplan vornehmen. Gegebenenfalls müssen Sie sich den zeitlichen Gegebenheiten anpassen, wenn z.B. in einem Raum Unterricht stattfindet. Ebenso kann es sein, dass Sie in zwei Schritten vorgehen müssen, wenn Sie z.B. feststellen, dass bestimmte Materialien abgelaufen sind und Sie neue Materialien bestellen müssen. Besprechen Sie bei der Kontrolle, welche Funktion die jeweiligen Materialien haben und wie sie zum Einsatz kommen könnten.

**Kontrollieren**

Vergleichen Sie nach jedem Arbeitsschritt Planung und Ergebnis. Haben Sie alle Materialien berücksichtigt? Ist das Ablaufdatum nirgendwo überschritten? Ist der Erste-Hilfe-Kasten gut zugängig?

**Beurteilen**

Diskutieren Sie in der Klasse Ihr Vorgehen. Waren die Arbeitsabläufe gut geplant? Was könnte bei einem nächsten Kontrollgang besser organisiert werden? Welche Informationen haben Ihnen möglicherweise gefehlt? In welchen Abständen muss eine erneute Kontrolle erfolgen? Mit der Beurteilung können Sie das Projekt beenden.

**Vernetzen Sie Ihr Wissen:**

Mit dem Thema:

- Waren auswählen
  (→ Themenfeld 2, S. 40)
- Tische gestalten
  (→ Themenfeld 4, S. 118)
- Reinigen und Pflegen von Räumen
  (→ Themenfeld 6, S. 174)

**Gesundheit**

**Wohnstil**

**Wohnbedürfnisse**

**Leben**
**ges**

**fixe Kosten**

Raten-
zahlung

Wasser

Strom

Miete

**Kosten**

**flexible Kosten**

Freizeit

Kleidung

Ernährung

Möbel

**Sonderkosten**

Provision

Kaution

**Verbraucherschutz**

Den Lebensraum nach eigenen Vorstellungen zu gestalten, das geht nicht erst, wenn die eigene Wohnung bezogen wird. Viele Jugendliche haben auch schon in ihrem Zimmer in der elterlichen Wohnung große Gestaltungsfreiheit. Aber mit der eigenen Wohnung kommen viele neue Entscheidungen hinzu. Diese betreffen den Einrichtungsstil, die Energieversorgung, aber auch die Übersicht über die Kosten. Wünsche und Möglichkeiten realistisch aufeinander abzustimmen, ist nicht einfach. Wie gestalten Sie Ihren Lebensraum?

**iume**
**ten**

Zimmer
Wohnung
Wohn-gebäude
Wohn-viertel
Gemeinde

**Lebensraum**

Familie
WG
alleine

**Wohnform**

neue Möbel
gebrauchte Möbel
selbst gestaltete Möbel

**Einrichtung**

**Dekoration**

**nnen mit**
**lanzen**

# 8 Lebensräume gestalten

# 8.1 Die eigene Wohnung auswählen und beziehen

## Wohnbedürfnisse klären

In den eigenen vier Wänden verbringen wir viel Zeit. Darum ist es ein weit verbreiteter Wunsch, sich dort wohl zu fühlen. Ihr Zimmer oder Ihre Wohnung soll Ihren eigenen ▸ Bedürfnissen (S.190) entsprechen. Diese müssen Sie zuerst einmal klären. Auch sind flexible Lösungen gefragt, da Bedürfnisse sich ändern können.

*In einer Wohngemeinschaft (WG) gibt es oft Gelegenheiten zur Geselligkeit.*

**Allein oder mit anderen Menschen leben**

Wenn Sie bei Ihren Eltern leben, kennen Sie die Vorteile des gemeinsamen Wohnens. Sie finden jemanden, mit dem Sie reden können, und die Mitglieder einer Familie können sich gegenseitig unterstützen. Gemeinsames Wohnen spart Geld. Aber vielleicht möchten Sie sich lieber die Menschen, mit denen Sie eine Wohnung teilen, selbst aussuchen und eine WG gründen. Manchmal ist es auch gut, alleine zu leben und sich selbst und anderen zu beweisen, dass man Verantwortung für das eigene Leben übernehmen kann.

**Betreutes Wohnen**

In vielen Familien haben die Eltern eigene Sorgen und Probleme und sind nicht in der Lage, ihre Kinder ausreichend zu unterstützen. Wenn die Eltern keine Vorbilder für ein verantwortungsvolles Leben sind, können Jugendliche das nicht von ihnen lernen. In diesen Fällen bieten Jugendämter oder Jugendberatungshäuser Jugendlichen ab 16 Jahren Unterstützung an. Sie helfen der Familie, ihre Probleme in den Griff zu bekommen. Wenn es keine Lösung gibt, vermitteln sie passende Angebote für betreutes Wohnen.

**Funktionen einer Wohnung**

Die Wohnung ist der Ort, an dem wir unseren Alltag gestalten und viele Bedürfnisse erfüllen. Sie ist auch der Ort für Geselligkeit und Kommunikation.

Wohnbedürfnisse und den Bedürfnissen entsprechende Räume und Ausstattungen

| Bedürfnis | Raum | Ausstattung (Auswahl) |
|---|---|---|
| Essen | Küche | Wasseranschluss, Kühlschrank, Herd, Esstisch, Stühle |
| Erholung, Privatsphäre | Schlafraum | Bett, Kleiderschrank |
| Selbstverwirklichung | eigenes Zimmer | Raum für Hobbys, zum Musikhören, Lesen, Musizieren |
| Körperpflege | Badezimmer | WC, Waschbecken, Dusche |
| Geselligkeit, soziale Kontakte | Wohnraum | Sofa, Tisch |

### Eine Wohnung suchen

Bei der Wohnungssuche gibt es verschiedene Vorgehensweisen. Fragen Sie Nachbarn und Freunde, ob sie von einer freien Wohnung gehört haben. Viele Wohnungen werden direkt vom Vermieter vergeben. Eine häufig genutzte Möglichkeit ist der Anzeigenteil einer Zeitung, der zunehmend durch Anzeigenportale im Internet abgelöst wird. In größeren Städten gibt es Wohnungsbaugesellschaften oder Genossenschaften, bei denen Sie nach einer Wohnung fragen können. Berücksichtigen Sie, dass bei vielen Wohnungsangeboten Makler- oder andere Provisionskosten auf Sie zukommen.

### Den Wohnungsmarkt erkunden

Wohnungsangebote in der Zeitung oder im Internet muss man lesen können. Sie bedienen sich vieler Abkürzungen. Nebenstehend finden Sie ein typisches Beispiel. Um zu entscheiden, ob eine Wohnung in Frage kommt, müssen Sie zunächst für sich klären, mit wie vielen Personen Sie in die Wohnung einziehen möchten und wie hoch die Miete sein darf.

| Zi. | m² | Miete | Nk/Bk | Pr |
|---|---|---|---|---|
| 2 | 61 | 579,– w | inkl. | 0 |
| Gepfl. AB-Whg. mit Bk in Havelnähe, gut geschnitten, 3. OG, EBK, gefl. Wabad, ZH, prov.-frei, 030-12345678 | | | | |

### Das Wohngebiet eingrenzen

Wohnungen im Stadtzentrum sind in der Regel teurer als Wohnungen in Randlagen. Aber auch weite Wege zur Schule oder zur Arbeit kosten Zeit und Geld. Das muss gegeneinander abgewogen werden. Überlegen Sie, welche Verkehrsmittel Ihnen zur Verfügung stehen und welche Wege zu Familienangehörigen, Freunden und Institutionen Sie auf sich nehmen möchten. Entscheiden Sie, ob Ihnen eine ruhige Wohnlage im Grünen wichtig ist oder ob Sie eher Wert auf gute Einkaufsmöglichkeiten legen.

*Verschiedene Wohnanlagen*

## Jetzt sind Sie dran ...

1. Verschaffen Sie sich Klarheit über Ihre Wohnbedürfnisse. Ergänzen Sie in Einzelarbeit dazu die Tabelle auf Seite 214 über die Funktionen einer Wohnung um Ihre ganz persönlichen Bedürfnisse und Ausstattungswünsche.
2. Entschlüsseln Sie unterschiedliche Wohnungsanzeigen aus Ihrer lokalen Zeitung oder dem Internet. Gestalten Sie in Gruppenarbeit ein ▸ Plakat, auf dem Sie alle verwendeten Abkürzungen und Begriffe übersichtlich erläutern und mit Abbildungen anschaulich darstellen.

# Wohnqualität bewerten

Die Wohnqualität oder der Wohnwert einer Wohnung ist von vielen Faktoren abhängig, z. B.:

- Ausstattung
- praktische Tauglichkeit
- gesundes Wohnen
- angemessene Haltbarkeit der Ausstattung

Der **Mietspiegel** gibt Auskunft über ortsübliche Vergleichsmieten. Dabei werden Alter und Art des Gebäudes (Mietshaus, Einfamilienhaus), die Lage, die Größe und die Ausstattung berücksichtigt.

## Ausstattungsmerkmale der Wohnung

Nicht jede Wohnung muss eine Luxuswohnung sein. Im Mietspiegel werden einfache, normale und gute Ausstattungen unterschieden. Eine Wohnung mit einfacher Ausstattung hat z. B. Einzelöfen statt Zentralheizung, kein Bad, einfach verglaste Fenster oder eine Toilette außerhalb der Wohnung. Eine gut ausgestattete Wohnung verfügt z. B. über Parkettboden, moderne Bäder, Balkon, separate Toiletten, Zentralheizung und Isolierfenster.

## Praktische Tauglichkeit einer Wohnung

Die praktische Tauglichkeit einer Wohnung hängt davon ab, wie sie geschnitten und wie sie zu den Himmelsrichtungen ausgerichtet ist. Räume mit quadratischem Grundriss lassen sich leichter einrichten und sinnvoller nutzen als lange „Schlauchzimmer". Durchgangszimmer, also Räume, durch die man hindurchgehen muss, um ein weiteres Zimmer zu erreichen, bieten kaum Möglichkeiten zur Privatsphäre. Die Stellmöglichkeit für Möbel ist begrenzt.

## Gesundes Wohnen

Der Gesundheitswert einer Wohnung ist wichtig. Ein hoher Lärmpegel, starke Abgasbelastung oder Schadstoffe in der Wohnung können die Gesundheit beeinträchtigen.

Besonders gesundheitsschädlich ist Schimmel- oder Milbenbefall, dem jedoch in der Regel durch geeignete Maßnahmen entgegengewirkt werden kann.

Bleihaltige alte Wasserleitungen können das Trinkwasser mit Blei vergiften. Dies ist besonders für Babys und Kleinkinder sehr gefährlich. Ob in Ihrem Wohnhaus noch Bleirohre vorhanden sind, erfahren Sie vom Vermieter.

| Ideale Ausrichtung der Räume zu den Himmelsrichtungen | Begründung |
|---|---|
| Schlafraum nach Osten | Morgensonne erleichtert das Aufstehen. |
| Wohnraum nach Süden | Sonneneinstrahlung spart Heizkosten und sorgt für gute Helligkeit tagsüber. |
| Küche nach Westen | Die Küche sollte nicht zu warm sein, damit die Haltbarkeit der Lebensmittel nicht beeinträchtigt wird. |
| Badezimmer nach Norden | Im Badezimmer hält man sich tagsüber nicht so lange auf. Morgens und abends wird sowieso Licht eingeschaltet. |
| Balkon nach Süden | Ein sonniger, warmer Balkon hat einen hohen Erholungswert. |

**Wohnungsgrundrisse vergleichen**

Der Grundriss einer Wohnung sagt viel über die Wohnqualität aus. Sie können auf dem Grundriss erkennen, wie groß die Räume sind und wie die Räume zueinander liegen. Türen und Fenster sind zu erkennen.

Die Richtung, in die die Türen zu öffnen sind, ist wichtig für die Aufstellung der Möbel. Meist ist auch die Himmelsrichtung angegeben.

Bei vielen Angeboten im Internet ist neben Fotos von der Wohnung auch der Grundriss abgebildet.

**Den Standort erkunden**

Die Wohnqualität hängt nicht nur von der Wohnung selbst, sondern auch vom Wohnumfeld ab. Freundliche und hilfsbereite Nachbarn sind angenehm. Berücksichtigen Sie, ob das Haus einen Garten oder einen schönen Innenhof hat, die nächste Grünanlage schnell erreichbar ist und wie weit es zur Bushaltestelle oder zum Bahnhof ist. Einkaufsmöglichkeiten für den täglichen Bedarf sollten ebenso in der Nähe sein wie Freizeitmöglichkeiten und medizinische Versorgung. Wenn Sie bereits ein Kind haben, sollten auch der Kindergarten oder die Schule gut erreichbar sein.

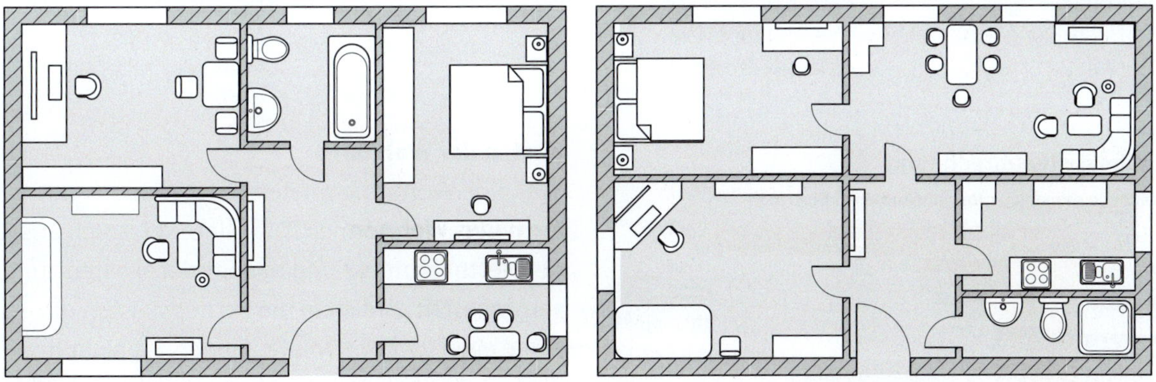

*verschiedene Grundrisse bei gleicher Wohnungsgröße*

## Jetzt sind Sie dran ...

1. Führen Sie gruppenweise unter Schülern Ihrer Schule eine Umfrage durch. Fragen Sie die Schüler, was ihnen an einer neuen Wohnung wichtig oder weniger wichtig wäre. Werten Sie die Umfrage aus und tragen Sie die Ergebnisse in der Klasse vor.
2. Besorgen Sie sich den Mietspiegel Ihrer Gemeinde und informieren Sie sich über die Höhe der Mieten. Vergleichen Sie in Partnerarbeit Ihre tatsächliche Miete mit dem Mietspiegel und diskutieren Sie mögliche Ursachen.

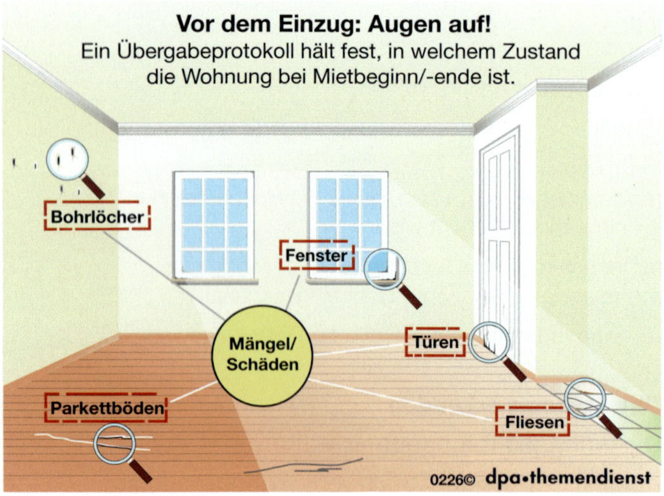


## Einen Mietvertrag abschließen

Grundsätzlich sollte ein Mietvertrag schriftlich abgeschlossen werden. Vordrucke für Mietverträge gibt es im Schreibwarengeschäft. Ein Mietvertrag ist ein *zweiseitiges* Rechtsgeschäft. Das bedeutet, *beide* Vertragspartner müssen den Vertrag unterschreiben. Im Mietvertrag sind der Beginn des Mietverhältnisses und die Höhe der Miete geregelt. Weitere Inhalte können Fragen der Treppen- und Straßenreinigung, Tierhaltung, Schönheitsreparaturen oder Ruhezeiten sein. Der Mietvertrag muss auch eine Kündigungsregelung enthalten. Die allgemein übliche Kündigungsfrist beträgt drei Monate. Beide Vertragspartner können den Mietvertrag fristgerecht kündigen.

Rechte und Pflichten aus dem Mietvertrag

| Mieter | | Vermieter | |
|---|---|---|---|
| **Rechte** | **Pflichten** | **Rechte** | **Pflichten** |
| • Nutzung der gemieteten Wohnung<br>• Einsichtnahme in Betriebskostenabrechnung<br>• Beseitigung von Mängeln einfordern | • vereinbarte Miete zahlen<br>• die Wohnung bei Mietende dem Vermieter zurückgeben<br>• Wohnung gemäß Vertrag renovieren<br>• Mängel anzeigen | • Miete erheben<br>• Betriebskosten und Nebenkosten vom Mieter einfordern | • dem Mieter die Wohnung zum Gebrauch überlassen<br>• Betriebskosten und Nebenkosten verauslagen<br>• Mängel an der Wohnung beheben |

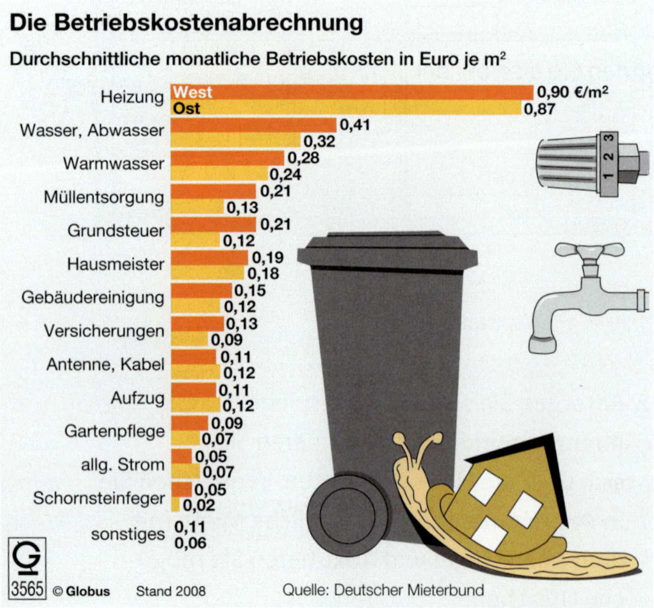


### Kosten der Wohnung

Wer eine Wohnung mieten möchte, muss sie auch bezahlen können. Die Miete setzt sich aus der Nettokaltmiete und den Betriebskosten zusammen. Oft erreichen die Betriebskosten die Höhe einer zweiten Miete. Tappen Sie nicht in die Schuldenfalle. Verschaffen Sie sich mit Hilfe eines ▸ Haushaltsbuches (S. 223) einen Überblick über Ihre Einnahmen und Ausgaben. Planen Sie ein finanzielles Polster für eventuelle Nachzahlungen für Strom, Gas und Wasser ein.

**Die Kaution hinterlegen**

Üblicherweise wird eine finanzielle Sicherheit für den Vermieter, die Kaution, in Höhe der dreifachen Kaltmiete gefordert. Sie muss beim Vermieter hinterlegt werden. Sie können selbst entscheiden, wie die Mietkaution angelegt werden soll – auf einem Sparbuch oder als Bausparvertrag o. Ä. Am Ende des Mietverhältnisses wird die Kaution, sofern die Wohnung im vereinbarten Zustand übergeben wird, mit Zinsen zurückgezahlt.

**Wohnraumförderungsgesetz**

Bei Empfängern von Grundsicherung für Arbeitssuchende („Hartz IV") oder Wohngeld wird die Angemessenheit der Wohnungsgröße (s. nebenstehende Tabelle) überprüft. Die angemessene Höhe der Miete wird von jeder Kommune selbst festgelegt.

| Personen | Räume | Wohnfläche in $m^2$ |
|---|---|---|
| 1 | 1–2 Zimmer | bis 45 $m^2$ |
| 2 | 2 Zimmer | bis 60 $m^2$ |
| 3 | 3 Zimmer | bis 75 $m^2$ |
| 4 | 4 Zimmer | bis 85 $m^2$ |
| 5 | 5 Zimmer | bis 97 $m^2$ |
| jede weitere Person | + 1 Zimmer | + 10 $m^2$ |

## Verbraucherschutz

Mieter sind Verbraucher. Sie sind gegenüber dem Vermieter in der schwächeren Position. Deshalb gelten für Mieter bestimmte Verbraucherschutzrechte. Bei Streitigkeiten mit dem Vermieter können Sie Hilfe in Anspruch nehmen. Der Mieterbund unterstützt nur Mitglieder. Deshalb ist ein Beitritt sinnvoll. Die Verbraucherzentralen bieten ebenfalls Mieterberatung an. Sollte es tatsächlich zu einem Prozess kommen, können Mieter mit niedrigem Einkommen Prozesskostenbeihilfe beantragen.

**Recht auf Mietminderung**

Kommt der Vermieter Ihrer Aufforderung zur Beseitigung gravierender Mängel nicht in einer angemessenen Frist nach, haben Sie das Recht, die Miete zu mindern. Über die zulässige Höhe der Mietminderung und die korrekte Ankündigung gegenüber dem Vermieter können Sie sich bei der Mieterberatung informieren.

## Jetzt sind Sie dran ...

1. **Berechnen Sie Ihren eigenen finanziellen Spielraum. Laden Sie sich dafür beim Beratungsdienst der Sparkassen den „Budgetkompass für junge Haushalte" herunter. Füllen Sie die Übersicht über Ihre Einnahmen und Ausgaben aus. Denken Sie dabei auch an staatliche Hilfen (Transferzahlungen), die Sie erhalten.**
2. **Recherchieren Sie in Gruppenarbeit die in Ihrer Region vorhandenen Beratungsmöglichkeiten mit Adresse, Telefonnummern und Sprechzeiten sowie ggf. den Kosten für eine Beratung. Präsentieren Sie Ihre Ergebnisse in der Klasse und diskutieren Sie die Vor- und Nachteile der einzelnen Angebote.**

online

www.geldundhaushalt.de

Informationen von der Sparkasse zum Thema inklusive dem „Budgetkompass für junge Haushalte"

# 8.2 Die eigene Wohnung unterhalten

## Die Energieversorgung planen

Beim Bezug einer Wohnung müssen Sie sich bei einem Energieversorgungsunternehmen anmelden. Heizung und warmes Wasser sind in den Mietnebenkosten enthalten. Die festen Raten für Strom und Gas werden an das Energieversorgungsunternehmen überwiesen. Wenn Sie eine ▸ Abbuchungsgenehmigung (S. 44) erteilen, können Sie die Zahlung nicht vergessen und müssen nicht im Dunkeln sitzen. Einmal im Jahr wird der tatsächliche Verbrauch erfasst und mit den Vorauszahlungen verrechnet. Energiesparer können eine Rückzahlung erwarten. Bei hohem Verbrauch steht eine Nachzahlung an.

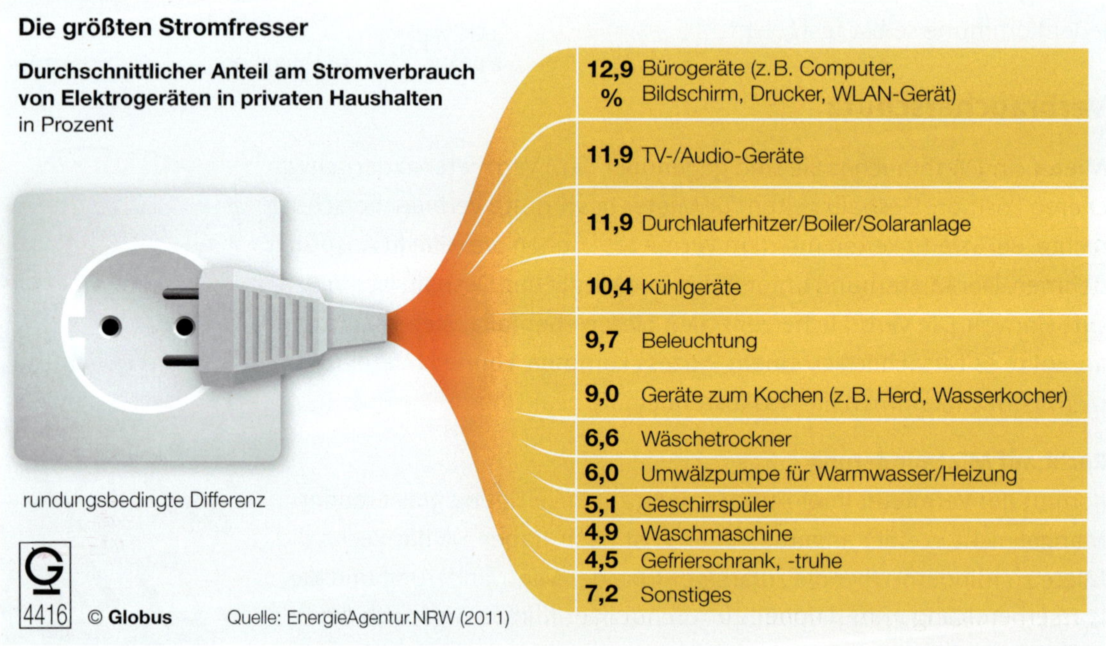


### Energieformen

Energieformen werden in Primärenergie und Sekundärenergie unterschieden. Strom ist eine Sekundärenergie. Er wird aus Primärenergie hergestellt, indem fossile Energien, Kernenergie oder regenerative Energien in elektrische Energie umgewandelt werden. Jeder Stromanbieter gibt an, aus welchen Quellen sein Strom stammt und wie hoch der Anteil an regenerativen Energien ist.

**Fossile Energieträger** sind vor Millionen von Jahren aus Abbauprodukten von Pflanzen und Tieren entstanden.

| Fossile Energie | Kernenergie | Regenerative Energie |
|---|---|---|
| • Erdöl<br>• Erdgas<br>• Steinkohle<br>• Braunkohle | • Uran | • Solarenergie<br>• Wasserkraft<br>• Windenergie<br>• Biomasse |

### Strom

Unterhaltungs- und Kommunikationsgeräte sowie viele Haushaltsgeräte benötigen Strom. In Deutschland hat das Stromnetz eine Spannung von 220 Volt (V). Der Energieverbrauch wird in Kilowattstunden (kWh) gemessen. Strom ist teuer. Deshalb lohnt sich der Kauf von Energie sparenden Geräten. Der Stromverbrauch hängt auch von Ihren Nutzungsgewohnheiten ab. Viele Geräte lassen sich gar nicht richtig ausschalten und verbrauchen rund um die Uhr Strom. Ziehen Sie den Stecker oder benutzen Sie Steckerleisten mit Schalter.

*Energie sparen spart Geld und schützt die Umwelt*

**Stand-by: Einfach abschalten und rund 80 Euro sparen**

Einsparpotenziale eines Beispielhaushalts durch das Vermeiden von unnötigem Stand-by-Betrieb pro Jahr in Euro*

| Fernseher (alt) | Fernseher (neu) | DVB-T Receiver | DVD-Rekorder | Hi-Fi-Anlage und 3 Radios | PC mit Monitor und Drucker | DSL-Router (mit WLAN) | Spielkonsole |
|---|---|---|---|---|---|---|---|
| 8 € | 2 € | 15 € | 12 € | 14 € | 14 € | 10 € | 5 € |

* angenommener Strompreis von 21 Cent/kWh

### Gas

Mit Erdgas können die Heizung, die Warmwasserbereitung oder auch der Herd mit Backofen betrieben werden. Durch die direkte Nutzung der Energie ist die Energieeffizienz von Gas höher als die von Strom. Biogas gewinnt zunehmend an Bedeutung. In hauswirtschaftlichen Großbetrieben gibt es sogar Waschmaschinen und Trockner, die mit Gas betrieben werden.

**Biogas** wird u.a. in Biogasanlagen aus Energiepflanzen, Gülle oder organischen Abfällen gewonnen. Wird Biogas ins Erdgasnetz eingespeist, spricht man auch von Bioerdgas.

### Heizung und Warmwasser

Der größte Teil der im Haushalt verbrauchten Energie (etwa 70 %) fließt in Heizung und Warmwasser. Hier lohnt das Sparen besonders. Unabhängig von der Heizungsanlage (z.B. Fernwärme) werden die Anforderungen an eine Energie sparende Gebäudeheizung und Warmwasserbereitung immer höher. Zum Schutz des Klimas wird auch die Wärmedämmung von Gebäuden zunehmend verbessert. Vermeiden Sie die Überheizung von Räumen. Heizkörper nicht abdecken oder zustellen, da die erwärmte Luft sich sonst nicht im Raum verteilen kann.

## Jetzt sind Sie dran ...

1. Stellen Sie auf einem ▸ Marktplatz verschiedene Stromanbieter vor. Jede Gruppe präsentiert an einem Marktstand mit allen zur Verfügung stehenden Medien diesen Stromanbieter. Bereiten Sie sich auf Fragen der Kunden, z.B. zu Preisen, zum Energiemix oder zu Vertragsbedingungen, vor. Stellen Sie fest, welche Eigenschaften der Anbieter hat, der am Ende des Markttages den meisten Zuspruch bekommen hat.
2. Sammeln Sie auf einer ▸ Metaplanwand bei einem Brainstorming Energiespartipps beim Heizen.

online

www.umweltdaten.de/publikationen/fpdf-l/188.pdf

Tipps und Informationen zum richtigen Umgang mit Energie

www.verivox.de

Vergleichen von Stromtarifen

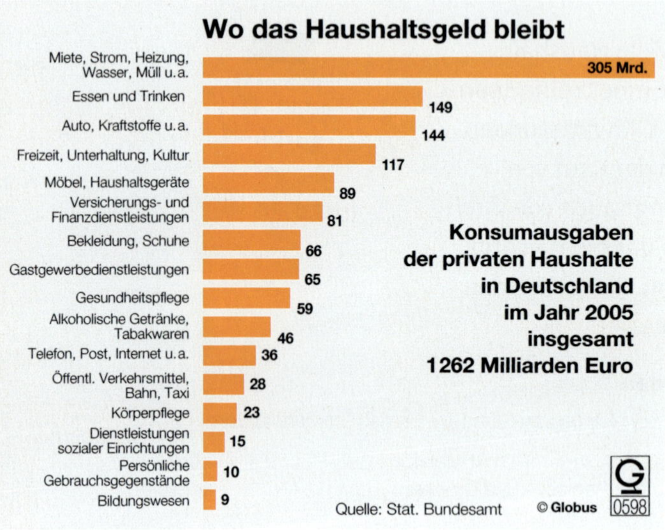


## Laufende Kosten überblicken

### Fixe Kosten

Kosten, die in regelmäßigen Abständen in immer gleicher Höhe anfallen, nennt man fixe (feste) Kosten. Dazu gehören z. B. die Miete, die Nebenkosten, Abschlagszahlungen für Energie, Versicherungen, Gebühren für Telefon, Kabel, GEZ (Gebühreneinzugszentrale) oder Ratenzahlungen für Möbel. Von der Höhe der fixen Kosten hängt ab, wie viel Geld für die täglichen Ausgaben, für Anschaffungen oder zum Sparen übrig bleibt. Die fixen Kosten kann man fest einplanen. Sie verändern sich nur selten, z. B. bei einer Mieterhöhung.

### Variable Kosten

Variable (veränderliche) Kosten sind schwerer zu planen. Der monatliche Bedarf für Ernährung, Kleidung oder für Ihre Freizeit kann stark schwanken. Verschaffen Sie sich einen Überblick über Ihren Bedarf für den alltäglichen Lebensunterhalt mit einem Haushaltsbuch. Nur dann können Sie abschätzen, wie viel Geld zur freien Verfügung für Anschaffungen übrig bleibt. Sie müssen entscheiden, ob Sie auf Anschaffungen warten können, bis Sie das notwendige Geld gespart haben, oder ob Sie einen Kredit aufnehmen möchten, der mit zusätzlichen Kosten für Zinsen und ggf. Gebühren verbunden ist.

### Versicherungen

Kosten für Versicherungen gehören zu den fixen Kosten. Jugendliche, die bei den Eltern wohnen, sind dort in der Regel mit versichert. Denken Sie an einen guten Versicherungsschutz, sobald Sie in eine eigene Wohnung ziehen. Vermeiden Sie jedoch überflüssige Versicherungen. Manche Versicherungen sind gesetzlich vorgeschrieben, andere können Sie nach eigenem Ermessen abschließen. Der Versicherungsschutz sollte veränderten Lebensbedingungen angepasst werden.

Folgende Versicherungen sind beim Start in das Berufsleben ...

| ... notwendig | ... empfehlenswert | ... einzelfallabhängig |
|---|---|---|
| • private oder gesetzliche Krankenversicherung<br>• Privathaftpflichtversicherung<br>• KFZ-Haftpflicht (nur für Autobesitzer)<br>• Berufsunfähigkeitsversicherung | • Hausratsversicherung<br>• private Unfallversicherung<br>• private Rentenversicherung | • Auslandsreisekrankenversicherung<br>• Pflegezusatzversicherung<br>• Zusatzversicherung für Zahnersatz |

## Haushaltsbuch führen

Führen Sie ein Haushaltsbuch. So gewinnen Sie bald einen Überblick über Ihre Finanzen. Ausgaben und Einnahmen werden gegenübergestellt. Sie können planen, wie viel Sie für bestimmte Bereiche ausgeben möchten. Vergleichen Sie die Planung am Ende des Monats mit den tatsächlichen Ausgaben. So erfahren Sie, in welchen Bereichen Sie gut gewirtschaftet haben und wo Sie im nächsten Monat sparsamer sein könnten oder müssen. In manchen Bereichen müssen Sie vielleicht auch Ihre Planung an Ihre tatsächlichen Ausgaben anpassen.

Man kann nicht mehr ausgeben, als man hat.

**Mein Einnahmen-Ausgaben-Check**

| Meine monatlichen Einnahmen | Heute | Geplant (Zeitpunkt) |
|---|---|---|
| Erwerbseinkommen<br>Lohn/Gehalt, Minijobs, selbstständige Tätigkeit etc. | | |
| Staatliche Zahlungen<br>BAföG, Kindergeld, Bildungskredit, Wohngeld, Renten etc. | | |
| Private Zahlungen<br>Unterhaltsleistungen, Zuwendungen von Familienmitgliedern etc. | | |
| Sonstige regelmäßige Zahlungen<br>Urlaubsgeld, Weihnachtsgeld etc. | | |
| Sonstige unregelmäßige Zahlungen<br>Provisionen, Rückerstattungen, Spesen etc. | | |
| Einnahmen aus Vermögen<br>Zinsen, Dividenden, Mieteinnahmen etc. | | |
| Summe | | |
| **Meine monatlichen Ausgaben** | | |
| Wohnen<br>Miete, Nebenkosten, Reparaturen, Kreditraten etc. | | |
| Mobilität<br>Kfz-Kosten (Versicherung, Steuern, Sprit), Fahrkarten etc. | | |
| Kommunikation<br>Handy, Festnetz, Internet etc. | | |
| Bildung, Schule<br>Studiengebühren, Bücher, Kursgebühren etc. | | |
| Ernährung<br>Lebensmittel, Getränke, Genussmittel, Verzehr außer Haus etc. | | |
| Bekleidung<br>Kleidung, Schuhe, Reinigung etc. | | |
| Freizeit<br>Kino, Theater, Sport, Geschenke, Literatur, CDs, Reisen etc. | | |
| Gesundheitspflege<br>Körperpflege, Kosmetik, Friseur, Arzneimittel etc. | | |
| Beiträge<br>Sportverein/Fitnessstudio, Abonnements etc. | | |
| Versicherungen<br>Kranken-, Haftpflicht-, Berufsunfähigkeitsversicherung etc. | | |
| Sparen<br>Sparkonto, Wertpapiere, Altersvorsorge etc. | | |
| Sonstige Kreditraten<br>Ratenkauf | | |
| Sonstiges | | |
| Summe | | |
| Meine Einnahmen | | |
| – Meine Ausgaben | | |
| = Mein Saldo | | |

## Finanzielle Vorsorge

„Denn erstens kommt es anders und zweitens, als man denkt." Deshalb ist finanzielle Vorsorge notwendig. Mit einem kleinen finanziellen Polster können Sie verzögerte Zahlungen des Arbeitgebers oder des Jobcenters überbrücken. Schon mit dem ersten eigenen Einkommen können Sie in Ihre Zukunft investieren. Lassen Sie sich beraten, ob für Sie eher eine geförderte private Rentenversicherung oder ein Bausparvertrag oder andere Anlageformen in Frage kommen. In jedem Fall sollten Sie sich ausführlich über die Sicherheit der Anlageform informieren.

## Jetzt sind Sie dran ...

1. **Führen Sie für mindestens drei Monate ein Haushaltsbuch. Sie können es kostenlos im Internet oder für einen geringen Preis im Schreibwarenladen bekommen. Werten Sie nach diesem Zeitraum Ihre Erfahrungen in der Klasse aus.**
2. **Schauen Sie sich bei „Youtube" die Werbefilme der LBS mit den Titeln „Wie uncool" und „Spießer" an. Diskutieren Sie mit der ▸ Vier-Ecken-Methode folgende Reizwörter: „Mutti-Wohner", „Bausparer", „Spießer", „Freak".**
3. **Führen Sie eine ▸ Expertenbefragung zum Thema „Versicherungen" durch. Sie können dazu z. B. einen kostenlosen Referenten vom Beratungsdienst „Geld und Haushalt" oder einer Schuldnerberatungsstelle einladen. Halten Sie wichtige Aussagen in einer ▸ Mindmap fest.**

online

www.geldundhaushalt.de

Hier erhalten Sie ein Haushaltsbuch zum kostenfreien Download.

# 8.3 Räume gestalten und einrichten

## Funktionalität der Einrichtung

Möbel werden nach ihrer Funktion unterschieden in Sitzmöbel, z.B. Stühle, Hocker, Sessel und Sofas, Aufbewahrungsmöbel, z.B. Regale, Schränke und Truhen und in Tafelmöbel, z.B. Tische.
Die Einrichtung Ihrer Wohnung muss bestimmte Funktionen erfüllen, die sich aus Ihren Nutzungsbedürfnissen und denen der weiteren Bewohner ergeben.
Nach der Raumgruppe, für die die Möbel bestimmt sind, unterscheidet man Wohnzimmermöbel, Küchenmöbel, Badezimmermöbel, Schlafzimmermöbel, Kinderzimmermöbel, Büromöbel oder Jugendzimmermöbel.

*Mitwachsender Kinderstuhl*

**Ansprüche und Möglichkeiten klären**

Ob Sie Ihre persönlichen Dinge wie DVDs, Bücher oder die Modellautosammlung gleich in einem schicken Designerregal unterbringen können, oder ob doch erst einmal eine Bananenkiste reicht, hängt von Ihren finanziellen Möglichkeiten und von Ihrem Einsatz beim Erkunden preiswerter Möglichkeiten ab. Bei jeder Anschaffung von Möbeln ist der Platzbedarf zu berücksichtigen. Ein Sofa, das im Laden gut wirkt, kann einen kleinen Raum geradezu erschlagen. Damit Schubladen und Schranktüren sich öffnen lassen, müssen Sie ausreichend Platz davor haben.

**Multifunktionale Möbel**

Möbel, die sich verwandeln lassen, z.B. ein Schlafsofa oder ein Ausklapptisch, sind besonders in kleinen Wohnräumen praktisch. Für kleinere Kinder gibt es mitwachsende Gitterbetten, Hochstühle und Schreibtische, die sich in Möbel für Jugendliche umwandeln lassen.

## Qualität der Einrichtung

Qualitätsmerkmale für Möbel sind

- Sicherheit,
- Langlebigkeit,
- Strapazierfähigkeit,
- Gesundheitsverträglichkeit und
- Umweltverträglichkeit.

**Infobox**

**Massivholzmöbel** sind in sämtlichen Teilen, außer Rückwand und Schubladenböden, aus massivem Holz hergestellt und nicht furniert. Der Schreiner unterscheidet zwischen lackierten, geölten, gewachsten und geseiften Holzoberflächen.

**Furniere** sind dünne Holzstreifen, die durch Sägen oder Schälen vom Stamm abgetrennt werden. Furniere werden auf Trägerplatten (z.B. Spanplatten) aufgeklebt und unter hohem Druck verpresst.

**Holzspanwerkstoffe** werden aus Holzspänen, Kunstharzleim und weiteren Zusätzen unter Wärme und Druck hergestellt. Sie sind oft furniert oder mit Kunststoff beschichtet.

**Werkstoffe für Möbel**

Möbel bestehen häufig aus Holz, Rattan oder Korb. Das Holz kann massiv oder furniert sein. Oft verwendete Holzarten sind Eiche, Buche und Kiefer. Die Oberflächen der Möbelwerkstoffe werden meist zum Schutz und zur Dekoration beschichtet. Dazu werden Echtholzfurniere, Folien und Kantenbänder verwendet, die mit Bindemitteln und Leim befestigt werden. Weitere Werkstoffe sind Kunststoff und Metall. Polstermöbel bestehen aus einem Holz- oder Metalluntergestell, werden mit Schaumstoff gepolstert und mit Stoff oder Leder bezogen.

**Umweltverträglichkeit**

Die Entscheidung für Möbel aus Massivholz oder Holzwerkstoffen ist schwierig. Auf der einen Seite tragen Spanplatten zur Nutzung von Restholz bei und vermindern so Abfälle. Massivholz dagegen ist sehr langlebig. Teak und Mahagoni sind Hölzer aus dem tropischen Regenwald, die wichtig für den Erhalt des Regenwaldes sind.

**Gesundheitsverträglichkeit**

In jedem Fall sollte auf schadstoffarme Produkte geachtet werden. Möbel, die „neu" riechen, können gesundheitsschädliche Verbindungen enthalten. Das führt bei höheren Konzentrationen zu Reizungen der Augen und der Atemwege. Kopfschmerzen, Schwindelgefühl oder Müdigkeit können ebenfalls auftreten.

Manche Verbindungen lösen Allergien aus. Der Hautkontakt mit gepolsterten Oberflächen kann durch Chemikalien im Bezugsstoff oder Leder Kontaktallergien begünstigen.

online

www.dgm-moebel.de
www.fsc-deutschland.de
www.pefc.de
www.blauer-engel.de

Hier finden Sie die Internetauftritte von Qualitätssiegeln für Möbel.

## Jetzt sind Sie dran ...

1. **Recherchieren Sie im Internet Fakten und Meinungen über Formaldehyd und andere Schadstoffe in Möbeln. Diskutieren Sie Ihre Ergebnisse im Plenum.**
2. **Erstellen Sie in Gruppen ▸ Plakate, die über die in den Online-Hinweisen genannten Qualitätssiegel für Möbel informieren. Auskunft über die abgebildeten Qualitätssiegel finden Sie im Internet.**

*Auf vielen Flohmärkten kann man alte und gebrauchte Möbel erstehen.*

# Wohnstil

## Einrichtungsstile

Der Einrichtungsstil einer Wohnung sagt viel über ihre Bewohner aus. Sie entscheiden, was Sie miteinander kombinieren möchten. Der moderne Einrichtungsstil hat viele Gesichter, und was heute modern ist, kann morgen schon wieder out sein. Altes und vermeintlich Altes gibt es auf dem Flohmarkt, im Möbelladen oder mit etwas Glück auf dem Dachboden. Stilmix ist angesagt. Wie fühle ich mich wohl? Welche Farben machen mir Freude? Warm und mediterran? Oder eher kühl und gerade Linien? Knallig bunt oder beruhigend?

## Nachhaltiges Wohnen

Wenn Sie Wert auf nachhaltiges Wohnen legen, wählen Sie Möbel, Accessoires und Baustoffe aus nachwachsenden Rohstoffen. Einige Hersteller beziehen auch den Fertigungs-, Verkaufs- und Entsorgungsprozess in ihr Konzept mit ein. Das bedeutet, Ressourcen zu schonen, fair für Mensch und Umwelt zu produzieren, wenig Abfall zu verursachen und den $CO_2$-Ausstoß zu minimieren. Recyclingmöbel bestehen aus bereits benutzen Materialien wie Altholz, Kunststoff oder Pappe.

## Ready-made

Als „Ready-made“ bezeichnet man Dinge, die zweckentfremdet zum Einsatz kommen, wie ein Wandregal aus bemalten Obstkisten oder eine Lampe aus einem Nudelsieb, aus Eisschirmchen oder auch aus alten CDs.
Mit Fantasie und Geschick wird aus Altem etwas Neues. Die Wertschätzung für das Handgemachte nimmt wieder zu. Massenprodukte können für Ihren persönlichen Einrichtungsstil mit unterschiedlichen Elementen verziert und aufgewertet werden.

*Esszimmer im skandinavischen Stil*

*Wohnküche im skandinavischen Stil*

*Wohnzimmer im englischen Stil*

*Schlafzimmer im orientalischen Stil*

*Wohnzimmer im amerikanischen Stil*

*Badezimmer im maritimen Stil*

## Lebenssituationen unterschiedlicher Personengruppen

Im Mehrpersonenhaushalt müssen die Bedürfnisse aufeinander abgestimmt sein. Diese Rücksichtnahme auf andere Menschen kann durch eine gut durchdachte Einrichtung erleichtert werden.

**Schreibtisch im Schlafzimmer**

Eine Mutter benötigt für ihre berufliche Nebentätigkeit einen ungestörten Arbeitsplatz.

**Multifunktionales Spielzimmer**

Kinder unterschiedlichen Alters teilen sich ein Kinderzimmer. Es werden Stauraum, Spielfläche und Arbeitsplätze für Schulaufgaben benötigt.

**Schlaf- und Wohnraum in kleinen Wohnungen**

Eine alleinerziehende Mutter lebt mit ihrem sechsjährigen Sohn in einer Zweizimmerwohnung.

Kleinkinder halten sich am liebsten in der Nähe Ihrer Bezugsperson auf. Also kann ein Platz zum Spielen in der Küche oder im Wohnzimmer sinnvoll sein. Kinder im Vorschulalter haben einen größeren Bewegungsdrang und brauchen Platz. Jugendliche bevorzugen ein Zimmer, in dem sie ungestört mit Freunden zusammen sein können. Wer in Nachtschicht arbeitet, braucht einen ruhigen Platz in der Wohnung, an dem es möglich ist, tagsüber zu schlafen. Diesen besonderen Wohnbedürfnissen kann der Einrichtungsstil angepasst werden.

## Jetzt sind Sie dran ...

1. Machen Sie einen virtuellen Rundgang durch „Deutschlands häufigstes Wohnzimmer“ im Internet. Finden Sie Parallelen zur Wohnung Ihrer Eltern. Was gefällt Ihnen und was nicht? Begründen Sie Ihre Meinung.
2. Interviewen Sie ältere Menschen in Ihrer Umgebung zu ihrer Wohngeschichte. Entwerfen Sie dafür einen Fragebogen. Wie haben diese Menschen gewohnt und was hat sich im Laufe der Jahrzehnte verändert? Wie bestimmt die kulturelle Herkunft die Einrichtung und den Stil der Wohnung?
3. Führen Sie einen Erzählwettbewerb zum Thema „Geschichten, die ein altes Möbelstück erzählen kann“ durch. Denken Sie sich in ein altes Sofa oder einen alten Küchentisch hinein und lassen Sie Ihrer Fantasie freien Lauf. Entscheiden Sie am Ende, welche Geschichten die besten sind.

online

http://jvm-wozi.de/das-wohnzimmer

Hier finden Sie „Deutschlands häufigstes Wohnzimmer“.

## Farbe

Farben sind ein Stilelement der Einrichtung. Farben heben Muster hervor, sind mit bestimmten Wohnstilen verbunden und beeinflussen unsere Stimmung und unser Wohlbefinden. Bei einem Stilmix kann ein verbindendes Element die Farbe oder ein Muster sein. So lassen sich beispielsweise unterschiedliche Blumenmuster miteinander kombinieren. Karos, Kreise, Blüten oder klassische Ornamente passen zusammen, wenn sie einer Farbfamilie angehören.

**Der Farbkreis**
In seiner Mitte stehen die Grundfarben Rot, Blau und Gelb. Die Mischfarben Grün, Orange und Lila ergeben sich durch Mischen der Grundfarben. Weitere Mischtöne sind im äußeren Kreis dargestellt.

**Farben kombinieren**
Der Farbkreis gibt eine gute Hilfe bei der Kombination passender Farben. Als Farbkombinationen wählen Sie entweder Kontraste oder Farbfamilien. Bei Kontrasten mit zwei Farben können Sie z. B. die Farben wählen, die sich genau gegenüberliegen. Bei Farbfamilien können Sie drei bis vier benachbarte Farben aus dem äußeren Kreis wählen. Grundsätzlich sind alle Farben auch mit Weiß und Schwarz mischbar und kombinierbar.

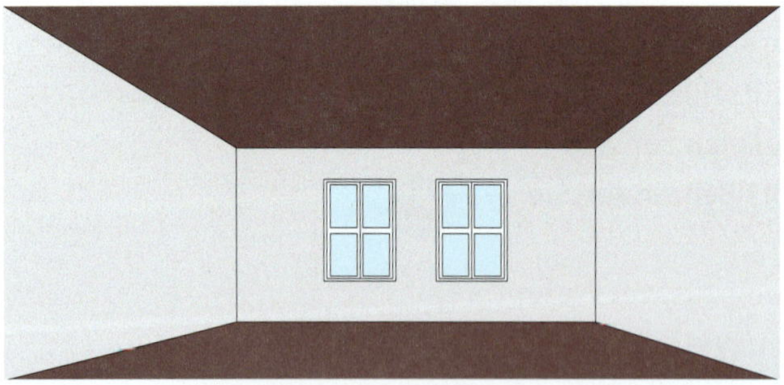

**Räumliche Wirkung von Farben und Mustern**
Die Farbgestaltung eines Raumes kann seine Wirkung beeinflussen. Räume mit dunkler Decke wirken niedriger als Räume mit einer hellen Decke. Längsstreifen an den Wänden können niedrige Räume höher wirken lassen. Große Muster an der Tapete verkleinern einen Raum optisch. Für kleine Räume sind eher kleine Muster geeignet. Die Fensterwand sollte nie dunkler als die übrigen Wände des Raumes sein, weil sie sonst zu viel Licht schluckt und der ganze Raum nicht mehr so hell wirkt.

## Licht

Licht beeinflusst unsere Stimmung. Sorgen Sie deshalb in der Wohnung für ausreichende Beleuchtung. Auch für Ihre Augen ist eine gute Beleuchtung wichtig. Arbeitsplätze am Schreibtisch oder in der Küche sollen hell beleuchtet sein. Das Licht darf aber nicht blenden. Wenn das Licht von vorne oder von links (bei Linkshändern von rechts) kommt, bleibt Ihr Arbeitsplatz schattenfrei. Bei einem gemütlichen Abend reicht oft eine kleine Stehlampe in der Ecke oder gar eine Kerze aus.

Die **Beleuchtungsstärke** wird in Lux (lx), der Lichtstrom in Lumen (lm) angegeben.

Achten Sie beim Kauf von Kompaktleuchtstofflampen auf den „Blauen Engel“.

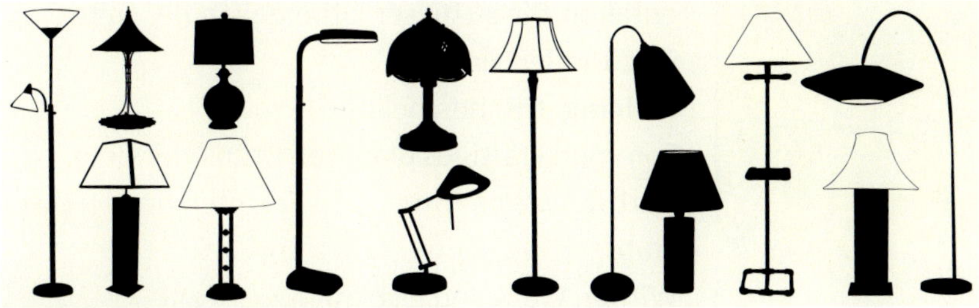

## Raumdekoration

Dekorationen können Sie kaufen oder selbst herstellen. Mit Raumtextilien wird jeder Raum wohnlicher. Übergardinen, Kissen oder Tischdecken werden in Farbe und Muster auf die übrige Einrichtung abgestimmt. An den Wänden sind Bilder und Poster die wichtigsten Dekorationselemente. Aber auch andere Gegenstände, die auf Ihre persönlichen Vorlieben und Hobbys hinweisen, sind zur Dekoration geeignet.

## Jetzt sind Sie dran ...

1. Bereiten Sie eine Ausstellung zur Wirkung von Farben und Mustern vor. Malen Sie immer in die gleiche räumliche Zeichnung eines Zimmers unterschiedliche Wand- und Deckenfarben, Streifen, große und kleine Muster usw. Vergleichen Sie die Wirkung und halten Sie Ihre Einschätzung in einem „Ausstellungsführer“ fest.
2. Stellen Sie auf einem ▸ Plakat die Verpackungsangaben auf Kompaktleuchtstofflampen vor. Was muss auf der Verpackung stehen, was bedeuten die Angaben? Wie werden die Kompaktleuchtstofflampen korrekt entsorgt?

## Dekorationen für bestimmte Themen und Anlässe

*links: herbstliche Blumendekoration; rechts: frühlingshaftes Blumenarrangement*

### Dekoration nach Jahreszeiten

Der Jahresverlauf bietet viele Anlässe, zu denen Räume dekoriert werden können. Neben Dekorationen zu bestimmten Festen und Feiertagen können Sie Ihre Wohnung oder Ihren Klassenraum auch entsprechend der Jahreszeit dekorieren. Dabei können Sie sich z. B. an den Farben orientieren, die zu dieser Jahreszeit in der Natur vorzufinden sind:

**Frühling:** frisches, helles Grün
**Sommer:** kräftiges Blau, Rot, Grün oder Gelb
**Herbst:** warme Farben von Früchten und Herbstlaub
**Winter:** Weiß und Eisblau

### Dekorationen für Feste und Feiertage

Viele Feste im Jahresverlauf sind traditionell mit bestimmten Dekorationen verbunden. Zur Osterzeit gehören Sträuße aus frischen Birkenzweigen, Weidenkätzchen oder Kirschblüten, an denen bemalte Eier aufgehängt werden. Dazu passen Osterhasen, Osterküken und Osternester mit bunten Eiern. In vielen europäischen Gebieten haben sich besondere künstlerische Techniken und Motive zur Gestaltung von Ostereiern herausgebildet.

*von links nach rechts: traditionelle hessische, polnische und sorbische Ostereier*

Wenn Sie die Dekoration für eine **Geburtstagsparty** herstellen, sind Sie eventuell an die Traditionen in Ihrer eigenen Familie gebunden. Im Übrigen können ganz der Geschmack und die Vorlieben des Geburtstagskindes im Vordergrund stehen. Eine Geburtstagskerze gehört immer dazu, und das Alter des Geburtstagskindes darf sich auch in der Dekoration wiederfinden. Ob Sie Girlanden, Luftballons oder Luftschlangen benutzen, oder ob die Party ein Motto hat, unter dem alles steht, bleibt Ihrer Fantasie und Ihrer Entscheidung überlassen.

### Dekorationen für die Advents- und Weihnachtszeit

Das große Angebot von Dekorationen für die Advents- und Weihnachtszeit zeigt, dass dieses Fest in unserem Jahreskreis eine besondere Stellung hat. Dabei ist es durchaus nicht so, dass nur in der Wohnung christlicher Familien weihnachtliche Dekorationen zu finden sind. In der Advents- und Weihnachtszeit bevorzugen viele Menschen Dekorationen, die alle Sinne ansprechen, schön aussehen, gut duften, leuchten oder glänzen.

### Farben und Symbole für die Adventszeit

Traditionell gehört zur Adventszeit das Grün von Tanne, Lebensbaum oder Buchsbaum. Dazu passen rote Kerzen, goldene Kugeln, Sterne, Engel und eine Weihnachtskrippe. Auch die Farbkombination Weiß und Silber hat Tradition. Kugeln und Kerzen sind heute in fast jeder beliebigen Farbe auf dem Markt.

*traditioneller Adventskranz*

### Materialien für Dekorationen auswählen

Natürliche Materialien wie Holz, Stroh, Tannenzapfen und Nüsse lassen sich gut zu Dekorationen verarbeiten. Auch aus Papier können Sie viele schöne Dinge herstellen. Wenn Sie die Dekorationen nicht mehr benutzen wollen, können Sie diese problemlos im Altpapier oder Biomüll entsorgen. Bei der Frage, ob Sie echte Kerzen oder elektrische Lichter wählen, sollte neben dem Stromverbrauch auch der Brandschutz bedacht werden. Bevorzugen Sie bei Klebstoffen lösungsmittelfreie Produkte.

*weihnachtliche Dekoration aus verschiedenen Materialien*

## Jetzt sind Sie dran ...

1. Bereiten Sie mit der ▸ Marktplatzmethode zum nächsten Fest oder „Tag der offenen Tür" in Ihrer Schule passende Dekorationen vor, die den Besuchern angeboten werden. Dokumentieren Sie dabei auch den Zeitaufwand und berechnen Sie die Kosten.
2. Stellen Sie auf einer ▸ Wandzeitung dar, welche Festbräuche in den Herkunftsländern der Mitschüler verbreitet sind und wie die Feste ausgeschmückt werden.
3. Sammeln Sie mit der ▸ ABC-Methode Ideen für die Dekoration einer Geburtstagsparty zu einem bestimmten Motto.

# 8.4 Pflanzen pflegen

*Schnittblumen werden in großer Vielfalt weitgehend saisonunabhängig angeboten.*

## Floristische Dekorationen

**Herkunft von Schnittblumen**

Haben Sie schon einmal auf einer Wiese selbst einen Blumenstrauß gepflückt? Meist gehen wir eher in einen Blumenladen und kaufen Blumen. In Deutschland werden etwa drei Milliarden Euro pro Jahr für Schnittblumen ausgegeben. 80 % der Blumen, die bei uns verkauft werden, stammen aus dem Ausland. Der größte Produzent ist Holland. Dahinter folgen Anbauländer aus Südamerika (Kolumbien, Ecuador), Afrika (Kenia, Simbabwe, Tansania) sowie Israel.

**Blumen nach Jahreszeit**

Durch die Produktion in Gewächshäusern und in warmen Ländern sind einige Blumen, wie z. B. die Rose, das ganze Jahr über im Angebot. Andere Blumen werden nach wie vor eher zu bestimmten Jahreszeiten angeboten und gekauft.

Blumen werden immer ohne Papier überreicht.

**Typische Blumen nach Jahreszeit:**

| Frühling | Sommer | Herbst | Winter |
|---|---|---|---|
| • Schlüsselblume<br>• Traubenhyazinthe<br>• Hyazinthe<br>• Osterglocke<br>• Tulpe | • Lilien<br>• Klatschmohn<br>• Margeriten<br>• Löwenmäulchen<br>• Sonnenblumen | • Herbstastern<br>• Dahlien<br>• Chrysanthemen<br>• Gladiolen | • Amaryllis (Gewächshaus)<br>• Christrose<br>• Schneeglöckchen<br>• Schneeheide |

**Schnittblumen pflegen**

Wer Schnittblumen richtig pflegt, hat länger Freude daran. Beachten Sie folgende Punkte:

- eine gründlich gereinigte Vase mit lauwarmem (ca. 35° C) Wasser füllen.
- Nährlösung zugeben und im Wasser auflösen
- nach dem Kauf die Blumen mit einem scharfen Messer (eine Schere zerquetscht die Leitungsbündel in den Stielen) schräg anschneiden
- Blätter von den Stielen unten entfernen, damit sie nicht im Wasser verfaulen
- Blumen ins Wasser stellen
- Schnittblumen vor praller Sonne und auch vor Zugluft schützen
- nachts die Schnittblumen in einen kühlen Raum stellen
- Blumen alle zwei Tage frisch anschneiden und das Wasser wechseln
- Ein kleiner Schuss Essig im Wasser vermindert den Kalkgehalt des Wassers und hemmt die Fäulnisbakterien.

### Schnittblumen arrangieren

Für die Auswahl von Schnittblumen gelten die Regeln des ▸ Farbkreises. Größe, Farbe und Form der Vase werden auf die Blumen abgestimmt. Eine einzelne Blüte wirkt gut in einer hohen, schmalen Vase. Ein kugeliger Strauß braucht eine bauchige Vase. Sind die Blumen als Tischschmuck gedacht, dürfen sie nicht höher als 25 cm sein, damit sie nicht den Blickkontakt zum Gegenüber stören. Ein großer Raum kann mit einem üppigen Strauß in einer Bodenvase geschmückt werden. Die Anzahl der Blüten sollte für einen harmonischen Gesamteindruck immer eine ungerade Zahl sein.

*verschiedene Blumenarrangements von oben nach unten: Calla in Vase, weihnachtliches Trockengesteck, Tulpen in Vase, Frischblumengesteck*

### Gestecke aus Schnittblumen herstellen

Gestecke aus Schnittblumen werden mit grüner Steckmasse gearbeitet. Sie wird eingeweicht, bis sie sich voll Wasser gesaugt hat. Blumen und Steckmasse werden zugeschnitten. Zuerst wird die Basis mit Blattwerk oder Moos abgedeckt. Dann wird die schönste und höchste Blüte platziert. Darum herum werden dann weitere Blüten und Blattwerk in die Steckmasse gesteckt, bis diese nicht mehr zu sehen ist.

### Gestecke aus Trockenmaterial herstellen

Länger haltbar als frische Blumen sind getrocknete Blumen, Zweige oder Pflanzenteile, die sich zu Trockengestecken arrangieren lassen. Hierfür wird graue Steckmasse verarbeitet. Sie kann ebenfalls in einer Steckschale befestigt werden. Aus grauer Steckmasse gibt es im Handel aber auch Kränze und andere Formen, die z. B. als Wandschmuck geeignet sind.

### Arbeitsbedingungen in der Blumenproduktion

Die Produktion in den Blumenstaaten Afrikas und Lateinamerikas ist meist ein schmutziges Geschäft: Hungerlöhne, Willkürverträge und Gesundheitsrisiken durch rücksichtslos versprühte Pestizide sind häufig anzutreffen. Das Flower-Label-Program (FLP) ist ein Gütesiegel für Blumenfarmen, die auf Menschenwürde und Umweltschutz achten. Kinderarbeit ist genauso verboten wie hemmungsloser Pestizideinsatz. Garantiert werden Festverträge, Mindestlöhne und Gesundheitsschutz.

## Jetzt sind Sie dran ...

1. Erstellen Sie in Gruppen je ein ▸ Plakat zu Blumen einer der Jahreszeiten. Suchen Sie die Blumen im Internet oder in einem Gartenkatalog. Stellen Sie die Plakate in der Klasse vor.
2. Führen Sie mit einem Blumenhändler oder -großhändler ein ▸ Experteninterview über das Flower-Label-Program oder andere Siegel für fairen Handel mit Schnittblumen durch. Protokollieren Sie die Ergebnisse in einer ▸ Mindmap.
3. Stellen Sie für ein Fest oder einen besonderen Anlass in Ihrer Schule Blumenschmuck her.

*das Gütesiegel Flower-Label-Program (FLP)*

*Wintergarten mit Grünpflanzen*

## Zimmerpflanzen pflegen

**Dschungel oder kleiner, grüner Kaktus?**

Zimmerpflanzen sind ein beliebter Schmuck für Innenräume. Sie bringen die Natur ins Büro oder die Wohnung. Ein Blickfang sind sie aber nur, wenn sie auch gepflegt werden. Dazu müssen Sie die Ansprüche Ihrer Pflanzen kennen. Die Auswahl an unterschiedlichen Pflanzen ist groß. Je nach Geschmack pflegen manche Menschen einen Dschungel, während anderen ein kleiner, grüner Kaktus ausreicht. Zimmerpflanzen verbessern das Raumklima. Sie wirken als Luftfilter und produzieren Sauerstoff.

**Ansprüche von Zimmerpflanzen**

Zimmerpflanzen benötigen Licht, Luft, Wasser und Nährstoffe. Weiterhin benötigen sie ein Substrat, in dem ihre Wurzeln wachsen können. Die Ansprüche der Pflanzen sind von Art zu Art sehr unterschiedlich. Deshalb sollten Sie zuerst überlegen, für welchen Standort Sie eine Pflanze suchen. Danach können Sie im Fachhandel geeignete Pflanzen auswählen. Viele unserer Zimmerpflanzen stammen ursprünglich aus dem tropischen Regenwald. Kein Wunder, dass sie bei trockener Heizungsluft nicht besonders gut gedeihen.

Unter **Substrat** versteht man die Unterlage oder das Grundmaterial, in dem die Pflanze wurzelt, z. B. Blumenerde oder Tongranulat.

**Sonniger Standort**

*Amaryllis*

**Halbschattiger Standort**

*Alpenveilchen*

**Schattiger Standort**

*Frauenfarn*

**Standortbedingungen**

Licht ist die Energiequelle der Pflanzen. Mit Hilfe des Sonnenlichtes kann die Pflanze aus Luft, Wasser und Nährstoffen ihre Pflanzensubstanz aufbauen. Dieser Vorgang heißt Photosynthese. Je nach Lichtbedarf sollte der Standort an einem Ost-, Süd-, West- oder Nordfenster gewählt werden. Einige Pflanzen brauchen so wenig Licht, dass sie gar nicht am Fenster stehen müssen, sondern weiter im Inneren des Raumes gedeihen.

**Wasser**

Pflanzen bestehen überwiegend aus Wasser (60–90 %). Alle Pflanzenteile, die nicht verholzt sind, bleiben ausschließlich auf Grund des Wasserdrucks in den Zellen prall und aufrecht. Wasser löst die Pflanzennährstoffe und transportiert sie in alle Zellen der Pflanze. Je höher die Temperatur, umso höher der Bedarf der Pflanze an Luftfeuchtigkeit. Deshalb sollen Pflanzen nicht nur gegossen, sondern auch besprüht werden.

Einen grünen Daumen kann man lernen.

**Nährstoffbedarf**

Außer Licht, Kohlendioxid und Wasser benötigen die Pflanzen noch einige Nährstoffe, die hauptsächlich mit dem Wasser aus dem Boden zugeführt werden. Die Nährstoffe sind Stickstoff, Phosphor, Kali und Kalk. Weiterhin werden die Spurenelemente Magnesium, Eisen, Schwefel und Kalzium benötigt. In fertigen Pflanzendüngern sind diese Nährstoffe in einem ausgewogenen Verhältnis vorhanden. Düngen Sie nur während der Wachstumszeit.

**Erde**

Pflanzen brauchen ein Substrat, in dem sie wachsen können. Meist ist das Erde, manchmal auch Tonkugeln für Hydrokulturen. Erde kann aus verschiedenen Bestandteilen (Torf, Ton, Sand, Humus) bestehen, die miteinander gemischt werden. Die meisten Pflanzen gedeihen gut in Einheitserde. Spezialerden gibt es z. B. für Kakteen und Orchideen. Der Düngergehalt der Erde kann unterschiedlich sein. Auf den Packungen finden sich entsprechende Hinweise.

Bei einer **Hydrokultur** gedeihen die Pflanzen in speziellen Substraten, die nicht zur Ernährung beitragen. Daher müssen hier spezielle Dünger eingesetzt werden.

**Töpfe**

Ein passender Topf muss sowohl von der Größe als auch vom Aussehen zu der Pflanze passen. Verbreitet sind Blumentöpfe aus Ton. Sie sind porös und können etwas Wasser speichern. Der Topf muss ausreichend Platz für den Wurzelballen bieten. Zum Topf empfiehlt sich ein passender Untersetzer, der austretendes Gießwasser auffangen kann. Beliebt sind auch Übertöpfe aus farbiger Keramik oder Kunststoff.

*Blumentöpfe gibt es in vielen verschiedenen Formen, Farben, Materialien und Größen.*

**Pflegearbeiten**

Die wichtigsten Pflegearbeiten sind Gießen und Düngen. Verwelkte Blüten und welke Blätter beeinträchtigen den Anblick von Pflanzen und sind für sie eine Gesundheitsgefahr, weil sie Schädlinge anziehen können. Daher ist ein regelmäßiges Entfernen dieser Teile notwendig. Staub und Schmutz auf den Blättern beeinträchtigen die Lebensvorgänge. Blätter sollten von Zeit zu Zeit abgewaschen werden. Dabei sollte das Wasser höchstens handwarm sein. Zu kaltes Wasser ist ein Schock für die Pflanzen. Zimmerpflanzen passen sich an die Richtung des Lichteinfalls an. Verdrehen der Töpfe, um die Blüten besser im Zimmer zu sehen, schadet der Pflanze.

## Jetzt sind Sie dran ...

1. **Sammeln Sie zu Hause oder bei Bekannten Ableger von Pflanzen. Besorgen Sie Töpfe und Erde und pflanzen Sie die jungen Pflanzen ein. Beschreiben Sie in einer Anleitung die unterschiedlichen Arten der Vermehrung, z. B. Blattstecklinge, Kopfstecklinge.**
2. **Dekorieren Sie in Gruppen Ihren Klassenraum oder einen anderen Raum in der Schule mit Zimmerpflanzen. Stellen Sie für jede einzelne Pflanze eine Pflegeanleitung her.**

# Balkon- und Terrassenpflanzen pflegen

*selbst gezogene Pflanzen*

**Pflanzen selbst aussäen**

Der Balkon ist für viele Stadtmenschen der Ersatz für den Garten. Auch auf einem Balkon kann man Aussaat und Wachstum beobachten. Dabei muss es sich nicht immer um Blumen handeln, auch Küchenkräuter und Gemüse können Sie auf dem Balkon anbauen. In großen Kübeln lassen sich sogar kleine Obstbäume und -sträucher kultivieren. Das Aussäen ist billiger als der Kauf von jungen Pflanzen. Die Anleitung finden Sie auf den Samentütchen. Sie brauchen aber etwas Geduld und müssen Ihre Saat gut pflegen.

**Pflanzen kaufen**

Wer schnell einen kräftigen, blühenden Schmuck für seinen Balkon haben möchte, kauft junge Pflanzen. Achten Sie beim Kauf auf kräftigen Wuchs, viele Verzweigungen und Knospen und auf einen feuchten Wurzelballen. Sie bekommen Balkon- und Kübelpflanzen in Gärtnereien, in Baumärkten und als Angebote auch in Supermärkten oder Discountern. Dabei gibt es starke Preisunterschiede. Gärtnereien ziehen die Pflanzen in der Regel selbst auf. Die Pflanzen müssen beim Umzug auf Ihren Balkon also keine Klimaumstellung verkraften.

**Pflanzengruppen**

| | |
|---|---|
| Zwiebel- und Knollenblumen | z. B. Schneeglöckchen, Narzissen, Knollenbegonien, Lilien |
| einjährige Pflanzen | z. B. Petunien, Tagetes, Cosmea |
| Stauden (mehrjährig) | z. B. Glockenblumen, Margeriten, Chrysanthemen, Fetthenne |
| Kübelpflanzen | z. B. Fuchsien, Geranien, Oleander |
| winterharte Ziergehölze | z. B. Hortensien, Rosen, Ginster |

**Töpfe, Kübel und Balkonkästen**

Für Balkon und Terrasse gibt es ein großes Angebot unterschiedlicher Gefäße. Töpfe und Kübel aus Terrakotta sind oft aus frostfester Qualität. Balkonkästen gibt es aus Ton, Eternit oder Holz. Übertöpfe können auch aus Zinn oder Kunststoff sein. Dekorativ sind auch große Körbe aus Weide. Bei guter Pflege können Sie an Töpfen, Kübeln und Balkonkästen viele Jahre hindurch Freude haben.

### Balkonkästen bepflanzen

Bei der Bepflanzung von Balkonkästen gehen Sie in folgenden Arbeitsschritten vor:

- 2 bis 3 cm hohe Drainageschicht aus Tonscherben oder Kies in den Kasten füllen
- Kasten zur Hälfte mit guter Blumenerde füllen
- Ballenfeuchtigkeit prüfen und Pflanzen falls erforderlich tauchen
- Pflanzen nach der gewünschten Anordnung einsetzen, Pflanzenwachstum beachten.
- Ergebnis überprüfen und ggf. korrigieren
- Zwischenräume mit Erde auffüllen und Pflanzen festdrücken
- Gießrand bilden, mindesten 2 bis 3 cm Abstand vom oberen Rand, gründlich gießen
- Balkonkasten außen feucht abwischen

### Bepflanzung im Jahresverlauf

Auf dem Balkon können Sie jede Jahreszeit mit neuer Blütenpracht zur Geltung bringen. Beachten Sie auch hier die Standortansprüche. Nicht jede Blume verträgt pralle Sonne. Bei vielen Arten können Sie zwischen aufrechten und hängenden Sorten (Ampelpflanzen) entscheiden. Stellen Sie bewusst die Farben zusammen, die zu Ihrem Balkon passen.

### Diese Pflanzen blühen im

| Frühling | Sommer | Herbst und Winter |
|---|---|---|
| Krokus | Männertreu | Herbstaster |
| Narzisse und | Petunie | Fetthenne |
| Tulpe | Geranie | Chrysantheme |
| Stiefmütterchen | Pantoffelblume | Besenheide |
| Primeln | Margerite | Schneeheide |
| Tausendschön | Verbene | |
| Vergissmeinnicht | Ringelblume | |

Primeln

Vergissmeinnicht

Petunie

Aster

Ringelblume

## Jetzt sind Sie dran ...

1. Ziehen Sie im Frühjahr selbst Pflanzen in Ihrem Klassenraum, die im Sommer in Kübeln oder auf Beeten das Schulgelände verschönern können.
2. Führen Sie die Frühjahrsbepflanzung auf Ihrem Schulgelände durch. Unternehmen Sie dafür eine Exkursion zu einem Gartenbaubetrieb. Planen Sie Ihr Vorhaben, überlegen Sie im Vorfeld, welche Fragen Sie den Fachkräften vor Ort stellen möchten. Notieren Sie sich Angebote und Preise. Kalkulieren Sie die Kosten und erkundigen Sie sich nach Finanzierungsmöglichkeiten (Förderverein, Sponsoren usw.).
3. Dokumentieren Sie Ihr Projekt mit allen Arbeitsschritten und Ergebnissen.

Heide

## „Los geht's"

# 8.5 Projektaufgabe

**Gestalten Sie einen Raum oder Teilbereich in Ihrer Schule nach Ihren eigenen Vorstellungen und Bedürfnissen neu.**
Ob Sie daraus ein kleines Projekt (z. B. Blumenfenster im Klassenraum, Wand im WC) oder ein größeres Projekt (z. B. Neugestaltung der Cafeteria oder des Eingangsbereiches der Schule) machen, hängt ganz von den Möglichkeiten ab.

### Informieren

Beschaffen Sie sich zuerst die nötigen Informationen. Welcher Raum in der Schule darf umgestaltet werden, wie viel Zeit und welche Mittel stehen dafür zur Verfügung? Informieren Sie sich über Arbeitstechniken, Arbeitsmittel, Beschaffungsmöglichkeiten. Gibt es Einschränkungen durch Denkmalschutz, Brandschutz usw.? Erarbeiten Sie in Projektgruppen unterschiedliche Vorschläge.

### Planen

Entwickeln Sie in Ihren Projektgruppen eine konkrete Idee zur Neugestaltung. Stellen Sie das benötigte Material zusammen, planen Sie den Arbeitsablauf, kalkulieren Sie die Kosten. Denken Sie auch jetzt schon an die Dokumentation des gesamten Projekts.

### Entscheiden

Wenn jede Gruppe ihre Planung abgeschlossen hat, stellt sie ihr Vorhaben in einer Präsentation vor. Laden Sie zu dieser Projektpräsentation ggf. auch die Entscheidungsträger der Schule ein, die das Projekt genehmigen müssen. Entscheiden Sie gemeinsam, welches Projekt umgesetzt werden soll. Beraten Sie darüber, ob die Projektplanung realistisch und durchführbar ist oder ob in einigen Punkten nachgebessert werden muss. Sind die Aufgaben so verteilt, dass alle mitmachen können?

**Ausführen**

Jetzt heißt es tatsächlich „Loslegen!". Der Plan wird Schritt für Schritt in die Tat umgesetzt. Lassen Sie sich dabei von Ihrer Lehrkraft beobachten, beraten und begleiten. Denken Sie auch an die Projektdokumentation. Nicht nur die Fortschritte und Erfolge, auch Schwierigkeiten und unvorhergesehene Ereignisse bei der Umsetzung gehören in die Dokumentation.

**Kontrollieren**

Vergleichen Sie nach jedem Arbeitsschritt Planung und Ergebnis. Ist die Planung sach- und fachgerecht umgesetzt worden? Ist das Ziel erreicht? So können Sie frühzeitig gegensteuern, wenn etwas nicht so wird, wie Sie es sich vorgestellt hatten.

**Beurteilen**

Die Klasse bewertet gemeinsam das Arbeitsergebnis. Dabei soll auch das eigene Handeln kritisch betrachtet und beurteilt werden. Was kann ich beim nächsten Projekt besser machen? Die Lehrkraft wird ebenfalls eine Bewertung vornehmen und mit Ihnen besprechen. Vielleicht möchten Sie Ihr Projektergebnis auch der Schulöffentlichkeit vorstellen und von allen Schülern und Lehrern beurteilen lassen?
Auch die Beurteilung wird für die Dokumentation festgehalten. Nun können Sie Ihre Dokumentation abschließen und damit das Projekt beenden.

Vernetzen Sie Ihr Wissen:

Mit dem Thema:
- Kommunikation
  (→ Themenfeld 1, S. 30)
- Kaufvertrag und Reklamation
  (→ Themenfeld 2, S. 46)
- Laufende Kosten kontrollieren
  (→ Themenfeld 8, S. 222)

# Hauswi Produkt leistung

**Kunden binden und pflegen**

Reklamationen

Qualität kontrollieren

Verbraucherschutz

Qualität sichern

Kundenorientierung

Kundenakzeptanz

Verkaufsgespräche

**Kundengespräch**

Mit diesem Kapitel sind Sie wahrscheinlich am Ende Ihrer Schulzeit angekommen und kennen sich im Bereich Ernährung und Hauswirtschaft schon ziemlich gut aus. Die Vielseitigkeit der verschiedenen Themenfelder haben Sie intensiv erarbeitet und konnten bestimmt das ein oder andere in Projekten, Praktika oder im privaten Bereich anwenden. In diesem Themenfeld kommt nun all Ihr bisheriges Wissen zusammen: Denn das, was Sie an hauswirtschaftlichen Produkten und Dienstleistungen kennen oder vielleicht auch „zu können“ gelernt haben, soll ja von Kunden wahrgenommen und möglichst auch bezahlt werden. So erhalten Sie auf den folgenden Seiten betriebswirtschaftliches Grundwissen, um in kleinen Projekten das ein oder andere Produkt anbieten, vermarkten und verkaufen zu können.

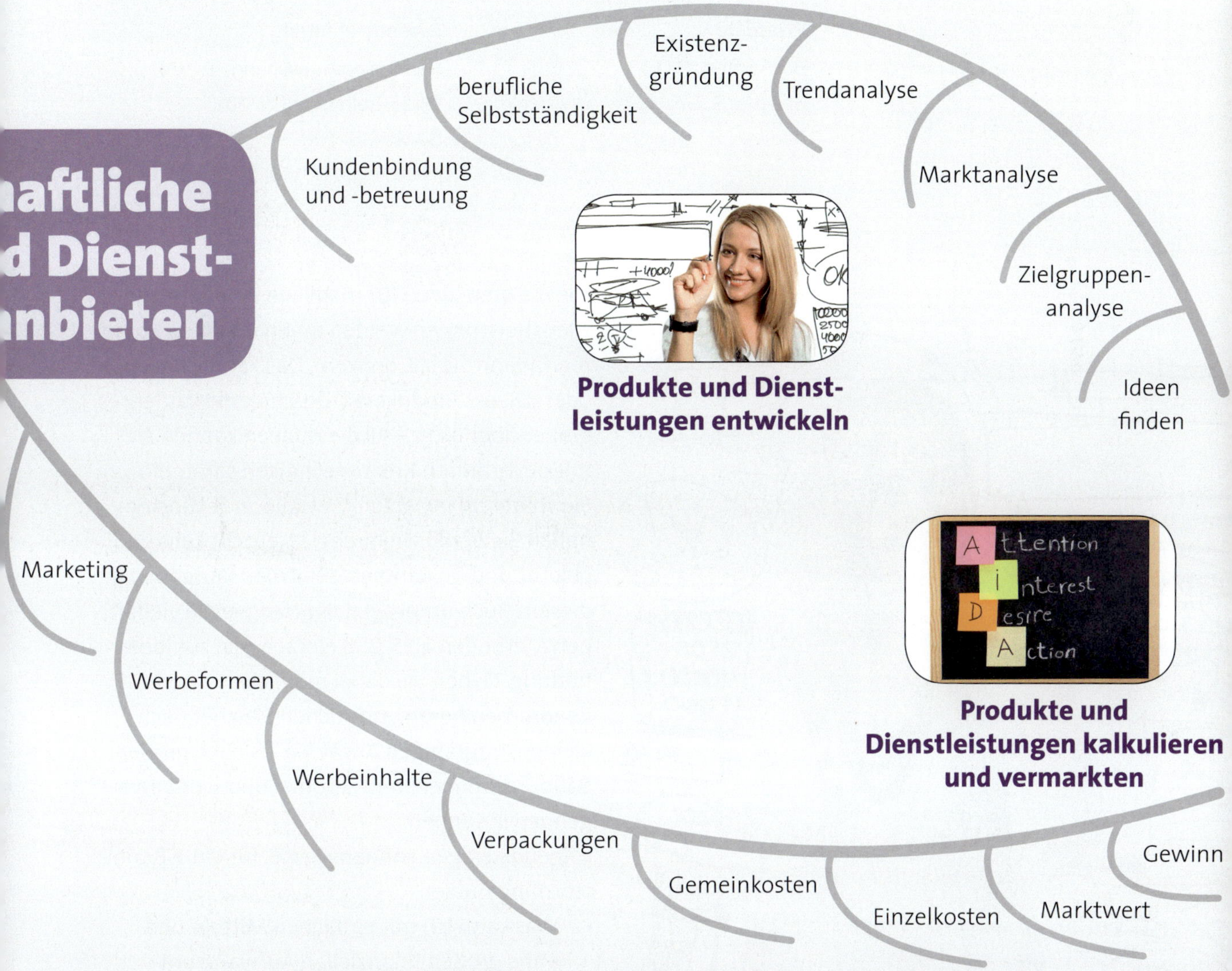


# 9 Hauswirtschaftliche Produkte und Dienstleistungen anbieten

# 9.1 Produkte und Dienstleistungen entwickeln

Sie haben inzwischen vielseitige hauswirtschaftliche Kompetenzen entwickelt. Sie haben gelernt, hauswirtschaftliche Produkte anzufertigen und hauswirtschaftliche Dienstleistungen anzubieten. Dazu gehören:

| Produkte | Dienstleistungen |
|---|---|
| Backwaren, S. 108 | Raumpflege/-reinigung, S. 174 |
| Snacks, S. 87 | Alltagsbetreuung, S. 202 |
| Textilien, S. 160 | Service, S. 128 |
| | Textilpflege, S. 154 |

## Ideen finden

Die meisten Ideen für mögliche Produkte oder Dienstleistungen werden Ihnen im Alltag kommen, wenn Sie z. B. denken: „Das kann ich besser." oder „Dieses Produkt würde ich gerne kaufen, es gibt es aber nicht." All diese Ideen können Sie mit bestimmten Kreativtechniken sammeln, um Sie später umzusetzen. Viele dieser Techniken haben Sie bereits in Ihrem Unterricht kennen gelernt und im Rahmen der Arbeitsaufgaben in diesem Buch umgesetzt. Nutzen Sie die vielfältigen Methoden ab S. 258 einfach mal zur Ideenfindung. Gehen Sie dabei möglichst unvoreingenommen heran und suchen Sie eher nach kleinen, tragfähigen Ansätzen als nach großen, bahnbrechenden Innovationen und weltbewegenden Lösungen.

Folgende Fragen können Sie z. B. für ein ▸ Brainstorming nutzen:

- Was kann ich mit einfachen Mitteln und ohne großen finanziellen Aufwand umsetzen?
- Welche Tätigkeiten machen mir besonders Spaß?
- Welche Tätigkeiten kann ich besonders gut?
- Was wird bereits angeboten und kann verbessert werden?

## Informationen beschaffen

In vielen Unternehmen gibt es eigene Abteilungen, die sich ausschließlich mit der Vermarktung von Produkten oder Dienstleistungen beschäftigen: das Marketing. Eine Aufgabe des Marketings ist, Informationen zu beschaffen über:

- die Zielgruppe, also den möglichen Kundenkreis
- den Markt, also das Umfeld, in dem Sie das Produkt oder die Dienstleistung anbieten wollen
- das richtige Zeitfenster, also (ab) wann sollte ein bestimmte Produkt oder eine Dienstleistung angeboten werden
- die langfristige Kundenbindung und -betreuung, z. B. durch Werbung

Das Marketing nutzt zur Beschaffung dieser Informationen verschiedene Wege, z. B. eine Kundenbefragung (schriftlich oder in persönlichen oder Telefoninterviews), die Auswertung von bisherigen Geschäftsergebnissen (z. B. Analyse des Umsatzes, Kaufverhalten von Kunden im Einzelnen) oder eine Befragung der Mitarbeiter, die bereits an vorhandenen Produkten und Dienstleistungen arbeiten.

| | |
|---|---|
| **Zielgruppenanalyse**<br>Wie viele Kunden könnte es in meinem Einzugsgebiet geben?<br>Wie alt sind die möglichen Kunden, über wie viel Einkommen verfügen Sie?<br>Welche Vorlieben hat die Zielgruppe?<br>Habe ich schon Stammkunden? | **Marktanalyse**<br>Wie groß ist das Gebiet, in dem Sie Ihr Produkt oder Ihre Dienstleistung anbieten können?<br>Gibt es bereits Firmen, die dieses Produkt oder diese Dienstleistung anbieten?<br>Zu welchen Preisen wird das Produkt oder die Dienstleistung angeboten? |
| **Trendanalyse**<br>Gibt es ein bestimmtes Zeitfenster, zu dem ich mein Produkt anbieten kann?<br>Wie kann ich diese Zeitfenster in meine langfristige Planung einbauen?<br>Gibt es neue Trends und Kundenwünsche, auf die ich reagieren könnte? | **Kundenbindung und -betreuung**<br>Wie zufrieden sind die Kunden mit meinen Angeboten?<br>Wie reagiere ich auf Unzufriedenheit?<br>Was kann ich tun, damit der Kunde weiterhin mit meinem Angebot zufrieden ist?<br>Wie kann ich den Kunden erreichen? |

## Jetzt sind Sie dran ...

1. Informieren Sie sich mit Hilfe des Branchenbuches („Gelbe Seiten") und des Internets, welche hauswirtschaftlichen Produkte und Dienstleistungen in Ihrer Region angeboten werden. Erstellen Sie auf einem Plakat eine Landkarte Ihrer Region und pinnen Sie kleine Kärtchen an die Orte, an denen die Produkte oder Dienstleistungen angeboten werden.
2. Wählen Sie im Plenum eine Methode aus, um Ideen für Produkte und Dienstleistungen zu entwickeln, die Sie in Ihrer Schule anbieten könnten. Wenden Sie diese Methode zur Ideenfindung an.
3. Erstellen Sie in Gruppenarbeit auf Basis Ihrer Idee (Produkt oder Dienstleistung) einen Fragebogen, um den möglichen Erfolg Ihrer Idee zu untersuchen. Prüfen Sie den Fragebogen, indem Sie ihn in Ihrer Klasse einsetzen.

## Chancen und Risiken beruflicher Selbstständigkeit

Ungefähr ein Zehntel aller Erwerbstätigen in Deutschland sind selbstständig. Sie betreiben entweder ein Gewerbe (z.B. eine Gärtnerei) oder üben einen freien Beruf aus (z.B. Rechtsanwalt). Viele Selbstständige genießen es, „der eigene Herr im Hause" zu sein. Auf der anderen Seite tragen Sie ein hohes wirtschaftliches Risiko.

Als abhängig Beschäftigte gelten alle Erwerbstätigen, die in einem Unternehmen angestellt sind. Neben den verschiedenen Formen der Arbeitsorganisation unterscheiden sich die beiden Erwerbstätigengruppen durch verschiedene Modelle der Sozialversicherung und Besteuerung ihrer Arbeit:

| | Selbstständige | abhängig Beschäftigte |
|---|---|---|
| **Krankenversicherung** | müssen sich privat versichern und die Kosten dafür alleine tragen | sind gesetzlich pflichtversichert, Arbeitgeber und Arbeitnehmer teilen sich die Beiträge |
| **Arbeitslosenversicherung** | sind nicht versichert | sind gesetzlich pflichtversichert, Arbeitgeber und Arbeitnehmer teilen sich die Beiträge |
| **Altersvorsorge** | müssen privat vorsorgen und die Kosten dafür alleine tragen | sind für eine gesetzliche Rente pflichtversichert, Arbeitgeber und Arbeitnehmer teilen sich die Beiträge; es wird empfohlen, zusätzliche private Altersvorsorge zu betreiben |
| **Unfallversicherung** | müssen sich privat versichern und die Kosten dafür alleine tragen | sind gesetzlich pflichtversichert, der Arbeitgeber trägt die Beiträge |
| **Arbeitsvergütung** | Selbstständigeneinkommen | Lohn |
| **Besteuerung** | müssen eigenverantwortlich die Steuern nachweisen und abführen, ggf. neben Umsatz- und Einkommenssteuer auch Gewerbesteuer entrichten | Lohnsteuer wird automatisch vom Lohn abgezogen. |

### Existenzgründung

Als Existenzgründung bezeichnet man die Gründung eines Unternehmens zum Verkauf von Produkten oder Dienstleistungen. Voraussetzungen sind eine Geschäftsidee, Kapital (für die Gründung notwendiges Geld), die Anmeldung beim Gewerbe- oder Finanzamt als Selbstständiger und in bestimmten Branchen die Anmeldung bei einer zuständigen Kammer bzw. einem Verband.

Eine Existenzgründung will gut vorbereitet sein. Die Erstellung eines Geschäftsplans ist nicht nur für die Beantragung von Fördermitteln sinnvoll. Erfahrungen zeigen, dass etwa 50 Prozent der neu gegründeten Unternehmen auch aufgrund schlechter Planungen innerhalb der ersten vier Jahre ihre Existenz aufgeben.

**Finanzierung der Selbstständigkeit**

Als Selbstständiger trägt man das wirtschaftliche Risiko selbst, hat dafür aber den Vorteil, bei wirtschaftlichem Erfolg auch einen höheren Gewinn zu erzielen. Um das wirtschaftliche Risiko überblicken zu können, sollte man kaufmännische bzw. betriebswirtschaftliche Kenntnisse mitbringen. Einiges wird in der Berufsausbildung vermittelt, spezielle Fort- und Weiterbildungen sind jedoch sinnvoll, um vorhandenes Wissen zu aktualisieren bzw. zu erweitern. Wichtig ist, dass bei allen Planungen auch das Scheitern mit einkalkuliert wird. Für eine Existenzgründung wird ausreichend Kapital benötigt für:

- Kauf oder (langfristige) Miete von Räumlichkeiten inklusive Kautionen und Provisionen sowie Energie- und andere Nebenkosten
- Kauf oder (langfristiges) ▸ Leasing (S. 46) von technischer und sonstiger Ausstattung
- Rücklagen für Einkommensausfall, z. B. durch Krankheit/Berufsunfähigkeit, Urlaub oder (Material-)Schäden, Auftragsflaute, unbezahlte oder verzögert bezahlte Rechnungen
- Vorleistung für Waren und Dienstleistungen

**Kaution**
geldwerte Sicherheitsleistung, z. B. bei Abschluss eines Mietvertrags

**Provision**
Entgelt für den Verkauf oder die Vermittlung, z. B. einer Immobilie

*Günstige Räumlichkeiten bedürfen häufig eines großen Einsatzes für Renovierungsarbeiten. Die Arbeits- und Materialkosten müssen einer möglichen günstigeren Miete oder Kaufsumme gegengerechnet werden.*

*Bei der technischen Ausstattung müssen sowohl der Kaufpreis als auch Kosten für die Wartung sowie die Neubeschaffung bei Schäden kalkuliert werden.*

*Eine nicht bezahlte Rechnung eines Kunden kann schnell die eigene Zahlungsunfähigkeit zur Folge haben.*

## Jetzt sind Sie dran ...

1. Führen Sie in Ihrem Umfeld Gespräche mit Menschen, die angestellt und selbstständig sind. Sammeln Sie deren Argumente und führen Sie eine ▸ Pro-und-Kontra-Diskussion zur Selbstständigkeit.
2. Recherchieren Sie im Internet die Förderprogramme zur Existenzgründung und vergleichen Sie in Partnerarbeit die unterschiedlichen Bedingungen und Fördermöglichkeiten.
3. Informieren Sie sich im Internet über die Höhe der Abgaben zur Sozialversicherung. Gehen Sie von einem Bruttolohn von 2000 Euro aus und berechnen Sie, wie viel Abzüge ein Arbeitnehmer für Sozialversicherungen hat. Vergleichen Sie Ihre Ergebnisse in der Klasse.

online

www.existenzgruender.de
Hier finden Sie das Existenzgründungsportal des Bundesministeriums für Wirtschaft.

www.sozialversicherungsbeiträge.org
Hier finden Sie Informationen zur Höhe der Beitragssätze für das Jahr 2012.

# 9.2 Produkte und Dienstleistungen kalkulieren und vermarkten

## Kosten kalkulieren

Bei der Kostenkalkulation für Produkte ist es wichtig, neben den fixen und variablen Kosten die Einzelkosten von den Gemeinkosten zu unterscheiden. Während die Einzelkosten mit jedem erstellten Produkt anfallen, müssen die Gemeinkosten (Miete, Kapital, Verwaltung, Versicherungen, Steuern und Gebühren) immer getragen werden und daher angemessen auf das einzelne Produkt umgelegt werden. Dies geschieht in der Regel über eine Kostenpauschale, z. B. 10 % für die Nutzung der Räume und Ausstattung.
Am Beispiel von Erdbeermarmelade soll deutlich gemacht werden, welche Kosten berücksichtigt werden müssen. Vergleichen Sie dazu das Kapitel „Kosten berechnen“ auf S. 84.

Kostenkalkulation für 100 Gläser Erdbeermarmelade à 160 g

| | in Euro für 100 Gläser | in Euro für 1 Glas |
|---|---|---|
| 12 kg Erdbeeren | 48 | 0,48 |
| 4 kg Gelierzucker (3:1) | 12 | 0,12 |
| 200 ml Zitronensaftkonzentrat | 2 | 0,02 |
| Marmeladenglas | 20 | 0,20 |
| Etikett | 6 | 0,06 |
| Energiekosten | 4 | 0,04 |
| Zwischensumme | | 0,92 |
| Gemeinkosten (10 %) | | 0,09 |
| **Gesamtkosten** | | **1,01** |

## Marktwert

Der Erfolg eines Produktes ist abhängig vom Marktwert. Dieser bezeichnet den tatsächlich erzielten Preis. Ist der Preis z. B. zu hoch angesetzt, kann es passieren, dass die Kunden das Produkt nicht kaufen. Ist der Preis zu niedrig angesetzt, können Sie die angefallenen Kosten nicht decken. Daher ist es sinnvoll, im Vorfeld Preise von anderen Anbietern zu erkunden und ggf. eine Rückwärtskalkulation durchzuführen. Dann können Sie bei Bedarf versuchen, die anfallenden Kosten durch geeignete Maßnahmen zu minimieren. Am Beispiel der Erdbeermarmelade könnten Sie z. B. auf ein einfacheres, dafür preiswerteres Erdbeerglas zurückgreifen oder versuchen, Erdbeeren abends einzukaufen, da sie (nicht mehr ganz frisch) günstiger verkauft werden.

Wenn Sie in der Schule ein Produkt oder eine Dienstleistungen anbieten wollen, haben Sie den wirtschaftlichen Vorteil, für sich keinen Stundenlohn und ggf. auch keine Gemeinkosten ansetzen zu müssen. Ebenso müssen Sie i. d. R. keine Mehrwertsteuer berechnen.

## Gewinnkalkulation

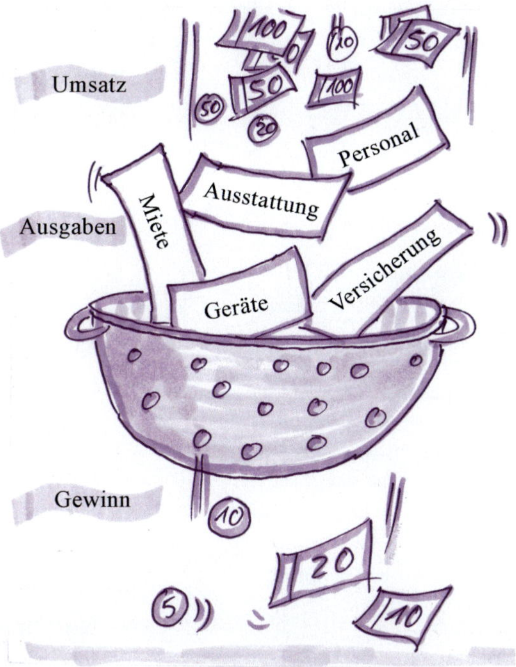


Bei der Preisgestaltung muss auch der Gewinn berücksichtigt werden. Den Gewinn berechnen Sie, indem Sie vom Umsatz den Kostenaufwand abziehen. Ist der Gewinn negativ, so spricht man von einem Verlust. Gewinne sind notwendig, um ein Unternehmen gesund zu halten. Der Gewinn wird für die Neuanschaffung von Geräten, Ausstattung oder Aufstockung des Personals benötigt (Investitionen). Auch als Rücklage für „schlechte Zeiten" ist ein kontinuierlicher Gewinn unerlässlich. Der Marktwert kann auch über die Gewinnspanne beeinflusst werden. Viele Unternehmen kalkulieren, dass bei einer kleineren Gewinnspanne der Verkaufspreis niedriger ist und dadurch mehr verkauft wird. Dadurch steigt der Gesamtgewinn (Discounterprinzip).
Beispiel: Sie schlagen auf die Marmelade 0,49 € Gewinnanteil auf. Die Marmelade kostet jetzt 1,50 € und Sie verkaufen 70 Gläser. Sie haben einen Gewinn von 34,30 € gemacht. Schlagen Sie auf die Marmelade nur einen Gewinnanteil von 0,39 € auf, ist die Marmelade günstiger, Sie verkaufen jetzt alle 100 Gläser und machen einen Gesamtgewinn von 39 €.

**Umsatz**, der Erlös, der aus dem Verkauf von Produkten oder Dienstleistungen eingenommen wird.

## Abrechnung

Sobald Sie in der Schule oder in einem Haushalt oder Betrieb Einnahmen und Ausgaben haben, führen Sie ein ▸ Kassenbuch (S. 46). Wichtig ist, dass Sie am Ende jedes Verkaufstags das Kassenbuch pflegen. Wenn Sie für bestimmte Kosten in Vorleistung gegangen sind, können Sie nun aus dem Umsatz diese Kosten tilgen. Möchten Sie den letztendlichen Gewinn abführen, müssen Sie auch dies im Kassenbuch festhalten.
In professionellen Betrieben erhält der Kunde nach Bezahlung einen Rechnungsbeleg (Kassenbon). Dieser belegt, dass das Produkt oder die Dienstleistung nach der Bezahlung endgültig in den Besitz des Käufers übergegangen ist oder vollends erledigt.

## Jetzt sind Sie dran ...

1. Erkundigen Sie sich in Ihrer Schule nach den Gemeinkosten für die Schulküche. Stellen Sie die einzelnen Kosten einer möglichen Kostenpauschale gegenüber und diskutieren Sie dieses Vorgehen in der Klasse.
2. Erstellen Sie in Partnerarbeit analog zur Erdbeermarmelade eine Preiskalkulation für Kirschmarmelade. Erkunden Sie die Preise für die Zutaten im Supermarkt.

## Werbung

### Werbeformen

Was nützt Ihnen das beste Produkt, wenn niemand weiß, dass Sie es anbieten? Daher ist Werbung ein wichtiger Teil der Vermarktung. Aus Ihrem Alltag kennen Sie mit Sicherheit verschiedene Formen der Werbung: Vom Werbeprospekt des örtlichen Supermarkts als Zeitungsbeilage bis zum Retracking im Internet, es vergeht heute kein Tag, an dem wir keiner Werbung ausgesetzt sind. Dabei unterscheidet man folgende Werbeformen:

**Retracking**
Internetseiten speichern das Verhalten auf der eigenen Seite, z. B. welche Produkte werden angeklickt und schalten dann gezielte Werbung auch auf anderen Webseiten.

- Direktwerbung: Durch Telefonanrufe, Anschreiben per Post oder E-Mail mit direkter Ansprache werden Kunden über neue Produkte informiert.
- Werbung in den Medien: Werbeanzeigen oder Beilagen in Zeitschriften, Zeitungen oder Büchern, Werbesendungen („Spots“) in Radio oder Fernsehen, so genannte Bannerwerbung im Internet oder die Nutzung von sozialen Netwerken (z. B. Facebook) dienen zur direkten Kundenkommunikation.
- Direkte Verkaufsförderung erfolgt am Verkaufsort, dazu gehören z. B. Produktproben, Sonderangebote oder Aktionswochen, Rabattkarten (nach 10 Besuchen ist der 11. gratis) oder Werbegeschenke (z. B. Kugelschreiber, Einkaufwagenchips mit dem Firmenlogo).
- Mund-zu-Mund-Propaganda: Diese ist die kostengünstigste und effektivste Werbeform, die aber nur schwer gesteuert werden kann.

### Werbeinhalte

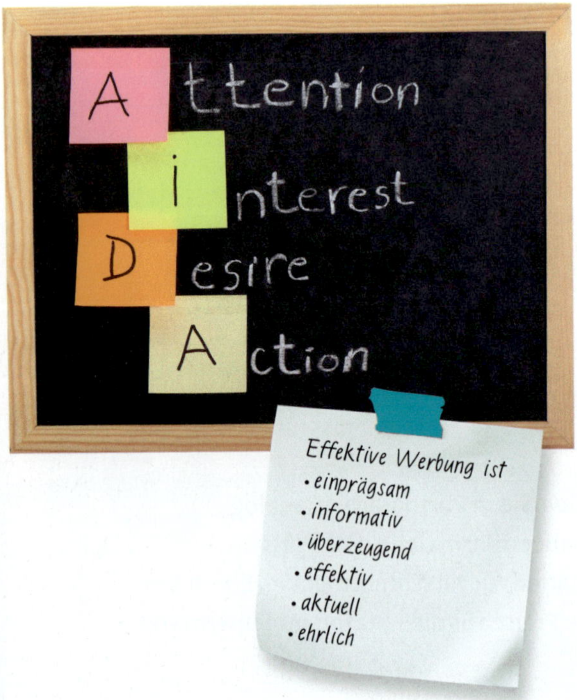


Die Inhalte der Werbung müssen nicht notgedrungen etwas über das angepriesene Produkt aussagen – jedoch ist unlautere Werbung in Deutschland verboten. Sie dürfen nicht mit etwas werben, das das Produkt nicht erfüllen kann. Um die richtige Werbung zu entwickeln, gibt es viele verschiedene Herangehensweisen. Eine ist, Werbung mit Hilfe des AIDA-Modells zu entwickeln:

A (Attention) – Verbraucher aufmerksam machen
I (Interest) – Interesse für das Angebot wecken
D (Desire) – Kaufwunsch bzw. Bedürfnis nach dem Produkt oder der Dienstleistung wecken
A (Action) – Verbraucher kauft oder empfiehlt weiter

**Die richtige Verpackung**

Viele Produkte werden in einer Verpackung angeboten. Die richtige Verpackung bietet sowohl für Kunden als auch für Hersteller und Verkäufer Vorteile.

Die Verpackung
- schützt das Produkt vor Schmutz, ggf. Licht und Sauerstoff,
- erleichtert den Transport und die Lagerung,
- verhindert das Austreten oder Auslaufen des Produkts,
- informiert laut Warenkennzeichnungsverordnung, insbesondere bei Lebensmitteln.
- ist Träger von Werbung,
- sollte aus recyclebarem Material und
- kundenfreundlich zu öffnen sein.

Dabei unterscheidet man Einweg- von Mehrwegverpackungen. Einwegverpackungen müssen vom Hersteller zurückgenommen und entsorgt werden (Abfallwirtschaft, S. 180). Dies gilt auch dann, wenn ein Einwegpfand darauf erhoben wird (z.B. bei Kunststoffflaschen mit kohlensäurehaltigen Getränken). Mehrwegverpackungen gehen ebenfalls an den Erzeuger zurück, werden jedoch gereinigt und wieder eingesetzt. Dieses System wird durch ein Mehrwegpfand unterstützt und findet sich häufig bei Getränken sowie Milch und Milchprodukten.

## Jetzt sind Sie dran ...

1. Führen Sie in Einzelarbeit ein „Werbetagebuch“, indem Sie alle Werbung, die Ihnen im Verlauf des Tages begegnet, festhalten. Denken Sie am folgenden Tag zurück an die Werbung, die Sie sich am ehesten gemerkt haben. Schreiben Sie auf, warum Ihnen diese Werbung besonders eingängig gewesen ist. Diskutieren Sie in Gruppen Ihre Erkenntnisse und erstellen Sie ein ▸ Plakat, wie gute Werbung funktioniert.
2. Nutzen Sie die AIDA-Methode, um in Kleingruppen ein Werbekonzept für Ihre Erdbeermarmelade zu erstellen. Präsentieren Sie Ihre Konzepte im Plenum und diskutieren Sie diese.
3. Diskutieren Sie in der Klasse Vor- und Nachteile von Einweg- und Mehrwegverpackungen. Nutzen Sie dazu die ▸ Pro-und-Kontra-Diskussion.

Achten Sie im Kundengespräch auf:
- Augenkontakt
- einen freundlichen Gesichtsausdruck
- eine freundlich klingende Stimme

# 9.3 Kunden binden und pflegen

## Gespräche mit Kunden führen

In vielen Verkaufssituationen kommt es zur Kommunikation zwischen Verkäufer und Kunden. Es liegt auf der Hand, dass hierfür die allgemeinen ▸ Grundlagen der Kommunikation (S. 30) gelten. Allerdings gibt es auch einige Besonderheiten, die man unter kundenorientierter Kommunikation zusammenfasst.

**Kundenorientiert kommunizieren**

Kundenorientierte Kommunikation findet sowohl im persönlichen Gespräch als auch am Telefon oder im Brief- bzw. E-Mail-Wechsel statt. Kundenorientierte Kommunikation bedeutet, sich voll und ganz auf den Kunden einzulassen. Am einfachsten funktioniert dies, indem Sie es verbalisieren: „Was kann ich für Sie tun?", „Gerne stehe ich Ihnen für Fragen zur Verfügung." oder „Sagen Sie Bescheid, wenn Sie Hilfe benötigen." Auf der anderen Seite möchten Kunden nicht belästigt werden. Es ist von der Situation abhängig, ob Sie auf den Kunden oder der Kunde auf Sie zugeht. Sobald der Kunde das Wort ergreift, hören Sie zu und unterbrechen Ihn möglichst wenig. Durch Augenkontakt und zustimmendes Nicken sowie die richtige Körperhaltung signalisieren Sie dem Kunden, dass Sie zuhören und ihn verstehen.

**Kundenakzeptanz beurteilen**

Kunden signalisieren in der Regel sehr deutlich und verbal, wenn ihnen etwas missfällt: „Das sieht aber nicht gut aus.", „Ist das wirklich alles, was Sie haben?" oder „Da ist ja eine Schnecke schneller als Sie." Manchen Kunden müssen Sie jedoch „vom Gesicht ablesen", was sie denken. Je mehr Erfahrung Sie haben, desto eher wissen Sie, was Ihr Gegenüber denkt und können darauf reagieren.

*Was denkt die Kundin?*

**Verkaufsgespräche führen**

Ein Verkaufsgespräch dient dem Verkauf eines Produkts oder einer Dienstleistung und beeinflusst stark die Kaufentscheidung eines Kunden. Ein Verkaufsgespräch findet in vier Phasen statt:

| | |
|---|---|
| **1. Phase – Gesprächseröffnung:** Sie signalisieren verbal und nonverbal Interesse sowie Wertschätzung und dass Sie sich auf den Kunden einlassen. Sie begrüßen den Kunden der Tageszeit angemessen, ggf. mit Namen und können der Begrüßung eine Nachfrage nach dem Befinden anschließen („Wie geht es Ihnen?"). | **2. Phase – Kundenwunsch ermitteln:** Erfragen Sie den Kundenwunsch, z. B. „Was kann ich für Sie tun?". Stellen Sie nur eine Frage, warten Sie geduldig, bis der Kunde überlegt und geantwortet hat und halten Sie Blickkontakt. |
| **3. Phase – Kundenwunsch ermöglichen:** Reagieren Sie auf die Äußerungen und Erwartungen des Kunden, indem Sie zusätzliche Informationen über Produkte oder Dienstleistungen geben. Sie überzeugen mit Ihren Fachkenntnissen und kennen weitere Angebote, die dem Kunden auch gefallen könnten. Der Kunde entscheidet sich ggf. für ein oder mehrere Angebote. | **4. Phase – Gesprächsabschluss:** Das Verkaufsgespräch wird freundlich und verbindlich beendet, unabhängig davon, ob der Kunde ein Angebot gekauft hat oder nicht. Sie verabschieden den Kunden der Tageszeit angemessen mit einem freundlichen Gruß, ggf. mit Namensanrede. |

## Jetzt sind Sie dran ...

1. Denken Sie an Ihren letzten Einkauf zurück. Was hat Ihnen an der Verkäuferin gefallen oder nicht gefallen. Sammeln Sie in Gruppenarbeit die Merkmale in einer Tabelle und tauschen Sie sich im Anschluss in der Klasse über Ihre Ergebnisse aus.
2. Im Verkaufsgespräch kann es zu Kundeneinwänden kommen. Dies können objektive oder subjektive Einwände, Scheineinwände, boshafte Einwände oder auch unausgesprochene Einwände sein. Bilden Sie Gruppen und entwickeln Sie ein Verkaufsgespräch mit diesen Einwänden und möglichen Antworten. Stellen Sie ihr Ergebnis der Klasse als ▸ Rollenspiel vor.

> Qualität ist, wenn die Kunden zurückkommen und nicht die Ware.

## Qualitätssicherung

**Was ist Qualität?**

Zusammengefasst beschreibt Qualität die Güte eines Produktes. Doch auch darüber, was Güte ist, scheiden sich die Geister: So wird ein Wein von einem Weinkenner anders eingeschätzt werden als von einem Weintrinker, der vielleicht auch noch gerne süße Weine mag. Oder nehmen Sie die Lieblingsspeise einer Person in den verschiedenen Lebensaltern: Fast jedes Kind liebt Nudeln mit Tomatensoße und hält es für eine Delikatesse. Jedoch wird eine Tomatensoße, die nach dem Geschmack Erwachsener zubereitet wurde, in der Regel am Kindergeschmack scheitern. Frisches Basilikum oder Knoblauchzehen, frische, noch nicht verkochte Tomaten und hausgemachte Nudeln mit Biss werden beim Nachwuchs wenig Begeisterung hervorrufen. Die Güte eines Produkts ist also immer an bestimmte Erwartungen geknüpft. Diese können subjektiv sein, z. B. der persönliche Geschmack, oder auch durch andere definiert werden, z. B. Gütezeichen bestimmter Organisationen. Werden die Erwartungen erfüllt, sprechen wir von Qualität oder guter Qualität, werden Sie nicht erfüllt, von fehlender oder schlechter Qualität.

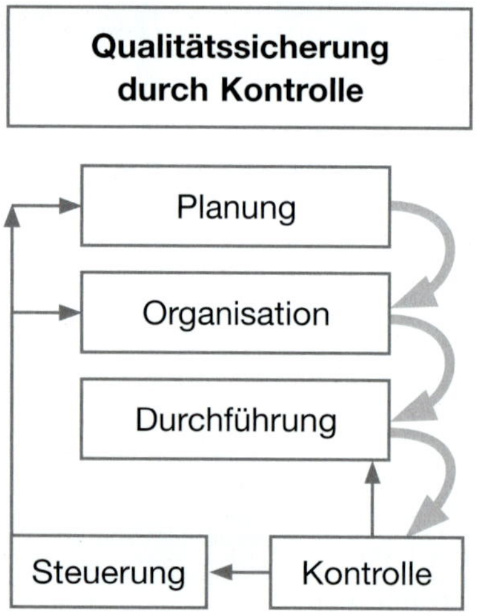


**Qualität kontrollieren**

Hat man sich auf einen Qualitätsstandard geeinigt und diesen genau beschrieben (Planung), müssen die Mitarbeiter darin geschult werden, diese Qualität zu erbringen (Organisation). Die Durchführung, z. B. der Reinigungsarbeit, wird mit Datum und Zeit dokumentiert. Danach werden die vorher definierten Qualitätsmerkmale (z. B. kein Staub auf den Regalen) ggf. durch eine zweite Person kontrolliert und dokumentiert (Kontrolle). Sind Mängel vorhanden, muss nachgebessert werden. In regelmäßigen Abständen wird geprüft, wie häufig Mängel auftauchen und woran dies liegen könnte (Steuerung).

**Infobox**

**Qualitätsmanagement** verantwortet die Produkt-, Herstellungs- und Prozessqualität und umfasst das ganze Unternehmen. Es schließt alle Maßnahmen (einschließlich der Führung bzw. des Managements) zur kontinuierlichen Verbesserung der Unternehmensleistung ein.

**Rechtliche Anforderungen**

Betriebe können sich für bestimmte Qualitätsmanagementsysteme entscheiden, müssen aber immer die gesetzlichen Regelungen dabei beachten. Sobald ein Betrieb Lebensmittel herstellt und vertreibt, muss er verschiedenen rechtlichen Anforderungen genügen, die alle dem Schutz der Verbraucher dienen. Allen voran steht die Sorgfaltspflicht, die durch eine angemessene Dokumentation nachgewiesen werden muss. Käme ein Kunde durch ein im Betrieb hergestelltes Lebensmittel zu Schaden, muss der Betrieb im Rahmen der Produkthaftung nachweisen können, dass er der Sorgfaltspflicht nachgekommen ist. Diese beinhaltet u.a. die

- Erkundigungspflicht: Die Mitarbeiter müssen die für den Lebensmittelbetrieb erforderlichen Bestimmungen kennen und umsetzen, der Betrieb muss alle neuen Bestimmungen bekannt machen und sich um die Umsetzung kümmern.
- Prüfungspflicht: Der Betrieb ist dafür verantwortlich, die Umsetzung der Bestimmungen zu prüfen. Dazu dient ein betriebseigenes Kontrollsystem, im Lebensmittelbereich verpflichtend ist das HACCP-Konzept.
- Schulungspflicht: Der Betrieb ist verpflichtet, die Mitarbeiter regelmäßig in den entsprechenden Bestimmungen zu schulen.

HACCP = Hazard Analysis and Critical Contral Points, engl. = Gefahrenanalyse und kritische Lenkungspunkte; ein Hygienemanagementkonzept

**Bausteine des HACCP-Konzepts:**
H = mögliche gesundheitliche Gefahren ermitteln
A = Analyse dieser Gefahren (Wo können diese im Produktionsprozess auftreten?)
C = kritische Gefahrenpunkte bestimmen
C = Kontrollsystem für diese Gefahrenpunkte entwickeln
P = Korrekturmaßnahmen planen

## Jetzt sind Sie dran ...

1. Bestimmen Sie in Gruppenarbeit fünf Qualitätsmerkmale für Reinigungsarbeiten in Ihrer Schule. Entwickeln Sie gemeinsam Kriterien, anhand derer Sie den Erfolg für diese Qualitätsmerkmale festmachen können. Erstellen Sie eine Prüfliste, die auch die Dokumentation beinhaltet, und stellen Sie diese in der Klasse vor.
2. Sie möchten in Ihrer Schulcafeteria Milchshakes mit frischen Früchten anbieten. Entwickeln Sie in Gruppenarbeit anhand des HACCP-Konzepts mögliche gesundheitliche Gefahren, kritische Gefahrenpunkte, ein Kontrollsystem sowie mögliche Korrekturmaßnahmen. Diskutieren Sie Ihre Ergebnisse in der Klasse.

online

http://www.haccp-hygienemanagement.de

Hier finden Sie zahlreiche Informationen zum HACCP-Konzept.

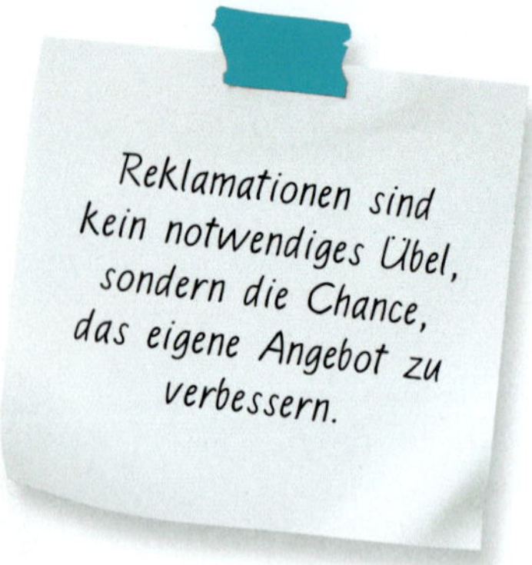


# Mit Reklamationen umgehen

## Rechte des Käufers bei Reklamationen

Die Rechte des Käufers sowie die Pflichten des Verkäufers ergeben sich aus dem ▸ Kaufvertrag (S. 47). Danach ist der Verkäufer verpflichtet, die Kaufsache (Produkt oder Dienstleistung) frei von Sach- oder Rechtsmängeln zu übergeben. Der Kunde hat also ein Recht auf einwandfreie, mängelfreie Ware. Stellt er dennoch Mängel fest, so muss er diese mündlich oder schriftlich reklamieren. Dabei hat der Käufer das **Recht auf Nacherfüllung**. Diese muss innerhalb einer angemessenen Frist erfolgen. Der Käufer kann entscheiden, ob der Mangel beseitigt werden soll oder eine mangelfreie Sache geliefert werden soll. Wird die Nacherfüllung verweigert oder ist die Ware danach immer noch mangelhaft, kann der Käufer **vom Kaufvertrag zurücktreten** oder den Kaufpreis mindern. Ist der Käufer durch den Mangel geschädigt worden (z. B. hat sich dadurch verletzt), kann er **Schadensersatz** fordern.

Für neue Produkte gilt eine Gewährleistungsfrist (Garantie) für die Mängelanzeige von zwei Jahren. Treten Sachschäden innerhalb der ersten sechs Monate nach dem Kaufdatum auf, so muss der Verkäufer beweisen, dass die Ware beim Kauf einwandfrei war. Danach muss der Käufer beweisen, dass er den Schaden nicht verursacht hat.

Ein generelles Rückgaberecht gibt es für gekaufte Waren nicht. Ausgenommen sind davon bestimmte Kaufgeschäfte, wie z. B. Haustürgeschäfte oder Fernabsatzvertrag (z. B. Online-Shopping). In diesen Fällen spricht man vom Widerrufsrecht vom Kaufvertrag. Viele Einzelhändler gewähren jedoch eine Umtauschfrist, in der nicht genutzte und originalverpackte Waren gegen andere Waren oder einen Warengutschein eingetauscht werden können.

## Umgang mit Reklamationen

Reklamationen sind für alle Beteiligten unangenehm. In solchen Situationen sind alle Register der positiven Kommunikation anzuwenden, denn es droht die Gefahr, dass das Ansehen des Betriebes Schaden nimmt; also: Blickkontakt halten, auf die Körpersprache des Kunden achten, den Kunden ernst nehmen, ausreden lassen, Verständnis zeigen (z. B.: „An Ihrer Stelle wäre ich auch verärgert."), gelassen bleiben, freundlich sein, in freundlichem Ton sprechen und Ruhe bewahren. Bleiben Sie auf der sachlichen Ebene, auch wenn der Kunde aufgebracht, enttäuscht oder genervt ist.

**Berechtigte und unberechtigte Reklamation**

Ist die Reklamation berechtigt, muss der Mangel sofort behoben werden. Im Einvernehmen mit dem Kunden erfolgt ein Umtausch oder eine Terminvereinbarung zur Mängelbeseitigung. Bei unberechtigten Einwänden bzw. Reklamationen muss der Kunde überzeugt werden, dass die Ware oder Dienstleistung mängelfrei ist. Ruhe und Gelassenheit sowie verschiedene Methoden helfen, mit unzufriedenen Kunden umzugehen:

- **„Ja-aber"-Methode**: Hier gibt man dem Kunden zunächst Recht, ergänzt dann aber eine positive Begründung, z.B.: „Die Fensterreinigung dauerte länger, da auch die Rahmen gründlich gereinigt wurden."
- **Vergleichsmethode:** Der Vorteil der gelieferten Ware oder Dienstleistung wird hervorgehoben, z.B. der vergleichsweise höhere Preis ist gerechtfertigt durch bessere Qualität. Kunde: „Beim Discounter ist das Gemüse viel preiswerter." Verkäufer: „Das könnte ich Ihnen auch verkaufen, aber die Frische und Qualität von unserem Gemüse aus biologischem Anbau ist unvergleichbar."

*Reklamationen müssen immer ernst genommen werden. Der Kunde ist und bleibt König.*

**Reklamation in der Qualitätssicherung**

Reklamationen sollten in einem Betrieb gesondert dokumentiert werden. In regelmäßigen Abständen kann dann z.B. überprüft werden, ob die reklamierten Waren

- immer Produkte desselben Herstellers sind → Hier könnte ggf. dieser Hersteller aus dem Sortiment genommen werden.
- immer Dienstleistungen desselben Mitarbeiters sind → Hier müsste der Mitarbeiter darauf angesprochen und ggf. nachgeschult werden
- immer in einem bestimmten Bereich gekauft werden → Hier müsste die Arbeitsorganisation dieses Bereiches überprüft werden.

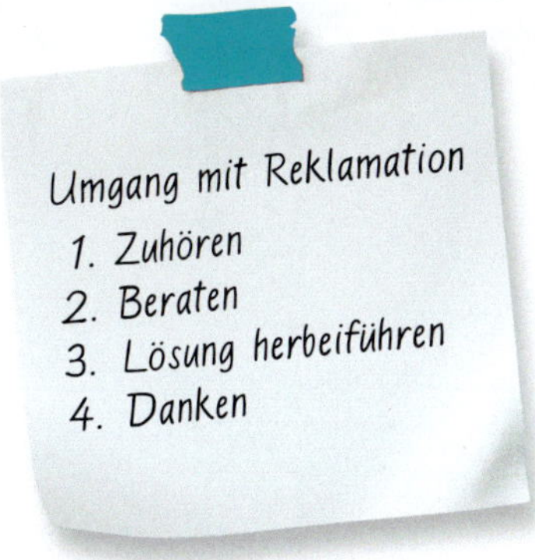


## Jetzt sind Sie dran ...

1. a) Sie haben sich einen Pullover gekauft. Zu Hause entdecken Sie einen Webfehler und ein kleines Loch.
   b) Im hauswirtschaftlichen Betrieb wird festgestellt, dass der gerade gelieferte Käse verschimmelt ist, obwohl das Mindesthaltbarkeitsdatum noch nicht abgelaufen ist.
   Diese Produkte sollen reklamiert werden. Üben Sie die beiden Situationen jeweils in Gruppen zu dritt als ▸ Rollenspiel, wobei eine Person den Kunden und eine den Verkäufer spielt. Die dritte Person gibt ein Feedback.

## „Los geht's"

# 9.4 Projektaufgabe

Zum nächsten Tag der offenen Tür bzw. Informationstag möchte sich Ihre Schule von ihrer besten Seite zeigen. Alle Bildungsgänge und Räumlichkeiten sollen vorgestellt werden. Der Bereich Hauswirtschaft und Ernährung wird gebeten, sich mit eigenen Produkten vorzustellen. Daher lautet Ihre Projektaufgabe in diesem Themenfeld:

**Erstellen Sie hauswirtschaftliche Produkte, die Sie am Tag der offenen Tür verkaufen können.**

Berücksichtigen Sie dabei nicht nur die Erstellung der Produkte, sondern auch die Kosten- bzw. Preiskalkulation. Selbstverständlich beziehen Sie auch Ihr gesamtes Fachwissen in Bezug auf Hygiene, Lebensmitteltechnik oder Warenkunde mit ein.

### Informieren

Beschaffen Sie sich zuerst die nötigen Informationen über die Rahmenbedingungen, z.B. die Anzahl der erwarteten Gäste, der zur Verfügung stehenden Mittel und auch die Erwartungen der Schulleitung oder des Marketingteams. Welche Lebensmittel haben gerade Saison? Gibt es lokale Anbieter, die Ihnen Lebensmittel spenden oder zu günstigeren Konditionen anbieten könnten? Nutzen Sie Ihre Kontakte.

### Planen

Sammeln Sie in Ihrer Klasse in einem Brainstorming mögliche Verkaufsprodukte. Diskutieren Sie gemeinsam mit Ihrer Lehrkraft, welche Produkte sinnvoll zu erstellen und auch zu verkaufen sind. Bilden Sie nun Gruppen, von denen jede die Planung und Erstellung eines Produkts übernimmt. Erstellen Sie

- einen Arbeitszeitplan mit allen erforderlichen Arbeitsabläufen und den benötigten Personen,
- eine Liste für alle benötigten Arbeitsmittel (z.B. Lebensmittel, Arbeitsmaterialien zum Anrichten, Präsentieren, Dekorieren)
- eine Kostenkalkulation
- eine Checkliste zur Qualitätssicherung.

Denken Sie auch jetzt schon an die Dokumentation des gesamten Projektes. Wenn es möglich ist, könnten Sie auch auf andere Dokumentationsformate zurückgreifen, z.B. einen Film oder ein Blog.

### Entscheiden

Nach Abschluss der Planung stellt jede Projektgruppe ihr Vorhaben in einer Präsentation vor. Zu dieser Projektpräsentation sollten Sie ggf. auch Entscheidungsträger der Schule, z.B. das Marketing- oder Planungsteam, einladen. Entscheiden Sie gemeinsam, welches Projektvorhaben umgesetzt werden soll. Beraten Sie darüber, ob die Planung realistisch und durchführbar ist oder ob in einigen Punkten nachgebessert werden muss. Sind die Aufgaben so verteilt, dass alle mitmachen können?

### Ausführen

Jetzt heißt es tatsächlich „Loslegen!“. Der Plan wird Schritt für Schritt in die Tat umgesetzt. Besorgen Sie die Lebensmittel, erstellen Sie die Produkte. Achten Sie auf die Zeit. Bedenken Sie auch die Präsentation Ihrer Produkte. Haben Sie an Plakate, Preisschilder und Geschirr gedacht? Lassen Sie sich bei allem von Ihrer Lehrkraft beobachten, beraten und begleiten. Denken Sie auch an die Projektdokumentation. Nicht nur die Fortschritte und Erfolge, auch die Schwierigkeiten und unvorhergesehene Ereignisse bei der Umsetzung gehören in die Dokumentation.

### Kontrollieren

Vergleichen Sie nach jedem Arbeitsschritt Planung und Ergebnis. Ist die Planung sach- und fachgerecht umgesetzt worden? Ist das Ziel erreicht? So können Sie frühzeitig gegensteuern, wenn etwas nicht so wird, wie Sie es sich vorgestellt haben. Achten Sie auch auf die Kostenkalkulation. Sollte der Einkauf teurer geworden sein als geplant, müssen Sie ggf. die Preise neu berechnen.

### Beurteilen

Die Klasse bewertet gemeinsam das Arbeitsergebnis. Dabei soll auch das eigene Handeln kritisch betrachtet und beurteilt werden. Auch die Resonanz der Gäste am Informationstag sollten Sie in Ihre Beurteilung miteinbeziehen. Was kam besonders gut bei den Gästen an, was kann ich beim nächsten Projekt besser machen? Die Lehrkraft wird ebenfalls eine Bewertung vornehmen und mit Ihnen besprechen. Auch diese Beurteilung wird in der Dokumentation festgehalten. Nun können Sie Ihre Dokumentation abschließen und das Projekt beenden.

# Methoden und Techniken

## ABC-Methode

Nachdem Sie das Thema festgelegt haben, notieren Sie für sich zu jedem Buchstaben des Alphabets Begriffe oder Ideen. Anschließend einigen Sie sich in Partnerarbeit auf die aus ihrer Sicht wichtigsten zehn Punkte. Danach vergleichen jeweils zwei Partnergruppen ihre Ergebnislisten, streichen Wiederholungen und einigen sich erneut auf die zehn wichtigsten Begriffe. Im Anschluss können Sie Ihre Ergebnisse in der Klasse diskutieren und nach dem Streichen von Wiederholungen sich erneut auf die zehn wichtigsten Begriffe einigen.

## Blitzlicht

In einem Blitzlicht äußert sich jeder Teilnehmer einer Gruppe zu seiner aktuellen Stimmungslage. In der Regel leitet ein Moderator das Blitzlicht mit einer Frage ein, z. B. „Wie fühlst du dich?“ oder „Wie war der Tag für dich?“ Es gibt keine Diskussionen während des Blitzlichts. Der Moderator kann ein Blitzlicht nutzen, um beispielsweise unterschwellig vorhandenen Unmut, der die Arbeit beeinträchtigt, ins Bewusstsein aller zu rücken (➲ Moderationstechniken).

## Buddybook (Faltbuch)

Ein Buddy Book ist ein kleines Buch mit acht Seiten, das als Notizbuch genutzt werden kann. Es eignet sich als Gedächtnisstütze für einen Vortrag oder für andere Eintragungen, die Sie später noch einmal nachlesen möchten. Mit der folgenden Faltanleitung ist das Buddy Book ohne Schere und Kleber aus einem DIN-A4-Blatt schnell hergestellt:

**1. Schritt:** Falten Sie das DIN-A4-Blatt entlang der Mittellinie (im Foto unterbrochene schwarze Linie), ziehen Sie den Falz mit den Fingernägeln nach und falten Sie es dann wieder auseinander.

**2. Schritt:** Verfahren Sie wie in Schritt 1 entlang der kurzen Mittellinie (im Foto durchgezogene schwarze Linie).

**3. Schritt:** Falten Sie erneut entlang der unterbrochenen Linie. Falten Sie dann entlang der durchgezogenen Linie und halbieren Sie die dadurch entstandene DIN-A6-Fläche noch einmal durch Falten. Legen Sie das Blatt wieder vollständig auseinander.

**4. Schritt:** Falten Sie jetzt wieder entlang der durchgezogenen Linie und reißen Sie das Blatt von der geschlossenen Kante her entlang der unterbrochenen Linie bis zur Mitte.

**5. Schritt:** Bringen Sie das Blatt wieder in die Faltposition von Schritt 1 und stellen Sie es mit der geöffneten Reißkante vor sich auf.

**6. Schritt:** Schieben Sie die Doppelseiten von außen nach innen zusammen.

**7. Schritt:** Zum Schluss falzen Sie alle Kanten noch einmal nach. Sie haben jetzt ein Buch von acht Seiten vor sich liegen.

## Brainstorming

Mit Brainstorming (Geistesblitz) lassen sich in kurzer Zeit viele Ideen/Lösungsvorschläge zu einem Thema/einer Problemstellung sammeln. Zunächst wird das Thema für alle sichtbar und verständlich gemacht. Dann werden die Ideen einem Moderator zugerufen. Der notiert sie unkommentiert und ungeordnet an der Tafel bzw. auf einzelnen Karten. Nach Ablauf der festgelegten Zeit werden sie gemeinsam strukturiert und das Ergebnis für alle sichtbar gemacht. Nach gemeinsamer Bewertung können die Vorschläge mit der größten Zustimmung besonders berücksichtigt werden.

## Collage

In Collagen können Sie bestimmte Inhalte oder Zusammenhänge durch verschiedene Materialien (z.B. Zeitungsausschnitte, Bastelmaterialien, Broschüren) auf einer Oberfläche (z.B. Holz oder Papier) darstellen. Berücksichtigen Sie dabei, dass Sie genügend Materialien vor Ort haben, ggf. müssen die Schülerinnen und Schüler im Vorfeld Zeit haben, um die Materialien zu sammeln.

## Diskussion

Die Diskussion sollte zielgerichtet und ergebnisorientiert einen Austausch innerhalb einer Gruppe ermöglichen.
Es empfiehlt sich, zunächst das Diskussionsthema knapp und verständlich festzulegen. Benennen Sie dazu in einem vollständigen Satz das Problem (z.B. „Wir möchten klären, warum ...").

Bestimmen Sie dann einen Diskussionsleiter und einen Zeitrahmen.
Der Diskussionsleiter hat folgende Aufgaben:
- Beiträge koordinieren
- Gesprächsverlauf lenken
- Ergebnisse zusammenfassen und offene Fragen herausstellen
- die Diskussion beenden

Einigen Sie sich auf verbindliche Diskussionsregeln. Bewährt haben sich folgende Regeln:
- Äußern Sie Ihre Kritik sachlich, vermeiden Sie persönliche Angriffe
- Formulieren Sie Sätze in der „Ich-Form"
- Lassen Sie den anderen ausreden
- Sehen Sie den anderen beim Sprechen an
- Akzeptieren Sie es, wenn andere anderer Meinung sind

## Expertengespräch / Expertenbefragung / Experteninterview

Das Expertengespräch ist eine besonders direkte und einprägsame Art der Informationsgewinnung.
Gehen Sie folgendermaßen vor:
**1. Schritt:** Sammeln Sie Fragen, zu denen Sie einen Experten befragen wollen.
**2. Schritt:** Informieren Sie sich, wer ein geeigneter Experte in Ihrer Nähe sein könnte. Nehmen Sie Kontakt zu dieser Person auf, erläutern Sie Ihr Anliegen und vereinbaren Sie, falls möglich, einen Termin und einen Ort.
**3. Schritt:** Bereiten Sie die Befragung vor. Legen Sie fest, wer von Ihnen die Gesprächsleitung hat und welche Fragen in welcher Reihenfolge gestellt werden sollen. Überlegen Sie, wie Sie die Antworten Ihres Gegenübers festhalten wollen. Für eine Aufzeichnung (Video/Ton) benötigen Sie die Zustimmung des Befragten.
**4. Schritt:** Führen Sie die Befragung durch. Vergessen Sie nicht, sich am Ende zu bedanken!
**5. Schritt:** Werten Sie die Befragung aus.

## Fishbowl-Methode

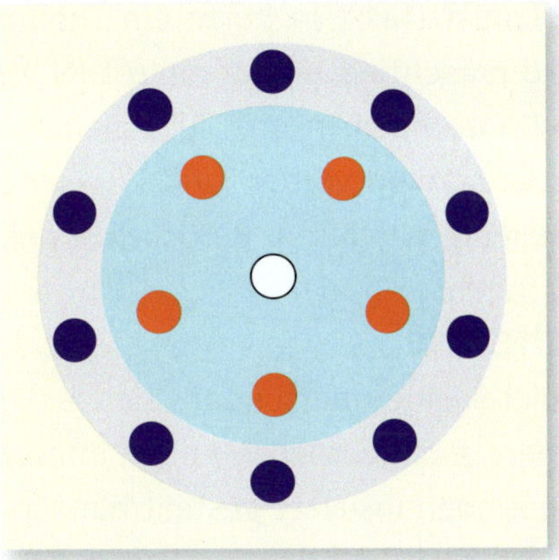

Die Fishbowl-Methode ist eine sehr intensive Form der Diskussion in größeren Gruppen. Sie ist benannt nach ihrer Form, die einem runden Goldfischglas ähnelt.
Eine Gruppe wird aufgeteilt in einen kleinen Innenkreis (4–6 Teilnehmer) und einen größeren Außenkreis, in dem die Beobachter sitzen. Im Innenkreis steht ein Stuhl mehr als die Anzahl der Teilnehmer. Diskutiert wird in der kleineren Gruppe im Innenkreis. Teilnehmer des äußeren Kreises machen sich Notizen zu den Inhalten und zum Diskussionsverhalten der Diskutanten. Falls ein Teilnehmer der äußeren Gruppe mitdiskutieren möchte, setzt er sich auf den freien Stuhl im Innenkreis. Anders als in einer Podiumsdiskussion haben die Beobachter die Möglichkeit, sich selbst aktiv einzubringen.

## Gruppenpuzzle, Experten-Jigsaw, Experten-Puzzle

Mit dieser Methode können Sie in arbeitsteiliger Gruppenarbeit Kenntnisse erarbeiten und diese mit den anderen Gruppen austauschen.
**1. Schritt:** Es werden Gruppen zu je vier Personen gebildet; jede Gruppe bearbeitet einen Aspekt oder eine Informationsquelle zu einem Problem. Ideal sind vier Gruppen. Sie werden so zu Experten für einen Aspekt des Problems.
**2. Schritt:** Nach einer vorab festgelegten Bearbeitungszeit werden die Gruppen neu gebildet, sodass in jeder neuen Gruppe ein Mitglied aus einer der vier Ursprungsgruppen sitzt.
**3. Schritt:** Die Experten informieren die anderen Gruppenmitglieder über ihr „Arbeitsgebiet“.
**4. Schritt:** Zum Abschluss gehen die Experten wieder in ihre Ursprungsgruppe zurück. Es erfolgt ein Austausch innerhalb der Gruppe oder im Plenum über die gewonnenen Erkenntnisse.

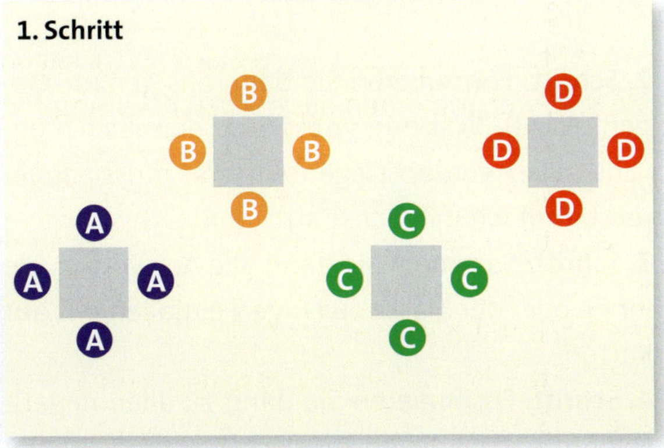


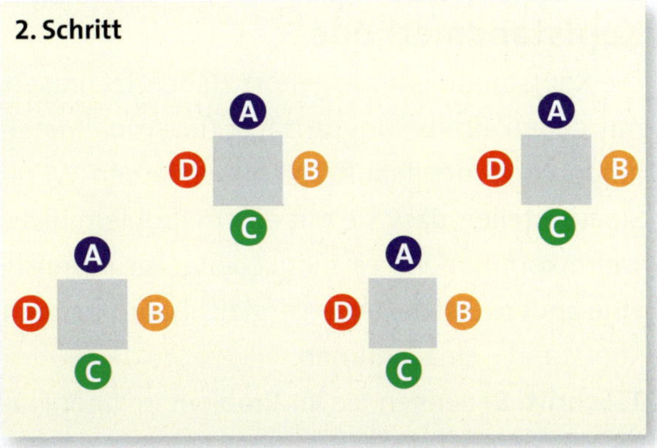

## ➲ Informationsblatt

Ein Informationsblatt fasst in Kürze ein Thema zusammen und präsentiert es auf einer DIN A4 Seite, die der Breite nach in drei Teile gefaltet werden kann. Sie können Vorder- und Rückseite nutzen und beliebig gestalten. Berücksichtigen Sie dabei, für welche Zielgruppe (Kinder, Eltern, Kunden) das Informationsblatt gedacht ist. Halten Sie sich an die allgemeinen Vorgaben der ➲ Präsentationstechniken.

## ➲ Internetrecherche

Das Internet bietet eine unerschöpfliche Quelle an Informationen. Leider wissen wir nicht immer, wer die Informationen ins Netz gestellt hat. Onlinerecherche erfordert deshalb sorgfältiges Auswählen.

Für eine erste Orientierung eignen sich Online-Lexika. Einige Online-Lexika haben eine eigene Redaktion, andere greifen auf Experten zurück, z.B. die Seite der Bundeszentrale für politische Bildung. Diese Informationen sind geprüft. Andere sind so angelegt, dass jeder etwas beitragen kann (Beispiel: Wikipedia). Diese Quellen sollten überprüft werden. Wer dort auf das Dialogfeld Diskussion klickt, kann herausfinden, wann die letzte Überarbeitung stattgefunden hat.

Ein anderer Weg zur Recheche führt über Suchmaschinen. Tipps zur Internetrecherche mit Suchmaschinen:

- Geben Sie möglichst präzise Begriffe ein.
- Über die „erweiterte Suchfunktion“ können Sie die Auswahl weiter einschränken.
- Über die Suchfunktionen „Bilder“ oder „News“ können Sie entsprechende Ergebnisse zu einem Stichwort direkt erhalten.

## ➲ Kartenabfrage

Die Kartenabfrage dient dazu, Ideen zu einem Thema zu sammeln. Ein Thema kann ein Begriff oder eine Fragestellung sein, die in der Regel von einem Moderator vorgegeben werden. In einer festgesetzten Zeit notieren Teilnehmer schriftlich ihre Ideen auf vorbereitete Karten. Es genügen Stichworte. Erste Strukturierungsmöglichkeiten ergeben sich durch unterschiedlich farbige Karten (doppelte Kartenabfrage), z.B. bei der Planung des Tagesablaufs: rote Karten für die Frage: „Was sollten wir heute auf jeden Fall schaffen?“, gelbe Karten für Aussagen zu: „Das hat Zeit bis morgen.“ ➲ Metaplantechnik.

## ➲ Kopfstandmethode

Die Kopfstandmethode gehört zu den Techniken, mit denen sich Lösungsansätze für Problemstellungen und Arbeitsaufträge finden lassen. Wenn Sie feststellen, dass Sie mit einem Problem nicht weiterkommen, ist es möglicherweise hilfreich, eine andere Perspektive – vergleichbar mit einem Kopfstand – einzunehmen.

**1. Schritt:** Benennen Sie Ihr Problem in einer Frage oder einem Satz.

**2. Schritt:** Formulieren Sie dann das genaue Gegenteil (z.B. „Was muss passieren, damit ich möglichst reich werde?“ Gegenteil: „Was muss passieren, damit ich möglichst arm werde?“).

**3. Schritt:** Sammeln Sie dann alle Antworten, die Ihnen oder der Klasse zu Frage 2 einfallen, z.B. auf Karten.

**4. Schritt:** Formulieren Sie dann zu allen negativen Antworten die positive Entsprechung.

## Lernkartei

Das Anlegen einer Lernkartei ist ein hilfreiches System, um Lerninhalte zu systematisieren und zu memorieren. Eine Lernkartei kann man mit einfachen Mitteln selbst erstellen:

- Kleine Karteikarten in verschiedenen Farben kaufen,
- bestimmte Farben für ein Thema nutzen,
- Begriffe im Unterricht und beim Lernen auf die Vorderseite der Karteikarte schreiben und schließlich
- auf die Rückseite die Übersetzung des Begriffs, dessen Zusammenhang und Zusatzinformationen sowie die Seitenzahl im Fachbuch notieren.

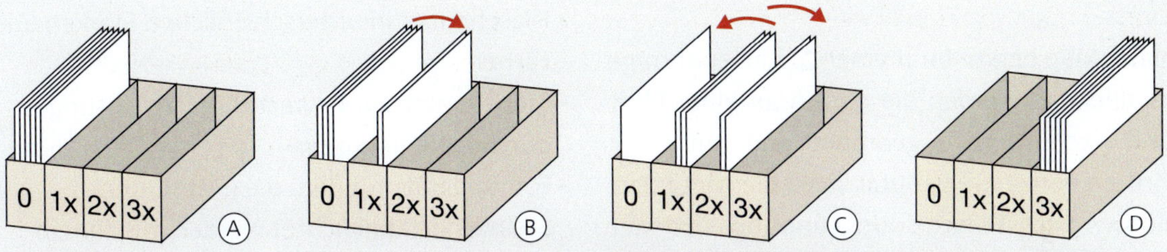


Alle Karten mit neuen Informationen werden in das hinterste Fach (Fach 0) gesteckt.

Sobald der Inhalt der Karteikarte gewusst wird, kommt sie in das davor liegende Fach.

Wenn die Inhalte aus dem Fach 1 wiederholt werden, wandern diejenigen Karteikarten, deren Inhalte gewusst wurden, ein Fach weiter. Diejenigen Inhalte, die nicht gewusst wurden, kommen zurück in das Fach 0.

Dieser Vorgang wird so lange wiederholt, bis alle Karten im letzten Fach liegen.

Das Lernen mit Lernkarteien bedeutet Lernen mit System. Es erhöht den Lernerfolg durch systematisches Üben und Wiederholen. Auch das Aufschreiben und systematische Erarbeiten der Lerninhalte in der Vorbereitungsphase erhöht den Lernerfolg.

## Lernplakat

Ein Lernplakat hat den Zweck, einen erarbeiteten Sachverhalt in gut aufbereiteter Form darzustellen. Wichtig ist, dass die Inhalte auf dem Plakat den Lerninhalten entsprechen, überprüfte Fakten enthalten und keine eigenen Meinungen wiedergeben. Die Inhalte sind so dargestellt, dass sie ohne zusätzliche Erklärungen verständlich sind. Alle anderen Gestaltungsrichtlinien entsprechen denen eines ➲ Plakats.

## Marktplatz

Diese Methode dient dem Austausch und der Präsentation von Arbeitsergebnissen. Sie besteht aus zwei Phasen.

**In Phase 1** erarbeiten sich die Teilnehmer Expertenwissen wie bei der Methode ➲ Gruppenpuzzle.

**In Phase 2** präsentiert jede Expertengruppe ihre Arbeitsergebnisse in einem dafür vorbereiteten Raum. Jede Gruppe gestaltet eine Art Stand, an dem die Arbeitsergebnisse für die Besucher anschaulich dargestellt werden. Dazu eignen sich besonders Plakate (➲ Präsentieren/Visualisieren), Collagen oder auch Gegenstände. Die Experten stehen für Fragen zur Verfügung.

## ➲ Metaplantechnik (Pinnwandmoderation)

Die Metaplantechnik, benannt nach dem Hersteller der benötigten Karten und Moderationskoffer, ist eine Weiterentwicklung der ➲ Kartenabfrage.

Sie eignet sich besonders, wenn es darum geht, Ideen zu sammeln und zu strukturieren oder Gruppenprozesse zu visualisieren. Ein oder zwei Moderatoren leiten und begleiten den Arbeitsprozess.

**Ablauf:** Man beginnt mit einer ➲ Kartenabfrage. Anschließend werden die Karten an einer Pinnwand nach Themen geordnet und mit Überschriften versehen. Benutzt man die Metaplantechnik zur Entscheidungsfindung, können Gruppenmitglieder durch Klebepunkte ihr Votum abgeben.

**Erforderliche Hilfsmittel:**
- Stellwände mit Nadeln oder Heftzwecken
- Packpapier/Tapeten zum Bespannen der Stellwände
- Karten in unterschiedlichen Farben und Formen (Rechtecke, Kreise, Ovale)
- Filzschreiber in unterschiedlichen Stärken und Farben
- Klebepunkte zur Bewertung/Gewichtung durch die Teilnehmer
- Fotoapparat, mit dem die gestalteten Stellwände abgelichtet werden, z. B. für ein Protokoll

## ➲ Mindmap

Mindmaps dienen dazu, Informationen zu strukturieren und zu visualisieren. Zunächst wird ein Oberbegriff oder eine Fragestellung in die Mitte eines Blattes Papier geschrieben. Um das Thema herum werden wichtige Begriffe oder Aspekte in Form von Ästen gruppiert. Von den Ästen gehen weitere Verzweigungen ab, die mit abnehmender Wichtigkeit immer dünner werden. Die Begriffe können durch Bilder oder Symbole ergänzt und veranschaulicht werden.

## ➲ Placemat

Placemat gehört zu den Moderationstechniken. Auf diesem Weg können Sie Ideen finden oder Informationen zu einem Thema austauschen.

Bilden Sie Viererteams. Legen Sie ein Blatt von der Größe DIN A1 oder A2 so auf einen Tisch, dass jedes Gruppenmitglied an einer der vier Seiten des Blattes sitzen kann. Teilen Sie das Blatt mit einem Lineal wie in der Abbildung auf:

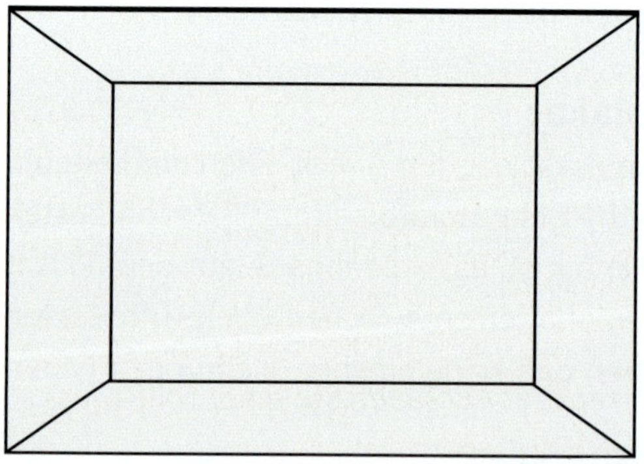

Jetzt trägt jedes Teammitglied in das vor ihm liegende Trapez ein, was es bereits sicher zu dem gewählten Thema weiß oder welche Lösungsvorschläge ihm zu einem Problem einfallen.

Vergleichen Sie anschließend Ihre Ergebnisse und notieren Sie in der Mitte des Blattes, was Sie bereits jetzt zum Thema sagen können oder welche Lösungsvorschläge Sie für besonders Erfolg versprechend halten. Auch Skizzen sind geeignet. Sammeln Sie danach in einer Liste die noch offenen Fragen und versuchen Sie diese mit weiteren Informationsquellen zu beantworten. Ergänzen Sie jeweils in der Mitte des Blattes die neu gewonnenen Erkenntnisse.

## ➲ Paar-Check/Pairs-Check

Paar-Check gehört zu den problemlösenden Methoden. Paare werden gebildet. Sie bearbeiten Aufgaben/Fragen wechselseitig: Wenn die eine Person eine Frage beantwortet oder ein Problem löst, hilft die andere. Bei der nächsten Frage wechseln die Rollen.

## ➲ Plakat/Wandzeitung ➲ Präsentieren / Visualisieren

## ➲ Präsentationssoftware „MS PowerPoint“ ➲ Präsentieren / Visualisieren

## ➲ Präsentieren / Visualisieren

Bei einer Präsentation stellen Sie anderen Ihre Ergebnisse vor. Präsentationen können mündlich, schriftlich, audiovisuell und interaktiv sein. Oft wird eine Mischung aus den genannten Formen gewählt. Im Folgenden finden Sie einige Tipps für ausgewählte Formen:

**a) Plakat/Wandzeitung** (schriftlich/visuelle Form): Plakate brauchen eine große Schrift, mindestens 4 cm, besser größer. Testen Sie vorher die Wirkung. Verwenden Sie Druckbuchstaben, wechseln Sie aber zwischen Groß- und Kleinbuchstaben. Konzentrieren Sie sich auf das Wesentliche, lassen Sie auch Leerräume. Farben unterstützen die Wirkung eines Plakates, wenn sie gezielt und sparsam verwendet werden. Überraschende Bilder und Zeichnungen dienen als Gedächtnisstütze.

**b) Präsentationssoftware:** Eine mündliche Präsentation kann mit einem Computerprogramm anschaulich gestaltet werden. Dazu müssen vorher die sog. Folien erstellt werden. Für die Gestaltung dieser Folien ist Folgendes zu beachten:

- möglichst eigene, schlichte Vorlagen gestalten
- die Anzahl der Aussagen auf einer Folie muss auf einen Blick erfassbar sein
- ausreichend Rand und Zeilenabstand lassen
- auf Textfolien sollten höchstens acht Zeilen stehen, pro Zeile maximal zehn Wörter
- möglichst nicht mehr als zehn Folien verwenden
- gut lesbare Schrift verwenden
- Schriftgröße kaum wechseln und Hervorhebungen sparsam einsetzen
- Schriftgröße für Bildunterschriften 20 Punkt, für Fließtext 24 Punkt, Zwischenüberschriften 28 Punkt, fett, Hauptüberschrift 32 Punkt fett
- Farben bewusst zur Hervorhebung, Unterscheidung und Gliederung einsetzen
- nur zentrale Aussagen visualisieren

Die Folien sollen den Vortrag unterstützen, aber nicht ersetzen. Die Präsentation wird auf einem mobilen Datenträger gespeichert und mittels Computer und Beamer vorgeführt. Sie müssen die Technik im Voraus geprüft haben und Zeit für den Aufbau einplanen.

**c) Vortrag/Referat:** Unabhängig vom Inhalt ist es sinnvoll, seinen Vortrag zu gliedern. Als besonders hilfreich gilt dabei folgende Aufteilung:

1. Startmodul: die Zuhörer gewinnen, Interesse wecken
2. Einleitungsmodul: Hinführung zum eigentlichen Thema, Überblick über den Inhalt des Vortrages
3. Mittelmodul mit maximal drei Schwerpunkten: Ihr eigentliches Anliegen
4. Abschlussmodul: Zusammenfassung, Ausblick
5. Endmodul: Ihr Abgang (der letzte Eindruck bleibt hängen)

## ➲ Pro-und-Kontra-Diskussion

Debatten haben im politischen Alltag eine lange Tradition. Sie setzen voraus, dass sich alle Teilnehmer gut vorbereitet haben. Ziel einer Debatte ist der Austausch von Argumenten vor einer abschließenden Abstimmung/Entscheidung. Deshalb sollte das Thema so gewählt sein, dass es dazu in der Klasse unterschiedliche Positionen gibt. Schritte einer Pro- und Kontra-Debatte:

**1. Vorbereitung:** Teilen Sie die Klasse in zwei Hälften. Die eine Hälfte bildet das Plenum, mit der anderen Hälfte werden so viele Gruppen gebildet, wie es unterschiedliche Positionen zu einem Thema gibt. Die Gruppen bereiten sich vor, indem sie die Pro- bzw. Kontra-Argumente sammeln, sie nach ihrer Wichtigkeit ordnen und auf ein Plakat schreiben. Jede Gruppe sollte sich auch auf mögliche Gegenargumente der anderen Gruppe vorbereiten, ein Anfangsplädoyer verfassen und einen Gruppensprecher wählen.

**2. Durchführung:** Ein Moderator erteilt den Gruppen nacheinander das Wort, die daraufhin ihr Plädoyer halten. Nach dem ersten Durchgang treffen sich die einzelnen Gruppen wieder, um zu überlegen, wie sie die Argumente der anderen entkräften können. Anschließend gehen die Gruppensprecher in einer Erwiderung auf die Argumente der anderen Debattenteilnehmer ein. Haben alle Gruppensprecher ihre Erwiderung vorgetragen, erhält das Plenum Gelegenheit für weitere Fragen.

**3. Auswertung:** Zum Abschluss der Debatte findet eine Abstimmung und/oder eine Auswertung der Debatte und der darin vorgetragenen Argumente statt.

Die **Amerikanische Debatte** ist eine Sonderform: Bis zu zehn Vertreter der Pro- und Kontra-Position bereiten ihre Argumente in getrennten Arbeitsgruppen vor. Dann setzen sie sich an einem langen Tisch einander gegenüber. Der Austausch der Argumente läuft im Pingpong-Verfahren über den Tisch: Pro- und Kontra-Redner wechseln sich der Reihe nach ab, wobei der Redner jeweils auf das Argument seines Gegenübers eingehen und es entkräften soll, bevor er ein weiteres eigenes Argument in die Debatte einbringt.

## Rollenspiel

Im Rollenspiel versetzen Sie sich in eine selbst erdachte oder selbst erlebte Rolle und spielen diese nach. Möglicherweise ist die Rolle durch eine Spielanleitung vorgegeben. Im Anschluss werten Sie das Rollenspiel in der Gruppe oder der Klasse aus.

## Rotierendes Partnergespräch

Diese Methode eignet sich für den Austausch von Gedanken und Informationen.

Aus den Stühlen aller Gruppenmitglieder werden zwei Kreise gebildet, ein Innenkreis und ein Außenkreis. Je zwei Personen sitzen sich gegenüber und tauschen Informationen zu einem Thema aus.

Dafür kann es unterschiedliche Regeln geben, z.B. nur die Personen im Innenkreis reden oder tragen vor. Personen im Außenkreis fragen nach.

Nach Ablauf einer festgelegten Zeit rutschen die Personen des Innenkreises zwei Stühle im Uhrzeigersinn weiter.

Jetzt reden die Personen im Außenkreis, anschließend rutschen sie zwei Stühle entgegen dem Uhrzeigersinn, wieder redet der Innenkreis usw.

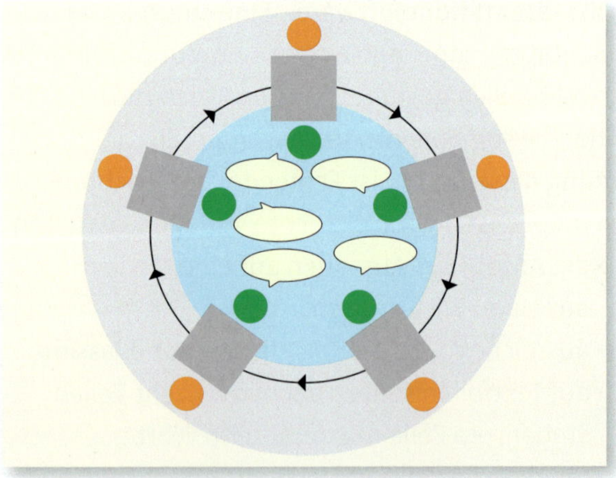

Den Abschluss bildet eine Auswertung der Ergebnisse im Plenum.

## ➲ Standbild

In einem Standbild nutzen Sie den Körper einer Mitschülerin oder eines Mitschülers als Mittel, um eine Situation und die daraus entstehenden Gefühle auszudrücken. Sie modellieren den Körper und das „Modell“ muss genauso verharren, wie sie die Lage der Arme, des Kopfes oder der Beine haben möchten. Auch die Mimik können Sie „gestalten“, indem Sie vorsichtig das Gesicht modellieren.

Für die Wirkung des Standbildes ist es wichtig, dass währenddessen nicht gesprochen wird. Eine Auswertung kann im Anschluss erfolgen. Zur Auswertung gehören die Eindrücke des Modells, des „Gestalters“, aber auch des Publikums.

## ➲ Themengewichtung

Gibt es unterschiedliche Auffassungen über das weitere Vorgehen, können Teilnehmer mithilfe von Klebepunkten eine Gewichtung der Vorschläge vornehmen (➲ Metaplantechnik).

## ➲ Vier-Ecken-Methode

Ziel der Vier-Ecken-Methode is es, sich über die eigene Position klar zu werden, darüber ins Gespräch zu kommen oder ggf. einen neuen Standpunkt zu finden. Sie bietet weiterhin die Möglichkeit, sich zu bestimmten Aussagen oder „Reizwörtern“ zu positionieren.

In jeder Ecke eines Klassenraumes wird eine Aussage oder eine bestimmte Anzahl von „Reizwörtern“ platziert (z.B. auf ein Plakat geschrieben und an die Wand gehängt).

Die Schülerinnen und Schüler gehen nun nacheinander zu den Ecken, lesen die Positionen und diskutieren darüber mit den anderen Lernenden, die gerade in dieser Ecke stehen. Am Ende bleiben sie an einer Ecke stehen: Entweder da, wo sie sich besonders wieder finden mit Ihrer Meinung oder da, wo sie am meisten Ablehnung gegenüber der Aussage empfinden. Die entstandenen Kleingruppen tauschen sich noch einmal über die Position aus und stellen ihre Argumente/Überlegungen den anderen vor.

## ➲ Wandzeitung ➲ Präsentieren / Visualisieren

# Nährwerttabelle

| Lebensmittel<br>100 g essbarer Anteil | Eiweiß<br>g | Fett<br>g | Kohlenhydrate<br>g | Ballaststoffe<br>g | Energie<br>kJ | Energie<br>kcal | Mineralstoffe<br>Eisen<br>mg | <br>Kalzium<br>mg | Vitamine<br>A<br>µg | <br>$B_1$<br>mg | <br>$B_2$<br>mg | <br>C<br>mg |
|---|---|---|---|---|---|---|---|---|---|---|---|---|
| **Rindfleisch** | | | | | | | | | | | | |
| Rinderfilet | 19 | 4 | + | 0 | 490 | 116 | 2,1 | 3 | – | 0,1 | 0,1 | 1 |
| Keule (Schlegel) | 21 | 7 | + | 0 | 630 | 150 | 2,6 | 1,3 | 10 | 0,1 | 0,2 | 1 |
| Brust | 16 | 21 | + | 0 | 1100 | 261 | 2,5 | 2 | – | – | – | – |
| Rinderleber | 20 | 3 | 6 | 0 | 560 | 133 | 7,1 | 7 | 8340 | 0,3 | 2,9 | 30 |
| Hackfleisch | 23 | 13 | + | 0 | 880 | 209 | 2,2 | 12 | 0 | + | 0,2 | 1 |
| **Schweinefleisch** | | | | | | | | | | | | |
| Schweinelende | 19 | 10 | + | 0 | 710 | 169 | – | 2 | – | – | – | 0 |
| Schweineschnitzel | 21 | 8 | + | 0 | 680 | 161 | 2,3 | 2 | – | 0,7 | 0,2 | 0 |
| Schweinekotelett | 16 | 25 | + | 0 | 1250 | 297 | 1,8 | 11 | – | 0,8 | 0,2 | 0 |
| Schweineschinken | 17 | 23 | + | 0 | 1190 | 283 | 2,0 | 9 | – | 0,8 | 0,2 | 0 |
| Schweinebauch | 12 | 42 | + | 0 | 1840 | 438 | – | 1 | – | 0,4 | 0,1 | 0 |
| Schweineleber | 20 | 6 | 1 | 0 | 5380 | 138 | 22,1 | 10 | 3540 | 0,3 | 3,2 | 23 |
| **Geflügel** | | | | | | | | | | | | |
| Brathuhn | 15 | 4 | 0 | 0 | 448 | 106 | 1,8 | 12 | 10 | 0,1 | 0,2 | 3 |
| Ente | 18 | 17 | 0 | 0 | 960 | 228 | 2,1 | 11 | – | 0,3 | 0,2 | – |
| Truthahn | 15 | 11 | + | 0 | 703 | 167 | 4,2 | 27 | + | 0,1 | 0,1 | 0 |
| **Fleisch- und Wurstwaren** | | | | | | | | | | | | |
| Geflügelwurst | 16 | 5 | 0 | 0 | 460 | 109 | – | – | – | – | – | – |
| Gelbwurst | 12 | 33 | + | – | 1500 | 357 | – | – | – | – | 0,1 | – |
| Leberwurst | 12 | 41 | 0 | 0 | 1840 | 438 | 5,3 | 41 | 1460 | – | 0,9 | 0 |
| Mettwurst | 12 | 52 | 0 | 0 | 2225 | 529 | 1,6 | 13 | 0 | + | – | – |
| Salami | 18 | 50 | 0 | 0 | 2180 | 519 | 2,4 | 13 | – | 0,1 | 0,1 | 0 |
| Fleischkäse (Leberkäse) | 13 | 23 | 0 | 0 | 1120 | 266 | – | 4 | – | + | 0,2 | 0 |
| Wiener Würstchen | 15 | 21 | 0 | 0 | 1080 | 257 | 2,4 | 18 | – | 0,1 | 0,1 | 0 |
| Schinken, gekocht | 19 | 20 | 0 | 0 | 1150 | 273 | 2,4 | 10 | + | 0,5 | 0,3 | 0 |
| **Seefische** | | | | | | | | | | | | |
| Kabeljau (Dorsch) | 17 | + | 0 | 0 | 300 | 71 | 0,5 | 11 | + | + | + | 2 |
| Rotbarsch (Goldbarsch) | 18 | 40 | 0 | | 470 | 111 | 0,7 | 22 | 12 | 0,1 | 0,1 | + |
| **Süßwasserfische** | | | | | | | | | | | | |
| Forelle | 20 | 3 | 0 | 0 | 450 | 107 | 1,0 | 18 | 45 | + | + | + |
| Karpfen | 18 | 5 | 0 | 0 | 500 | 119 | 1,1 | 29 | 56 | + | + | 1 |
| **Fischdauerwaren** | | | | | | | | | | | | |
| Bismarckhering | 17 | 16 | 0 | 0 | 920 | 219 | – | 38 | 36 | + | 0,2 | 0 |
| Thunfisch in Öl | 24 | 21 | 0 | 0 | 1230 | 292 | 1,2 | 7 | 370 | + | + | 0 |
| Fischstäbchen, tiefgefr., roh | 16 | 7 | 20 | – | 850 | 202 | – | – | – | – | – | 0 |
| **Obst** | | | | | | | | | | | | |
| Ananas, roh | + | + | 14 | 1,0 | 240 | 57 | 0,4 | 16 | 10 | 0,1 | + | 20 |
| Apfel | + | + | 14 | 2,0 | 245 | 58 | 0,4 | 7 | 9 | + | + | 11 |
| Apfelsine | 1 | + | 11 | 1,6 | 210 | 50 | 0,4 | 30 | 15 | 0,1 | + | 50 |
| Aprikose, roh | 1 | + | 13 | 1,5 | 240 | 57 | 0,6 | 15 | 298 | + | + | 10 |
| Banane | 1 | + | 23 | 1,8 | 415 | 98 | 0,4 | 7 | 38 | + | + | 8 |
| Birne | + | + | 13 | 3,3 | 230 | 54 | 0,3 | 16 | 6 | + | + | 5 |
| Erdbeere, roh | 1 | + | 7 | 1,6 | 140 | 33 | 0,9 | 25 | 13 | + | + | 62 |
| Himbeere | 1 | + | 8 | 4,7 | 160 | 38 | 1,0 | 40 | 7 | + | 0,1 | 25 |
| Johannisbeere, schwarz | 1 | + | 12 | 6,8 | 225 | 53 | 1,2 | 53 | 23 | 0,1 | 0,1 | 180 |
| Kirsche, süß | 1 | + | 16 | 1,3 | 290 | 69 | 0,4 | 14 | 13 | 0,1 | 0,1 | 15 |
| Pfirsich | 1 | + | 10 | 1,9 | 180 | 42 | 1,2 | 5 | 73 | + | + | 10 |
| Pampelmuse/Grapefruit | 1 | + | 10 | 1,6 | 180 | 42 | 0,3 | 20 | 3 | + | + | 41 |
| Pflaume | 1 | + | 16 | 1,6 | 285 | 67 | 0,5 | 16 | 35 | 0,1 | + | 5 |
| Weintraube | 1 | + | 16 | 1,5 | 300 | 71 | 0,5 | 21 | 5 | + | + | 4 |
| **Gemüse** | | | | | | | | | | | | |
| Blumenkohl | 2 | + | 4 | 2,9 | 105 | 25 | 0,6 | 20 | 21 | 0,1 | 0,1 | 70 |
| Bohnen, grün | 2 | + | 6 | 1,9 | 140 | 33 | 0,8 | 56 | 60 | 0,1 | 0,1 | 19 |
| Chicorée | 1 | + | 2 | 1,3 | 67 | 15 | 0,7 | 26 | 216 | + | + | 10 |
| Chinakohl | 1 | + | 2 | 1,9 | 67 | 15 | 0,6 | 40 | 13 | + | + | 36 |
| Endivien | 2 | + | 2 | 1,2 | 70 | 16 | 1,6 | 54 | 333 | 0,1 | 0,1 | 10 |
| Erbsen, grün | 5 | + | 10 | 4,3 | 260 | 61 | 1,8 | 23 | 53 | 0,3 | 0,1 | 9 |
| Gurke | + | + | 2 | 0,5 | 35 | 8 | 0,4 | 11 | 28 | + | + | 1 |
| Kohlrabi | 2 | + | 5 | 1,4 | 120 | 28 | 0,9 | 75 | 2 | 0,1 | + | 66 |
| Kopfsalat | 1 | + | 2 | 1,4 | 60 | 14 | 0,7 | 23 | 150 | 0,1 | 0,1 | 10 |
| Möhren, Karotten | 1 | + | 6 | 3,6 | 120 | 28 | 0,6 | 29 | 1120 | 0,1 | + | 7 |
| Paprikaschoten | 1 | + | 4 | 3,6 | 90 | 21 | 0,6 | 9 | 230 | 0,1 | 0,1 | 107 |
| Porree/Lauch | 2 | + | 6 | 2,3 | 140 | 33 | 1,0 | 87 | 333 | 0,1 | 0,1 | 30 |
| Rhabarber | 1 | + | 3 | 3,2 | 70 | 16 | 0,5 | 52 | 12 | + | + | 10 |
| Rosenkohl | 4 | + | 6 | 4,4 | 180 | 42 | 0,9 | 24 | 65 | 0,1 | 0,2 | 84 |
| Rotkohl/Blaukraut | 2 | + | 5 | 2,5 | 120 | 28 | 0,5 | 35 | 5 | 0,1 | + | 50 |
| Spargel | 2 | + | 3 | 1,3 | 90 | 21 | 1,0 | 21 | 50 | 0,1 | 0,1 | 21 |
| Spinat, roh | 2 | + | 2 | 2,6 | 75 | 17 | 5,2 | 83 | 816 | 0,1 | 0,2 | 51 |

| **Lebensmittel** | Eiweiß | Fett | Kohlen-hydrate | Ballast-stoffe | Energie | Energie | Mineralstoffe | | Vitamine | | | |
|---|---|---|---|---|---|---|---|---|---|---|---|---|
| 100 g essbarer teil An | g | g | g | g | kJ | kcal | Eisen mg | Kalzium mg | A µg | $B_1$ mg | $B_2$ mg | C mg |
| Tomate | 1 | + | 3 | 1,0 | 70 | 16 | 0,5 | 14 | 133 | 0,1 | + | 24 |
| Weißkohl/Weißkraut | 1 | + | 4 | 3,0 | 105 | 25 | 0,5 | 46 | 10 | + | + | 46 |
| Zwiebeln | 1 | + | 9 | 1,8 | 176 | 41 | 0,5 | 29 | 33 | + | + | 8 |
| **Hülsenfrüchte** | | | | | | | | | | | | |
| Bohnen, weiß | 21 | 2 | 57 | 23,2 | 1400 | 333 | 6,0 | 105 | 65 | 0,5 | 0,2 | 3 |
| Erbsen, geschält | 22 | 1 | 59 | 16,6 | 1450 | 345 | 5,0 | 44 | 20 | 0,7 | 0,2 | 1 |
| Linsen | 24 | 1 | 56 | 17,0 | 1420 | 338 | 6,9 | 74 | 20 | 0,5 | 0,3 | + |
| **Kräuter** | | | | | | | | | | | | |
| Kresse | 2 | + | 3 | 3,5 | 90 | 21 | 0,7 | 26 | 216 | + | + | 10 |
| Petersilie | 3 | + | 6 | 4,3 | 150 | 35 | 4,8 | 147 | 730 | 0,1 | 0,2 | 166 |
| Schnittlauch | 4 | + | 8 | 6,0 | 220 | 52 | 13,0 | 167 | 50 | 0,1 | 0,2 | 47 |
| **Pilze** | | | | | | | | | | | | |
| Champignons, frisch | 3 | + | 3 | 2,0 | 105 | 25 | 1,1 | 10 | + | 0,1 | 0,5 | 4 |
| Champignons, Dose | 2 | + | 3 | – | 100 | 23 | 0,7 | 9 | + | + | 0,4 | 2 |
| **Kartoffeln,-erzeugnisse** | | | | | | | | | | | | |
| Kartoffeln, roh, ohne Schale | 2 | + | 19 | – | 350 | 83 | 1,0 | 13 | 3 | 0,08 | + | 15 |
| Kartoffelpüree, trocken | 8 | 1 | 79 | 6,1 | 1530 | 364 | 2,2 | 30 | + | 0,25 | 0,15 | 26 |
| **Nüsse** | | | | | | | | | | | | |
| Erdnüsse, geröstet | 26 | 49 | 18 | 11,4 | 2660 | 633 | 2,3 | 65 | 110 | 0,3 | 0,1 | 0 |
| Haselnüsse | 14 | 61 | 14 | 8,2 | 2855 | 679 | 3,8 | 226 | 4 | 0,4 | 0,2 | 3 |
| **Getreideerzeugnisse** | | | | | | | | | | | | |
| Weizenmehl, Type 1600 | 12 | 2 | 69 | 1,4 | 1449 | 345 | 3,3 | 38 | 60 | 0,45 | 0,17 | 0 |
| Weizenmehl, Type 405 | 11 | 1 | 74 | 4,0 | 1460 | 347 | 0,7 | 15 | + | 0,06 | 0,03 | 0 |
| Weizenkeime | 27 | 9 | 46 | 17,7 | 1570 | 373 | 8,1 | 69 | 160 | 2,01 | 0,72 | 0 |
| Roggenmehl, Type 1800 | 11 | 2 | 70 | 13,9 | 1415 | 336 | 4,0 | 23 | 45 | 0,30 | 0,14 | 0 |
| Reis, ganzes Korn, unpoliert | 7 | 2 | 75 | 2,2 | 1470 | 350 | 2,6 | 23 | 0 | 0,41 | 0,09 | 0 |
| Reis, ganzes Korn, poliert | 7 | 1 | 79 | 1,4 | 1480 | 352 | 0,6 | 6 | 0 | 0,06 | 0,03 | 0 |
| Haferflocken | 14 | 7 | 66 | 10,0 | 1680 | 400 | 4,6 | 54 | 0 | 0,59 | 0,15 | 0 |
| Eierteigwaren, Nudeln | 13 | 3 | 72 | 3,4 | 1580 | 376 | 2,1 | 20 | 60 | 0,20 | 0,10 | – |
| Cornflakes | 8 | 1 | 83 | 4,0 | 1600 | 380 | 2,0 | 13 | 0 | – | 0,05 | 0 |
| Hefegebäck, einfach | 5 | 7 | 33 | – | 930 | 221 | – | – | – | – | – | – |
| **Milch/Milchprodukte** | | | | | | | | | | | | |
| Vollmilch, 3,5 % Fett | 3,5 | 3,5 | 5 | 0 | 275 | 65 | 0,1 | 118 | 22 | + | 0,2 | 2 |
| Milch, entrahmt | 4 | + | 5 | 0 | 145 | 34 | 0,1 | 125 | + | + | 0,2 | 2 |
| Buttermilch | 4 | + | 4 | 0 | 145 | 34 | 0,1 | 109 | 8 | + | 0,2 | + |
| Joghurt, Vollmilch | 5 | 4 | 5 | 0 | 310 | 73 | 0,2 | 150 | 28 | + | 0,3 | 2 |
| Joghurt, aus entrahmter Milch | 5 | + | 5 | 0 | 165 | 39 | – | – | – | – | – | – |
| Schlagsahne | 2 | 30 | 3 | 0 | 1260 | 300 | + | 75 | 240 | + | 0,2 | 1 |
| Saure Sahne | 3 | 10 | 4 | 0 | 480 | 114 | – | – | – | – | – | – |
| Kondensmilch (7,5 % Fett) | 7 | 8 | 10 | 0 | 570 | 135 | 0,1 | 240 | 65 | + | 0,4 | 2 |
| Speisequark (40 % i. Tr.) | 12 | 11 | 4 | 0 | 695 | 165 | 0,3 | 70 | 110 | + | 0,2 | – |
| Speisequark, mager (10 % i. Tr.) | 17 | 1 | 2 | 0 | 370 | 88 | 0,5 | 70 | 13 | + | 0.3 | 1 |
| Doppelrahmfrischkäse | 15 | 28 | 2 | 0 | 1480 | 352 | – | 34 | 320 | + | 0,3 | 0 |
| Emmentalerkäse | 18 | 26 | 2 | 0 | 1370 | 326 | 0,5 | 382 | 480 | + | 0,4 | + |
| **Hühnerei** | | | | | | | | | | | | |
| Hühnerei (Gesamtinhalt) | 13 | 11 | 1 | 0 | 670 | 159 | 1,8 | 50 | 265 | 0,1 | 0,3 | + |
| Hühnereidotter | 16 | 32 | + | 0 | 1580 | 376 | 7,2 | 140 | 1490 | 0,3 | 0,4 | + |
| Hühnerklar | 11 | + | 1 | 0 | 230 | 54 | 0,2 | 11 | + | + | 0,3 | + |
| **Obstsäfte** | | | | | | | | | | | | |
| Apfelsaft | + | 0 | 12 | – | 190 | 45 | 0,3 | 7 | 15 | 0,1 | + | 1 |
| Apfelsinensaft, ungesüßt | 1 | 0 | 11 | 0,4 | 200 | 47 | 0,3 | 15 | 12 | 0,1 | + | 42 |
| Cola-Getränk | 0 | 0 | 11 | 0 | 185 | 44 | – | 4 | 0 | 0 | 0 | 0 |
| **Getränke/Gemüsesäfte** | | | | | | | | | | | | |
| Karottensaft | + | + | 6 | – | 110 | 26 | – | 27 | – | – | – | 4 |
| Tomatensaft | 2 | + | 4 | 0,1 | 100 | 23 | 0,8 | 12 | 117 | + | + | 15 |
| **Zucker, Zuckerwaren** | | | | | | | | | | | | |
| Honig | + | 0 | 80 | 0 | 1380 | 328 | 1,3 | 5 | 0 | + | + | 2 |
| Marmelade i. D. | + | 0 | 66 | – | 1135 | 270 | + | 10 | 0 | + | + | 8 |
| Schokolade, Vollmilch | 9 | 32 | 55 | 0,0 | 2340 | 557 | 3,1 | 214 | 18 | 0,10 | 0,35 | + |
| Zucker | 0 | 0 | 100 | 0 | 1720 | 409 | 0,5 | 1 | 0 | 0 | 0 | 0 |
| **Fett/Öle** | | | | | | | | | | | | |
| Butter | 1 | 83 | 1 | 0 | 3240 | 771 | 0,1 | 13 | 590 | + | + | + |
| Margarine | 1 | 80 | 1 | 0 | 3180 | 757 | 0,1 | 10 | 590 | + | + | + |
| Halbfettmargarine | 6 | 40 | + | 0 | 1620 | 385 | – | – | – | – | – | – |
| Sonnenblumenöl | 0 | 100 | 0 | 0 | 3880 | 923 | 0 | 0 | 4 | 0 | 0 | 0 |
| Mayonnaise, 80 % Fett | 2 | 80 | 3 | 0 | 3060 | 728 | 1,0 | 23 | 3 | + | + | 6 |
| Mayonnaise, 50 % Fett | 1 | 52 | 5 | 0 | 2130 | 507 | – | – | – | – | – | – |

Zeichenerklärung: + = in Spuren: – = kann nicht bestimmt werden, da keine genaue Analyse vorliegt.

## Stichwortverzeichnis

## Bildquellenverzeichnis

**S.14/1**/shutterstock/Yeko Photo Studio, **S.14/2**/shutterstock/Monika Wisniewska, **S.14/3**/shutterstock/Konstantin Chagin, **S.15/1**/Mair, J., Herrsching, **S.15/2**/Mair, J., Herrsching, **S.16/1**/W.Krüper, **S.16/2**/W.Krüper, S.17/W.Krüper, **S.18/1**/W.Krüper, S.18/2/W.Krüper, **S.19/1**/W.Krüper, **S.19/2**/W. Krüper, **S.20/1**/fotolia/Picture-Factory, **S.20/2**/shutterstock/Iakov Filimonov **S.21/1**/shutterstock/auremar, **S.21/2**/shutterstock/Dmitry Kalinovsky, **S.21/3**/W.Krüper, **S.21/4**/shutterstock/Ammentorp Photography, **S.22**/N.Welz, **S.24**/Shutterstock, **S.25/1**/Bode-Chemie, **S.25/2**/neolab Migge, Heidelberg, **S.25/3**/W.Krüper, **S.26/1**/H.Henschel, **S.26/2**/H.Henschel, **S.27/1**/Cornelsen Verlagsarchiv, **S.27**/Cornelsen Verlagsarchiv, **S.28/1**/W.Krüper, **S.28/2**/W.Krüper, **S.28/3**/W.Krüper, **S.28/4**/J.Mair, **S.29**/N.Welz, **S.30/1**/N.Welz, **S.30/2**/N.Welz, **S.30/3**/N.Welz, **S.31/1**/N.Welz, **S.31/2**/N.Welz, **S.32**/N. Welz, **S.33**/W.Krüper, **S.34/1**/N.Welz, **S.34/2**/N.Welz, **S.34/3**/Project-Photos, **S.35**/W.Krüper, **S.36/2**/N.Welz, **S.36/3**/N.Welz, **S.37/1**/N.Welz, **S.37/2**/N.Welz, **S.37/3**/N.Welz, **S.37/4**/N.Welz, **S.39/1**/ Deutscher Sparkassen Verlag GmbH, **S.39/2**/N.Welz, **S.39/3**/W.Krüper, **S.39/4**/shutterstock/ Denis Vrublevski **S.40/1**/N.Welz, **S.40/2**/W.Krüper, **S.40/3**/W.Krüper, **S.41/1**/W.Krüper, **S.41/2**/W. Krüper, **S.42**/N.Welz, **S.43**/Grönland, **S.44/1**/shutterstock/Denis Vrublevski, **S.44/2**/project-photos, **S.45/1**/Deutscher Sparkassen Verlag GmbH, **S.45/2**/Deutscher Sparkassen Verlag GmbH, **S.45/3**/ Deutscher Sparkassen Verlag GmbH, **S.48**/Hempel, B., Leipzig, **S.49/1**/shutterstock/Steve Smith Photography, **S.49/2**/W.Krüper, **S.50**/shutterstock/donatas1205, **S.51**/shutterstock/Iorga Studio, **S.52**/W.Krüper, **S.53/1**/W. Krüper, **S.53/2**/shutterstock/Luba Shushpanova, **S.55**/N.Welz, **S.56/1**/N. Welz, **S.56/2**/N.Welz, **S.57/1**/N.Welz, **S.57/2**/N.Welz, **S.57/3**/N.Welz, **S.57/4**/N.Welz, **S.60/1**/shutterstock/auremar, **S.60/2**/W.Krüper, **S.61**/N.Welz, **S.62/1+2**/www.salomon-online.com, **S.62/3**/W.Krüper, **S.63**/Slow-Food-logo e.V., **S.64/1/ S.64/1/ S.64/1/ S.64/4**/shutterstock, **S.64/5**/shutterstock/ Reika,**S.64/6**/shutterstock/Viktar Malyshchyts, **S.64/7**/shutterstock/Le Do, **S.64/8**/shutterstock/Andrey Starostin, **S.64/9**/shutterstock/Africa Studio, **S.64/10**/shutterstock/Peter zijlstra, **S.64/11**/shutterstock/Dionisvera, **S.64/12**/shutterstock/Peter zijlstra, **S.64/13**/shutterstock/Krasowit, **S.64/14**/ shutterstock/Givaga, **S.64/15**/shutterstock/Valentyn Volkov, **S.64/16**/shutterstock/valzan, **S.64/17**/ shutterstock/Madlen, **S.65**/shutterstock/Viktor1, **S.66/1**/Globus Infografik, **S.66/2**/Globus Infografik, **S.68/1-3**/Mair, J., München, **S.69**/J.Mair, S.71/shutterstock/HLPhoto, **S.72**/Aid-infodienst e.V., Bonn, Idee: S. Mannhardt, **S.73/1**/aid-infodienst e.V., Bonn, Idee:Klaus Arras, **S.73/2**/shutterstock/ spaxiax, **S.74/1**/shutterstock/Joop Hoek, **S.74/2**/H. Henschel, , **S.75/2**/Globus infografik, **S.76**/shutterstock/Valentyn Volkov, **S.77**/shutterstock/Accent, **S.78/1**/Wikipedia, **S.78/2**/branislavpudar, **S.79/1**/shutterstock/DUSAN ZIDAR, **S.79/2**/shutterstock/Jan Kratochvila, **S.80/1**/shutterstock/Leonid and Anna Dedukh, **S.80/2**/shutterstock/Zurijeta, **S.80/3**/shutterstock/Monkey Business Images, **S.80/4**/shutterstock/Monkey Business Images, **S.81**/shutterstock/Zurijeta, **S.82/1**/W.Krüper, **S.82/2**/W.Krüper, **S.83**/Globus, **S.84**/shutterstock/HLPhoto, **S.85/1**/shutterstock/Nattika, **S.85/2**/Anja Lull, **S.85/3**/Anja Lull, **S.85/4**/Anja Lull, **S.85/5**/Anja Lull, **S.85/6**/Anja Lull, **S.85/7**/shutterstock/ wattana, **S.87/1**/shutterstock/barbaradudzinska, **S.87/2**/shutterstock/Anna Hoychuk, **S.87/3**/shutterstock/Margoe Edwards, **S.88/1**/Shutterstock/Elena Elisseeva, **S.88/2**/shutterstock/karam Miri, **S.89/1**/shutterstock/lorenzo_graph, **S.89/2**/shutterstock/LianeM, **S.90/1**/W.Krüper, **S.90/2**/W.Krüper, **S.90/3**/W.Krüper, **S.90/4**/H.Henschel, **S.90/5**/shutterstock/Juris Sturainis, **S.92/1**/shutterstock/ joanna wnuk, **S.92/2**/shutterstock/Elena Talberg, **S.92/3**/ shutterstock/vanillaechoes, **S.93**/N.Welz, **S.94/1**/ shutterstock/Luis Santos, **S.94/2**/shutterstock/Lipsky, **S.94/3**/shutterstock/Tyler Olson, **S.94/4**/shutterstock/W.Krüper, **S.94/5**/shutterstock/Thomas Skjaeveland, **S.95/1**/aid/Peter Meyer,

**S.95/2**/Krüper, **S.96**/aid/Peter Meyer, **S.97/1**/shutterstock/Renate Micallef, S.**98/1**/shutterstock/ppart, **S.98/2**/H.Henschel, **S.98/3**/H.Henschel, **S.98/4**/shutterstock/Vereshchagin Dmitry, **S.98/5**/shutterstock/ppart, **S.99/1**/H.Henschel, **S.99/2**/W.Krüper, **S.100/1**/W.Krüper, **S.100/2**/W.Krüper, **S.100/3**/W.Krüper, **S.100/4**/W.Krüper, **S.100/5**/W.Krüper, **S.100/6**/W.Krüper, **S.100/7**/W.Krüper, **S.100/8**/W.Krüper, **S.100/9**/W.Krüper, **S.100/10**/W.Krüper, **S.100/11**/W.Krüper, **S.100/12**/W.Krüper, **S.101/1**/W.Krüper, **S.101/2**/W.Krüper, **S.101/3**/W.Krüper, **S.102/1**/W.Krüper, **S.102/2**/W.Krüper, **S.102/3**/W.Krüper, **S.102/4**/shutterstock/Celso Diniz, **S.102/5**/W.Krüper, **S.102/6**/W.Krüper, **S.102/7**/N.Welz, **S.103/1**/shutterstock/Celso Diniz , **S.103/2**/shutterstock/ssuaphotos, **S.103/3**/shutterstock/Philip Stridh, **S.104/1**/shutterstock/Ami Parikh, **S.104/2**/shutterstock/abimages, **S.104/3**/shutterstock/HLPhoto, **S.105/1**/shutterstock/Monkey Business Images, **S.105/2**/shutterstock/Paul Orr, **S.105/3**/shutterstock/Sascha Preussner, **S.106/1**/shutterstock/Valentyn Volkov, **S.106/2**/shutterstock/Dagmara Ponikiewska, **S.106/3**/shutterstock/Chas, **S.107/1**/N.Welz, **S.107/2**/shutterstock/a9photo, **S.108/1**/Shutterstock/Standret,, **S.108/2**/shutterstock/Picsfive, **S.108/3**/W. Krüper, **S.108/4**/shutterstock/Crepesoles, **S.108/5**/shutterstock/auremar, **S.108/6**/shutterstock/Isantilli, **S.109/1**/shutterstock/Knorre, **S.109/2**/shutterstock/Lilyana Vynogradova, **S.110/1-3**/N. Welz, **S.111/1–3**/N.Welz,**S.114/1**/N.Welz, **S.114/2**/shutterstock/Rido, **S.114/3**/shutterstock/Kzenon, **S.114/4**/fotolia/Scott Griessel, **S.114/5**/shutterstock, **S.116/1**/N.Welz, **S.116/2**/W.Krüper, **S.116/3**/W. Krüper, **S.118/1**/W.Krüper, **S.118/2**/W.Krüper, **S.118/3**/W.Krüper, **S.118/4**/W.Krüper, **S.118/5**/W.Krüper, **S.119**/Cornelsen Verlagsarchiv, **S.120/1–4**/shutterstock/Valentina Rusinova, **S.120/5**/shutterstock/r.classen, **S.120/6**/shutterstock/Vladimir Sazonov, **S.120/7**/shutterstock/ffolas, **S.121/1–16**/Vega Gastronomiebedarf, **S.122**/Vega Gastronomiebedarf, **S.123/1–3**/Vega Gastronomiebedarf, **S.124**/W.Krüper, **S.125/1–3**/W.Krüper, **S.126/1**/shutterstock/Marina Grau, **S.126/2**/shutterstock/Marina Grau, **S.126/3**/shutterstock/Tina Rencelj, **S.126/4**/shutterstock/Gordana Sermek, **S.127/1**/shutterstock/elena moiseeva, **S.127/2–4**/W.Krüper, **S.128/1**/shutterstock/auremar, **S.128/2**/shutterstock/Andre Blais, **S.129/1**/fotolia/contrastwerkstatt, **S.129/2**/W.Krüper, **S.130/1–3**/W.Krüper, **S.130/4**/shutterstock/Silvia Bogdanski, **S.131/1**/shutterstock/Pixelspieler, **S.131/2**/shutterstock/evronphoto, **S.131/3**/shutterstock/bonchan, **S.132/1–2**/W.Krüper, **S.133/1**/shutterstock/corepics, **S.133/2**/W.Krüper, **S.134/1**/Globus Infografik, **S.134/2**/W.Krüper, **S.135/1–3**/Krüper, **S.135/4**/Vega Gastronomiebedarf, **S.136/1–3**/W.Krüper, **S.137**/W.Krüper, **S.138**/W.Krüper, **S.139/1–6**/Cornelsen Verlagsarchiv, **S.141**/Berufsgenossenschaft Handel und Warendistribution BGHW , **S.142**/H.Henschel, **S.143**/Fotolia/Esther Hildebrandt, **S.144/1**/fotolia/BeTa-Artworks, **S.144/2**/W. Krüper, **S.144/3**/W.Krüper, **S.145**/shutterstock/Johann Helgason, **S.145**/Cornelsen Verlagsarchiv, **S.146/1–3**/N.Welz, **S.147/1–3**/N.Welz, **S.149/1**/Shutterstock/Spectral-Design, **S.149/2**/W.Krüper, **S.149/3**/Shutterstock/Iakov Filimonov, **S.149/5**/shutterstock/Iasha, **S.150/1**/N.Welz, **S.150/2**/Joker/Hartwig Lohmeyer, **S.151/1**/shutterstock/Spectral-Design, **S.151/2**/Wikipedia, **S.152/7**/shutterstock/TerraceStudio, **S.152/8**/shutterstock/rolleiflextlr, **S.152/9**/shutterstock/Africa Studio, **S.152/10**/shutterstock/Dulce Rubia, **S.153/1**/shutterstock/Gulei Ivan, **S.153/2**/shutterstock/Rosery, S.**153/3**/Cornelsen Verlagsarchiv, **S.154/1–8**/N.Welz, **S.155/1**/shutterstock/Iasha, **S.155/2**/shutterstock/Matt Valentine, **S.155/3**/shutterstock/Africa Studio, **S.155/4**/Wikipedia, **S.157**/industrieverband Körperpflege- und Waschmittel.V., **S.158/1–5**/shutterstock/TonyClifton77, **S.158/6**/shutterstock/Iakov Filimonov, **S.158/7**/shutterstock/LSaloni, **S.159**/shutterstock/wavebreakmedia ltd, **S.160/1–2**/H.Henschel, **S.160/3**/shutterstock/Africa Studio, **S.160/4**/shutterstock/Lakhesis, **S.161/1–3**/W.Krüper, **S.161/4**/fashion.onblog., **S.162/1–2**/N.Welz, **S.163/1–4**/N.Welz, **S.165/1**/Cor-